O MOMENTO CONSTITUINTE

Os Direitos Sociais na Constituição

DEBATES

MÓNICA BRITO VIEIRA
FILIPE CARREIRA DA SILVA

O MOMENTO CONSTITUINTE

Os Direitos Sociais na Constituição

DEBATES

O MOMENTO CONSTITUINTE
OS DIREITOS SOCIAIS NA CONSTITUIÇÃO – *Debates*

AUTORES
MÓNICA BRITO VIEIRA
FILIPE CARREIRA DA SILVA

EDITOR
EDIÇÕES ALMEDINA. SA
Av. Fernão Magalhães, n.º 584, 5.º Andar
3000-174 Coimbra
Tel.: 239 851 904
Fax: 239 851 901
www.almedina.net
editora@almedina.net

DESIGN DE CAPA
FBA.

PRÉ-IMPRESSÃO | IMPRESSÃO | ACABAMENTO
G.C. GRÁFICA DE COIMBRA, LDA.
Palheira – Assafarge
3001-453 Coimbra
producao@graficadecoimbra.pt

Dezembro, 2010

DEPÓSITO LEGAL
320112/10

Os dados e as opiniões inseridos na presente publicação
são da exclusiva responsabilidade do(s) seu(s) autor(es).

Toda a reprodução desta obra, por fotocópia ou outro qualquer
processo, sem prévia autorização escrita do Editor, é ilícita
e passível de procedimento judicial contra o infractor.

Biblioteca Nacional de Portugal – Catalogação na Publicação

O MOMENTO CONSTITUINTE

O momento constituinte : os direitos sociais na
Constituição : debates / org. Mónica Brito Vieira,
Filipe Carreira da Silva
ISBN 978-972-40-4411-8

I – VIEIRA, Mónica Brito
II – SILVA, Filipe Carreira da

CDU   342
         321

Agradecimentos

Gostaríamos de começar por agradecer à Fundação para a Ciência e Tecnologia pelo financiamento que nos prestou para o projecto de investigação "Direitos Sociais em Portugal: A Sua Constitucionalização e Implicações Sócio-políticas" (PTDC/CPO/71295/2006), sem o qual este livro não poderia ter sido escrito. Ainda no âmbito deste projecto, gostaríamos também de agradecer à nossa bolseira de investigação, Bárbara Direito, pela pesquisa e análise documental realizada em 2008, o primeiro ano de execução do projecto. Ao nosso colega e amigo, Robert Fishman, consultor deste projecto, devemos uma especial palavra de agradecimento: foi dele, em 2006, que partiu a ideia de fazer este projecto, e dele têm sido também os comentários, críticas e sugestões que mais nos têm estimulado a desenvolvê-lo. Finalmente, uma palavra de apreço ao António Araújo pela forma generosa e competente com que prefaciou este livro.

Duas notas de agradecimento para as instituições estrangeiras que nos convidaram a apresentar resultados preliminares deste projecto. Em primeiro lugar, a Universidade de Harvard, em cujo Minda de Gunzburg Center for European Studies foi apresentada uma comunicação por Filipe Carreira da Silva em Novembro de 2009 intitulada "Why Social Rights? The Portuguese Process of Constitutionalization of Social and Economic Rights". Em segundo lugar, a Universidade de Oxford, que organizou o colóquio "The Social and Political Foundations of Constitutions" em Maio de 2010, onde Pedro Magalhães apresentou a comunicação "Explaining the Constitutionalisation of Social Rights: Portuguese Hypotheses and a Crossnational Test".

Agradecemos também a oportunidade de apresentar algumas das conclusões desta pesquisa no V Congresso da Associação Portuguesa de Ciência Política, organizado pela Universidade de Aveiro em Março de

2010, no âmbito do qual Filipe Carreira da Silva e Mónica Brito Vieira apresentaram a comunicação "Direitos Sociais em Portugal" no painel subordinado ao tema "Direitos Humanos". De igual forma, não podemos deixar de agradecer ao XVII Congresso Mundial de Sociologia, organizado pela Associação Internacional de Sociologia em Gotemburgo em Julho de 2010, pela possibilidade de apresentar a comunicação "Why Social Rights?", no painel "Sociology of Human Rights-II".

Nota Biográfica

MÓNICA BRITO VIEIRA

Investigadora Auxiliar no Instituto de Ciências Sociais da Universidade de Lisboa e Professora Convidada no Murray Edwards College, Universidade de Cambridge. Licenciada em Relações Internacionais, iniciou a sua carreira académica como Assistente Estagiária na Faculdade de Economia da Universidade Nova de Lisboa, no Instituto Superior de Ciências do Trabalho e da Empresa (ISCTE), e na Universidade Católica Portuguesa, onde, após a licenciatura, realizou um Mestrado em Teoria Política. Doutorada em História do Pensamento Político pela Faculdade de História da Universidade de Cambridge, com uma dissertação sobre o conceito de representação em Thomas Hobbes (1588-1679), é também mestre em História Intelectual e História do Pensamento Político, pela mesma Universidade. Em 2005, findo o doutoramento, foi eleita Stipendiary Junior Research Fellow em História do Pensamento Político e Teoria Política no Murray Edwards College (à altura, New Hall), Universidade de Cambridge, onde, além de investigadora, foi tutora nas mesmas áreas. Leccionou igualmente na Faculdade de História da Universidade de Cambridge, em que continua a leccionar regularmente. As suas áreas de especialização são geminadas, e incluem a história do pensamento político, a teoria política contemporânea (sobretudo, teorias do Estado, democracia, representação e cidadania) e a história intelectual. As suas obras recentes têm incidido sobre o conceito de representação (política, mas não só), tendo publicado dois livros sobre o tema: *Representation* (2008, Polity Press), co-autoria de David Runciman, e *The Elements of Representation in Hobbes* (2009, Brill). É também autora de diversos capítulos em livro e artigos internacionais em revistas de referência, designadamente no *Journal of the History of Ideas* e no *History of Political Thought*.

FILIPE CARREIRA DA SILVA

Investigador auxiliar do Instituto de Ciências Sociais da Universidade de Lisboa e membro do Wolfson College, Cambridge. Licenciado em Sociologia (ISCTE, 1998) inicia a sua carreira como Assistente Estagiário no Departamento de Sociologia do ISCTE. Em 2003, conclui o doutoramento na Universidade de Cambridge com uma dissertação em Teoria Sociológica Clássica ("In Dialogue with Modern Times. The Social and the Political Thought of G. H. Mead"). Realizou os seus estudos de pós-doutoramento nos Estados Unidos, primeiro na Universidade de Harvard e, posteriormente, na Universidade de Chicago. Publicou diversos livros e artigos sobre teoria social e política, incluindo *Virtude e Democracia. Um Ensaio sobre Ideias Republicanas* (2004, Imprensa de Ciências Sociais), *Mead and Modernity. Science, Selfhood and Democratic Politics* (2008, Lexington Books) e *Social Theory in the Twentieth Century and Beyond* (2010, Polity Press), co-autoria de Patrick Baert. Os seus interesses académicos passam pelas teorias sociológicas, sociologia política e estudos sobre cidadania. É actualmente director-adjunto da *Análise Social* para a área de sociologia.

Prefácio

Dizem os autores deste livro – e não há razões para deles duvidar – que a Constituição da República Portuguesa é, dos textos constitucionais de todo o mundo, aquele que possui o mais amplo e detalhado catálogo de direitos económicos, sociais e culturais.

Constando esse generoso catálogo da versão originária da Lei Fundamental, é essencial regressarmos aos tempos fundadores – ao «momento constituinte», seguindo o título da presente obra – para ensaiar uma tentativa de compreensão desta singularidade nacional. De facto, impõe-se neste domínio um «regresso aos princípios», o *ridurre ai principii* de que falava Maquiavel. É este o objectivo do livro que tendes na mão.

Revisitar a Constituinte, publicando os seus debates, afigura-se uma tarefa indispensável para compreender a trajectória do Estado-Providência português, nas suas ambiciosas promessas e inegáveis realizações, mas também no muito que deixou por cumprir. Pela própria natureza de que se reveste, o programa constituinte em matéria socioeconómica será sempre incumprido na sua plenitude, centrando-se a actual discussão em torno do Estado Social não tanto sobre a *dimensão* quanto sobre o *sentido* daquele incumprimento. Para uns, a ausência de concretização dos direitos sociais configura, no limite, uma traição aos ideais que nortearam a Revolução dos Cravos. Para outros, a ambição do legislador constituinte pertence aos domínios da utopia ou, pior do que isso, mais não é do que um resquício arcaico de um passado que deve passar, sob pena de o país não conseguir desenvolver-se e alcançar nações que, sendo mais ricas, não se mostraram tão generosas para com os seus concidadãos – e, sobretudo, não cristalizaram a promessa estatal de uma vida melhor na letra das respectivas constituições. Para outros ainda, o programa constitucional em matéria de direitos sociais, pese a sua inquestionável «juridicidade», deve assumir-se como isso mesmo – um programa, não mais

– e não tem sido a Constituição factor de bloqueio do crescimento da economia. Em abono desta última tese poderá dizer-se que, nas últimas décadas, Portugal conheceu períodos de prosperidade e aproximação aos níveis de crescimento dos seus parceiros europeus e, em especial após a revisão de 1989, não consta que a Lei Fundamental haja impedido que o país se desenvolvesse. Para mais, neste balanço não nos podemos ater apenas ao enunciado do texto da Constituição, devendo ter presente os desenvolvimentos operados pelo Tribunal Constitucional, designadamente na concretização do sentido e alcance dos direitos fundamentais e na reconfiguração do modelo do Estado-interventor.

A versão lusitana do *Welfare State* não começou, por certo, no dia 25 de Abril de 1974 ou, depois, no hemiciclo de São Bento, onde deputados constituintes, escolhidos através da maior participação cívica de que há memória na nossa história eleitoral – e, por isso, detentores de particular legitimidade democrática –, acabaram episodicamente sequestrados, naquele que foi um dos momentos menos felizes do processo revolucionário.

Desde Marcelo Caetano que o Estado Novo, então rebaptizado de «Estado Social», procurava instaurar uma política social «moderna» e não são poucos os que ainda recordam como um dos aspectos mais marcantes da governação marcelista o ter estendido aos trabalhadores rurais o manto protector da «Previdência». Investigações recentes mostram, todavia, que muito do que foi edificado pelo marcelismo em termos sociais, designadamente no campo laboral, já se encontrava concebido e planeado, ainda que apenas no papel, nos últimos tempos do longo consulado de António de Oliveira Salazar.

A oposição ao Estado Novo contestou a ausência de democracia e liberdades. Mas questionou também, ainda que com menor saliência e intensidade, a situação social em que o país se encontrava ao chegar aos anos sessenta, quando milhares de portugueses foram obrigados, em busca de melhores condições de vida, a rumar até às cidades do litoral ou aos *bidonvilles* de Paris. A *miséria imerecida do povo português*, para usar uma expressão que causou furor e fez curso, era, de facto, algo que provocava sentimentos de revolta ou, pelo menos, de distanciamento face ao regime. Sentimentos que se adensavam e ganhavam força entre algumas elites, não apenas por influxo da doutrina social da Igreja e a partir de um conhecimento mais preciso da realidade nacional, mas também –

Prefácio 11

e talvez sobretudo – por comparação com os outros países da Europa. De uma Europa que era cada vez mais próxima de nós, fruto da emigração, do turismo, da imprensa e da informação que circulava em abundância nos interstícios da Censura.

Resta saber se os constituintes de 1975-1976, ao agir como agiram, consagrando um amplíssimo leque de direitos fundamentais «de segunda geração», procuraram dar voz ao *oposicionismo social* que caracterizou a contestação ao regime anterior, sobretudo nos seus anos finais – e em que acontecimentos como a tragédia das cheias de 1967 desempenharam papel de grande relevo, lamentavelmente ainda não estudado pelos historiadores.

Este não é um livro de História, ainda que nele a História esteja presente em cada linha. Não será também uma obra de Ciência Política, tal como a conhecemos nos nossos dias, eivada de fórmulas matemáticas e modelos quantitativos apenas acessíveis a um círculo restrito de iniciados. Nem corresponde a uma digressão pelos caminhos de alguma Teoria Política contemporânea, feita no culto venerador das «obras mestras» e dos «grandes autores». Mónica Brito Vieira e Filipe Carreira da Silva analisam os debates na linha da história das ideias políticas da «Escola de Cambridge» (de Quentin Skinner, John Dunn, J.G.A. Pocock, entre outros), procurando interpretar as palavras dos deputados à luz das suas motivações, interesses e constrangimentos, sem esquecer as estratégias retóricas e expressivas que mobilizaram. É uma metodologia que ambos os autores têm vindo a aplicar desde há uns anos: Mónica Brito Vieira sobretudo em torno da obra de Thomas Hobbes e da ideia de representação, Filipe Carreira da Silva às teorias sociológicas de G.H. Mead e Jürgen Habermas, bem como à noção de cidadania. Em todo o caso, escreveram um texto dificilmente enquadrável numa área precisa das ciências sociais, o que é uma das maiores virtudes, entre tantas, do presente livro.

Ao procederem a uma recensão dos debates constituintes, os autores vão suscitando inúmeras questões, a que outras se poderiam acrescentar. Desde logo, interessaria saber como foi possível, naqueles conturbados tempos, forjar o consenso político-partidário que levaria à aprovação parlamentar amplíssima da Lei Fundamental de 1976, a qual só não foi unânime devido a uma decisão de última hora do CDS. Deste partido nasceu a proposta, que lograria vencimento, para que os preceitos relativos aos direitos fundamentais (incluindo os direitos sociais, portanto) fossem interpretados e integrados de harmonia com a Declaração Universal dos Direitos do Homem, o que representou um importante passo, inclusive no plano simbólico, para a aproximação a uma matriz «ocidentalista» neste domínio, inviabilizando a ideia de que a concretização dos direitos humanos se deveria subordinar a outros fins superiores do Estado, designadamente à colectivização do aparelho produtivo. Do outro lado do espectro político, o PCP tentou, sem êxito, que a parte relativa à Organização Económica surgisse em lugar primeiro, antes das demais, o que teria levado à consagração, no próprio texto constitucional, das teses de uma doutrina filosófica precisa e concreta: o marxismo, na mais pura das suas versões, com a dicotomia clássica entre infra-estrutura e super-estrutura e a defesa da primazia daquela sobre esta.

Ao centro, o PS, segundo a reminiscência de vários protagonistas, desinteressou-se em boa medida do que se passava no interior de São Bento, ocupado que estava em travar na rua o avanço dos extremismos revolucionários. Seria, pois, do PPD, e da sua bancada de notabilíssimos juristas, que surgiriam as principais propostas em matéria de direitos fundamentais, ainda que tenha pertencido ao PS o maior contributo no que se refere aos direitos económicos, sociais e culturais.

Não se pense, porém, que a Constituição de 1976 foi aprovada pacificamente. Ainda que cerca de 60% dos preceitos hajam sido sufragados por voto unânime dos deputados, os trabalhos da Assembleia foram intensos e atribulados, com episódios dramáticos, como o sequestro que atrás se referiu, e outros caricatos, que cronistas da época relataram em obras de escasso valor historiográfico, como *Cenas Parlamentares: Humor, Agitação e Ataques na Constituinte*, de Victor Silva Lopes, ou *Recordações da Casa dos Mortos: Variações Constituintícas sobre um Tema de Dostoievski – Crónicas*, de Carlos Coutinho. Também este ensaio de Mónica Brito Vieira e Filipe Carreira analisa o conteúdo dos debates constituintes e as estratégias retóricas usadas pelos vários actores, fazendo-o, porém, num registo muito mais sério e elevado do que o das obras que atrás se citaram. É também nesse registo que importaria saber que momentos houve, no labor constituinte de 1975-1976, de «argumentação», de «negociação» e de «uso estratégico da argumentação», para usar a taxinomia aplicada por Jon Elster aos trabalhos da Assembleia Constituinte francesa, de 1791, e da Convenção de Filadélfia, de 1787. A este respeito, a tese central defendida por Mónica Brito Vieira e Filipe Carreira da Silva é a de que, mais do que deliberação ou negociação, o que se passou nos debates sobre direitos sociais travados na Constituinte foram *intervenções expressivas*, viradas para «fora» e para o «futuro», em que os deputados procuraram não tanto convencer-se uns aos outros quanto demarcar-se uns dos outros, em parte devido aos constrangimentos intrínsecos àqueles debates (*v.g.*, publicidade).

Tudo indicia que o consenso final que emergiu na Constituinte, inclusive no que respeita aos direitos sociais, foi muito mais um «consenso de sobreposição» do que um «consenso de negociação». Tentando ser mais preciso e claro, os elementos disponíveis sugerem que a Lei Fundamental, e porventura a extensão e profundidade do seu catálogo de direitos sociais, foi produto da justaposição de propostas dos vários partidos, mais do que de uma síntese coerente que fizesse a bissectriz pactuada das diversas visões do mundo que se confrontaram na Constituinte – e fora dela. Na altura, cada partido inscreveu no texto constitucional aquilo que lhe interessava, deixando-se ao decurso do tempo – e ao desenrolar de um processo histórico cujo desfecho ainda se não divisava – o triunfo ou a derrota de cada uma das múltiplas «leituras» que a Constituição permitia. Como Jorge Miranda já teve oportunidade de assinalar, «foi porque uns temiam pelas liberdades, outros pelos direitos dos trabalhadores, outros pelas nacionalizações e pela reforma agrária, outros ainda pela descentralização regional e local, que a Constituição acabou por ficar como ficou». Um texto longo, com um preâmbulo e 312 artigos, que o próprio Jorge Miranda, tido por nosso mais importante *founding father*, não hesita em qualificar como «algo regulamentar e barroco».

Outro ponto merecedor de análise diz respeito à eventual existência de um «pré-compromisso» constitucional. Não me refiro aos pactos que os partidos celebraram com o MFA, pois esses compromissos são conhecidos, mas à hipotética ocorrência de um entendimento tácito sobre o que se queria – e sobretudo *não queria* – inscrever no enunciado da Constituição. Tal entendimento tácito, em que terão participado o PS, o PPD e o CDS, permaneceu na penumbra e foi gerido em silêncio, no quadro de uma «política de omissão» marcada por *gag rules*, para usar dois conceitos desenvolvidos por Stephen Holmes. Os partidos, no peculiar contexto da época, não poderiam afirmar explicitamente o que rejeitavam, sob pena de serem de imediato apodados de «reaccionários». Foi o epíteto que se ouviu no hemiciclo quando os deputados do CDS, no dia da votação final, se levantaram votando contra o texto da Constituição. Ora, justamente porque não se podiam movimentar no âmbito do explícito, não é descabido suscitar a hipótese de os partidos «moderados» terem firmado em surdina um *pacto constitucional negativo*. Não se tratou de um compromisso de cuja existência os actores políticos se tenham sequer apercebido, tão implícito ele era, resultando muito mais de uma confluência espontânea de pontos de vista do que de um acordo formalmente celebrado. Houve, pelo menos, uma convergência clara das forças «contra-revolucionárias» a dado trecho do PREC, quando se chegou a ponderar a transferência da Constituinte para o Porto e Jorge Miranda, a pedido de Sá Carneiro, redigiu às pressas uma «Constituição de emergência». No entanto – e o ponto é singular –, essa convergência táctica e tácita, que se foi firmando e ajustando ao evoluir dos tempos constituintes, não teve reflexo suficiente no texto aprovado a 2 de Abril de 1976. A Constituição, no momento em que foi aprovada, mostrava-se já desfasada do tempo, situando-se em demasia «à esquerda» do país político de então. Não foi por acaso que o PCP cedo se converteu no mais estrénuo guardião das «conquistas de Abril». As de Abril de 74, decerto, mas também as de Abril de 76. Na sua versão originária, a Constituição era, muito provavelmente, mais «esquerdista» do que os próprios deputados que a elaboraram.

Seria, aliás, extremamente interessante saber algo mais sobre o pensamento desses deputados, sobretudo dos que se notabilizaram e acabaram, como sempre sucede, por liderar a tarefa de redigir os textos que seriam levados à aprovação dos seus pares. Os advogados eram o grupo profissional mais representado na Constituinte. Entre os juristas, alguns dos quais muito marcados pelo personalismo e pela doutrina social da Igreja, destacavam-se vários docentes universitários que tinham estudado em países como a República Federal da Alemanha ou a Itália. Foi em França, na Alemanha ocidental, na Suíça ou nos países nórdicos que estiveram no exílio muitos dos deputados constituintes, sobretudo os da bancada socialista. Era com um modelo europeu de sociedade que se identificavam, não com os regimes do bloco de Leste, cujas atrocidades bem conheciam, pois haviam lido o relatório Krutschev e tinham visto o que sucedera a Dubcek e ao seu «socialismo de rosto humano». Mesmo de um ponto de vista estritamente jurídico, a formação dos constituintes

Prefácio

do eixo PS-PSD-CDS aproximava-os claramente de uma matriz ocidental e europeia e, não por acaso, os textos constitucionais alemão e italiano tiveram particular influência sobre muitas das soluções normativas inscritas na Lei Fundamental de 1976. Se era a «Europa» que a maioria dos constituintes almejava, pese algum fascínio difuso por modelos alternativos, como a Jugoslávia de Tito, é estranho que, no final, se haja aprovado um texto que apontava «para a construção de uma economia socialista, através da transformação das relações de produção e de acumulação capitalistas» (artigo 91.º, n.º 1).

A explicação é pragmática, mais do que ideológica: na conjuntura da época, aquela era a *Constituição possível*. O que não equivale a dizer que os constituintes do PS ou do PPD a hajam votado com reserva mental ou falta de entusiasmo. Houve, sem dúvida, uma adesão consciente e voluntária à generalidade das opções normativas constantes da Lei Fundamental, mesmo as de pendor colectivista ou as que garantiam as nacionalizações *ad eternum*. Simplesmente, a par dessas normas, outras emergiam, como a que salvaguardava o direito de propriedade privada (e a justa indemnização em caso de expropriação) ou a que assegurava a coexistência, porventura pouco pacífica, de três sectores da economia, ainda que com a ressalva de que tal se verificaria apenas «na fase de transição para o socialismo», como dispunha o n.º 1 do artigo 89.º da versão originária da Constituição. O carácter compromissório da Constituição possibilitava, com efeito, que todos nela se revissem, o que representa a explicação mais convincente para o facto de, pese a circunstância de a maioria dos constituintes ter a Europa ocidental como modelo, se haver aprovado um texto de onde constavam expressões e conceitos como «sociedade sem classes» (artigo 1.º), «exercício democrático do poder pelas classes trabalhadoras» (artigo 2.º), «socializar os meios de produção e a riqueza» [artigo 9.º, alínea *a)*], «abolir a exploração e a opressão do homem pelo homem», [artigo 9.º, alínea *a)*], «desenvolvimento pacífico do processo revolucionário» (artigo 10.º), «apropriação colectiva dos meios de produção» (artigo 50.º), «controlo de gestão nas empresas», a cargo das comissões de trabalhadores [artigo 56.º, alínea *b)*], «socialização da medicina e dos sectores médico-medicamentosos» [artigo 64.º, n.º 3, alínea *c)*], «desenvolvimento das relações de produção socialistas» [artigos 80.º e 81.º, alínea *n)*] ou «construção de uma economia socialista» (artigo 91.º). Além de razões de pragmatismo político, além da natureza híbrida e aberta do texto constitucional, a génese da Lei Fundamental de 1976 ocorreu num contexto histórico muito particular, em que aquelas expressões e conceitos não só não eram liminarmente rejeitados por várias forças políticas europeias como faziam parte do difuso património ideológico em que a oposição de esquerda ao Estado Novo se sedimentara. O *esprit du temps*, seja em Portugal, seja nos demais países do Ocidente, não enjeitava, como acontece nos dias de hoje, a ideia de controlo do Estado sobre os principais sectores da economia, no quadro de uma «transição para o socialismo». Basta recordar que o projecto constitucional do CDS, no seu artigo 1.º, se referia à «via original para um socialismo português». Na época, ao que parece, todos eram socialistas... Por isso, mesmo que se não perfilhem as teses «originalistas» de interpretação constitucional, deve evitar-se o anacronismo. Temos de ler a Constituição com os olhos do tempo em que foi aprovada. Tal não significa perdoar-lhe os óbvios defeitos de que padece, o maior dos quais talvez seja precisamente o seu excessivo conjunturalismo. Na verdade, a Lei Fundamental de 1976 exibe, porventura de um modo demasiado explícito, o código genético com que viu a luz do dia. Mas talvez tenha sido essa a única forma de, na altura, se obter a síntese possível, e para muitos improvável, entre «Revolução» e «Constituição», os dois pólos oscilantes em torno dos quais se moveu a política de 1975--1976, como este livro bem demonstra.

Aliás, deve salientar-se que, do mesmo modo que tudo sugere que não tem sido a Constituição a impedir o crescimento do país, não foi a Constituição, mesmo na sua versão originária, que nos impediu de aderir à CEE. Portugal entrou nas Comunidades – é preciso lembrá-lo – estando vigente a versão originária do texto constitucional, tida por muitos como «marxista». E não consta que os dirigentes europeus da época hajam exigido dos portugueses que negociaram a adesão uma mudança de fundo na sua Lei Fundamental. Portugal aderiu às Comunidades numa altura em que o país contava com um Conselho da Revolução, órgão exclusivamente composto por militares a que eram atribuídas «funções de Conselho do Presidente da República e de garante do regular funcionamento das instituições democráticas, de garante do cumprimento da Constituição e da fidelidade ao espírito da Revolução Portuguesa de 25 de Abril de 1974 e de órgão político e legislativo em matéria militar» (artigo 142.º da Constituição). Nada disso impediu a nossa adesão às Comunidades

Europeias. Neste, como em muitos outros planos, mostra-se infundada a tendência para diabolizar a Constituição de 1976, tendência a que corresponde, no ponto inverso, aqueloutra que julga ser o texto constitucional a panaceia ou o remédio salvífico para todas as misérias do quotidiano pátrio. À Constituição tem sido atribuída uma importância excessiva nos debates, quase todos inconsequentes, sobre «o futuro de Portugal» ou «os bloqueios do país».

Depois, há a questão dos ritmos e dos contextos. Mais precisamente, a da gestão do tempo feita por cada um dos partidos. Basta observar, a este propósito, a curiosa evolução do PCP, que começou por menorizar a Constituinte (e as eleições de 75) para, com o decurso do tempo, se tornar num infrene defensor do texto constitucional e das «conquistas» que aí estavam inscritas, ademais com a marca da irreversibilidade. Recorde-se a querela que, nos anos oitenta, foi suscitada entre os juristas a propósito dos limites materiais de revisão e do então artigo 290.º (actual artigo 288.º) da Lei Fundamental. Nos antípodas da estratégia do PCP, pode citar-se o caso do CDS, que assinou o 2.º Pacto MFA/Partidos mas votou contra aquando da aprovação final da Constituição. Estas inversões de posição, que numa democracia consolidada se afigurariam como incoerências fatais para a credibilidade de qualquer força política, são explicáveis naturalmente pela aceleração do tempo que as revoluções sempre provocam – e que obrigam os actores a adaptarem-se a novos papéis de acordo com os sucessivos contextos. Esta abordagem, por assim dizer, «situacional» ou «contextual» dos debates constituintes pode surgir à primeira vista como demasiado complacente em relação às mudanças de atitude dos diversos agentes em presença, mas não evita a conclusão de que, na génese do texto constitucional de 1976 (como, de resto, em todas as revisões de que foi alvo), os partidos não souberam distinguir, como lhes era exigido, aquilo que pertence ao âmbito da *politique politisante* e aquilo que se circunscreve à *politique politisée*. A degradação da «política constituinte» na «política de todos os dias» começou em 1975 mas tem-se agravado com o passar dos anos. Lamentavelmente, a consolidação da democracia, ao invés de evitar o fenómeno, tem contribuído para adensá-lo.

Recuperando uma grelha interpretativa que se converteu num lugar--comum de todas as análises da revolução de Abril, emergiu, desde as eleições para a Constituinte, uma tensão entre duas legitimidades: a revolucionária e a democrática. Provavelmente, a via encontrada para superar essa tensão passou em larga medida pela consagração de um generoso e denso catálogo de direitos sociais. Este, por sua vez, enquadrava-se sistemicamente num modelo de organização económica que conferia predominância absoluta ou mesmo hegemónica ao Estado, baseando-se em tópicos como a colectivização dos meios de produção, a irreversibilidade das nacionalizações ou a reforma agrária. Foi, porventura, através do conúbio entre direitos sociais e modelo económico socialista que os constituintes, inscrevendo a Revolução na Constituição, procuraram assegurar que aquele conflito de legitimidades seria afastado ou, pelo menos, adiado até ao termo do «período de transição» a que aludia o 2.º Pacto MFA/ /Partidos, numa curiosa e surpreendente revisitação dos «compromissos dilatórios» que Schmitt detectou na Constituição de Weimar. Por outro lado, e como bem intuem os autores deste livro, os direitos sociais foram concebidos como parcela incindível do modelo de democracia a que os constituintes aspiraram. Poderiam ter trilhado outro caminho, mas não o fizeram – nem o quiseram fazer, de resto. Deliberadamente, o Estado Social foi integrado na democracia política portuguesa, sendo esta dificilmente concebível (ou sustentável) sem aquele. Com isso ter-se-á criado, muito provavelmente, uma *path dependency* que, se for posta em causa, poderá não levar ao fim do regime democrático mas irá por certo ameaçar muito seriamente o consenso social que o suporta. Diz-se no livro que a Constituição de 1976, além de um regime, constituiu um «povo». Para o «povo constituído» em 1976, a democracia tem de ser «substantiva» e não apenas «processual». Resta saber como reagirá esse «povo», tão exigente quanto dependente, se a nossa democracia se vir na contingência de ter abdicar de uma parcela significativa da sua *substância social*. Trata-se de uma imposição do destino que não se encontra longe dos nossos horizontes. Essa será, sem dúvida, uma das mais duras provas de fiabilidade a que a Constituição de 1976 foi sujeita desde que entrou em vigor. Adivinham-se tempos difíceis para a nossa Constituição. Para uns, urge revê-la em profundidade; para outros, é imperioso defendê-la na sua versão actual. A ambos se dá um conselho: leiam este livro.

Setembro de 2010

ANTÓNIO ARAÚJO

Cronologia dos Trabalhos da Assembleia Constituinte*

2 de Junho de 1975:

Abertura solene, com a presença na Mesa do Presidente da República General Costa Gomes, do Primeiro-Ministro General Vasco Gonçalves e do representante do Chefe do Estado-Maior das Forças Armadas Vice--Almirante Pinheiro de Azevedo. Usaram da palavra o Presidente Interino da Assembleia Constituinte Henrique de Barros e o General Costa Gomes.

4 de Junho de 1975:

Aprovação do relatório da Comissão de Verificação de Poderes confirmando o mandato dos Deputados eleitos em 25 de Abril de 1975.

5 de Junho de 1975:

Eleição da Mesa da Assembleia Constituinte:

- **Presidente**: Henrique Teixeira Queirós de Barros (PS);
- **Vice-Presidentes**: Vasco da Gama Fernandes (PS), Francisco Pinto Balsemão (PPD) e José Tavares Magro (PCP);
- **Secretários**: António Arnaut (PS), Carlos Coelho de Sousa (PPD) e José Manuel Maia Nunes de Almeida (PCP);
- **Vice-Secretários**: Alfredo Fernando Carvalho (PS) e Sebastião Dias Marques (PPD).

---

* Adaptação da cronologia disponível em http://debates.parlamento.pt/r3/dac/cronologia.aspx

16 de Junho de 1975:

Aprovado na generalidade o projecto de Regimento, elaborado pela respectiva Comissão.

23 de Junho de 1975:

Concluído o debate e votação do Regimento da Assembleia Constituinte na especialidade.

1 de Julho de 1975:

Data limite para apresentação dos projectos de Constituição pelos partidos políticos, tendo estes sido publicados em conjunto: CDS; MDP/ /CDE; PCP; PS; PPD; UDP.

4 de Julho de 1975:

Concluídos os trabalhos da Comissão de Sistematização da Constituição, que apresentou uma proposta global, sobre a qual se iniciou o debate na generalidade no Plenário.

24 de Julho de 1975:

Aprovação da sistematização geral da Constituição.

31 de Julho de 1975:

Apresentação do parecer da 1.ª Comissão sobre a matéria de "Princípios Fundamentais", iniciando-se o respectivo debate na generalidade.

6 de Agosto de 1975:

Aprovado na generalidade o parecer da 1.ª Comissão sobre "Princípios Fundamentais" com 188 votos a favor, 1 contra e 16 abstenções.

12 de Agosto de 1975:

Concluída a discussão e votação na especialidade dos "Princípios Fundamentais", foi apresentado o parecer da 2.ª Comissão sobre a matéria de "Direitos e Deveres Fundamentais"- Títulos I e II, iniciando-se, na sessão seguinte, o debate na generalidade.

19 de Agosto de 1975:

Aprovado na generalidade o parecer da Comissão sobre "Direitos e Deveres Fundamentais"- Títulos I e II – com 2 votos contra e 11 abstenções – iniciou-se o debate na especialidade.

9 de Setembro de 1975:

Apreciação do parecer e relatório da 3.ª Comissão sobre "Direitos e Deveres Económicos, Sociais e Culturais", iniciando-se, na sessão seguinte o debate na generalidade.

12 de Setembro de 1975:

Aprovado na generalidade o parecer da Comissão sobre "Direitos e Deveres Económicos, Sociais e Culturais" – com 3 votos contra e 2 abstenções – iniciou-se o debate na especialidade.

16 de Outubro de 1975:

Apresentado o parecer e relatório da 4.ª Comissão sobre "Organização Económica", cujo debate na generalidade teve início em 21 de Outubro.

24 de Outubro de 1975:

Aprovado na generalidade, o parecer da Comissão sobre "Organização Económica" – com 155 votos a favor e 11 contra – iniciou-se o debate na especialidade.

19 de Novembro de 1975:

Concluída a discussão e votação na especialidade da "Organização Económica".

21 de Novembro de 1975:

Divulgado o articulado proposto pela 5.ª Comissão sobre "Organização do Poder Político".

25 de Novembro de 1975:

Aprovada uma moção que suspendeu o funcionamento da Assembleia Constituinte, na sequência da ocupação de várias instalações militares. O reinício dos trabalhos teve lugar a 2 de Dezembro.

2 de Dezembro de 1975:

Apresentação do relatório e parecer da 5.ª Comissão sobre "Organização do Poder Político", iniciando-se o debate na generalidade.

10 de Dezembro de 1975:

Conclusão do debate na generalidade do relatório da Comissão sobre "Organização do Poder Político". Suspensa a votação na generalidade para serem encetadas diligências junto do Conselho da Revolução e se atender à revisão da Plataforma de Acordo Constitucional.

11 de Dezembro de 1975:

Apresentação do parecer e relatório da 6.ª Comissão sobre a matéria dos "Tribunais" e início do debate na generalidade.

16 de Dezembro de 1975:

Aprovado na generalidade o parecer da Comissão sobre "Tribunais" – com 1 abstenção – iniciou-se o debate na especialidade.

6 de Janeiro de 1976:

Concluída a discussão e votação na especialidade da matéria relativa aos "Tribunais".

12 de Janeiro de 1976:

Divulgado o articulado proposto pela 7.ª Comissão sobre o "Poder Local", foi apresentado o parecer e o relatório e iniciado o debate na generalidade.

14 de Janeiro de 1976:

Aprovado na generalidade, o parecer da Comissão sobre "Poder Local" – com 2 votos contra – iniciou-se o debate na especialidade.

16 de Janeiro de 1976:

Concluída a discussão e votação na especialidade da matéria do "Poder Local".

3 de Fevereiro de 1976:

Adoptada a metodologia de discussão do articulado proposto pela 5.ª Comissão sobre a "Organização do Poder Político", tendo sido aprovado na generalidade, por unanimidade, o Título I, com ressalva do artigo 2.º, seguindo-se o debate na especialidade.

Cronologia dos Trabalhos da Assembleia Constituinte 23

5 de Fevereiro de 1976:

Concluída a discussão e votação na especialidade, foi apresentado o parecer da 5.ª Comissão sobre a metodologia de discussão e votação das restantes matérias do Título V sobre "Organização do Poder Político", aprovado por unanimidade.

10 de Fevereiro de 1976:

Concluída a discussão e votação na especialidade do Capítulo III do Título V sobre "Assembleia dos Deputados", foi aprovado, na generalidade, por unanimidade, o Capítulo I do Título VI sobre o "Governo" e iniciado o respectivo debate na especialidade.

11 de Fevereiro de 1976:

Concluído o debate sobre o Capítulo I e sobre o Título IX "Administração Pública".

18 de Fevereiro de 1976:

Apresentado o parecer da 5.ª Comissão sobre as matérias que haviam ficado pendentes sobre "Organização do Poder Político" – devido à discussão da nova Plataforma de Acordo Constitucional – seguindo-se o debate na especialidade.

4 de Março de 1976:

Apresentado novo parecer e articulado da 5.ª Comissão, prosseguindo o debate na especialidade incluindo a matéria sobre "Presidente da República".

5 de Março de 1976:

Concluído o debate da matéria anterior, iniciou-se a discussão do Capítulo I do Título III sobre "Conselho da Revolução" cujo articulado foi apresentado.

9 de Março de 1976:

Concluído o debate da matéria anterior, foi apresentado novo relatório da 5.ª Comissão, completando o anterior, incluindo artigos sobre "Assembleia dos Deputados".

10 de Março de 1976:

Ao concluir o debate da sessão anterior a Assembleia Constituinte apreciou a designação a dar à Assembleia dos Deputados deliberando, por unanimidade, designá-la por Assembleia da República.

12 de Março de 1976:

Concluído o debate dos restantes Capítulos do Título VI sobre "Governo" e apresentado o relatório da 5.ª Comissão sobre "Forças Armadas".

17 de Março de 1976:

Concluído o debate sobre "Forças Armadas", foi aprovado na generalidade, o Capítulo II-A sobre "Revisão Constitucional" com 10 votos contra.

23 de Março de 1976:

Aprovado na generalidade, por unanimidade, o Parecer da Comissão sobre "Açores e Madeira" cujo articulado fora antes divulgado.

25 de Março de 1976:

Concluída a discussão e votação na especialidade da matéria dos "Açores e Madeira", prosseguiu a discussão e votação na especialidade de preceitos ainda pendentes sobre "Organização do Poder Político".

30 de Março de 1976:

Apresentação do Parecer sobre "Disposições Finais e Transitórias" e discussão e votação na especialidade.

31 de Março de 1976:

Conclusão da discussão e votação na especialidade e apresentação do relatório da Comissão para a Redacção do Preâmbulo da Constituição que foi aprovado, após debate, com 6 votos contra.

2 de Abril de 1976:

Na última reunião, após a leitura da Constituição, foram feitas declarações políticas pelos partidos, seguidas pela votação global do articulado e declarações de voto. A sessão solene de encerramento teve lugar às

Cronologia dos Trabalhos da Assembleia Constituinte

22.00 horas, com a presença na Mesa do Presidente da República General Costa Gomes, do Primeiro-Ministro Vice-Almirante Pinheiro de Azevedo, do representante do Chefe do Estado-Maior das Forças Armadas Almirante Silva Cruz e do Presidente do Supremo Tribunal de Justiça Juiz Conselheiro Almeida Borges. Usaram da palavra o Presidente da Assembleia Constituinte e o Presidente da República, tendo este assinado o decreto de promulgação da Constituição.

O Processo de Criação Constitucional

O CASO DA CONSTITUIÇÃO
DA REPÚBLICA PORTUGUESA DE 1976

Todas as Constituições têm uma história singular, e a Constituição da República Portuguesa de 1976 não é excepção. Mas apesar desta singularidade, é certo também que todos os processos constituintes obedecem a regras básicas de organização e procedimento, e o nosso, apesar de brotar de uma revolução, não foi alheio a elas. Estas regras incluem aspectos diversos da feitura de uma Constituição, desde a escolha dos responsáveis pela redacção das novas Constituições (cooptação ou eleição); à forma como estes deverão formular propostas, discutir e fazer aprovar o texto constitucional (por exemplo, se existe separação dos trabalhos entre comissão e plenário, ou se os projectos sobre os quais as comissões trabalham são produzidos por partidos políticos ou simplesmente por peritos externos à Constituinte); e ao prazo disponível para o desempenho da sua missão constituinte. E se é certo que estas fases variam de caso para caso concreto, não deixa de ser verdade que podem ser identificados padrões comuns. É com base nestas regularidades que a literatura de pendor comparatista sugere a existência de etapas indispensáveis à criação constitucional, destacando-se, entre elas, a da mobilização de recursos; a da elaboração e apresentação de propostas de projectos constitucionais; a da consulta a peritos; a da deliberação entre constituintes; a da aprovação do texto constitucional; e a da ratificação (Widner 2008).[1] No que se segue analisaremos o processo de criação

---

[1] Na sua discussão das Assembleias Constituintes de Filadélfia e Paris, Jon Elster identifica seis etapas relacionadas com a convocação e organização deste tipo de instituição que precedem as etapas descritas acima: "convocação, selecção dos candidatos, especificação do mandato, verificação das credenciais dos delegados, definição das regras procedimentais, e escolha do método de ratificação" (Elster 2000, 360).

28   *O Momento Constituinte – Direitos Sociais na Constituição*

constitucional português à luz destas etapas, ainda que, como veremos, apenas algumas delas se tenham verificado entre nós.

Comecemos pela primeira das etapas definidas na literatura, a da mobilização dos recursos ou, como outros lhe chamam, de geração de ideias, durante a qual os parâmetros básicos do processo constituinte são definidos (Banting e Simeon 1985, 18-19). Em Portugal, esta etapa decorreu durante o ano imediatamente a seguir à Revolução dos Cravos. Com efeito, a ideia de se marcarem eleições gerais para uma Assembleia Constituinte, no prazo de um ano após o 25 de Abril, mobilizaria a acção política do MFA neste período, e ajudaria a distingui-la de um mero golpe de Estado ou revolução bolchevique.[2] O tema das eleições para a Constituinte marcou, de resto, a divisão entre aqueles que, incluindo o PCP, as desvalorizavam, subordinando-as à execução de reformas económicas e sociais de fundo, e aqueles que, liderados pelo PS, viam nas eleições a chave para a institucionalização de um regime político democrático, pluralista e de tipo ocidental. Nestas visões contrastantes das prioridades políticas do país encontrava-se plasmado um conflito entre Constituição e Revolução (Sousa 2000, 409-410). Um conflito que não ficaria aliás encerrado com a realização de eleições, mas antes continuaria a ter eco no seio da própria Assembleia Constituinte.

Inicialmente marcadas para 12 de Abril, as eleições para a Assembleia Constituinte foram posteriormente adiadas para o dia 25 de Abril de 1975, o dia em que se completava um ano sobre a revolução. Este adiamento aconteceu na sequência dos eventos do 11 de Março, em que o general Spínola saiu derrotado, e em resultado dos quais o MFA se institucionaliza, dando origem ao Conselho de Revolução, herdeiro da Junta de Salvação Nacional e do Conselho de Estado. Um episódio particularmente marcante desta fase de preparação do momento constituinte foi a celebração do Primeiro Pacto MFA-Partidos, de 13 de Abril de 1975, também conhecido por Plataforma de Acordo Constitucional. Este acordo seria assinado pelos partidos Comunista, Socialista, Popular

---

[2] Esta etapa tem na lei constitucional n.º3/74, de 14 de Maio, que previa a eleição da Assembleia Constituinte por sufrágio directo, secreto e universal, nas leis eleitorais (Decretos n.º 621-A, 621-B e 621-C, de 15 de Novembro de 1974) e na lei dos partidos políticos, e no 1.º Pacto MFA-Partidos de 11 de Abril de 1975 os seus documentos definidores. Vide Ferreira 1994, 200 ff.

Democrático, Movimento Democrático Português/Centro Democrático Social e Frente Socialista Popular e, claro está, pelo próprio Movimento das Forças Armadas. Nele os militares comprometiam-se explicitamente com a "realização de eleições verdadeiramente livres e responsáveis para a formação da Assembleia Constituinte", embora, ao mesmo tempo, deixassem bem claro que deste acto eleitoral não deveriam ser retiradas quaisquer ilações sobre a sua própria legitimidade ou representatividade.[3] O Pacto apontava assim no sentido de um regime político sob tutela militar, centrado no Conselho da Revolução e apoiado na Assembleia do MFA, com um Presidente da República eleito por um colégio eleitoral constituído por essa Assembleia e por uma Assembleia Legislativa a criar. E é sob o seu signo que vão decorrer, primeiro, a fase final da campanha eleitoral; segundo, as eleições para a Constituinte; e, finalmente, os debates sobre os direitos sociais que se editam, e se analisam, neste livro.

Esta primeira fase do processo constituinte culmina na escolha dos 250 deputados a quem foi confiada a missão de redigir e aprovar a primeira Constituição do Portugal democrático. Exactamente um ano após o derrube do Estado Novo, os portugueses participam massivamente nas eleições para a Assembleia Constituinte: a taxa de participação eleitoral então registada, 91,2%, continua a ser a mais elevada na história do nosso país. A eleição dos deputados à Assembleia Constituinte ajudaria a clarificar a posição ideológica relativa dos diferentes, e, em quase todos os casos, recém-formados, partidos que se apresentaram a sufrágio. Clarificação que ocorreu não só no decurso das respectivas campanhas eleitorais, entre Março e Abril de 1975, em que os partidos se tiveram que pronunciar sobre o que desejavam ver incluído (e excluído) da nova Constituição, mas também em virtude dos resultados por eles eleitoralmente obtidos, e que vieram a determinar, para surpresa de alguns, a distribuição de forças na Constituinte. O Partido Socialista, sob a lide-

---

[3] Pode ler-se no Título C, Artigo 5.º da referida plataforma de acordo: "Tendo em conta que as próximas eleições se destinam unicamente à designação de uma Assembleia Constituinte, cuja missão será elaborar e aprovar a Constituição, as eventuais alterações à composição do Governo Provisório, até à eleição da Assembleia Legislativa e à consequente formação do Governo, competirão somente à iniciativa do Presidente da República2, ouvido o Primeiro-Ministro e o Conselho da Revolução" (in Neves 1976, 315).

rança de Mário Soares e Salgado Zenha, foi o vencedor com 37,87% dos votos, a que corresponderam 116 dos 250 lugares em disputa. Em segundo lugar ficou o PPD, com 26,38% e 81 deputados: refira-se que o líder do PPD, Francisco Sá Carneiro, estava em tratamento médico em Londres, e não pode portanto participar na campanha eleitoral. O terceiro partido mais votado foi o PCP de Álvaro Cunhal, com 12,53% dos votos e 30 deputados, seguido do CDS, dirigido por Freitas do Amaral e Amaro da Costa, com 7,61% dos votos e 16 deputados. Os outros partidos que lograram eleger representantes para a Assembleia Constituinte foram o MDP/CDE, com 4,14% e 5 deputados, a União Democrática Popular (UDP) com 0,79% e um deputado pelo círculo de Lisboa, e a União de Defesa dos Interesses de Macau (ADIM) cujos 1622 votos (0,03%) lhe valeram eleger um deputado.

Entre os deputados à Constituinte, presidida por Henrique de Barros, contavam-se muitas das principais figuras políticas à época.[4] Na bancada socialista, sobressaem nomes de históricos no combate à ditadura como José Magalhães Godinho, Manuel Tito Morais ou Raúl Rêgo; ex-líderes das lutas estudantis dos anos 60 e 70 como Sottomayor Cardia, José Luís Nunes ou Jaime Gama; e exilados no estrangeiro como António Barreto ou Manuel Alegre. No PPD, Jorge Miranda e Barbosa de Melo foram dos deputados mais activos, contando ainda a bancada do PPD com figuras como Francisco Pinto Balsemão, Manuel da Costa Andrade, Marcelo Rebelo de Sousa e Helena Roseta. Entre os comunistas, são de salientar os nomes de Álvaro Cunhal, que participa na sessão de abertura, mas cede o seu lugar logo de seguida, Octávio Pato, Ângelo Veloso e Vital Moreira, este último com um papel de grande destaque nos trabalhos da Constituinte e no esforço de sistematização do texto constitucional (em que é acompanhado por Jorge Miranda).

---

[4] Para a lista completa de deputados eleitos para a Assembleia Constituinte, veja--se http://debates.parlamento.pt/r3/dac/assuntos/deputados/circulos.aspx.

ASSEMBLEIA CONSTITUINTE.	
Distribuição dos deputados pelos vários grupos parlamentares:	
PS:	116
PPD:	81
PCP:	30
CDS:	16
MDP:	5
UDP:	1
ADIM:	1

A segunda fase do processo constituinte tem início a 1 de Julho de 1975, com a apresentação dos projectos de Constituição elaborados pelos diferentes partidos políticos.[5] A 4 de Julho, são concluídos os trabalhos da Comissão de Sistematização da Constituição, responsável por apresentar uma proposta global, sobre a qual os deputados se debruçariam, em plenário, até ao dia 24 do mesmo mês, altura em que seria submetida a aprovação a sistematização geral da Constituição. A estes projectos e propostas somaram-se ainda os pareceres saídos das várias Comissões nomeadas para discutir, e negociar, as matérias a incluir nos diferentes títulos e capítulos da Constituição. É com base nestas três categorias de documentos que os debates na generalidade e especialidade tiveram lugar.[6]

---

[5] Publicados em conjunto no *Diário da Assembleia Constituinte* no dia 24 de Julho (16S/24-7-75/358-1).

[6] No Artigo 3.º do Regimento da Assembleia Constituinte, sobre o plano de elaboração da Constituição, pode ler-se: "A Constituição será elaborada de harmonia com o seguinte plano: 1.º Apresentação de projectos de Constituição e de propostas de sistematização do texto constitucional; 2.º Nomeação de comissão que, tendo em vista os projectos e as propostas apresentados, dê parecer sobre a sistematização da Constituição; 3.º Debate na generalidade sobre os projectos e propostas e o parecer da comissão e aprovação pela Assembleia do sistema geral da Constituição; 4.º Nomeação de comissões para elaborar pareceres sobre as matérias dos diferentes títulos ou capítulos da Constituição nos prazos determinados pela Assembleia; 5.º Debate na generalidade e na especialidade e votação a respeito de cada título ou capítulo da Constituição, com base em todos os projectos e propostas até então apresentados e nos pareceres das respectivas

32   *O Momento Constituinte – Direitos Sociais na Constituição*

De resto, estes debates marcam o início da terceira fase do processo constituinte português. Isto porque, entre nós, não houve lugar à consulta a peritos externos à Constituinte, como, por exemplo, aconteceu em diversos casos de criação constitucional mais recente, designadamente na Europa de Leste, no início dos anos 90 (ex. Raudla 2010). A terceira fase de criação constitucional, designada, usualmente, de "deliberação", não deve, porém, ser confundida ou subsumida à modalidade estritamente deliberativa de discussão pública, numa acepção habermasiana (isto é, centrada na troca racional de argumentos, tão imparciais e generalizáveis quanto possível, com vista à obtenção de um acordo). É que são várias as modalidades de deliberação além da "racional", e a negociação é, também ela, uma modalidade discursiva, identificada e analisada pela literatura que se debruça sobre os processos constituintes. A isto acresce que, em casos como o português, nem uma nem outra são, muitas das vezes, as categorias mais indicadas para dar conta do que efectivamente se passou nos debates constituintes. Por esta razão, optamos por designar esta fase de "debate constituinte", que inclui, quer o trabalho constituinte desenvolvido à porta fechada, nas Comissões, quer as reuniões plenárias, onde se debateram questões na generalidade e especialidade. É, a este respeito, de assinalar que o primeiro debate na generalidade teve início a 31 de Julho, tendo como base de discussão o parecer da 1.ª Comissão sobre a matéria de "Princípios Fundamentais".

Todavia, no contexto deste livro, interessam-nos sobretudo os trabalhos da 2.ª e 3.ª Comissões. Isto porque os debates transcritos neste volume versam sobre os direitos à segurança social, à saúde e à educação, e estes direitos encontram-se consagrados em dois Títulos diferentes da Parte I da Constituição de 1976, "Direitos e deveres fundamentais", em que era missão das 2.ª e 3.ª Comissões trabalhar. Comecemos pelo direito à educação. Sob o Título II, "Direitos, liberdades e garantias", é garantida a liberdade de aprender e ensinar (artigo 43.º), ao passo que no Capítulo IV "Direitos e deveres culturais", do Título III, "Direitos e deveres económicos, sociais e culturais", são garantidos aos portugueses os direitos à educação e cultura (artigo 73.º), ensino (artigo 74.º), ensino

---

comissões; 6.º Nomeação de comissão encarregada de proceder à harmonização dos títulos ou capítulos da Constituição aprovados e à redacção final do texto; 7.º Aprovação global da Constituição pela Assembleia Constituinte".

O Processo de Criação Constitucional

público e particular (artigo 75.º), acesso à Universidade (Artigo 76.º) e à criação e investigação científicas (artigo 77.º). Neste mesmo Título III, no Capítulo III "Direitos e deveres sociais", surge o direito à segurança social (artigo 63.º), logo seguido do direito à protecção na saúde (artigo 64.º). O parecer sobre o Título II, "Direitos, liberdades e garantias", onde ficou incluída a liberdade de aprender e ensinar, foi da responsabilidade da 2.ª Comissão, ao passo que a 3.ª Comissão ficou encarregada do parecer sobre o Título III, onde encontramos os direitos à segurança social, saúde e educação.

A composição das Comissões reflectia a distribuição de forças na Assembleia Constituinte, tendo o Partido Socialista a possibilidade de indicar quatro representantes para integrarem as referidas Comissões, o PPD três, o PCP dois, e os restantes partidos um deputado cada (CDS e MDP/CDE).[7] Presidida por Alberto Marques de Oliveira e Silva, do PS, a 2.ª Comissão teve como secretário José Pinheiro Lopes de Almeida, do PCP, e como relator Manuel da Costa Andrade, do PPD, entretanto substituído nessa função pelo seu colega de bancada, José Augusto Seabra. É este último que apresenta ao hemiciclo o parecer da 2.ª Comissão sobre os projectos de Constituição dos partidos relativos ao tema "Direitos e Deveres Fundamentais" da Parte I (Títulos I "Princípios Gerais" e II "Direitos, Liberdades e Garantias"), no dia 12 de Agosto de 1975. Quanto à 3.ª Comissão, responsável pelo projecto e parecer do Título III sobre os "Direitos e deveres económicos, sociais e culturais", teve como presidente o socialista Francisco Marcelo Curto, como secretário Hilário Marcelino Teixeira, do PCP, e como relator Mário Pinto, do PPD.[8]

---

[7] A lista completa dos deputados que participaram nos trabalhos da 2.ª Comissão é: Alberto Marques de Oliveira e Silva (PS), Joaquim Antero Romero Magalhães (PS), José Luís Amaral Nunes (PS), Mário António da Mota Mesquita (PS), Manuel da Costa Andrade (PPD), António Joaquim da Silva Amado Leite de Castro (PPD), José Augusto Seabra (PPD), José Pinheiro Lopes de Almeida (PCP), Hipólito Fialho dos Santos (PCP), Basílio Adolfo Mendonça Horta da França (CDS), Luís Manuel Alves de Campos Catarino (MDP/CDE). As reuniões da 2.ª Comissão tiveram lugar numa sala do Palácio de S. Bento nos dias 29, 30 e 31 de Julho, e nos dias 1, 4, 5, 6, 7, 8, 11 e 12 de Agosto de 1975.

[8] A lista completa dos deputados que integraram os trabalhos da 3.ª Comissão é: Francisco Manuel Marcelo Monteiro Curto (PS), Alfredo Fernandes de Carvalho (PS), José Manuel Niza Antunes Mendes (PS), Manuel Joaquim Paiva Pereira Pires (PS), Mário Campos Pinto (PPD), António Martelo de Oliveira (PPD), José António Nunes

O *Momento Constituinte – Direitos Sociais na Constituição*

Uma vez que da actividade destas Comissões existem apenas actas, cujo conteúdo é muito sumário, é sobre os debates, na generalidade e especialidade, das propostas saídas das Comissões, que nos vamos neste livro debruçar, na tentativa de melhor compreender as razões, e também os interesses, por detrás da constitucionalização muito substantiva de direitos sociais em Portugal. Constitucionalização que, tendo largamente sobrevivido a sucessivas revisões, se mantém como um dos traços distintivos da nossa Constituição.

Já os resultados das votações dos pareceres das Comissões são conhecidos, embora por determinação regimental não se tivesse registado de que forma votou cada deputado ou mesmo cada força partidária. O debate na generalidade sobre o parecer da 2.ª Comissão teve início a 13 de Agosto de 1975 e terminou a 19 do mesmo mês, com a sua aprovação com 2 votos contra e 11 abstenções. O debate na especialidade teve início no dia seguinte, tendo sido discutida a liberdade de aprender e ensinar no dia 3 de Setembro. Já o debate na generalidade sobre o parecer da 3.ª Comissão, incidindo sobre "Direitos e Deveres Económicos, Sociais e Culturais", teve lugar entre 9 e 12 de Setembro de 1975, tendo sido aprovado com 3 votos contra e 2 abstenções. O debate na especialidade iniciou-se no dia seguinte, com a discussão do artigo 1.º do Capítulo I, atinente às condições para a efectivação dos direitos económicos, sociais e culturais. O direito à segurança social foi debatido na especialidade nos dias 2 e 3 de Outubro, o direito à protecção na saúde nos dias 3 e 4 de Outubro, e o debate na especialidade sobre educação teve lugar entre 9 e 17 de Outubro de 1975.

Na posse destes dados factuais sobre as primeiras fases do processo português de criação constitucional, designadamente no que diz respeito à definição das traves mestras do nosso Estado social, estamos agora em condições de prosseguir para a análise da fase seguinte, a do "debate constituinte", mas não sem antes reflectir sobre o conjunto de razões por que importa hoje olhar, de novo, para a Constituição, da perspectiva dos debates que lhe estiveram na origem.

Furtado Fernandes (PPD), Hilário Manuel Marcelino Teixeira (PCP), Avelino António Pacheco Gonçalves (PCP), Vítor António Augusto Nunes Sá Machado (CDS), Manuel Domingos Sousa Pereira (MDP/CDE). As reuniões da 3.ª Comissão tiveram lugar numa sala do Palácio de S. Bento nos dias 6, 8, 12, 13, 14, 19, 20, 21, 22, 25, 26, 27, 28, 29 de Agosto e 1, 2, 3, 4, 5 e 8 de Setembro de 1975.

*Cerimónia de assinatura do Primeiro Acordo Constitucional MFA-Partidos,
11 de Abril de 1975*

Fonte: Secretariado Nacional de Informações (SNI)
Arquivo Nacional da Torre do Tombo

Sessão de dinamização cultural, em Armamar, entre 16 e 23 de Abril de 1975, no âmbito do Processo Revolucionário em Curso (PREC)

Fonte: Secretariado Nacional de Informações (SNI)
Arquivo Nacional da Torre do Tombo

*Colagem de cartazes, Lisboa, campanha para a Assembleia Constituinte,
1 de Abril de 1975*

Fonte: Secretariado Nacional de Informações (SNI)
Arquivo Nacional da Torre do Tombo

Eleições para a Assembleia Constituinte, 25 de Abril de 1975

Fonte: O Século
Arquivo Nacional da Torre do Tombo

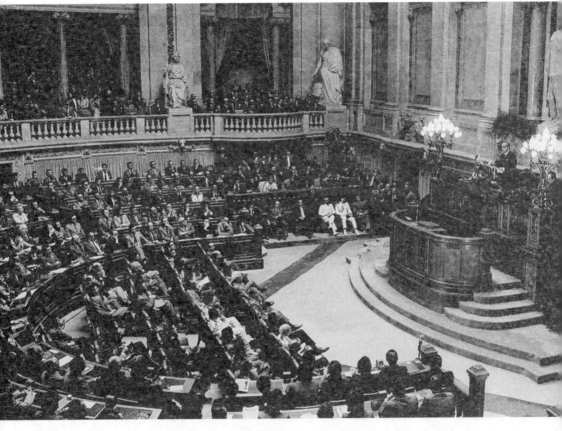

Abertura da Assembleia Constituinte, 2 de Junho de 1975
Fonte: Secretariado Nacional de Informações (SNI)
Fotógrafo: Alberto Gouveia
Arquivo Nacional da Torre do Tombo

Mário Soares, Secretário-Geral do Partido Socialista (PS), na cerimónia solene de abertura da Assembleia Constituinte, 2 de Junho de 1975

Fonte: Flama
Arquivo Nacional da Torre do Tombo

Da esquerda para a direita: Salgado Zenha, Partido Socialista (PS), António Barbosa de Melo, Partido Popular Democrático (PPD), Francisco Sá Carneiro, Secretário-Geral do Partido Popular Democrático (PPD), Diogo Freitas do Amaral, Partido do Centro Democrático Social (CDS), na cerimónia de abertura da Assembleia Constituinte, 2 de Junho de 1975

Fonte: Flama
Arquivo Nacional da Torre do Tombo

Álvaro Cunhal, Secretário-Geral do Partido Comunista Português (PCP), na cerimónia solene de abertura da Assembleia Constituinte, 2 de Junho de 1975

Fonte: Flama
Arquivo Nacional da Torre do Tombo

Cerco à Assembleia Constituinte por trabalhadores da construção civil, 12 e 13 de Novembro de 1975

Fonte: O Século
Arquivo Nacional da Torre do Tombo

Sessão solene de encerramento da Assembleia Constituinte, 2 de Abril de 1976

Fonte: O Século
Arquivo Nacional da Torre do Tombo

Introdução

A era política moderna é a era das revoluções democráticas. É também a era do constitucionalismo. Apesar disto, os momentos constituintes – esses verdadeiros momentos fundadores, em que são articulados os princípios, instituições e valores de uma sociedade a mãos com a sua reinvenção política – só raramente têm estado no centro das atenções da ciência política. Ao invés, os cientistas políticos vêm privilegiando a análise da política normal, da política da democracia institucionalizada, operando dentro de regras e procedimentos definidos nesses momentos originais, em que o povo emerge, perante si mesmo, como poder constituinte, por via do princípio representativo. Para captar esta dimensão outra do político, esta política do extraordinário, pautada pela reorientação, por vezes profunda, de entendimentos, valores e identidades colectivas, é necessário fazer uma viagem de regresso aos momentos constituintes, e, nesse regresso, repensar a forma de estudar o político. É essa viagem que este livro se propõe fazer, ainda que de forma necessariamente selectiva, ao trazer de novo a público, os debates tidos na Assembleia Constituinte, entre Agosto e Outubro de 1975, sobre alguns dos mais importantes direitos económicos, sociais e culturais (doravante, DESC), que viriam integrar o Título III da nossa Constituição.

Para além da edição desses debates, este livro convida o leitor a olhá-los de uma nova perspectiva. E ao fazê-lo afasta-se da abordagem dominante, de cariz legalista, às "revoluções constitucionais" modernas. Essa abordagem, quase hegemónica em Portugal, distingue-se por se centrar nas alterações introduzidas ao regime jurídico dos direitos e deveres fundamentais, no "problema jurídico-constitucional" (Novais 2010, 13) que os direitos económicos, sociais e culturais, em particular, levantam, e nas traves-mestras e regras processuais estabelecidas para o novo regime político, suas lógicas e eventuais coerências internas. Neste estudo, pelo contrário, pretende-se conceder especial atenção à dimensão do simbólico, que habita e se difunde a partir do momento constituinte, abrindo possibilidades e colocando limitações à luta política democrática que se lhe segue. O mesmo será dizer, pois, que neste livro se confere primazia à esfera dos vocabulários, das ideologias, dos símbolos, das imagens, das memórias, dos mitos e das utopias que no texto constitucional confluem, não sem atrito, e que, por mediações múltiplas, passam a fazer parte da "forma como concebemos e falamos sobre a nossa vida política" (Wolin 1990, 9).

Como Sheldon Wolin sublinha, as Constituições não apenas criam, estruturam e limitam poder e autoridade. Elas também, e criticamente, "constituem um povo de uma certa forma" (1990, 9). E "os valores pelos quais essa nova entidade colectiva" – esse povo em aspiração, que a Constituição pressupõe, e, ao fazê-lo, de alguma forma, cria – "se quer ver conhecida" encontram-se comummente anunciados no preâmbulo que a introduz (1990, 9). Assim acontece também no preâmbulo da Constituição da República Portuguesa de 1976. Nele se fala em nome de um povo português que se encontra representado, mas não totalmente subsumido, no texto constitucional. Um povo para o qual são aspirações fundamentais, "libertar Portugal da ditadura, da opressão e do colonialismo", restituir "aos Portugueses os direitos e liberdades fundamentais", "defender a independência nacional", "estabelecer os princípios basilares da democracia", "assegurar o primado do Estado de Direito democrático", "abrir caminho para uma sociedade socialista": em suma, construir "um país mais livre, mais justo e mais fraterno", num futuro que a Constituição projecta. Na letra da Constituição, são estas pois as principais metas de um povo português ainda a fazer, mas em nome do qual a Constituição já fala e, falando, já também actua.

Este povo que a Constituição portuguesa constitui é ainda um povo para quem a democracia, na sua dimensão processual, focalizada no estabelecimento das regras do jogo democrático, embora sendo fundamental, não é suficiente, e seria mesmo incompreensível, se não voltada para a realização de uma democracia "substantiva", "económica, social e cultural" (CRP, art. 2.º), que o generoso catálogo de direitos sociais constitucionalizados, incorporado no Título III da Lei Fundamental, articula. No intuito de redesenhar a realidade social e política portuguesa, a nossa Constituição interpretou, assim, o Estado de Direito e a

Introdução　　37

democracia política como elementos que encontram a sua completude teleológica na democracia substantiva. E a acreditar nos resultados de estudos de opinião recentemente feitos em Portugal, foi esta mesma concepção da democracia que venceu, e assentou raízes profundas, no imaginário social e político dos portugueses, para quem a produção de um certo nível mínimo de bem-estar económico e a diminuição das desigualdades constituem os dois aspectos mais importantes da forma política democrática, e das expectativas que em relação a ela se alimentam e, nalguns casos, se frustram (Magalhães 2009, p. 37; 2004, p. 94).[9]

Fontes irradiadoras de novos entendimentos colectivos, as Constituições são também, e mais fundamentalmente, textos. Textos que são "literalmente constituídos pelo discurso e pelos entendimentos partilhados nele incorporados" (Tilly e Goodin 2006, 9). Por trás desta "partilha" podem esconder-se, porém, focos de tensão múltiplos, entre pontos de vista, interesses, ideologias e discursos distintos, da autoria de diferentes grupos sociais e/ou de distintas forças políticas, que no momento constituinte contribuíram colectivamente para a definição do conteúdo e das finalidades de uma comunidade política democrática em pleno processo de criação. Daí que a identidade colectiva e a forma de vida política que as Constituições estabelecem sejam amiúde contestadas, e, mais do que isso, permaneçam, sempre, contestáveis. Não esqueçamos que uma qualquer identidade política colectiva é, em larga medida, "criada e perpetuada pelo discurso público" (Wolin 1990, 9), sobretudo tal como mobilizado no âmbito da luta político-partidária. E entre nós esse discurso vem-se repetidamente posicionando por relação ao momento constituinte, numa luta política que é também, por cá, uma luta pelo controlo sobre a forma como imaginamos o nosso passado constitucional revolucionário, e sobre a forma como ele terá moldado "quem somos, e como somos, enquanto povo democrático" (Frank 2010, 39).

Ponto fulcral nessa disputa tem sido a relação da democracia com os direitos sociais, enquanto direitos a prestações e serviços públicos, cuja

---

9 Refira-se, a este título, que a CRP de 76, no seu artigo 81.º (Parte II – Organização Económica), estabelece serem incumbências prioritárias do Estado no campo económico e social, promover o aumento do bem-estar social e económico, promover a igualdade, corrigir desigualdades na distribuição da riqueza e do rendimento. Embora o articulado tenha sido entretanto revisto, estes aspectos mantêm-se presentes.

garantia recai sobre o aparelho de Estado. Trata-se, aliás, de uma clivagem antiga, quanto às obrigações prioritárias do Estado em Portugal, que é também porventura aquela que mais separa a esquerda da direita entre nós. A resiliência desta clivagem é notória, sendo que ela sobressai agora por razões adicionais, de ordem conjuntural, que se prendem com a crise económica e financeira internacional aberta em 2008.

Mas a verdade é que, conjuntura à parte, já há várias décadas que se fala na "crise" do Estado Providência europeu (ex. Rosavallon 1981). De entre os factores conduzindo a uma tal "crise", dois são os mais frequentemente apontados. Por um lado, temos a globalização económica, e as pressões que dela advêm para a redução das despesas sociais, de modo a aumentar a competitividade das empresas e das economias. Por outro, temos a questão das alterações demográficas, que afectam dramaticamente a Europa: isto é, as taxas de natalidade baixas, o aumento da esperança média de vida, e a significativa redução do rácio entre a população em idade produtiva e a população em idade não produtiva.

Apesar da retórica da "crise" ser prevalecente, e das causas que lhe são apontadas permanecerem largamente intocadas, se olharmos para as políticas públicas concretas, verificamos, com alguma surpresa inicial, que, um pouco por toda a Europa, a reforma do Estado Providência tem sido de cariz incremental, não implicando grandes mudanças paradigmáticas. Paul Pierson elenca as razões para esta ausência de mudanças radicais nas estruturas do Estado Providência e nos diferentes programas sociais que este usualmente comporta. Entre elas destaca-se, em primeiro lugar, o facto de nas democracias europeias o Estado Providência representar hoje o *status quo*, um adquirido tido por insusceptível de retrocesso. Em segundo lugar, figuram os elevados custos eleitorais associados a tentativas de diminuição dos programas sociais, que as sondagens de opinião largamente comprovam. Este custo tem, para Pierson, quatro principais causas: 1) o apoio popular generalizado ao Estado Providência, que não tem conhecido grande decréscimo ao longo dos anos; 2) a organização e resultante capacidade reivindicativa dos grupos que dele mais directamente beneficiam; 3) o facto de os programas sociais gerarem novos interesses organizados, sobretudo entre os consumidores e os fornecedores de serviços, que se opõem ferozmente ao seu desmantelamento ou reforma; e, finalmente, o 4) facto adicional de os contribuintes estarem mais dispostos a penalizar o governo por cortes aos programas sociais do que a recompensá-los pelos custos (e sobretudo pela carga fiscal) mais baixos que esses cortes porventura possibilitariam. Em resumo, estaríamos aqui perante uma situação típica daquilo a que a gíria da ciência política chama de "path dependency" (um padrão institucional que se reproduz e mesmo reforça ao longo do tempo, tornando-se de difícil reversibilidade). No caso do Estado Social, os custos políticos da mudança, mesmo que para uma alternativa potencialmente mais eficiente, seriam, assim, bem maiores do que os da continuidade no curso pré--definido.

Mexer no Estado Providência é, assim, um jogo eleitoralmente muito arriscado. E, como tal, "a política contemporânea do Estado Providência" sai aptamente caracterizada por Pierson como uma "política de evitamento da culpa" (Pierson 1996, 177). Todavia, Pierson equaciona condições que, teoricamente, poderiam proporcionar uma reforma mais significativa dos programas sociais existentes. Primeiro, essa reforma pode acontecer quando os governos sintam que estão numa posição suficientemente forte para poderem acatar as consequências eleitorais de decisões impopulares. Segundo, ela pode ocorrer quando seja possível fazer cortes sem lhes conferir grande visibilidade, dessa forma fugindo-se mais facilmente à responsabilização. Terceiro, haverá uma maior abertura dos partidos à reforma, se for realista esperar-se uma alteração das regras do jogo, ou da forma como os *trade-offs* entre impostos, despesa e défices são apresentados, avaliados, e decididos, designadamente por intermédio da intervenção de um agente externo, como a União Europeia, para quem a responsabilidade pelo corte na despesa social e nos serviços possa ser deflectida. Quarto, e esta, combinada com a condição anterior, são um pouco as condições sob as quais vivemos, é possível equacionar uma reforma mais substantiva da estrutura do Estado Providência quando exista uma situação de má performance económica e de crise orçamental grave, à luz da qual as reformas possam ser plausivelmente apresentadas ao eleitorado como uma tentativa de salvação do Estado Social e não de o pôr em causa ou de proceder ao seu desmantelamento.

Não é pois de estranhar que seja precisamente agora que a questão de uma possível revisão da Constituição "na área social" tenha sido trazida à discussão pública em Portugal. A crise financeira de 2008 veio obrigar muitos Estados, incluindo o nosso, a um esforço de contenção orçamental rápido e muito substantivo, no intuito de controlar os seus níveis excessivos de dívida pública. Um esforço que tem sido imposto e monitorizado pela União Europeia, já que dele depende a sustentabilidade da zona euro, em primeira mão ameaçada pelo colapso das contas públicas gregas. Em resultado deste contexto particularmente grave de crise, que se vê marcado pela forte desaceleração económica, pelo aumento exponencial do desemprego, e pelas crescentes pressões sociais que daí advêm, a questão da redefinição das prioridades sociais do Estado, e das formas de financiamento e configuração dos diversos serviços públicos que ele oferece (sobretudo nas áreas da saúde, educação e segurança social, responsáveis por uma fatia muito substantiva da despesas sociais), passou novamente a ocupar a ordem do dia e a constituir um dos nódulos fundamentais da luta político-partidária. O debate sobre o modelo futuro de Estado Providência que queremos, e que a que podemos efectivamente ambicionar, está pois relançado, sobretudo na Europa, onde a singularidade do "modelo social europeu" foi, durante várias décadas, ponto de identificação entre Estados, e ponto de honra da construção europeia. No nosso país, porém, este debate vê-se frequentemente transubstanciado, como agora acontece, num debate sobre a necessidade de mexer ou não no texto constitucional, designadamente no seu Título III, votado aos "Direitos e Deveres Económicos, Sociais e Culturais".

Ora é precisamente o debate ocorrido na Assembleia Constituinte de 1975-1976 sobre direitos sociais, económicos e culturais que este livro se propõe revisitar. E fá-lo primeiramente com o objectivo de articular a pluralidade de razões que levaram os diferentes partidos com assento parlamentar a apoiar o texto final da Lei Fundamental relativo a estes direitos. Razões que, como adiante veremos, compreendem concepções diversas das obrigações sociais do Estado, das finalidades que estas devem preencher, da relação desejável entre Estado e sociedade, da melhor forma de organização social e de vida em comum. Esta multiplicidade de razões não deveria causar especial surpresa. Recordemos que a viabilização de uma Constituição exige o acordo de um número alargado de forças e actores políticos. Por isso mesmo, um tal acordo, quando finalmente alcançado, tende a ser resultado não do unanimismo, mas antes dos compromissos possíveis entre diferentes perspectivas político--ideológicas. Compromissos que, em muitos casos, estão longe de sanar

Introdução 41

divergências de fundo, e que se podem reflectir em tensões intrínsecas ao próprio articulado da Constituição. Todavia, a análise interna ao texto da Constituição, separada do debate que lhe deu origem, pode facilmente obnubilar o seu carácter compromissório. E, na busca da lógica jurídica do texto, fazer desaparecer de vista toda a diversidade de visões em jogo no momento constituinte e com um forte legado político para além dele.

À primeira vista, este regresso às origens constituintes dos direitos económicos, sociais e culturais poderá parecer um exercício de mera arqueologia histórica, curioso porventura, mas inconsequente. Todavia, tal conclusão seria, no mínimo, apressada. O extensíssimo catálogo de direitos sociais entre nós constitucionalizado – numa Constituição com 300 artigos, 29 são-lhes dedicados – constitui uma das mais destacadas singularidades da Constituição portuguesa, como a literatura internacional é a primeira a reconhecer (veja-se, por exemplo, Fabre 2005). Nenhuma Constituição à altura, e nenhuma Constituição posterior, consagrou direitos sociais, económicos e culturais, em igual número ou mesmo em semelhante detalhe (Ben-Bassat e Dahan 2008). Direitos cuja abrangência não foi afectada pelas sucessivas revisões constitucionais, e que vão, ainda hoje, desde o direito ao trabalho aos direitos à segurança social, à saúde, à habitação, ao ambiente, à qualidade de vida, à educação, à protecção na maternidade, na infância, na deficiência e na terceira idade, para mencionar apenas alguns exemplos. À exaustividade da lista, à minúcia do tratamento de cada um dos direitos consagrados, junta-se ainda um terceiro traço distintivo, que importa, desde já, salientar: a prescrição de formas concretas como o Estado deverá proceder à sua implementação. Encontram-se, assim, previstas, entre outras, a obrigação do Estado criar um sistema unificado de segurança social; de erigir um sistema nacional de saúde de acesso universal e gratuito; de instituir um sistema de educação básica acessível a todos os cidadãos; e de implementar políticas de habitação e de arrendamento compatíveis com os níveis de rendimento dos agregados familiares. E tudo isto é relevante assinalar, porque aponta, ainda que preliminarmente, para o facto do legislador constituinte (e apesar do uso canónico do singular, esse legislador foi obviamente plural, como este livro demonstra) ter optado por um nível de compromisso constitucional significativo, importando saber por que é que tal aconteceu, e de que forma. A preocupação com a tradução prática dos direitos elencados, pela imposição de um dever de fazer ao Estado, encontra-se, assim, patente, no texto em que se estabelecem os fundamentos da nossa democracia.

Com efeito, comparações internacionais sobre diferentes aspectos do compromisso constitucional para com a realização dos direitos económicos, sociais e culturais, sugerem que ele é, entre nós, bastante elevado. Esse compromisso pode ser conceptualizado à luz de um modelo do tipo principal – agente, através do qual se capta a natureza da relação entre o momento constituinte e a política ordinária. Traduzindo noutras palavras, a incorporação de direitos económicos, sociais e culturais numa Constituição pode ser vista como uma delegação do legislador constituinte nos governos futuramente eleitos do dever de realização de determinadas tarefas (por exemplo, a criação e manutenção de certos serviços públicos), de cujo cumprimento depende a realização dos direitos em causa.

A literatura definiu vários critérios para avaliar o grau de pré-compromisso constitucionalmente assumido, e a obrigação mais ou menos forte que ele faz recair sobre o aparelho de Estado. Concentramo-nos aqui nos quatro critérios elencados por Christopher Whytock (2004), para aferir da intensidade desse compromisso para o caso português. Primeiro, temos a *precisão*: isto é, a definição mais ou menos vaga da obrigação imposta ao Estado (por exemplo, o artigo 7.º da Constituição alemã, "Todo o ensino está sob alçada do Estado", é impreciso, e, como tal, imporia uma obrigação vaga apenas). Segundo, a *obrigação*: isto é, se o texto constitucional impõe expressamente ou não uma obrigação positiva ao Estado, não deixando à discrição deste o que fazer quanto à matéria (por exemplo, o artigo 21 A da Constituição indiana, "O Estado tem de assegurar o ensino livre e obrigatório para todas as crianças entre os 6 e os 14 anos da forma que entender, por lei, determinar", imporia uma obrigação forte). Terceiro, a *justiciabilidade*: isto é, se existem ou não instituições judiciais competentes para fiscalizar o cumprimento dos direitos sociais ou agências responsáveis pela monitorização da sua implementação por parte do Estado. Finalmente, quarto, a *revisibilidade*: isto é, o que é necessário para efectuar uma revisão do texto constitucional. Refira-se, sobre este aspecto, que, na literatura internacional, a maioria reforçada de 2/3 exigida pela nossa Lei Fundamental para a revisão da Constituição configura um grau elevado de pré-compromisso.

Introdução 43

Se aplicarmos estes critérios à determinação do nível de compromisso constitucional em Portugal em relação aos direitos económicos, sociais e culturais, verificaremos que ele é muito forte em três das quatro dimensões, sendo mais fraco noutra delas, a da justiciabilidade. Antes de discutir cada uma destas dimensões em maior pormenor, importar salientar que os DESC são na nossa Constituição reconhecidos como direitos fundamentais, com uma clara dimensão subjectiva – "Todos têm direito a...". A um tal primeiro factor de saliência dos DESC, juntam-se imediatamente dois outros: a exaustividade do catálogo e a especificação detalhada dos deveres estatais na sua realização. Veja-se, por exemplo, como, no artigo 63.º (segurança social), se determina que a obrigação do Estado para a realização do direito à segurança social consiste na criação e manutenção de um sistema de segurança social de natureza pública e obrigatória, cujas principais características (universal, integral, unificado, descentralizado, participado) são expressamente estipuladas. De forma análoga, no artigo seguinte, dedicado ao direito à saúde (art. 64.º), é expressamente imposto às entidades legislativas e administrativas um dever constitucional de criação de um serviço público nacional de saúde, cujas características mais importantes (universalidade, generalidade, gratuitidade) e forma específica de gestão (descentralizada e participada) são, novamente, estipuladas em detalhe, e apresentadas como vinculando directamente as entidades legislativas e administrativas responsáveis pela sua realização. Por fim, e para dar apenas mais um exemplo, no que concerne ao direito ao ensino, tal como constitucionalizado entre nós, ele impõe ao Estado o dever de assegurar um ensino básico, universal, obrigatório e gratuito, o que, por sua vez, exige a criação de uma rede escolar de estabelecimentos públicos de ensino bem como um sistema geral de educação pré-escolar (art. 74.º). No nível de detalhe das obrigações impostas ao Estado, o texto constitucional que ainda hoje conhecemos reflecte, assim, as intenções dos deputados à 3.ª Comissão, tal como sumariadas pelo seu presidente, Marcelo Curto: "impor ao Estado obrigações muito precisas a fim de criar condições para a aplicação dos direitos reconhecidos".

O vigor do compromisso constitucional português para com os DESC, em termos de precisão dos direitos e obrigações impostas ao Estado, é muito elevado, e torna-se ainda mais patente quando comparado com a Constituição espanhola de 1978. A tal não é certamente alheio

44   *O Momento Constituinte – Direitos Sociais na Constituição*

o facto de a Constituição espanhola resultar, ao contrário da nossa, de uma transição pactada para a democracia, nem tão pouco o facto de as eleições para as Cortes, em Junho de 1977, terem revelado uma concentração de preferências eleitorais nos partidos de centro-direita e centro-esquerda, com a União de Centro Democrático (UCD) a garantir 34% dos votos e o Partido Socialista Trabalhador Espanhol (PSOE), 29%.

Desde logo, a Constituição espanhola não denomina o capítulo em que os principais DESC estão discriminados como "Dos *Direitos* Económicos, Sociais e Culturais" (como acontece na portuguesa), mas antes como "De los *principios* reguladores de la política social e económica" (Capítulo III do Título I), conferindo-lhes assim, claramente, o estatuto de meros princípios reguladores ou normas programáticas.[10] A diferença é também notória quando passamos ao articulado de cada direito em específico. No tocante à saúde, por exemplo, a Constituição espanhola reconhece o direito à sua protecção, mas é vaga quanto à forma como ela se operacionaliza: "Compete a los poderes públicos organizar y tutelar la salud pública a través de medidas preventivas y de las prestaciones y servicios necessarios" (art. 43.º), remetendo para a lei ordinária o estabelecimento dos "derechos y deberes de todos al respecto". O contraste com a Lei Fundamental portuguesa é ainda mais forte no caso das pensões (art. 50.º), assistência e prestações sociais (art. 41.º), que não são tratados de forma expressa como direitos em nenhum dos artigos que lhes é dedicado, muito menos como direitos subjectivos, e cuja realiza-

---

[10] Com efeito, a estrutura da Constituição espanhola é, a este respeito, especialmente confusa. À semelhança da Parte I da Constituição Portuguesa, também o título I da Constituição espanhola é dedicado aos direitos e deveres fundamentais. Mas se a nossa Constituição não deixa dúvidas de que os DESC são efectivamente direitos fundamentais, ao consagrá-los no título III da parte I como "*Direitos* e deveres económicos, sociais e culturais", com uma clara dimensão subjectiva ("Todos têm direito a…"), já a espanhola é menos clara, ao nem sequer denominar o capítulo em que alguns dos mais importantes DESC estão inseridos (o capítulo III) como "Dos *Direitos*", mas antes como "Dos *Princípios* Reguladores da Política Social e Económica" (Capítulo III), e ao não se referir a muitos deles, nos respectivos artigos, expressamente como "direitos". Uma excepção notória a esta regra é o direito à educação, que figura na Constituição Espanhola como um direito fundamental, com uma inequívoca natureza subjectiva "Todos têm direito à educação"), e que, portanto, está consagrado na I secção do capítulo II (Dos Direitos Fundamentais e das Liberdades Públicas), não no capítulo III do mesmo título I (Dos Princípios Reguladores da Política Social e Económica).

ção passa pela manutenção de um "sistema de servicios sociales" e de um "régimen público de Seguridad Social" de traços não definidos. Quanto à obrigação do Estado pelo aprovisionamento do essencial das prestações e serviços sociais, e à justiciabilidade dos direitos sociais, elas são definidas, na Constituição espanhola, em termos muito diáfanos. Assim, é deixado ao legislador ordinário, aos tribunais e aos executivos um elevado grau de discricionariedade, "El reconocimiento, el respeto y la protección de los principios reconocidos en el Capítulo III informarán la legislación positiva, la práctica judicial y la actuación de los poderes públicos. Sólo podrán ser alegados ante la Jurisdicción ordinária de acuerdo con lo que dispongan las leyes que los desarrollen" (art. 53.º, n.º 3 do Capítulo IV, do Título I). Em Portugal, por contraste, é evidente uma grande densidade impositivo-programática dos DESC.[11] Aliás, não será por acaso que, no âmbito da elaboração da Constituição espanhola, o Partido Comunista Espanhol (PCE) tenha proposto um catálogo de direitos sociais longo, inspirado precisamente na Constituição portuguesa de 1976, e pugnasse, adicionalmente, pela consagração de mecanismos de garantia da efectividade desses direitos (Pousada 2003, 165).

É, porém, precisamente neste capítulo que a Constituição portuguesa fica a *media res*. Desde logo, é deliberada a opção por um regime de protecção constitucional mais fraco para os DESC do que para os direitos de liberdade: se os segundos constituem limites materiais de revisão constitucional, já os primeiros não o são, com a excepção dos direitos dos trabalhadores; se todos os direitos, liberdades e garantias são da reserva de competência legislativa da Assembleia da República, o mesmo não acontece com os DESC, muito embora aspectos centrais de alguns dos mais importantes DESC (designadamente, ensino, saúde e segurança social) o sejam; finalmente, no plano material, o regime de protecção

---

[11] Desde a revisão de 1982, o incumprimento, por parte do Estado, das imposições constitucionais relativamente aos DESC pode justificar a invocação de uma inconstitucionalidade por omissão junto do Tribunal Constitucional, que veio substituir o Conselho da Revolução nas suas funções de fiscalização da constitucionalidade. Todavia, os cidadãos afectados pela inacção do Estado não podem colocar a questão ou suscitar a fiscalização directamente ao Tribunal Constitucional, tendo de primeiro fazer uma petição ao Provedor de Justiça ou ao Presidente da República nesse sentido, e aguardar que estes ajam.

privilegiada cuja caracterização se encontra dispersa por vários artigos da Constituição (art. 18.º, 19.º, 20.º, n.º 5, etc.) aplica-se apenas aos direitos, liberdades e garantias (Novais 2010, 358). E se é certo que a Constituição Portuguesa, na redacção de 76, prevê que o incumprimento das obrigações constitucionais relativamente aos DESC é susceptível de despoletar o mecanismo de inconstitucionalidade por omissão, na eventualidade dessa inconstitucionalidade ser declarada pelo Conselho da Revolução, mediante parecer prévio da Comissão Constitucional, daí resulta uma mera *recomendação* aos órgãos legislativos competentes no sentido de desenvolverem as medidas legislativas necessárias em tempo razoável (art. 279.º). Em conclusão, nos termos da Constituição espanhola de 1978, o grau de protecção, designadamente de protecção constitucional e judicial, dos direitos económicos, sociais e culturais é muito baixo, não sendo estes "direitos" consagrados como direitos subjectivos, mas antes como normas programáticas, cujo principal efeito é estabelecerem autorizações e outorgarem competências aos poderes do Estado, mas obrigarem-nos efectivamente pouco. Já no caso português, em que tais direitos assumem uma "dupla dimensão: subjectiva e objectivo-programática" (Canotilho e Moreira 2007, 825), há uma clara intenção de concretização detalhada do conteúdo dos DESC e do conjunto de acções que exigem por parte do Estado, sendo claro também que prevaleceu o entendimento daqueles partidos para quem os direitos de liberdade mereciam protecção privilegiada.

O nível de pré-compromisso constitucional para com os DESC pode ser substantivo em Portugal, mas essa conclusão não é, em si mesma, suficiente para justificar a atenção que lhes é prestada neste livro. Por isso, é impossível avançar, sem enfrentar a questão: em que medida é importante examinar a problemática da constitucionalização dos DESC e avaliar o nível de pré-compromisso para com eles constitucionalmente assumido? A consagração constitucional dos direitos económicos, sociais e culturais requer, em nosso entender, análise cuidada, porque levanta questões importantes aos cientistas políticos, e sobre as quais são ainda parcos os estudos e as conclusões. Questões que incluem, mas não se esgotam, na das consequências dessa constitucionalização. Será que a constitucionalização tem impacto sobre a redistribuição de rendimento e riqueza ou os níveis de desigualdade de um país? E, no caso de não ter, serão os partidos mais directamente associados à sua constitucionalização, sobretudo quando partidos de governo, especialmente penalizados por isso? Uma outra questão que resulta da constitucionalização dos DESC prende-se com a potencial debilitação do conceito de "direito", e sobretudo dos direitos constitucionalmente protegidos, quando entre eles se incluem direitos a prestações e serviços apenas parcialmente justiciáveis e cuja realização está intimamente dependente da capacidade financeira e administrativa do Estado. Igualmente importante é averiguar em que medida a constitucionalização de direitos sociais pode ameaçar a separação de poderes, quando não promover a judicialização da política, ao permitir que o poder judicial trave medidas legislativas ou intervenha na configuração de políticas públicas concretas, medidas e políticas que, na ausência de direitos sociais constitucionalizados, pertenceriam à esfera de competência exclusiva de instituições maioritárias, democraticamente eleitas, como é o caso dos parlamentos e dos executivos. Finalmente, colocam-se questões atinentes à racionalidade por detrás da decisão de inscrever direitos sociais na Lei Fundamental. Por que razão optam alguns actores políticos por limitar o seu próprio poder, e condicionar o seu leque de opções futuras, ao constitucionalizarem direitos ditos "positivos"? Direitos que, para serem atendidos, exigem a criação de serviços públicos e a implementação de políticas sociais, impondo encargos financeiros consideráveis ao Estado? Por outras palavras, por que motivo são os partidos políticos levados a reduzir à partida a sua margem de actuação e a aumentar os seus custos de oportunidade, quando mais poderiam deixar ao jogo político democrático?

Muita da literatura sugere que estes compromissos constitucionalmente assumidos são paradoxais, na medida em que selam um compromisso para o futuro, que vem limitar o espectro possível de acção política. Todavia, esses compromissos podem ser igualmente encarados como catalisadores de cursos dos acção política favorecidos por determinados actores, ora por razões instrumentais, ora por razões ideológicas, ora por razões axiológicas mais alargadas (ou por um pouco de cada uma destas). Por exemplo, um partido favorável a um Estado Providência forte, que seja dominante no momento constituinte, pode querer muito simplesmente subtrair determinada questão, neste caso, certos serviços públicos e prestações sociais, à livre disponibilidade das maiorias, e dos partidos políticos que venham a seguir-se a eles na cadeira do poder. Assim, através da constitucionalização dos DESC, esse partido procurará impor, a qualquer outro partido, ou partidos, que venham a governar o país, obrigações de fazer, ou, pelo menos, obrigações de manter um determinado nível de intervenção social do Estado, que tais partidos, na ausência de obrigações constitucionalmente assumidas, poderiam optar por ignorar. A perspectiva que sugere que estes compromissos constitucionais são uma espécie de "passivo" para o futuro baseia-se no facto de os custos da inacção, ou de uma acção governativa aquém da promessa constitucional, poderem ser especialmente elevados. Isto aconteceria, nomeadamente, na eventualidade de grupos de interesse, criados pela própria constitucionalização dos DESC, ganharem uma legitimidade e uma força reivindicativa acrescidas, que, se não atendidas, desaguariam em perdas de popularidade e em custos eleitorais insustentáveis.

Apesar de ser responsável pelo levantamento de algumas destas questões, no geral, a ciência política tem-se mostrado céptica quanto à importância das Constituições e ao seu impacto sobre as políticas públicas. Este cepticismo é, pelo menos em parte, tributário da reacção behaviorista ao "formalismo-legalista" da ciência política anterior (Whytock 2004), e acabou por desaguar num tratamento das Constituições como meros formalismos, declarações de intenção, proclamações politicamente correctas, ou palavras dissociadas da acção política concreta. A dúvida sobre se as Constituições importam estende-se à influência que a constitucionalização de direitos económicos, sociais e culturais possa ter sobre as políticas públicas que nessas áreas são desenvolvidas. Assim, se para uns, a inclusão de direitos ditos "positivos" na Lei Fundamental tenderá, *ceteris paribus*, a aumentar a prestação estatal de benefícios sociais e económicos (Whytock 2004), outros concluem que essa mesma constitucionalização tem pouco ou nenhum impacto sobre o nível de prestações sociais oferecido e seu peso na despesa geral do Estado, para além de produzir, quando chega a produzir, efeitos macroeconómicos muito pouco significativos, em termos de crescimento, prosperidade ou igualdade (De Vanssay e Spindler, 1994; Blume e Voigt, 2007).[12]

---

[12] Os defensores da tese de que o facto de os direitos sociais estarem na constituição não faz qualquer diferença para o nível efectivo de provisão invocam normalmente a Lei Fundamental de Bona de 1949, uma Constituição sem direitos sociais, enquanto exemplo de como um país pode desenvolver um Estado de Bem-Estar social pujante na ausência de direitos sociais constitucionalizados. No entanto, importa notar que a Constituição de Weimar (1919-1933) não apenas consagrou os direitos sociais, mas também

Mas ainda que os parcos estudos empíricos existentes fossem conclusivos, e estabelecessem a inexistência de uma relação de causalidade entre constitucionalização dos DESC, níveis de despesa social do Estado e níveis bem-estar, seria errado daí inferir que a existência de direitos sociais constitucionalizados não produz quaisquer consequências políticas. Bem pelo contrário, a inferência seria altamente implausível, pois existem, seguramente, consequências políticas, algumas das quais de grande relevo, quando se opta por garantir constitucionalmente direitos sociais. Para explorar esta possibilidade, importa olhar para um conjunto de hipóteses avançadas por Whytock, ainda em "Constitutional Pre-Commitment to Social and Economic Rights" (2004). Segundo este autor, a existência de direitos sociais e económicos em Constituições pode originar pelo menos três estratégias de acção política diversas, cujo objectivo é onerar o cálculo que os políticos têm de fazer do custo-benefício das suas diferentes opções políticas: a litigância estratégica, a acção colectiva e o enquadramento do debate das questões de política social.

Comecemos pela primeira. Embora os tribunais não possam obrigar os governos à adopção de determinadas políticas, eles podem aumentar os custos associados à violação de uma obrigação constitucional "justiciável", incluindo os custos de reputação para o partido associado a essa violação. No caso português, o Tribunal Constitucional tem, aqui e ali, oferecido obstáculo, pelo menos parcial, a certas medidas legislativas, por entender que violam o compromisso constitucionalmente assumido. Tal sucedeu, por exemplo, em 1994, quando, a propósito do estabelecimento de propinas no ensino superior público, o Tribunal Constitucional se pronunciou pela inconstitucionalidade de aumentos para além de uma actualização segundo o crescimento dos preços verificado no Índice de Preços do Consumidor.[13] Por outro lado, a inclusão destes direitos na Lei

---

os equiparou aos direitos de liberdade, isto para já não falar na herança legada pelas políticas assistencialistas de Bismark do último quartel do século XIX, nomeadamente a legislação social de 1883 (Pavard 1979).

[13] Todavia, é de salientar que a intervenção do Tribunal Constitucional no âmbito dos DESC tem tendido para o reconhecimento de uma ampla margem de discricionariedade na conformação ou realização dos direitos sociais ao legislador ordinário. Os acórdãos com maior impacto público neste domínio foram porventura o que declarou a inconstitucionalidade do diploma que revogava parte substancial da lei que instituíra o Serviço Nacional de Saúde (Acórdão n.º 39/84); o que considerou inconstitucional a

50   *O Momento Constituinte – Direitos Sociais na Constituição*

Fundamental, que forma o topo da hierarquia normativa de um qualquer país, pode facilitar a acção colectiva e aumentar o poder reivindicativo de grupos de interesse, com o objectivo de pressionar os políticos a proporcionarem-lhes novos benefícios ou simplesmente a manterem um nível de benefícios já alcançado. Esta acção colectiva ganha visibilidade e sai reforçada na sua legitimidade, seja esta real ou aparente, pelo enquadramento ou reformulação das questões de política social e económica como questões constitucionais fundamentais ou de justiça básica, algo que a constitucionalização dos direitos sociais possibilita. Em conclusão, embora a constitucionalização de direitos económicos, sociais e culturais possa não garantir o cumprimento das promessas que lhes são imanentes, ela não deixa por isso de ter consequências políticas concretas – e de gerar uma competição político-partidária, e uma interacção entre eleitorado, grupos de interesse e políticos, que se revestem de uma dinâmica própria. Mas se os direitos económicos, sociais e culturais têm consequências, e consequências importantes para a política, importa começar pelo início, ou, o mesmo será dizer, começar por abordar a questão das suas origens – isto é, do porquê, e do como, entraram eles na Constituição.

Também sobre esta questão a ciência política tem explorado diferentes hipóteses. Uma delas tem a ver com a tradição jurídica a que o país pertence e os processos de migração e acolhimento de ideias constitucionais vindas de "fora" no âmbito da elaboração da Constituição (Choudhry 2006). Assim, no caso português, a difusão de ideias com origem em Constituições estrangeiras, como a alemã, francesa ou soviética, bem como no direito internacional (Declarações de Direitos Humanos, o

---

omissão de medidas legislativas necessárias à realização da garantia constitucional de assistência material aos trabalhadores, neste caso, os da função pública, em situação de desemprego involuntário (Acórdão n,.º 474/03); aquele em que o Tribunal não considerou inconstitucionais as taxas moderadores no acesso ao Serviço Nacional de Saúde (Acórdão n.º 330/89); aquele em que se pronunciou sobre a introdução de propinas no ensino superior público, rejeitando aumentos para além da actualização segundo o crescimento dos preços verificado no Índice de Preços no Consumidor (Acórdão n.º 148/94); um outro em que não considerou inconstitucional a revogação do crédito jovem bonificado para aquisição de casa própria (Acórdão n.º 590/04); e o acórdão sobre o rendimento social de inserção, que invoca um direito social, o direito a um mínimo de sobrevivência, não explicitamente consagrado na nossa Constituição (Acórdão n.º 62/02).

Pacto Internacional dos Direitos Económicos, Sociais e Culturais, etc.), poderia ajudar a compreender as opções em matéria de constitucionalização dos DESC por parte dos partidos e deputados com assento na Assembleia Constituinte, alguns dos quais (e estes contam-se entre os deputados mais influentes) com formação jurídica. Uma outra hipótese de explicação reenvia para o desejo de ruptura com o regime anterior (Elster 2000; Gunther 1985). Nesta óptica, a legitimidade do novo regime, sobretudo quando produto de uma acção revolucionária, dependeria, em larga medida, da sua capacidade de distanciamento face ao regime que veio substituir. E que melhor forma teria uma Constituição "revolucionária" de clamar essa legitimidade do que reflectindo o carácter "social" da revolução, ao responder às necessidades mais prementes da população, pela consagração generosa de um catálogo de direitos económicos, sociais e culturais, de que ela se encontraria largamente destituída?

Uma terceira hipótese de explicação está relacionada com factores de ordem estrutural sócio-económica (Huber e Stephens 2001). A ideia é aqui a de que quanto mais sérios forem os desafios sócio-económicos enfrentados por um país à altura da elaboração da Constituição, mais expectável será também a assunção de um compromisso elevado para com a realização de direitos económicos, sociais e culturais. Uma quarta hipótese refere-se aos interesses, preferências e poder negocial dos partidos políticos com participação, e especial influência, no processo constituinte (Knight 1992). O compromisso constitucional assumido pelos partidos em matéria de direitos sociais pode ser, deste ponto de vista, explicado como resultado de um cálculo instrumental de custos-benefícios, orientado à obtenção de ganhos eleitorais futuros, através da fixação de preferências na Constituição. Uma expectativa que se pode ver fundada na convicção da existência de um apoio popular alargado (ou, pelo menos, da base social do partido) aos DESC e àquelas forças partidárias que possam invocar a sua "paternidade". Este tipo de explicação pressupõe que os partidos políticos são sobretudo entidades instrumentalmente orientadas para a prossecução de interesses, e com grande capacidade de antecipação de interesses futuros e da forma mais apta para sua defesa, uma hipótese que tem de ser mantida dentro de limites razoáveis para que seja consentânea com o nível, esse sim antecipável, de complexidade e de imprevisibilidade associadas ao campo político.

Outras explicações para a acção partidária no momento constituinte privilegiam a dimensão normativo-ideológica do político, um ângulo de análise que é plausível ser particularmente relevante num contexto de transformação revolucionária, em que parece possível refundar a comunidade política e a estrutura de relações sociais de forma radical. Uma hipótese que daqui decorre para o nível de constitucionalização dos DESC é a de que onde diferentes partidos partilhem de uma mesma agenda ideológica é possível chegar a acordo quanto às soluções institucionais que melhor realizem essa ideologia (Whytock 2004). Logo, e por exemplo, seria de esperar um compromisso constitucional elevado para com a criação e a manutenção das estruturas do Estado Social em países em que partidos de linhagem social-democrata são as forças políticas dominantes. Do mesmo modo, no Portugal de 1975, o aparente consenso dos diversos partidos sobre a necessidade de inaugurar o "caminho para uma sociedade socialista", mais socialmente justa e igualitária, seria uma possível explicação para o elevado nível de constitucionalização de DESC. Uma outra hipótese ainda relacionada com os valores e princípios que enformam o posicionamento e acção das diferentes forças partidárias aponta para a possibilidade de diferentes famílias ideológicas poderem convergir no apoio à criação de um Estado Social, mas por diferentes razões, numa espécie de "consenso por sobreposição" rawlsiano. Tanto a doutrina social da Igreja e o personalismo advogados pelo CDS e pelo PPD, quanto os diferentes socialismos à esquerda encontrariam, assim, nas suas "visões compreensivas", razões substantivas para conceder uma protecção alargada aos DESC e promover a sua realização pela previsão constitucional das estruturas de um Estado Social. Deste ponto de vista, o aparente consenso verificado na nossa Constituinte na hora de votar o projecto de constitucionalização dos DESC no Título III poderá esconder o pluralismo de razões pelas quais cada partido lhes prestou o seu apoio, e encarou positivamente o projecto de construção do Estado Social necessário à sua efectivação. Por fim, há que ter em conta uma última hipótese avançada na literatura, mas que não se verifica no casos português, uma vez que a Constituição de 1976 não foi sujeita a ratificação popular. Referimo-nos à possível relação entre a constitucionalização de direitos sociais e a exigência da Constituição ser sufragada pela população. Na expectativa de verem a Constituição aprovada em referendo, e antecipando apoio popular ao desenvolvimento de um Estado interven-

Introdução 53

tivo a nível social, os deputados à Constituinte seriam tentados a nela incluir um catálogo de direitos sociais o mais generoso possível. Entre nós, porém, isso aconteceu, mesmo na certeza de ser missão dos constituintes elaborar e aprovar o texto final da Constituição.

A nossa análise aos debates terá em consideração praticamente todas as hipóteses de explicação mencionadas. Existem, todavia, limitações à análise a efectuar, que importa especificar logo à partida, porque elas fazem com que o nosso teste às hipóteses tenha resultados apenas preliminares e, necessariamente, parciais. Desde já, porque há fontes que não iremos directamente examinar. A montante dos debates encontramos os projectos de Constituição elaborados pelos diferentes partidos políticos com assento na Constituinte: CDS, MDP/CDE, PCP, PCP, PPD e UDP. Foi, pelo menos em parte, com base nestes projectos que os deputados à Constituinte redigiram a nossa Constituição. A compreensão das origens da constitucionalização dos direitos sociais exigiria conhecer a fundo a história por detrás de cada um destes projectos, sobretudo dos apresentados pelas forças políticas com maior resultado eleitoral, incluindo quem os redigiu, com base em que fontes, e quais as expectativas e intenções que os moveram nessa redacção. Apesar de termos tido estes projectos partidários em consideração aquando da análise aos debates, não caracterizámos a sua génese, nem tão pouco os reproduzimos neste livro por limitações de espaço. No entanto, eles podem ser facilmente consultados no site da Assembleia da República.[14] Depois, há que ter em conta a divisão dos trabalhos da Assembleia Constituinte e o muito residual acesso que o investigador tem a uma parte deles. É que uma parte significativa desses trabalhos decorreu em Comissões especializadas, responsáveis pela elaboração de pareceres, posteriormente destilados em propostas, sobre as matérias contidas em diferentes Títulos ou Capítulos da Constituição. As reuniões destas Comissões foram realizadas à porta fechada, e delas não existem transcrições, apenas actas muito sucintas. Esta circunstância reduz o acesso ao que nelas se passou à memória dos intervenientes ou a notas pessoais, quando existam. Contudo, esse acesso seria precioso para a determinação do que os oradores, alguns dos quais

---

[14] Os projectos de Constituição apresentados pelos 6 partidos com assento na Assembleia Constituinte têm, no seu conjunto, mais de 60.000 palavras.

membros da respectiva Comissão, estão a fazer quando discutem os projectos em público, no hemiciclo. O único relato fiel e completo dos trabalhos constituintes reporta-se, assim, aos debates em plenário, razão pela qual são também eles que constituem o objecto deste livro.

Um outro factor que condiciona a interpretação destes debates remete para o que se estava a passar fora do Palácio de São Bento por altura dos trabalhos da Assembleia Constituinte. Com efeito, estes debates atravessaram os três períodos que caracterizam, *grosso modo*, o nosso processo revolucionário: o primeiro, de 25 de Abril de 1974 a 11 de Março do ano seguinte; o segundo, desta data até ao 25 de Novembro de 1975; e o terceiro, do 25 de Novembro em diante. A Assembleia Constituinte, como José Medeiros Ferreira observa, "foi estabelecida no primeiro período, eleita e posta a funcionar no segundo e concluiu os seus trabalhos já no terceiro" (Ferreira 1994, 200). Enquanto na Constituinte se discutiam os direitos à segurança social, saúde e educação, de finais de Agosto a meados de Outubro de 1975, na rua vivia-se o chamado "Verão Quente", e alguns ecos dele fazem-se sentir nos debates editados. A 8 de Julho, é aprovado o "Documento-Guia da Aliança Povo-MFA", que reflecte o avolumar das tendências antiparlamentares entre os militares. Entre outras coisas, neste texto os militares defensores da via revolucionária advogavam a instauração do "poder popular", a partir de organismos de base como as comissões de moradores e as comissões de trabalhadores, o que constituía um ataque à missão confiada aos deputados à Constituinte. A 6 de Agosto, o chamado *Documento dos Nove* surge em resposta a estas tendências, tomando posição a favor do estabelecimento de um regime político pluralista e da continuação dos trabalhos da Assembleia Constituinte. Os signatários – entre os quais se contavam os conselheiros da Revolução Vasco Lourenço, Canto e Castro, Vítor Crespo, Costa Neves, Melo Antunes, Vítor Alves, Franco Charais, Pezarat Correia e Sousa e Castro – propunham um modelo de socialismo inseparável da democracia política e das liberdades, direitos e garantias fundamentais (Ferreira 1994, 216). O final de Agosto de 1975 é marcado pelo agudizar do confronto entre os moderados, reunidos em torno do *Documento dos Nove*, e os revolucionários, congregados à volta da figura de Otelo Saraiva de Carvalho, comandante operacional militar no continente (COPCON), cujo texto de meados desse mês "Autocrítica revolucionária do COPCON e proposta de trabalho para um programa político"

Introdução 55

previa que os "verdadeiros órgãos do poder político" fossem "conselhos de aldeia, de fábricas e de bairros". Nesta altura crítica do processo revolucionário, a "Assembleia Constituinte, que não possui tropas, indaga sobre quem lhe emprestará força militar para acabar os seus trabalhos" (Ferreira 1994, 217). Pressionado entre estas duas forças, o chefe do V Governo Provisório, general Vasco Gonçalves, que encontra a sua principal fonte de apoio no PCP, acaba por ser derrubado na sequência da Assembleia do Movimento das Forças Armadas em Tancos, a 2 de Setembro. O VI Governo Provisório, liderado pelo almirante Pinheiro de Azevedo, é ainda de coligação entre PS, PPD e PCP, e toma uma posição decididamente favorável à via eleitoral, passando a Assembleia Constituinte a gozar então de maior apoio político e orçamental. O fim do gonçalvismo marca, assim, a primeira vitória das forças moderadas, num processo que irá desaguar no 25 de Novembro.

Para além destes constrangimentos externos aos trabalhos da assembleia, há que ter em linha de conta uma série de constrangimentos intrínsecos aos próprios debates. Um bom exemplo disto é a publicidade. O facto das reuniões plenárias da Assembleia Constituinte terem sido abertas ao público e à comunicação social introduz um importante factor limitador da forma e da substância dos argumentos que podiam ser aduzidos, do que podia ou não ser dito, ou das posições que se podiam ou não assumir.[15] Não o ter em conta, resultaria, com toda a certeza, numa leitura empobrecedora e sobretudo acrítica das palavras que foram efectivamente trocadas no hemiciclo.

De um modo geral, a literatura produzida no âmbito das teorias deliberativas da democracia distingue entre uso público e uso privado da razão, associando o primeiro à argumentação racional e o segundo à negociação estratégica. A ideia é que, na generalidade dos casos, o secre-

---

[15] Sobre o carácter público das reuniões plenárias, o regimento da Assembleia Constituinte previa, no seu Artigo 47.º, o seguinte: "1. As reuniões plenárias da Assembleia Constituinte serão públicas. 2. Não haverá lugares reservadas, salvo os destinados a autoridades, ao corpo diplomático e aos representantes dos meios de comunicação social. 3. Cada grupo parlamentar poderá requisitar para cada sessão, na véspera, até 15 senhas de entrada nas galerias destinadas ao público". Este último quesito foi usado, por exemplo, pelo PCP para organizar manifestações "nas galerias da própria Assembleia" em favor das suas posições (Ferreira 1994, 220).

tismo, ou condução de trabalhos à porta fechada, favorece comportamentos de tipo estratégico, isto é, promove o envolvimento das partes (aqui entendidas como "jogadores") em processos negociais, em que cada uma delas procura avançar os seus interesses e/ou os interesses da sua base eleitoral, recorrendo para tal a trocas de apoio, ameaças e promessas, enquanto principais instrumentos de garantia da credibilidade das posições assumidas e de obtenção de um acordo. Por contraste, a condução de trabalhos à porta aberta favoreceria a deliberação, isto é, um tipo de comportamento mais cooperativo, assente na troca racional de argumentos, de natureza alegadamente imparcial, cuja validade – isto é, cuja verdade, correcção e sinceridade, se procuraria apurar, em diálogo construtivo com os demais. Designadamente, a consciência, por partes dos actores políticos, de que estão a ser ouvidos por uma audiência mais vasta do que a dos seus interlocutores directos tenderia a exercer um efeito dissuasor da expressão de interesses próprios ou de interesses parciais, ao mesmo passo que favoreceria a assunção de pré-compromissos de princípio, em torno de interesses generalizáveis, e portanto capazes de apelar a uma audiência mais alargada. Todavia, esta associação entre secretismo e negociação, por um lado, e entre publicidade e deliberação, por outro, tem vindo a ser, e bem, questionada. Diversos autores têm chamado a atenção para o facto de a negociação à porta fechada ser, muitas vezes, crucial, à obtenção de um acordo, mesmo quando se trata de questões constitucionais fundamentais, como é o caso dos direitos.[16] Para além de crucial à obtenção de um acordo razoável, a condução de trabalhos à porta fechada, longe dos olhares escrutinadores do público, pode favorecer a natureza deliberativa do debate, cuja atenção se pode centrar então nos argumentos aduzidos pelas partes e já não, imediatamente, na forma como esses argumentos afectam as possibilidades de eleição ou reeleição. Que a ausência de publicidade pode, em determinadas circunstâncias, traduzir-se numa maior qualidade deliberativa, é, aliás, uma conclusão retirada, celebremente, por Jon Elster, da sua análise a dois momentos constituintes historicamente marcantes, em que se

---

[16] Embora estes autores sublinhem também que, para que essa negociação se encontre democraticamente legitimada, é preciso, primeiro, debater publicamente o porquê de ser necessário negociar, bem assim como submeter, os resultados negocialmente obtidos ao escrutínio público; veja-se, a este título, Chambers 2004.

Introdução 57

privilegiaram as sessões à porta fechada ou à porta aberta fechada, respectivamente. Referimo-nos aos debates efectuados na Convenção Federal de Filadélfia, em 1787, e na Assembleia Constituinte de Paris, entre 1789 e 1791. Em conclusão, se em regra o secretismo induz a negociação, e a publicidade a argumentação, certo é também que a publicidade pode ter efeitos perniciosos, e o secretismo efeitos positivos, sobre a qualidade do debate e sobre a possibilidade efectiva de condução de uma deliberação razoável em matérias de interesse público.[17]

A conclusão não surpreende, e tem uma justificação de fácil compreensão. Mas para que também nós a apreendamos, temos de primeiro nos deter, por momentos, nos efeitos potencialmente positivos da publicidade, passando, apenas depois, aos perigos que ela comporta. Regra geral, a exigência de procedermos à defesa das nossas preferências políticas em público, obriga-nos a oferecer justificações que não sejam visivelmente sectárias, mas antes se dirijam, e por isso consigam apelar, a um público, que não é mais apenas o "nosso", mas antes o público "em geral", nele compreendidos todos os indivíduos e/ou grupos potencialmente afectados pela decisão a tomar. Esta obrigação de substituição da linguagem do interesse próprio pela linguagem do interesse geral pode ser assumida por razões de princípio ou por razões meramente estratégicas, mas mesmo no segundo caso, pode ter efeitos "civilizadores" sobre o tipo de argumentos avançados, com impacto sobre a equidade final do acordo obtido (Elster 2000). Para que consigamos produzir argumentos imparciais, ou, pelo menos, com uma aparência de imparcialidade, é preciso, porém, que procedamos ao exame crítico das nossas próprias convicções e interesses. Este exame é feito com vista à articulação da nossa posição em termos compatíveis com o interesse geral, e portanto também defensáveis perante as objecções, mais ou menos expectáveis, dos nossos opositores. Um tal processo deliberativo, a um tempo reflexivo e argumentativo, sujeita-nos a uma auto- e hetero-crítica, que pode conduzir a uma revisão das preferências políticas assumidas à partida, feita em resposta à força não-coerciva do melhor argumento, ou, alternativamente,

---

[17] Ao que acresce que, em muitas circunstâncias, a negociação é a forma mais justa e mais apta de resolver uma determinada controvérsia, embora seja altamente discutível que questões de justiça básica, ou, noutras palavras, questões constitucionais fundamentais, devam ser resolvidas por recurso exclusivo a ela.

58   *O Momento Constituinte – Direitos Sociais na Constituição*

resultar na cedência parcial de posições, no âmbito de uma solução compromissória, que se entenda ser a que melhor atende ao interesse de todos.

Mas se a publicidade pode induzir uma troca de argumentos construtiva, ela pode, igualmente, ter o efeito contrário. Isto é, ela pode comprometer quer a qualidade do debate, quer a justiça das soluções alcançadas. Desde logo, a abertura do debate ao escrutínio público coloca uma pressão política acrescida sobre os participantes e as palavras que trocam entre si. Esta pressão pode vir de diversos quadrantes, designadamente das respectivas bases eleitorais, que os podem coagir a manterem uma posição anteriormente anunciada (por exemplo, durante a campanha eleitoral), ainda que fiquem convencidos, no decurso do debate, da maior justeza de uma posição que não a sua. Por outras palavras, a publicidade aumenta o risco de se incorrer em custos eleitorais, quando se revêem posições, amiúde levando as partes a assumirem compromissos prematuros com um determinado princípio e/ou posição, que se tornam, por força desse mesmo compromisso, publicamente assumido, virtualmente inamovíveis.

A isto acresce que a publicidade tende a encorajar o uso plebiscitário da razão. Este ocorre sempre que os actores políticos apelam a valores comuns, mas estes valores são vazios, populistas, ou representam meras declarações politicamente correctas, que nada trazem, e ainda menos acrescentam, à busca deliberativa da melhor solução para o problema político enfrentado. A razão plebiscitária (Chambers 2004) caracteriza-se pela mobilização de diferentes estratégias argumentativas, que vão desde a *manipulação* (incluindo a demagogia, a desinformação ou ainda a retórica inflamada, postas ao serviço de uma agenda pré-definida); à *condescendência* para com a audiência, cultivada por razões puramente egoístas ou eleitoralistas (isto é, diz-se à audiência apenas aquilo que ela quer ouvir, independentemente da sua razoabilidade); e desta à *manutenção da imagem* (a preocupação centra-se aqui na forma como o discurso público reforça ou mina uma imagem que se quer projectar, em vez de na forma como ele apoia ou destrona uma dada proposta, que se deve ou não abraçar). Temos assim três estratégias argumentativas que, quando largamente adoptadas pelos oradores, podem comprometer a natureza deliberativa do processo político.

Por fim, o debate, quando publicamente conduzido, embora possa, por um lado, resultar em decisões mais equitativas, porque as forças políticas mais poderosas se sentem menos à vontade para maximizar o seu interesse, fazendo para tal uso do seu poder negocial, tende, igualmente, a agudizar a necessidade de os diferentes actores políticos se demarcarem entre si, mesmo onde na ausência de real desacordo de fundo. Esta petrificação de posições, por vezes assumidas originalmente não por convicção, mas por razões meramente tácticas, pode conduzir a uma falsa polarização de posições e desaguar num impasse insolúvel (Elster 2000). Por tudo isto, a análise de debates políticos, incluindo aqueles que tiveram lugar no momento constituinte, deve estar tão atenta aos potenciais efeitos positivos da abertura ao público quanto aos seus potenciais efeitos perversos.

Apesar da literatura que tem examinado os efeitos da publicidade sobre a deliberação ter produzido resultados da maior importância, a verdade é que ela tem uma aplicabilidade limitada ao caso que nos ocupa: os debates na generalidade e na especialidade dos direitos económicos, sociais e culturais. É que aquilo que se passa nesses debates é dificilmente caracterizável como negociação (previsivelmente mais central ao trabalho, à porta fechada, da 3.ª Comissão), ou deliberação, puras. Em primeiro lugar, é de notar que a exigência destes debates serem públicos (ao contrário dos ocorridos em Comissão) cumpriu uma função de legitimação do texto final da Constituição, na ausência de um processo de ratificação popular, que voltasse a envolver os cidadãos na aprovação da Constituição. Se é certo que os deputados com assento na Constituinte gozavam de uma legitimidade de acção adveniente da sua escolha em eleições democráticas competitivas, também é patente que num contexto democrático era essencial que o processo de elaboração da Lei Fundamental incluísse momentos de publicidade, em que os partidos e deputados eleitos viessem a público prestar contas das posições por si tomadas na Constituinte e das razões que lhes subjazeram. Em segundo lugar, os debates públicos, na generalidade e na especialidade, funcionaram como uma espécie de plataformas públicas – na terminologia anglo-saxónica, *public outlets* – em que as vozes distintas dos diferentes partidos se puderam fazer ouvir. Numa altura em que qualquer impasse em torno da Constituição poderia dar argumentos aos seus opositores, a pressão para a aprovação das matérias trabalhadas em Comissão era muito forte. Mas isso tornava ainda mais crítica a existência de momentos em que os partidos e seus representantes pudessem vir a público reconhecer e expressar diferenças relativamente a soluções que teriam, em muitos casos, em última análise, de aceitar, sem grandes alterações de fundo. Daí a natureza fundamentalmente *expressiva* dos debates públicos no âmbito da Constituinte, em que os oradores falam mais para "fora" (para o seu eleitorado, e para os portugueses em geral, até porque as eleições legislativas estão à vista) e para o "futuro" (para as gerações vindouras), do que falam entre si, no intuito de forçar, ou de argumentar, a mudança de posições dos seus oponentes. Uma boa ilustração de uma intervenção virada para "fora" é protagonizada por Pedro Roseta (PPD), que começa por se apresentar no debate na generalidade dos DESC, dirigindo as suas "primeiras palavras ao povo português, em geral, e ao povo do distrito de Castelo Branco, em particular", para em seguida, se dirigir sobretudo "àqueles que confiaram no partido a que pertenço e em mim próprio para consagrar na Constituição os princípios fundamentais que hão-de permitir, julgo-o firmemente, a sua libertação efectiva". Aliás, quando falam entre eles, os partidos procuram não tanto convencer-se uns aos outros quanto demarcar-se uns dos outros, até porque, à excepção do PCP, estamos perante partidos criados recentemente, que precisam de reforçar a sua "imagem de marca" junto do eleitorado. Não esqueçamos que a possibilidade de um partido persuadir os deputados dos demais partidos da superioridade da solução por si advogada era, na maioria dos casos, quase nula, dada a disciplina partidária em vigor, e limitou-se, no geral, a questões de pormenor, ou de mera redacção.[18] Com efeito, o facto de os deputados terem sido eleitos em listas de partidos políticos limitou dramaticamente a sua liberdade de acção, sob pena de perda de mandato ou expulsão.[19] Os efeitos da disciplina parti-

---

[18] O caso do PPD é, a este respeito, especial. Em parte devido à doença de que padecia o seu líder, Sá Carneiro, é desta bancada parlamentar que vem um dos poucos casos em que um deputado assume publicamente uma posição e um sentido de voto discordantes do seu partido: referimo-nos a Coelho dos Santos que, no debate na especialidade sobre o direito à segurança social, se mostra contrário à eliminação de um dos números da proposta da Comissão, ao arrepio da posição oficial da bancada popular democrata, representada por Mário Pinto. Este episódio é, aliás, sintomático de algo que viria a acontecer meses depois: em Dezembro de 1975, ocorre uma dissidência no grupo parlamentar do PPD, com óbvias consequências para a prestação do partido na Constituinte desse momento em diante (Sousa 2000, 881-1128).

[19] Expressão desta disciplina partidária é a disposição regimental que previa que, caso os deputados se inscrevessem "em partido diverso daquele em que se encontravam

dária são, de resto, um fenómeno bem estudado pela ciência política. Em arenas parlamentares, a chamada "política posicional" decorrente dessa disciplina surge associada ao acréscimo da rigidez das posições dos parlamentares; à rejeição da possibilidade de se alcançarem compromissos ou consensos; bem como à diminuição da qualidade deliberativa dos debates conduzidos (Steenbergen et al. 2003, 30).

Um outro constrangimento aos debates na nossa Constituinte que não podemos, de todo, ignorar prende-se com as regras regimentais sobre o "uso da palavra" nas reuniões plenárias. Estas regras têm de ser compreendidas à luz da necessidade da Assembleia Constituinte elaborar e aprovar a Constituição num prazo razoável, que se encontrava regimentalmente previsto.[20] Concretamente, aquando do uso da palavra, os oradores tinham de dirigir-se ao Presidente e à Assembleia, devendo manter-se de pé; só podiam falar duas vezes sobre matéria da ordem do dia, quer na generalidade, quer na especialidade; ao apresentarem projectos ou propostas, tinham de limitar-se à indicação sucinta do seu objecto; ao pedirem a palavra para esclarecimentos, deviam cingir-se a dúvidas suscitadas pela intervenção do último orador; nos debates na generalidade, cada deputado não podia falar mais do que vinte minutos da primeira vez que usava da palavra e dez da segunda (apenas os autores de um projecto ou proposta podiam usar da palavra por trinta minutos da primeira vez que intervinham); nos debates na especialidade, o tempo máximo do uso da palavra era mais curto, de quinze minutos da primeira vez, e apenas cinco da segunda.[21] O que quer dizer que, apesar das numerosas violações das regras procedimentais, as intervenções dos deputados à Constituinte não puderam ser tão longas ou tão compreensivas quanto muitos deles porventura desejariam – e, sobretudo, a possibilidade de entrarem em diálogo directo, uns com os outros, estava-lhes, no geral, vedada.

---

filiados aquando das eleições" (Regimento da Assembleia Constituinte, Artigo 12.º, Alínea c) incorriam em perda de mandato.

[20] O Regimento da Assembleia Constituinte prevê, no seu Artigo 4.º, que esta "deverá aprovar a Constituição no prazo de noventa dias, contados a partir da data da verificação dos poderes dos seus membros, podendo esse prazo ser prorrogado por igual período pelo Presidente da República, ouvido o Conselho da Revolução".

[21] Regimento da Assembleia Constituinte, Capítulo II.

Em suma, os diferentes espartilhos colocados à discussão foram tão elevados na nossa Constituinte que não surpreenderá que os participantes no plenário trocassem menos ideias entre si do que proferissem discursos uns perante os outros, e o fizessem sempre, com os mundos, exterior, mas também futuro, em mente. E é desse tempo futuro, discursivamente antecipado por alguns dos oradores no hemiciclo, que nós falaremos agora, num regresso, que muito se fez aguardar, ao momento constituinte.

Direitos Sociais a Votos

Tendo em consideração os programas partidários,[22] projectos de Constituição dos partidos[23] e a proposta da 3.ª Comissão[24] é lícito afirmar-se que, no tocante aos direitos sociais, o Partido Socialista logrou traduzir a sua vitória eleitoral em propostas constitucionais concretas aprovadas pela Assembleia Constituinte. Várias das disposições previstas no texto da Comissão são, de facto, idênticas a propostas constantes no projecto constitucional socialista.[25] Seria um erro, porém, afirmar-se que o PS exerceu um domínio absoluto sobre os trabalhos e propostas saídas da 3.ª Comissão. Os restantes partidos conseguiram ver reconhecidas várias das suas propostas de forma quase proporcional ao seu peso eleitoral: o PPD e o PCP, segundo e terceiro partidos com mais representantes na Constituinte, foram também, depois do PS, os partidos mais influentes na redacção da proposta da Comissão.[26] Mesmo o CDS e o MDP/CDE, com apenas um deputado cada na 3.ª Comissão, conseguiram

---

[22] Disponíveis em AAVV (1975).

[23] DAC, 24 de Julho de 1975, suplemento ao n.º 16.

[24] DAC n.º 43, 10 de Setembro de 1975.

[25] É o caso dos n.º 1 e 5 do Art. 16.º sobre o direito à saúde e de duas das quatro obrigações prioritárias do Estado no n.º 4 do mesmo artigo, bem como, relativamente ao direito à segurança social (Art. 15.º), dos n.º 2 e 4, e em relação ao direito ao ensino (Arts. 28.º e 29.º), ao n.º 1 e a três das sete alíneas do número seguinte do Art. 28.º e a três dos quatro números que compõem o Art. 29.º.

[26] No caso do direito à saúde (Art. 16.º), parte da redacção do n.º 1 reflecte uma proposta social-democrata, bem como duas das quatro alíneas do número respeitante às obrigações do Estado (n.º 4). O PCP não se conseguiu impor nesta matéria. De forma análoga, também o PPD não viu as suas propostas serem minimamente atendidas no caso da segurança social. Os comunistas viram dois n.ºs (2 e 5) reflectirem as suas propostas a este respeito. Já no caso do ensino, ambos os partidos conseguiram inserir algumas alíneas e números na proposta da Comissão.

ver introduzidas algumas propostas suas no texto final da Comissão. E até a UDP, cujo único deputado podia assistir aos trabalhos em comissão, não deixou de ver propostas suas, referentes ao direito ao ensino, incluídas na proposta da Comissão.[27] Esta realidade de vermos um PS maioritário, e capaz de traçar as linhas gerais da proposta, obrigado, pelas circunstâncias eleitorais e políticas, a negociar com os restantes partidos com assento parlamentar, encontra expressão nas palavras com que o socialista Marcelo Curto apresentou o projecto da 3.ª Comissão sobre os DESC: "O restante do projecto representa uma linha de força que é constante e que julgo dentro dos princípios que devem reger uma sociedade em transição para o socialismo. Na segurança social, na saúde, no ensino, assegurar a criação de um sistema geral, universal, descentralizado, que democratize e efective os direitos de todos, sem qualquer discriminação", para concluir que o "Partido Socialista, sem quebra destes princípios, aceita as críticas e eles mesmo proporá algumas emendas a alguns artigos". Tal necessidade de negociação entre PS e as demais forças partidárias não se limita, aliás, ao trabalho desenvolvido dentro de portas, no âmbito da Comissão, mas antes se estende, como seria de esperar, às próprias reuniões em plenário, de cujo conteúdo neste volume se dá conta.

O regimento da Assembleia Constituinte previa a aprovação de qualquer preceito ou princípio da Constituição por maioria simples, isto é, por mais de metade dos deputados presentes na respectiva sessão (reservando a maioria absoluta, i.e. a maioria do total dos deputados da Assembleia, pelo menos 125+1, para as restantes deliberações, incluindo a votação final global da Constituição).[28] Significa isto que, do ponto de vista estritamente aritmético, o PS podia ver aprovadas as suas propostas apenas com votos da sua própria bancada parlamentar: apenas a 9 votos da maioria absoluta, e contando com as abstenções dos demais partidos,

---

[27] Referimo-nos concretamente às alíneas d) "Estabelecer a ligação do ensino a outras actividades sociais e particularmente à produção". e e) "Favorecer a formação de quadros originários das classes trabalhadoras capazes de participarem no desenvolvimento económico do País a caminho do socialismo". do n.º 3 do referido Art. 28.º (Ensino). Ambas as alíneas viriam a ser profundamente alteradas por proposta do PS, aquando do debate na especialidade.

[28] Vide Regimento da Assembleia Constituinte, Artigo 62.º (Deliberações).

Direitos Sociais a Votos

era perfeitamente possível que a distribuição de forças verificada em cada sessão concreta permitisse aos socialistas verem as suas propostas aprovadas por maioria simples, como de resto aconteceu muitas vezes.[29] Nos debates sobre os direitos à educação e ensino, das 27 propostas do PS, 18 foram aprovadas por maioria e 7 por unanimidade. O panorama dos debates sobre os direitos sociais e económicos[30] não foi muito diferente: 19 das 21 propostas socialistas foram aprovadas, cinco das quais por unanimidade. Mesmo outras forças partidárias, com grupos parlamentares menores, conseguiram ver aprovadas propostas suas em resultado da troca de sugestões e argumentos em plenário. Foi o caso do PPD, que conseguiu ver aprovadas duas das seis propostas que fez sobre os direitos de educação e ensino, e do CDS, que conseguiu que uma das suas duas propostas fosse aprovada. Já no caso dos debates sobre direitos sociais, o PPD viu serem aprovadas 6 das 16 propostas que fez (5 das quais por unanimidade), e 5 das 8 propostas do CDS foram também aprovadas (2 por unanimidade). Em suma, e como se pode ver nos quadros 1 e 2,[31] que sistematizam esta informação, não só quase todas as propostas que tiveram origem no projecto da Comissão foram aprovadas, como o PS foi, de longe, aquele partido que mais viu as suas propostas serem incluídas na Lei Fundamental.

---

[29] A este respeito, há a sublinhar o facto de não ter sido mantido registo da origem partidária das votações na Assembleia Constituinte, embora tenha havido sugestões nesse sentido (por exemplo, por deputados do PCP). Por esta razão, é-nos impossível assegurar que as aprovações por maioria simples incluíam apenas e só deputados do PS, ou, se pelo contrário, tiveram origem em coligações conjunturais de deputados de vários partidos.

[30] Incluindo, portanto, para além dos direitos à saúde e segurança social, os direitos à habitação, ambiente, família, maternidade, entre outros.

[31] Nas actas dos debates, nem sempre é especificado o resultado das votações, ou quando é, nem sempre todos os resultados são apresentados; por vezes afirma-se apenas que uma determinada proposta foi aprovada. Excepto quando os próprios partidos o referiram em declarações prévias ou declarações de voto, não há informações sobre o sentido das votações. Quando no âmbito de uma determinada proposta houve lugar a várias votações, todas elas foram contabilizadas como votações em separado. Quando várias secções de um preceito foram votadas em conjunto (normalmente sendo aprovadas por unanimidade), foram contabilizadas tantas votações como secções.

O Momento Constituinte – Direitos Sociais na Constituição

QUADRO 1: **Sumário das propostas feitas em plenário e das respectivas votações sobre direitos e deveres culturais**

	Comissão	UDP	MDP/CDE	PCP	PS	PPD	CDS
Propostas votadas por origem	2	1	5	7	27	6	2
Propostas aprovadas por maioria	1	0	0	0	18	2	1
Propostas aprovadas por unanimidade	1	0	0	0	7	0	0
Propostas rejeitadas	0	1	5	7	2	4	1

QUADRO 2: **Sumário das propostas feitas em plenário e das respectivas votações sobre direitos e deveres sociais**

	Comissão	UDP	MDP/CDE	PCP	PS	PPD	CDS
Propostas votadas por origem	30	8	3	5	21	16	8
Propostas aprovadas por maioria	0	0	0	0	14	1	3
Propostas aprovadas por unanimidade	28	0	0	0	5	5	2
Propostas rejeitadas	2	8	3	5	2	10	3

Desta perspectiva, parece que os debates em plenário pouco alteraram o equilíbrio de forças estabelecido aquando do momento eleitoral: com efeito, o desfecho das votações na Constituinte como que espelha a agregação das preferências eleitorais dos portugueses nas eleições de Abril de 1975. Mas o que estes quadros não nos permitem ver são as razões e as estratégias de argumentação por detrás do acordo dado às propostas da Comissão e às propostas socialistas pelos outros partidos. Chegamos, assim, aos limites da *agregação*: o que nos diz a contagem

Direitos Sociais a Votos 67

de votos para além do facto de que tal proposta foi aprovada por maioria ou unanimidade? Como se chegou a tal resultado? O que foi necessário para que partidos com orientações ideológicas e interesses tão diferenciados, quando não abertamente conflituantes, votassem a favor de uma mesma proposta? Que razões os moveram no sentido da constitucionalização de um extenso catálogo de DESC em Portugal? Que lógica presidiu, ou deveria ter presidido, na óptica das diversas forças partidárias, a essa inclusão? Para responder a estas questões é necessário inserir este momento agregativo no processo político mais amplo que o antecedeu e lhe dá sentido. Por outras palavras, é necessário analisar a dinâmica político-ideológica dos alinhamentos e clivagens que caracteriza o nosso momento constituinte.

A forma como cada partido fez uso dos seus recursos nesta arena parlamentar durante o momento constituinte transcende o mero cálculo do número de votos necessário para ver aprovadas as suas propostas. Não nos esqueçamos que é num contexto revolucionário, marcado por intensa polarização ideológica, uma enorme descompressão social e sob o espectro de uma guerra civil, que o PS tem de fazer valer a sua maioria relativa face aos demais partidos. Como uma das forças políticas que havia apostado na via eleitoral e constitucional para consolidar a transição para a democracia, o PS tinha todo o interesse em ver aprovadas as várias matérias pelo maior número de partidos, se possível por unanimidade, sem com isso perder a face perante o seu eleitorado e sem deixar de se demarcar dos seus adversários.[32]

Um dos muitos exemplos deste equilíbrio instável entre interesses instrumentais (ver aprovadas as suas propostas), por um lado, e considerações político-ideológicas (garantir a coerência normativa da Constituição à luz do seu ideário socialista democrático e assegurar a via eleitoral para a transição democrática), por outro, ocorreu no debate sobre os direitos à educação e cultura. Em causa estava a localização do direito à educação, que na proposta da Comissão figurava no Art. 27.º ao lado

---

[32] Por seu turno, partidos como o MDP/CDE e o PCP tiveram, pelo menos até ao 25 de Novembro, uma postura crítica e ambivalente quanto aos trabalhos constituintes: no caso do primeiro, tal postura chegou a implicar a participação em manifestações *contra* a Assembleia Constituinte e o abandono (temporário) dos respectivos deputados.

do direito à cultura: se, como defendiam o PPD e o MDP/CDE, continuasse junto do direito à cultura, se, como propunha o PS, passasse para junto do direito ao ensino (no Art. 28.°). Esta era uma questão importante porquanto estava em causa a posição relativa dos direitos à cultura, educação e ensino no futuro ordenamento constitucional. Afirmando que os socialistas estavam "naturalmente abertos ao debate", Sottomayor Cardia mostrou que esta abertura ia ao ponto de, na condição de serem "produzidos argumentos" que justificassem a localização do direito à educação ao lado do direito à cultura, o PS não faria "finca-pé de qual o artigo em que figure, esse direito. O que ele deve figurar é na sede própria". Aproveitando esta abertura negocial por parte do PS, o popular democrata Mário Pinto argumenta imediatamente que era fundamental que o direito à educação ficasse explicitamente consagrado paralelamente ao direito à cultura, já que é de igual, senão maior, dignidade constitucional:[33] "[s]e efectivamente o Partido Socialista, como acabámos de ouvir, está aberto a uma sugestão a propósito da colocação do direito à educação, nós efectivamente propomos, e pomos nisso bastante empenho, que ele fique colocado aqui, neste artigo, ao lado do direito à cultura, e não ao lado do direito ao ensino".

A abertura mostrada pelo PS, porém, não durou muito: "Nós preferimos que o direito à educação fique contido noutro artigo, porquanto entendemos que o direito à cultura é um direito que contempla matéria mais genérica", respondeu Sottomayor Cardia. E quando um outro deputado do PPD insiste de seguida que, do ponto de vista da sistematicidade do texto constitucional, haveria vantagem em associar os conceitos de educação e cultura (conceitos de importância equivalente), e separá-los do direito ao ensino ("um conceito cuja importância é muito menor do que o de cultura e da educação"), o PS, pela voz de António Reis, riposta acusando os popular democratas de "teimosia". Num ambiente subitamente crispado, a última palavra desta discussão cabe ao PPD, cujo deputado Pedro Roseta começa por perguntar "quem é mais teimoso?

---

[33] A preocupação de Mário Pinto era a de que tal objectivo corria o risco de vir não vir a ser garantido uma vez que a proposta socialista para os direitos à cultura e ensino não previa qualquer referência ao direito à educação, que ficaria, assim, de fora da Lei Fundamental.

A nossa teimosia não é certamente superior à do Partido Socialista e tem apenas por objectivo evitar um erro claro. O direito à educação é anterior ao direito à cultura". E remata, mostrando preocupação pelo facto de se poderem vir a confundir os direitos à educação e ao ensino, ou de, pior ainda, colocar aquele depois deste último: cometer-se-ia então, na opinião deste deputado do PPD, "o erro máximo", isto é, "colocar o direito à educação depois do direito ao ensino. Não é apenas uma questão de teimosia, é uma questão muito séria. Há aqui uma prioridade lógica, reflexo da vida real".

O resultado desta troca acesa de argumentos e acusações foi a rejeição da proposta de alteração do PS no sentido de ver eliminada a referência ao direito à educação, e a subsequente aprovação por unanimidade da proposta da Comissão que previa que "Todos os cidadãos têm direito à educação e à cultura sem qualquer espécie de discriminação, por forma a permitir-lhes o pleno desenvolvimento da sua personalidade e das suas capacidades".[34] Este exemplo é uma boa ilustração da dinâmica político-ideológica por detrás da agregação de preferências no momento constituinte: justamente por se tratar de um momento constituinte, a conduta dos representantes dos partidos na Constituinte nunca se reduziu a um puro cálculo instrumental das respectivas possibilidades em ver aprovadas as suas propostas e de assim influenciar as hipóteses de sucesso eleitoral futuro. Pelo contrário, considerações relacionadas com a sistematicidade do texto constitucional, à importância relativa das matérias em apreço, à relevância social dos direitos em discussão, sem ignorar os valores ético-políticos em nome dos quais foram eleitos e pelos quais se bateram em sessões que se prolongavam por várias horas, constituíram fontes de motivação por detrás das acções dos deputados constituintes. Por outras palavras, se a análise à agregação das preferências nos permite perceber melhor o jogo de forças por detrás das deliberações e votações sobre direitos sociais, ela diz-nos muito pouco sobre as razões de tal comportamento. E pouco ou nada nos diz também sobre as estratégias e tipos de argumentação usados pelos representantes dos partidos nos debates em plenário. Estes são os temas das secções que se seguem.

---

[34] A redacção final do n.º 1 deste Artigo, porém, ficaria apenas "Todos os cidadãos têm direito à educação e à cultura".

A *Forma do Debate*

TIPOS E ESTRATÉGIAS DE ARGUMENTAÇÃO

Efeitos da Publicidade

Quanto à forma do debate, há que assinalar o reconhecimento, por parte dos participantes, dos limites que se lhes impunham pelo facto de trocarem argumentos em público. Desde logo, a publicidade dos debates "forçava" os participantes a defenderem as suas posições por apelo a "razões públicas" – isto é, a razões que, em princípio, ou, pelo menos, em aparência, o público em geral pudesse aceitar. Assim sendo, a publicidade tornaria problemática a defesa de opções constitucionais pela invocação de razões ou de argumentos patentemente egoístas, partidários ou sectários, isto sobretudo entre os partidos mais votados (já que, entre partidos pequenos, como o MDP/CDE ou a UDP, a estratégia mais comum era demonstrar uma inamovibilidade de princípio).

Não se estranhará, por isso, que um deputado do PPD, Martelo de Oliveira, usasse da palavra, no debate na generalidade dos DESC, para apelar a uma troca de argumentos que respeitasse alguns dos princípios básicos da prática deliberativa: "é preciso que todas estas forças políticas, sem abdicarem das suas convicções sobre a melhor maneira de construir a democracia e o socialismo, se respeitem reciprocamente e saibam encontrar uma plataforma de entendimento que sirva o conjunto de todo o povo português". A tónica aqui colocada num diálogo construtivo, orientado à promoção do bem comum, mas enformado pela convicção ideológica, pelo desejo, e pela emoção, todas elas justificadas pelo objecto – uma radical refundação da sociedade portuguesa, em termos mais justos –, é igualmente colocada por Marcelo Curto, do PS, quando, na abertura do mesmo debate, sublinha que, mesmo em Comissão, "o ardor posto em algumas discussões (...) não excluiu o diálogo crítico e as apreciações em concreto que cuidadosamente foram feitas". Isto é, apesar do clima apaixonado, do clima dominado por uma elevada polarização ideológica, o qual se reflecte, aliás, em múltiplas intervenções patenteando ser intenção dos diversos partidos demarcarem-se ideologicamente uns dos outros, os deputados parecem conscientes de que em condições de publicidade pode ser auto-derrotista advogar preferências políticas na base de um interesse partidário, ou mesmo sectarismo, percepcionado pelo público como fracturante.

Disso mesmo dá conta a intervenção em que Mário Pinto (PPD) lamenta que, para além de "uma ou outra afirmação com dignidade teórico-prática", o debate se tenha feito "num tom mais ou menos comicieiro", com os representantes dos diferentes partidos a brindarem-se mutuamente, "não tanto com argumentos, como, sobretudo, com slogans, julgamento de intenções, catalogações cómodas e eventualmente úteis para propaganda política", mas não, certamente, à feitura de uma Constituição que viesse a servir de carta fundamental para todos os portugueses. Mas, se Mário Pinto se queixa da retórica plebiscitária que teria dominado o debate, Marcelo Curto (PS) acusa os seus adversários políticos, à "direita" e à "esquerda", de fazerem uso puramente estratégico de uma argumentação supostamente "imparcial" para avançarem interesses que são, afinal, os interesses dos seus próprios partidos. Nas palavras de Curto, as críticas ao projecto dos DESC feitas pelos "diversos grupos partidários, ao falar em nome da pessoa humana ou das «conquistas revolucionárias», ou, ainda, do valor da iniciativa e propriedade privada, ou têm origem nos interesses partidários e não valem como princípios universais, ou desconhecem o momento e o sentido da evolução do processo revolucionário português". Em suma, na crítica de umas forças partidárias ao efeito plebiscitário do discurso público, e à falsa polarização que ele alimenta, outras encontram a marca da falsa consciência ou – pior ainda – da hipocrisia. Como é fácil de concluir, a dinâmica político-ideológica na Constituinte não se prendeu exclusivamente com questões de substância – pelo contrário, a importância da forma, a importância das estratégias de argumentação seguidas era – e foi, de facto – reconhecida pelas forças políticas.

Argumentação/Expressividade *versus* Negociação

A publicidade impõe aos actores políticos determinados padrões de conduta, entre os quais pontuam, como acabámos de ver, as restrições à forma e ao conteúdo dos argumentos aduzidos. No geral, porém, ela tem por efeito afastar o debate da negociação para o situar ao nível da argumentação e da expressividade (individual, como acontece nos testemunhos, e colectiva, como acontece quando os partidos se demarcam ideologicamente e passam para o exterior a sua "imagem de marca"). Por outras palavras, negociar, em público, através da troca de promessas e/ou ameaças, é, na esmagadora maioria dos casos, ineficiente na busca dos resultados almejados e sujeito à censura social.

Nos debates analisados há uma passagem especialmente clarificadora a respeito do risco político associado à apresentação, a público, das diferentes forças políticas como "jogadores" ou "parceiros negociais", que trocam "favores" entre si, e se encontram dispostos a ceder aqui para ganhar uma contrapartida ali. Referimo-nos, muito concretamente, ao debate sobre o ensino, em que José Luís Nunes (PS) propõe a Jorge Miranda (PPD) aprovar a proposta do PPD de aditamento a um artigo, se, por sua vez, o PPD aprovar a proposta socialista de aditamento noutro. Mal esta proposta negocial é lançada, faz-se ouvir uma voz de censura, que grita "Isso não se pergunta". Em resposta, José Luís Nunes sugere que a resposta do PPD não precisa de ser dada, mas ainda assim Jorge Miranda responde, imediatamente, que ela será dada, e é positiva, ficando assim fechado o "negócio". Vital Moreira logo toma partido do embaraçoso da situação, para anunciar que o seu partido, o PCP, se vai abster, mas não sem antes deixar no ar a acusação de que os comunistas o fazem "sem entrarem no tráfico de votações que aqui se faz publicamente". A lição moral subjacente ao comentário de Vital Moreira é clara: sobre matérias constitucionais fundamentais não se trocam favores, ou votos – pelo menos não se o faz em público, sem incorrer em potenciais custos políticos, de que os opositores saberão capitalizar. Sabendo disso, Jorge Miranda reage prontamente: onde Vital Moreira vê "tráfico", ele encontra o contrário – isto é, uma razoável cedência mútua, que se destina a viabilizar o "maior consenso possível, para que os nossos trabalhos avancem". Noutras palavras, Jorge Miranda acredita que num debate público, os partidos podem optar pela concessão sem "perder a face", se a conseguirem justificar em termos altruístas. Em vez de deixar que a dinâmica do próprio debate público os levasse a extremar posições, e criar impasses, PPD e PS teriam optado por negociar abertamente um consenso que, embora não sendo ideal para nenhum deles, permite alcançar um compromisso aceitável para ambos – e, mais do que isso, funcional à progressão dos trabalhos da Constituinte. Perante um tal argumento, Vital Moreira vê-se obrigado a reformular a sua posição, clarificando que "ao utilizar a palavra tráfico quis utilizá-la no sentido comum de barganha, de troca". Embora insista, novamente, que a publicidade despromove a negociação, daí "o inusitado que é fazê-lo publicamente, aqui, no espaço da assembleia". Mas já não acontece assim à porta fechada, onde o próprio Vital Moreira não é "avesso a essa barganha, a esse compromisso, que temos praticado com algum êxito na comissão de que ambos [Vital e Miranda] fazemos parte". Em segredo, a negociação é perfeitamente aceitável, senão mesmo necessária, para selar compromissos duradouros, sem perda de face de qualquer das partes perante o público. Mas os benefícios das transacções negociais obtêm-se "à porta fechada" e dependem em larga medida do segredo que a existência de uma tal "porta" proporciona.

Em público, por contraste, resta aos partidos ou apelar a razões que apresentem como "imparciais" e destinadas à busca apartidária da solução constitucional que melhor sirva o interesse público e/ou invocar razões que os demarquem ideologicamente dos seus oponentes, reforçando, dessa forma, os seus princípios e a sua "imagem de marca" perante o eleitorado. Numa instanciação desta segunda opção, Costa Andrade (PPD) sublinha, perante acusações em sentido contrário, que o seu partido não tem qualquer necessidade de "lavar a cara" no plenário, porque "todo o tipo de discurso que estamos aqui a fazer; fizemo-lo lá fora na campanha eleitoral; como fizemos lá fora, reivindicamo-nos, nunca o negámos, cá dentro ou lá fora da ideia e de um programa social-democrata". Esta mesma intenção de de/marcação de posições atravessa, de resto, muitas das intervenções feitas em plenário, no debate sobre os DESC, intervenções em que os partidos, repetidamente, relembram o público do programa partidário com que se apresentaram às eleições e do seu posicionamento ideológico. Assim, temos, por várias vezes, o PS clamar-se de um "socialismo marxista", "de rosto humano"; o PPD a apresentar-se como um "partido personalista e defensor da via social-democrata", "nem liberal, nem neoliberal", nem tão pouco "programaticamente marxista"; o CDS a insistir que "nem se considera, nem pretende ser considerado como um partido socialista"; o PCP a contrapor a "concepção liberal-burguesa" da sociedade e do Estado dos seus opositores "à direita" à sua "concepção marxista"; e o MDP a relembrar a sua ligação às bases, às "organizações populares". Até porque muitos dos partidos presentes na Constituinte são jovens, e relativamente desconhecidos dos portugueses, toda a intervenção em público é uma boa oportunidade para os relembrar daquilo por que são e das clivagens que mais fundamentalmente os distinguem. Em termos simples, para os recordar da sua "carta de identidade" política.

Logos, Pathos e Ethos: Usos e Abusos

Assim, se várias intervenções há, no debate em plenário, cuja substância e eloquência são evidentes, esse debate não é, de todo, imune àquelas estratégias argumentativas que caracterizam a retórica plebiscitária promovida pela publicidade, e que se tende a distinguir, entre outras coisas, pelo seu débil conteúdo argumentativo, e seu apelo fácil a generalidades. Entre as estratégias argumentativas plebiscitárias, contam-se, como vimos, a manipulação, a tentativa de agradar, dizendo apenas aquilo que a audiência quer ouvir, e o esforço de manutenção da imagem. Estas podem ser vistas como o oposto dos três tipos de esforço persuasivo que Aristóteles considerou centrais à retórica, e que estão, também eles, presentes no debate da Constituinte: isto é, o *logos* ou a argumentação; o *pathos* ou o apelo legítimo à emoção; e o *ethos* ou as questões ligadas ao carácter do orador (Chambers 2004). Percorramos assim os debates em busca de alguns exemplos destas estratégias argumentativas.

Assim, a nível de apelo à emoção (*pathos*), no debate na generalidade são observáveis instâncias do seu uso construtivo, na forma de múltiplas e vivas referências às condições sócio-económicas degradantes em que os portugueses vivem. Isto é feito no intuito de reforçar a indignação perante a injustiça social, e de conferir acuidade à procura de soluções aptas para a sua superação, designadamente, por via da constitucionalização detalhada dos DESC e da pré-definição dos passos necessários à sua concretização.

Disso mesmo dá conta a intervenção de José Niza (PS), deputado à Constituinte, mas também, e este aspecto é relevante, médico de profissão, quando triunfalmente declara "Está escrito no parecer [da 3.ª Comissão] que ontem vos foi distribuído, que todos os portugueses têm direito à «segurança social» e à «saúde». Em tão poucas e simples palavras se esconde todo um futuro, nunca antes conhecido de milhões de portugueses explorados e oprimidos". O carácter emotivo das descrições da situação social à altura ganha especial impacto pela referência às condições de vida de grupos sociais concretos, para quem os benefícios sociais são mera quimera – pescadores de Matosinhos, trabalhadores rurais, operários, mulheres, idosos, crianças, viúvas, órfãos, etc.. Esta capacidade de ligação do argumento geral (injustiça social) à realidade vivida (injustiças sociais concretas) reforça a ideia de que os deputados conhecem, senão mesmo, que os deputados partilham da, situação social dos demais portugueses. E que, ao partilhá-la, não podem deixar de se preocupar genuinamente com os afectados e de lutar pela sua dramática alteração.

José Niza, por exemplo, fala com a sensibilidade experiencial de um médico, quando se refere aos "gritos de miséria que são os asilos, ditos «hospitais psiquiátricos», vergonha de um país em que os loucos, afinal, governavam". E assim o faz também Martelo de Oliveira (PPD), quando se congratula, como alguém que foi órfão e encontrou acolhimento numa instituição de solidariedade social, pelo "reconhecimento da sociedade activa portuguesa por todos aqueles que, depois de terem dado todo o seu esforço à sociedade, foram marginalizados e atirados para o cesto do lixo". Pessoas em cuja situação, e de cujo ponto de vista, Martelo de Oliveira se sente legitimado a falar, por ter vivido uma situação análoga de exclusão na infância, para a qual tenta agora encontrar soluções, na qualidade de deputado à Constituinte. Ao demonstrarem conhecer bem as pessoas a quem os direitos sociais mais directamente importam, ou ao dizerem-se, mesmo, ter sido, no passado, uma delas, os deputados tentam assegurar a audiência de que "falam do coração" e que a emoção com que falam não é manipulativa, mas genuína. Assim, Joaquim Velez (PCP) não se coíbe de falar, em tom apaixonado, às "maiores vítimas de exploração, de opressão e de humilhação, no nosso país, os operários agrícolas, as mulheres agrícolas, os filhos dos operários agrícolas, os pais dos operários agrícolas". Homens e mulheres cujos "filhos, os nossos filhos, andam descalços, passam fome, não têm creche, não têm a educação

mais conveniente"; mulheres que "têm tido os nossos filhos, inclusivamente, no rio e no trabalho". Um uso do possessivo, na segunda pessoa
do plural, que é indicador de que o mundo "lá fora", faz parte, e é da
responsabilidade, da Assembleia.

Mas se o apelo à emoção assume, por vezes, uma dimensão positiva,
encorajadora de acção política, noutras, esse apelo adquire uma dimensão bem menos construtiva, dando voz a sentimentos de ressentimento e
resultando mesmo em expressões de culpabilização ou recriminação
mútua. Assim, o mesmo Joaquim Velez (PCP) que atrás vimos falar
emotivamente da condição dos operários agrícolas, desvia-se da ordem
do dia para longamente recriminar os "senhores partidos maioritários",
por perpetuarem a situação social descrita, ao não prestarem apoio aos
trabalhadores nas suas reivindicações, e ao colocarem entraves às leis da
reforma agrária e do arrendamento por eles favorecidas, daí passando a
um ataque directo a um deputado do PS, alegadamente responsável por,
no distrito de Portalegre, tentar "abater os comunistas" (numa acção de
"sabotagem" que teria sido recolhida pelo PCP em "gravações"). A polémica, quer pessoal, quer partidária, foi, de resto, tónica comum do debate
em plenário. O clima de grande efervescência social e política, de que
não estiveram ausentes reais surtos de violência, tem reflexo, mais ou
menos directo, nas trocas de ofensas, nas insinuações e nas acusações
que vão surgindo nos momentos mais aguerridos do debate (como é o
caso, por exemplo, daquele em que se debate a unicidade sindical, um
debate que, apesar da sua centralidade à altura, não é objecto deste livro,
ou daquele momento em que se discute se o artigo 1.º do projecto da
Comissão relativo ao direito à segurança social terá sido, ou não, copiado
da Constituição soviética). Trata-se de momentos que foram pontuados
por um diálogo cruzado entre deputados, por manifestações da assistência, e por um incessante ruído de fundo (risos, aplausos, interjeições,
etc.), que o regimento proibia, e que é hoje, no limite, apenas possível
recuperar no espaço da imaginação (Lopes, 1976). Nestes espaços, que
são muito frequentemente espaço de interrupção do debate substantivo,
avultam, por um lado, o questionamento do posicionamento ideológico
dos partidos, e das suas credenciais revolucionárias, e, por outro, o questionamento do carácter e honra dos seus representantes na Constituinte.

Com efeito, a integridade de carácter de quem fala, bem assim como
as suas credenciais, mais ou menos impolutas, de resistência ao regime

fascista, são temas recorrentes de discussão, e funcionam, muitas das vezes, como distracções, relativamente ao tratamento de questões mais substantivas. A estratégia é, nestes casos, macular o carácter do orador, para assim questionar que ele possa estar de boa-fé no debate. É isso mesmo que acontece, por exemplo, quando Manuel Pires (PS) tenta contestar a defesa que o PPD faz, na pessoa de Amândio de Azevedo, do princípio da co-gestão, por apelo à experiência dos trabalhadores alemães, que saberão como "hão-de defender os seus legítimos de classe". Manuel Pires invoca a sua condição de delegado do sindicato dos bancários para censurar que o deputado do PPD "não tivesse isso [essa defesa de interesses] em observação aquando das negociações ainda no regime fascista" enquanto "agente dos banqueiros portugueses". Perante a acusação, Amândio de Azevedo reconhece ter sido "árbitro na última arbitragem dos bancários por parte do Grémio", mas de imediato enfatiza que o papel do árbitro não é agir "em representação dos interesses de ninguém", cabendo-lhe apenas adoptar uma posição neutral relativamente às partes envolvidas no processo arbitral. O mesmo já não acontece, porém, prossegue Amândio de Azevedo, com os "advogados de parte", que "defendem os interesses dos capitalistas", como teria sido o caso de um eminente líder e deputado socialista (Salgado Zenha), pelo qual todavia demonstra a "máxima consideração". A sugestão agita a sala, levando o Presidente, Henrique de Barros, a insurgir-se publicamente contra a multiplicação de referências "a assuntos extra e ataques pessoais", que não têm cabimento no debate em plenário. Amândio de Azevedo esclarece que não fora sua intenção fazer um ataque pessoal a Zenha, mas, isso sim, mostrar o absurdo da condenação daqueles cujo ofício é, precisamente, representar legalmente pessoas e interesses, ainda que não sejam considerados legítimos, como seria o caso sempre que "um advogado defendesse em tribunal um criminoso ou que defendesse pessoas que tivessem praticado actos nitidamente condenáveis e dignos de censura", para lhe garantir um julgamento justo. De resto, sublinha Coelho dos Santos (PPD), em apoio ao seu colega de partido, não se pode esquecer que a advocacia, "contou no seu elenco alguns dos antifascistas mais combatentes e mais militantes" que Portugal terá conhecido.

Num esforço derradeiro de reabilitar o seu carácter, entretanto directa e indirectamente questionado, Amândio de Azevedo desafia os deputados presentes a olharem para o seu percurso de vida, e depois disso, em

A *Forma do Debate*

consciência, decidirem, se podem, realmente, ter a pretensão de dar-lhe "lições de moralidade ou de normalidade de conduta". Filho de "um pequeno agricultor", Amândio de Azevedo diz ter subido na vida à custa de "muitos sacrifícios e muitas lágrimas", seus e da sua família. Este percurso, para além de dar provas do seu carácter, aproximá-lo-ia daquela audiência para quem, e em nome de quem, lhe é exigido falar, quando discute a constitucionalização dos DESC – as camadas sociais mais desfavorecidas, trazendo às suas intervenções na Assembleia, uma legitimidade e presunção de boa-fé adicionais: "Nunca esqueci a minha origem e toda a minha luta tem sido sempre, e será sempre, na defesa dos humildes, e na defesa daqueles que se encontram em posições de inferioridade". O carácter, num curto espaço de tempo, discursivamente desfeito e discursivamente redimido, é aqui arma de combate e arremesso político.

Esta sucessão de ataques, e de redenções, pessoais é, aliás, vulgar na nossa Constituinte. Tal como recorrentes são nela as referências dos partidos ao lado da barricada em que estiveram durante os anos do fascismo, enquanto garante da sua integridade política e legitimidade de intervenção no debate dos DESC. Assim, e para dar apenas um exemplo, o PCP, pela voz de Lopes de Almeida, relembra que a possibilidade de discussão de um projecto constitucional relativo aos DESC é devedora de "uma longa e difícil resistência durante a noite fascista", "nesses tempos em que a intervenção no plano político e no plano sindical implicava grandes riscos e exigia grandes sacrifícios", assumidos por trabalhadores e – fica subentendido – sobretudo por (trabalhadores) comunistas.

Para além do carácter do orador, uma outra questão muito retoricamente trabalhada na Assembleia é a da sua "identidade" – isto é, o seu grupo de pertença social, ou mesmo sócio-profissional. É preciso não esquecer que, sendo fruto de uma transição revolucionária, a Assembleia Constituinte de 75-76 apresentava uma composição única, socialmente muito ampla, com integração, no hemiciclo, de representantes das "classes populares". Esta composição socialmente pluralista da Assembleia "revolucionária" oferecia um claro contraste com a composição que houvera tido a Assembleia Nacional. Por isso mesmo, na nossa Constituinte adquire especial destaque um tipo particular de intervenção: o testemunho.

A prevalência do testemunho não é, de todo, de estranhar. Tal como Lynn Sanders, num artigo que se tornou de referência nos estudos sobre democracia deliberativa, sublinha, o ideal deliberativo tem potenciais "conotações conservadoras ou antidemocráticas", na medida em que o apelo à deliberação é normalmente sinónimo de um apelo à "racionalidade, reserva, precaução, quietude, comunidade, altruísmo, e universalismo", "conotações que, de facto, provavelmente minam as pretensões democráticas da democracia". Isto acontece na exacta medida em que tais conotações de racionalidade e razoabilidade podem excluir determinados grupos sociais da sua "voz", já que alguns grupos são mais capazes do que outros de articular a sua voz em termos "deliberativos" (Sanders 1997, 1). Por conseguinte, Sanders conclui que, se quisermos assegurar uma maior democraticidade e uma maior inclusividade nas nossas discussões enquanto cidadãos, temos de admitir outras formas de intervenção que não exclusivamente a deliberação. Sanders dá particular destaque justamente ao testemunho. Através deste, ao indivíduo é dada a liberdade de contar a sua própria história – muitas das vezes, uma história "representativa" da experiência de um grupo socialmente discriminado – ao grupo mais alargado ou dominante. Nos seus escritos, Sanders enfatiza o carácter radicalmente igualitário do testemunho – a admissão do testemunho na discussão assenta no princípio de que todos têm direito a ter uma voz ou a uma oportunidade de contar a sua história em público.

É, pois, apenas natural que os debates em plenário numa Constituinte que, como a nossa, se inscreve numa revolução que foi também social, fossem entretecidos numa miríade de testemunhos, em que o país real chega – e diz, alto e bom som, ter direito a um lugar – na mais alta tribuna da nação. Desta prevalência do testemunho, um testemunho plural, que cobre um vasto espectro de experiências pessoais e sociais, dão-nos conta várias intervenções, algumas das quais já anteriormente mencionadas. Esse é o caso, por exemplo, da intervenção do "médico socialista", José Niza, que nos fala, agora, das intermináveis "bichas dos postos da Previdência", "do macabro cortejo de ambulâncias" e das "condições sub-humanas dos bancos e das enfermarias" dos hospitais portugueses, que tão bem conhece. Mas a ele poder-se-ia acrescentar a defesa que Mário Pinto (PPD) do ensino particular, contra os que o dizem o "último reduto dos filhos «gatados» da burguesia" (Manuel

Pires, PS), com base na sua "experiência pessoal, de provinciano nato e criado longe dos grandes centros", onde "o ensino privado, os modestos colégios das modestas vilórias do modesto *interland* português" teria sido "o único meio possível às pessoas pobres e modestas (...) para fazerem os seus estudos". A que se pode adicionar, ainda, o depoimento de Eugénio Domingues, deputado do PCP, "operário metalúrgico numa grande empresa de transportes da capital", que nos dá a conhecer, de viva voz, os duros "métodos de trabalho" a que o operariado se encontra sujeito, desde as instalações precárias, onde "em época de Inverno os trabalhadores se vêem quantas das vezes obrigados a trabalhar à chuva", passando pela sua falta de "salubridade", pelos primitivos "apetrechos", com que o trabalhadores são obrigados a laborar, e pela falta da "mais pequena parcela de segurança", que se reflecte numa subida "vertiginosa" do número de acidentes de trabalho, sem posterior cobertura social. A voz do mundo exterior, a voz do povo, entra assim na Assembleia, com legitimidade revolucionária e eleitoral, sem ter de pedir permissão.

Poderíamos multiplicar as citações de testemunhos, mas mais do que citá-los importa analisar a forma como as questões de identidade que se lhe encontram conexas são, por vezes, manuseadas, com grande sucesso retórico, no debate político-partidário. Permitimo-nos aqui relevar uma intervenção de Miguel Macedo (PPD) que nos parece particularmente eficaz a este respeito. Uma intervenção que, *pace* Chambers, prova a capacidade que os membros das classes populares demonstraram, sobretudo quando altamente mobilizados politicamente (como seria o caso de alguém eleito para a Constituinte), rapidamente se apropriarem das armas deliberativas de que haviam sido excluídos. Sem mais demora, então, passamos ao relato do episódio do debate que demonstra essa mesma mestria deliberativa e esperteza retórica. Primeiro, porém, temos de dar nota do contexto. A intervenção de Miguel Macedo segue-se a uma outra de Manuel Pires (PS), que acusa o PPD de, na esteira das experiências sociais-democratas noutros países, não pretender que os trabalhadores tomem "em definitivo conta do poder", mas antes desejar "perpetuar o poder do capitalismo", ao manter a figura do "pequeno empresário", e a apropriação das "mais-valias". Miguel Macedo pede a palavra, e, em tom de desafio, questiona a identidade entre a bancada do PS e o operariado que diz representar e defender: "As miragens do Sr. Deputado, que fechou os olhos e viu as bancadas do PS todas preenchidas por operários", exclama Macedo. O Presidente da Assembleia imediatamente o repreende pela tirada ideológica. Macedo insiste na apresentação de um pedido de esclarecimento a Manuel Pires, e o Presidente insiste que esse pedido tem de ser colocado de forma concisa. Assim, Macedo avança na enunciação da dúvida que o perturba, reiterando, todavia, que a sua exclamação inicial, quanto à composição da bancada socialista, não fora avulsa, mas antes serve de preâmbulo ao que quer perguntar. É nesse momento que Macedo usa de um trunfo (aparentemente) escondido, a sua identidade sócio-profissional, para questionar abertamente a suposta contraposição entre a base social dos dois partidos – PS (operariado) e PPD (burguesia):

> Portanto, eu por mim, *que sou ferroviário*, queria perguntar ao Sr. Deputado, como é que explica que dada a distribuição da população por classes sociais e a sua distribuição pelo território, dada, por outro lado, a votação obtida pelo PPD, que ganhou em 13 dos seus 23 círculos eleitorais e onde houve realmente competição, o Sr. Deputado possa considerar o PPD um partido da burguesia, subentendendo-se, nesse caso, que reserva para o Partido Socialista outra classe.

Colocado na posição de ter de defender o seu argumento perante um contra-argumento inesperado, Manuel Pires hesita na resposta, solicitando a repetição da pergunta, que não teria ouvido. Repetida a pergunta, Pires acusa o PPD de, uma vez mais, tentar "salvar o seu fato bonito", e indaga Macedo sobre que tipo de ferroviário é, "se é das oficinas, se é de via e obras ou…". Esta questão reforça, sem querer, o efeito retórico pretendido pelo seu oponente, na medida em que soa comezinha e relembra a sua classe sócio-profissional ao hemiciclo. "Via e obras" responde secamente Macedo. Pires nada consegue fazer com esta precisão, que a sua pergunta pressupunha ser importante, e avança para a sugestão de que, se "em certas regiões", o PPD, o partido da "pequena burguesia alienada", ganha votos entre operários isso deve-se à falsa consciência, inevitável "ao fim de quarenta e oito anos de fascismo, em que a ideologia predominante é a ideologia burguesa". A acusação de falsa consciência dirigida a um membro do operariado surge infeliz, pelo menos a dois respeitos. Desde logo, ela parece colocar o PS em oposição àquela que diz ser a sua base social de apoio. Por outro lado, o argumento da "falsa-consciência" tinha sido o argumento aduzido pela esquerda mais radical contra a possibilidade de realização de eleições livres, dessas mesmas eleições que haviam estado na origem da Assembleia Consti tuinte, e da vitória da via eleitoral sobre a via revolucionária. Miguel Macedo percebe que Manuel Pires fica numa situação fragilizada, e fecha a troca de frases, com um agridoce "Muito obrigado, mas não fiquei bem esclarecido". Aqui temos, pois, uma interacção em que a identidade aparentemente surpresa do orador é habilmente posta a descoberto para retoricamente selar um ponto político. De resto, e como tivemos ocasião de ver anteriormente, os deputados do PPD socorrem-se amiúde da forma testemunhal para revelar a sua proveniência sócio--económica e, assim, tentar deflectir acusações de que o seu partido seja um "partido burguês".

Esgrimindo Figuras de Retórica

Se diversas são as estratégias de argumentação mobilizadas nos debates em plenário, muitas são também as figuras de estilo usadas para aumentar o impacto, emocional e imagético, das intervenções feitas. Para ilustrar este ponto, nada melhor do que começar pela série de metáforas organicistas que José Niza (PS), socorrendo-se do vocabulário utilizado no âmbito da sua profissão médica, trabalhar para vivamente diagnosticar o estado da nação. Assim, Portugal é, por Niza, caracterizado como um país "politicamente doente", um corpo "convalescente de uma doença de quarenta e oito anos de involução e depauperamento catastróficos". O 25 de Abril surge, neste contexto, como um "inesperado e milagroso medicamento". Isso ainda que "depois da cura aparente, os males volt[e]m a agravar-se". Tal acontece porque a doença se havia entretanto tornado "invasiva", tendo-se o crescimento das células tornado "anárquico", com "metástases a Norte, dispneia ao centro e um bloqueio cardíaco, isto é, no coração, isto é, em Lisboa". A nível somático, o país apresentava, desta forma, "sinais de malignidade reaccionária", não sendo os "sinais psíquicos (…) mais animadores". Isto porque, entre a "ansiedade dos que esperam" e a "angústia dos que regressam", entre estes e o "delírio colectivo dos que julgam ter, ou querem ter para si, o monopólio da cura" – remata, em crescendo, Niza – "de tudo há neste tumor e neste temor chamado Portugal". A crise adensa-se, o clima social

84 O Momento Constituinte – Direitos Sociais na Constituição

agita-se, a violência espreita, tudo exigindo um diagnóstico rápido e preciso, que levasse à intervenção decisiva do Partido Socialista, no intuito de pôr travão à situação. Para além desta abundância metafórica, que nos traz ao conhecimento um país que é afinal corpo-quase-cadáver, minado pela doença, em busca de salvação, Niza socorre-se, complementarmente, da anáfora, isto é, da repetição do mesmo grupo de palavras no princípio de um conjunto de frases consecutivas, para se irmanar com todos constituintes no reconhecimento testemunhal dos gravíssimos problemas que afectam o sector da saúde no país. Um reconhecimento que, não trazendo qualquer novidade, tem de, pela sua própria e manifesta evidência, levar os deputados, independentemente da pertença partidária, à acção comum, para assegurarem, em tempo útil, o acesso de todos os portugueses a cuidados de saúde condignos:

" *Sei que todos vós já viram* as bichas dos postos de Previdência....

Sei que todos são testemunhas do macabro cortejo de ambulâncias a caminho de Lisboa, Porto ou de Coimbra....

Sei que todos já ouviram falar em medicina preventiva....

Sei que todos têm uma ideia, difusa que seja, das condições sub-humanas dos bancos e das enfermarias...

Sei que todos sabem das carências assistenciais das zonas rurais....

Sei que todos já ouviram falar dos médicos que emigram para o Brasil e outros países....

Sei que todos sabem que as escolas estão a formar, cada vez mais deficientemente, os nossos técnicos de saúde.

Todos sabemos, finalmente, que cada português nasce, cresce e morre e que, em todo este ciclo, a sua saúde está em causa e necessita de cuidados de medicina.

O Sr. Presidente e os Srs. Deputados sabem, todos, de tudo isto. Não vos trago novidades. Apenas pretendo fazer um *rappel* das vossas opções, das opções que todos temos de tomar. Apenas vos falo disto, para que tudo isto mude".

E, caso o apelo não fosse suficientemente convincente, José Niza socorre-se, para terminar, de uma antítese – não por acaso, no Barroco, conhecida como a "arte do conflito" – por intermédio da qual concede visibilidade acrescida ao paradoxo fundamental vivido em Portugal. Um paradoxo que a previsão constitucional de um serviço de saúde universal, geral e gratuito visaria, em primeira mão, ultrapassar: "Que Portugal seja um país onde a saúde de uns nunca signifique jamais a doença de outros!".

Se na intervenção de Niza as figuras de estilo se sucedem em catadupa, certo é que elas estão também presentes, porventura em menor número, mas, por vezes, com igual efeito retórico, em várias outras intervenções nos debates dos DESC. Isso é, desde logo, verdade, quando dito da ironia, que perpassa algumas das linhas mais humoristicamente memoráveis do debate, como é o caso da que se segue, da autoria de Costa Andrade (PPD), em defesa do pluralismo cultural:

> Sr. Presidente: É também para, em nome do meu grupo parlamentar e em meu nome pessoal, dar mais um contributo, ligeiro e breve, aliás, no sentido de defender a não eliminação deste preceito [proposto pelo PS, "O Estado não pode atribuir-se o direito de programar a educação e a cultura segundo quaisquer directrizes filosóficas]. A proposição de uma orientação cultural, filosofia ou estética mono-orientada, para além de graves prejuízos culturais, e não são esses os que sobremaneira me preocupam a mim, mas prejuízos culturais que são tão grandes como o ponto, e cito mas uma vez, embora com desagrado de alguns, de levar esta mono-orientação cultural a impor como um clássico da língua russa um escritor como Estaline, que não sabia alinhar quatro frases – este juízo é de Trotsky – ou que não sabia sequer bem a gramática russa, para não levar também a prejuízos culturais, casos como o de Krutschev que, na primeira exposição de arte abstracta, não sabia se aquilo tinha sido pintado por mão de homem ou pelo rabo de um cão.

No fundo, embora seja o próprio José Niza, o protagonista desta secção, o primeiro a alertar para os perigos de um "Constituição muito poética, mas muito pouco consequente", os deputados à Constituinte estavam plenamente cientes de que a palavra é uma arma muito poderosa, uma arma que convém, portanto, em pleno debate, saber esgrimir habilmente.

As Fontes da Constituição em Acção

A tradição jurídica de um país, bem como os processos de difusão e acolhimento de ideias constitucionais provenientes de outros ordenamentos jurídicos, outras Constituições, mas também o direito internacional, e universos ideológicos diversos, como os do marxismo, da social-democracia ou da democracia-cristã, é uma das hipóteses comummente apontadas para explicar a opção pela constitucionalização de direitos sociais. Estas fontes seriam assim um dos elementos que concorre para ajudar os actores políticos a decidirem-se pela inclusão de catálogos mais ou menos longos e detalhados de direitos sociais nas Constituições dos respectivos países. O estudo de como a influência das fontes se processa varia, no entanto, de acordo com a perspectiva analítica adoptada. De facto, existem pelo menos duas abordagens possíveis às fontes de uma Constituição, ambas orientadas para a descoberta das origens, e linhas inspiradoras, desse texto. Uma dessas perspectivas, usual na doutrina jurídica e na ciência política empírica, concebe essas fontes como factores que exerceram influência sobre o processo constituinte. A tarefa do analista consiste, nesta óptica, em identificar e classificar as influências que o texto constitucional sofreu de outros textos ou documentos jurídicos, incluindo, no caso da Constituição Portuguesa de 1976, as constituições portuguesas anteriores e constituições estrangeiras passadas ou contemporâneas, para além das declarações e convenções internacionais, bem como factores externos mais genéricos como a tradição Continental do direito civil, a doutrina social da Igreja ou o *Zeitgeist* do pós-guerra sobre direitos sociais (vide, por exemplo, Canotilho e Moreira 1991; Miranda 1976b, 1978; Costa 1990; Magalhães 2010: 15). Uma outra perspectiva analítica, mais comum em história intelectual ou conceptual, concebe as fontes de uma Constituição como recursos disponíveis aos

88 O Momento Constituinte – Direitos Sociais na Constituição

actores envolvidos no processo constituinte, sendo, portanto, intrínsecos a este último (veja-se, por exemplo, Skinner 1969; Ball e Pocock 1990). Deste ponto de vista, por nós aqui privilegiado, o objectivo não é tanto o de enumerar e categorizar a pluralidade de fontes por trás da Constituição, como analisar o uso que dessas fontes foi feito pelos deputados à Constituinte, quer no trabalho em Comissão, quer nas reuniões em plenário. Dado o âmbito deste livro, é justamente sobre os usos das fontes nestas últimas que nos debruçamos. A análise destes usos permite--nos vislumbrar algo que a mera catalogação de fontes não nos permitiria ver – as lutas político-partidárias que se travam em torno do significado político dessas fontes, elas próprias transformadas, assim, em elementos de identidade e de legitimação política para quem as mobilizava ou para aqueles que se lhes opunham. As fontes da Constituição deixam assim de ser entendidas como factores externos, que moldam a vontade constituinte, para serem concebidas como recursos, inescapavelmente contestáveis,[35] que são instrumento e objecto de intensa luta político-partidária no momento constituinte.

Quando passamos à análise das fontes enquanto forças vivas no debate, reparamos imediatamente numa ausência significativa. É que, nos debates públicos sobre direitos sociais, não é uma única vez mencionada umas das fontes consideradas pela doutrina como exercendo uma influência mais imediata sobre o texto da Constituição, a saber, o segundo Pacto MFA-Partidos (Canotilho e Moreira 1991: 12; Canotilho e Moreira 2007: 20-21). Todavia, a razão desta ausência é facilmente explicável. A segunda "Plataforma de Acordo Constitucional" foi assinada no dia 26 de Fevereiro de 1976, vários meses após a conclusão da discussão e aprovação da matéria referente aos direitos e deveres fundamentais.[36] Nos debates sobre direitos sociais encontramos, isso sim, referências ao I Pacto MFA-Partidos,[37] firmado em Abril de 1975. Um exem-

---

[35] Sobre a ideia conexa de "conceitos essencialmente contestáveis", veja-se Gallie (1956).

[36] O título referente aos DESC foi aprovado em Outubro de 1975.

[37] Reproduzido na íntegra em Neves (1976: 313-321). Esta primeira Plataforma de Acordo Constitucional, aliás, condicionava as expectativas futuras dos deputados de forma bem diferente da segunda ao conferir à futura Constituição um carácter transitório: "A presente plataforma", podia ler-se no terceiro ponto da parte B – Objectivos da

plo de como esta primeira Plataforma de Acordo Constitucional foi usada como argumento de autoridade nos debates sobre direitos sociais encontra-se logo no início do debate na generalidade sobre o parecer da 3.ª Comissão. Na declaração de voto comunista, Avelino Gonçalves sugere que a "consagração legal da unicidade sindical" estaria "tutelada pelo pacto entre o MFA e os partidos políticos que participaram nos trabalhos desta Comissão". Em rigor, porém, o I Pacto MFA-Partidos não se refere, em nenhum dos seus artigos, à questão da unicidade/liberdade sindical. Mas a insistência do deputado do PCP em invocá-lo atesta da importância simbólica de ver as posições do seu partido vinculadas politicamente à primeira Plataforma de Acordo Constitucional.

Um outro documento político que foi mobilizado em debate pelos deputados foi o programa do Movimento das Forças Armadas,[38] na base do qual o Conselho da Revolução havia negociado com os partidos a acima referida Plataforma de Acordo Constitucional. Um bom exemplo do conflito político-ideológico em torno deste documento encontra-se no mesmo debate na generalidade. Em causa agora estava a questão da titularidade dos direitos sociais, que o PS, o PPD e o CDS queriam universal e os partidos à esquerda circunscrita às classes trabalhadoras. Referindo-se criticamente à proposta da 3.ª Comissão, o popular democrata Furtado Fernandes contesta a referência excessiva e discriminatória às "classes trabalhadoras" em "artigos que não lhes dizem exclusivamente respeito". E, usando o programa do MFA como argumento de autoridade, remata: "[p]ara evitar o equívoco que resulta da atribuição ao termo «classes trabalhadoras» de mais de uma significação, propôs o PPD a sua substituição por «classes mais desfavorecidas», expressão, aliás, do programa do MFA". Apesar de hábil, esta tentativa de se socorrer de um documento com credenciais revolucionárias insuspeitas para

---

Plataforma, "será válida por um período designado por período de transição, com duração que será fixada na nova constituição entre 3 a 5 anos, e que terminará com uma revisão constitucional" (Neves, 1976: 314).

[38] Reproduzido na íntegra em Neves (1976: 41-46). No domínio da doutrina, saliente-se a opinião de Jorge Miranda para quem o programa do MFA desempenhou uma verdadeira função constituinte e não meramente política, na medida em que expunha as orientações futuras a ser seguidas pelo Governo Provisório até à aprovação de um novo texto constitucional (1978: 42-44).

90 *O Momento Constituinte – Direitos Sociais na Constituição*

questionar a "ortodoxia marxista", acaba por não surtir o efeito pretendido. O deputado do PPD não consegue convencer os seus adversários mais à esquerda, PCP e MDP/CDE, para quem os únicos titulares naturais e legítimos dos DESC são as classes trabalhadoras. O mesmo sucede, aliás, com o deputado socialista, José Niza. Também ele procura questionar a atribuição exclusiva da titularidade dos DESC às "classes trabalhadoras", mas agora por referência a um outro tipo de fonte, mais interno ao próprio processo de criação constitucional: os projectos de Constituição apresentados pelos partidos.[39] Nesse intuito, Niza relembra, e expõe publicamente, o conteúdo dos projectos do PCP e MDP/CDE: "se lermos as propostas sobre estas matérias, constantes dos projectos do Partido Comunista Português e do Movimento Democrático Português, verificamos que apenas os «trabalhadores e suas famílias» (no caso do PC) ou os «trabalhadores» (no caso do MDP) têm direito à segurança social", o que, sugere Niza, é inaceitável. Que não devemos tratar as "fontes da Constituição" como meros factores externos, pairando sobre o processo constituinte, fica claro do ataque violento que Niza desfere de seguida: "Pergunta-se: porquê esta exclusividade? Pergunta-se: e os não trabalhadores? Como se definem e que direito lhes cabe? Quais os critérios? É evidente que, por exclusão de partes, caberá aos não trabalhadores o recurso às formas privadas da medicina, aquelas que se articularão com o Serviço Nacional de Saúde, embora não fazendo parte

---

[39] Para Jorge Miranda, mais do que fontes da Constituição, os Pactos MFA/Partidos são meros elementos históricos de interpretação da mesma (1978: 99). A seu ver, as verdadeiras fontes da Constituição são os projectos dos seis partidos (1976b: XXI). Miranda afirma, numa outra obra, que "a problemática dos direitos fundamentais foi das mais candentes na Assembleia Constituinte de 1975-1976", perpassando pelos projectos dos partidos "correntes ideológicas bem identificadas" (1993: 121): os projectos do CDS, do PPD e do PS enquadravam-se na tradição do constitucionalismo ocidental, enquanto os do PCP, MDP/CDE e UDP no constitucionalismo de matriz soviética e leninista (1993: 125). Mais, enquanto o projecto do CDS era "um projecto liberal", que dava pouca importância aos direitos sociais, o do PS consagrava tanto "Direitos, Liberdades e Garantias" (DLG) como DESC, dando mais relevância aos primeiros, e ressalvava os direitos dos trabalhadores; o projecto do PPD também consagrava ambos os tipos de direitos, embora de forma diferente, e incluía um título com princípios gerais; o do PCP privilegiava os DESC mas não deixava totalmente de parte os DLG; os projectos do MPD/CDE e da UDP davam apenas importância aos DESC, que eram integrados no "combate revolucionário em curso" (1993: 125).

As Fontes da Constituição

integrante dele". Fontes como o programa do MFA ou os projectos partidários, como estes exemplos ajudam a perceber, são valiosos recursos argumentativos para o trabalho parlamentar desenvolvido em plenário, servindo ora para legitimar melhor a posição de quem os mobiliza, ora para, por referência a elas, se criticar e publicamente denunciar a insustentabilidade das posições dos adversários.

Outras fontes particularmente relevantes para o trabalho constituinte são, como seria de esperar, as anteriores Constituições portuguesas.[40] Disso nos dá exemplo, a intervenção de Nuno Godinho de Matos (PS), no debate na generalidade sobre o projecto de 2.ª Comissão ("Direitos e Deveres Fundamentais"), na qual assumem lugar de destaque as Constituições liberais e republicanas:

> Com a consagração dos direitos expressos no projecto em análise, não só se dá cumprimento o Programa do MFA e ao Programa de Acção Política, como se estabelecessem princípios pelos quais os portugueses lutam desde os primórdios do século passado, os quais nos foram negados pelo golpe de Estado de 28 de Maio de 1926. Na realidade um dos objectivos dos revolucionários de 1820 consubstanciava-se na conquista das liberdades, direitos e garantias fundamentais, as quais ficaram expressas na Constituição de 1822. Também a Carta Constitucional de 1826, apesar de definir uma estrutura do poder de Estado menos avançada do que a anterior e restabelecer uma maior influência do clero, da nobreza e do monarca na condução política do País (...). O mesmo se poderá dizer para a Constituição de 1838 e para a Constituição Revolucionária de 1911. O peso e a influência destes princípios na tradição política, cultural e histórica do nosso povo é de tal modo importante que o próprio legislador constituinte, em 1933, não teve coragem nem força para evitar a sua inclusão formal na Constituição, ao mesmo tempo que definia o Estado português como corporativo.

---

[40] No plano da doutrina, refira-se a posição de Gomes Canotilho e Vital Moreira sobre a relação da CRP com as anteriores Constituições portuguesas. Estes autores afirmam que algumas das premissas essenciais da CRP se baseiam justamente na corrente constitucional da tradição liberal-radical e democrático-revolucionária de alguns desses textos constitucionais (1991: 14). Há também preceitos que se inspiram em normas já anteriormente existentes (como a fiscalização judicial da constitucionalidade, que vem da constituição de 1911, e a sistematização de alguns preceitos de 1933) (1991: 14).

Godinho de Matos assinala perspicazmente a necessidade que as Constituições autoritárias têm de mimetizar aspectos das Constituições democráticas. O contrário é mais difícil de acontecer. É hoje quase consensual que a Constituição de 1976 não representa uma continuidade relativamente à Constituição de 1933.[41] Com efeito, apesar de uma ou outra continuidade que pode ser identificada com o precedente imediato na história constitucional portuguesa[42], a Constituição de 1933, a verdade é que esta última, enquanto símbolo máximo da ordem constitucional do regime salazarista, constituía um anátema para os deputados constituintes. A ruptura com o passado assume aqui contornos contundentes: havia que separar inequivocamente as opções constitucionais do regime democrático das do seu antecessor fascista. Isso é bem visível no debate na especialidade sobre a liberdade de aprender e ensinar.[43] No caso que nos interessa, estava em discussão uma proposta do PPD para substituir a redacção de um artigo do projecto da Comissão. A redacção saída da Comissão era: "É garantida a liberdade de aprender e ensinar". Alternativamente, o PPD propunha a redacção: "São garantidos o direito e a liberdade de aprender e ensinar". A diferença de redacção parece minúscula, mas para o PPD, a referência explícita ao "direito" de aprender e ensinar era essencial para reforçar as garantias constitucionais sobre esta matéria. Acontece porém que, a despeito da sua intenção garantista (não por acaso partilhada por Vital Moreira, do PCP, com um entusiamado: "Apoiadíssimo!"), esta proposta não convenceu José Luís Nunes do PS, que utiliza, sibilinamente, a Constituição de 1933, para descredibilizar a proposta do PPD. Criticando a distinção entre liberdade e direito introduzida por esta proposta popular democrata, José Luís Nunes relembra o seu colega constituinte de que esta é "uma distinção que vem, eu sei que não é esta a intenção do Sr. Deputado Augusto Seabra, mas de facto vem da Constituição de 33. Quando se dizia: há direito a isto, àquilo e

---

[41] Para uma opinião divergente, veja-se Lucena 1978.

[42] Na doutrina, chama-se à atenção para vários aspectos da CRP cuja origem reenvia à Constituição de 1933: "É o caso, desde logo, da eleição directa do PR e de alguns dos seus poderes; de algumas soluções em matéria de estatuto dos membros do Governo: do poder legislativo do Governo e da ratificação dos decretos-leis; de diversas designações, como as de "autarquias locais", "direitos, liberdades e garantias", etc." (Canotilho e Moreira, 2007: 23).

[43] Art. 29.º da Proposta da 2.ª Comissão.

As Fontes da Constituição

aquele outro, há liberdade disto, daquilo e daquele outro, nos termos que a lei prescrever. Portanto, havia a liberdade na Constituição e havia depois o direito, que era nos termos que a lei prescrevesse". A eficácia deste argumento é tal que José Luís Nunes garante a aprovação por unanimidade da proposta da Comissão.

Mas as fontes à disposição dos deputados constituintes não se cingiram obviamente a fontes portuguesas, sejam elas documentos políticos da época, como o programa do MFA ou o I Pacto MFA-Partidos, ou textos jurídicos como é o caso das Constituições portuguesas anteriores. Na realidade, várias das fontes citadas e discutidas nos debates sobre direitos sociais eram estrangeiras. Esta "migração de ideias constitucionais"[44] é um tema que, aliás, tem recebido crescente atenção no domínio do direito constitucional comparado:[45] entre as "ideias constitucionais" que normalmente migram entre diferentes ordens constitucionais encontram-se normas e princípios jurídicos, elementos ideológicos, ético-políticos e técnico-científicos. Comecemos pelas referências a normas jurídicas provenientes de Constituições estrangeiras.[46] Um caso em particular não pode deixar de captar a atenção do leitor dos debates dos DESC, até pela acesa polémica que gerou em São Bento. Referimo-nos à acusação de que o Art. 1.º da proposta da 3.ª Comissão ("Os direitos económicos, sociais e culturais serão efectivados pela extensão da propriedade social dos meios de produção e pela planificação do desenvolvimento económico, visando o crescimento das forças produtivas".) seria uma cópia ipsis verbis do artigo 118.º da Constituição soviética,[47] o que, para os

---

[44] Sobre as limitações das metáforas de "transplantes legais", "fertilização mútua" e de "empréstimo constitucional", veja-se Walker (2006: 320-321) e Scheppele (2006: 347-348).

[45] Sobre as principais opções metodológicas disponíveis no direito constitucional comparado, veja-se Tushnet (2006). Para uma crítica destas mesmas opções, veja-se no mesmo volume Hirschl (2006).

[46] Ainda no plano da doutrina, refira-se a posição de Gomes Canotilho e Vital Moreira sobre a relação da CRP com as anteriores Constituições estrangeiras. Estes autores afirmam que esta é, de entre todas as Constituições portuguesas, aquela que menos se baseou em textos de outros países, referindo, no entanto, ser inegável que se inspirou nos ordenamentos constitucionais de alguns países da Europa Ocidental e de Leste (1991: 16).

[47] O qual abre o Capítulo X (direitos fundamentais e deveres dos cidadãos) da Constituição soviética de 1936, e cuja redacção é a seguinte: "Os cidadãos da URSS têm

94 O Momento Constituinte – Direitos Sociais na Constituição

partidos mais à direita, representaria uma infiltração indevida na nossa Constituição de uma filosofia materialista, de cunho marxista e autoritário.[48] À acusação do PPD, feita, em momentos diferentes do debate, por dois deputados, Furtado Fernandes e Mário Pinto, seguiu-se uma reacção indignada das bancadas socialista[49] e comunista.[50] O carácter controverso desta alegada migração constitucional prendia-se com a origem e conteúdo ideológico da mesma. Para o PPD, o artigo era não apenas proveniente de uma ordem constitucional emblemática de um dos blocos da Guerra Fria, mas encontrava-se tecido no jargão marxista, e atribuía importância primacial à colectivização dos meios de produção e planificação central da economia para a efectivação dos direitos sociais. Aceitá-lo, sem lançar a discussão, constituiria uma rendição silenciosa ao "partido" contrário.

A proveniência das normas constitucionais não foi sempre foco de controvérsia na Constituinte. Por vezes, normas de uma mesma Constituição estrangeira foram, quando ideologicamente densas, alvo de contestação, mas quando ideologicamente inócuas, objecto de consenso.[51]

---

o direito ao trabalho, isto é, é-lhes garantido o direito ao emprego e ao pagamento pelo seu trabalho de acordo com a sua quantidade e qualidade. O direito ao trabalho é assegurado pela organização socialista da economia nacional, o crescimento continuado das forças produtivas da sociedade soviética, a eliminação da possibilidade de crises económicas e a abolição do desemprego." (tradução nossa)

[48] "[C]omo é o caso do artigo 1.º do projecto apresentado, visivelmente copiado da Constituição estalinista russa (artigo 118.º)", nas palavras de Furtado Fernandes, ao que o seu colega de bancada Mário Pinto reforçou dizendo: "Aqui reside, aliás, a explicação de vários dos seus deméritos. Não apenas pelo que toca às formulações que fizeram vencimento, mas sobretudo pela filosofia marcadamente autoritária, e direito, até, estalinista, que ensombra alguns dos artigos. É o caso do art. 1.º e sua colocação pretensamente emblemática".

[49] "Quando se diz que os DESC serão efectivados pela extensão da propriedade social dos meios de produção o PPD vem-nos dizer que isto é uma declaração contida na Constituição da URSS e que está carregada de marxismo. Aqui nós sentimos de facto o PPD pôr-se no seu devido lugar. Se o PPD não aceita que os direitos só podem ser garantidos de acordo com a apropriação colectiva dos meios de produção, temos de perguntar que socialismo é este de que o PPD se reclama" (Manuel Pires, PS)

[50] Comenta Vital Moreira (PCP): "Vimos um deputado do PPD acusar mentirosamente um artigo de ser a cópia de um artigo da Constituição Soviética, que apelidou de estalinista".

[51] Um exemplo da referência a Constituições estrangeiras com o fito de legitimar a respectiva posição encontra-se no debate na generalidade sobre direitos sociais, em

Em pelo menos um caso, uma norma da Constituição russa foi trazida a debate, sem causar qualquer polémica. Referimo-nos ao debate na especialidade sobre o direito à saúde, em que o deputado socialista Miller Guerra justificaria a proposta de substituição do seu partido "da frase «direito à saúde», por «direito à protecção da saúde»" chamando à colação as Constituições russa e francesa, que não falavam num "direito à saúde", "porque de facto é incorrecto falar em "direito à saúde", mas sim em direito à assistência médica, aos serviços médicos, aos cuidados médicos, etc". Longe de controversa, esta referência a uma norma presente numa Constituição do Bloco de Leste gerou um resultado consensual: a proposta do PS foi aprovada por unanimidade, podendo ler-se na redacção final do Art. 64.º § 1.º "Todos têm direito à protecção na saúde e o dever de a defender e promover".

A circulação de ideias constitucionais inclui igualmente normas do direito internacional e até complexos mais vastos como o "constitucionalismo liberal", a "ideologia marxista", ou o "humanismo personalista". No caso das primeiras, os debates aqui em análise permitem-nos ver como compromissos internacionalmente assumidos, como a Concordata, e as declarações e convenções internacionais, designadamente a Declaração Universal dos Direitos do Homem e sobretudo o Pacto Internacional sobre Direitos Económicos, Sociais e Culturais de 1966, foram fontes relevantes para os trabalhos constituintes. Um exemplo da utilização destas fontes por parte dos deputados à Constituinte encontra-se no debate na especialidade sobre o direito ao ensino público e particular. A Comissão propusera que o artigo 29.º, dedicado ao "Ensino oficial e particular", tivesse a seguinte formulação no seu n.º 3: "O Estado procederá à progressiva integração dos estabelecimentos do ensino particular no ensino oficial, salvaguardando os interesses de quantos neles trabalham, sem prejuízo de, no exercício da liberdade religiosa, as igrejas manterem estabelecimentos de ensino para os seus fins específicos". Contrariando esta tendência de absorção do ensino particular no ensino

---

que Vital Moreira (PCP) afirma: "Desde logo, naturalmente, a Declaração dos Direitos do Povo Explorado da Rússia Revolucionária, mas também a Constituição Mexicana de 1917 – no seguimento da revolução popular iniciada em 1910 –, a Constituição da República de Weimar apesar do fracasso da revolução alemã de 1918-1919-, a Constituição Republicana Espanhola".

oficial, o PPD veio propor uma redacção alternativa, e muito mais sucinta, do n.º 3: "O ensino privado é livre". Com esta proposta, a bancada popular democrata estava a tocar num ponto sensível: os partidos mais à esquerda do espectro político (PS, PCP e MDP/CDE) apostavam tudo na consagração constitucional de um sistema público de ensino, organizado e financiado pelo Estado. O facto de se tratar de matéria politicamente sensível permite-nos ver de forma especialmente clara como diferentes fontes estrangeiras e internacionais foram estrategicamente mobilizadas no debate de soluções constitucionais específicas.

Por um lado, a suposta "neutralidade" político-ideológica de uma fonte internacional faz dela um recurso interessante para quem deseja arrefecer os ânimos e granjear apoios entre os seus adversários. Isto mesmo é ilustrado pela intervenção de Mário Pinto (PPD), quando opta por recorrer a uma fonte internacional, neste caso, a Declaração Universal de Direitos do Homem (DUDH), logo, mais neutra do que uma fonte estrangeira de matriz ideológica identificável, para justificar a constitucionalização da liberdade de ensino privado: "Começo por dizer que este é um entendimento corrente, normal, e, a meu ver, sem qualquer contestação. De resto, basta dizer que está consagrado como tal, e muito expressamente, na Declaração Universal dos Direitos do Homem, que é para nós já um instrumento recebido na nossa Constituição". O mesmo é dizer, não há razões para que esta pretensão do PPD suscite celeuma, uma vez que ela já tem cabimento na DUDH, que não poderia deixar de vincular o regime saído da Revolução. Infelizmente para Mário Pinto, esta sua tentativa de usar a DUDH para angariar consenso não foi bem sucedida: outras fontes havia em discussão nesse mesmo debate sobre o ensino oficial e particular, que eram bem mais polarizadoras, e impediam que tal acontecesse.

Este era o caso, concretamente, da Concordata, o tratado bilateral estabelecido entre o Estado português e a Santa Sé em 1940 e alvo de uma revisão em 1975.[52] Esta fonte revestia-se de um cariz ideológico pronunciado, sobretudo à luz da relação entre a Igreja Católica e o regime anterior. No debate sobre ensino público e privado, esta circunstância não foi ignorada pelos deputados socialistas e comunistas, que a usaram de

---

[52] Onde se instituiu o direito ao divórcio para casamentos católicos.

As Fontes da Constituição

forma incisiva e insistente contra a bancada do PPD. A declaração inicial dos popular democratas coube a José Augusto Seabra. Este deputado do PPD, cuja experiência docente na Universidade Católica Portuguesa no início da década de setenta não era ignorada pelos seus adversários, começou por distinguir ensino livre de ensino privado: este último opunha-se a ensino oficial ou público, podendo incluir as experiências de ensino cooperativo ou religioso. O ensino livre referia-se, portanto, à parte do sistema de ensino que compreende todas as instituições que não são financiadas e organizadas directamente pelo Estado: "Por isso, não se trata de defender um ensino privado, individualista e mercantil, mas um ensino não oficial, diversificado, que pode tomar as mais variadas formas", Seabra tentaria explicar. O pomo da discórdia, porém, residia na natureza confessional deste tipo de estabelecimento de ensino: deveria o Estado permitir, ou até apoiar, tais iniciativas? Para o PPD, não havia dúvidas: "como nós já definimos que o ensino oficial é não confessional", explicou José Augusto Seabra, "admitimos que possa haver, no caso do ensino privado, ensino confessional". O PPD, tal como de resto o CDS,[53] pretendiam ver o conteúdo da Concordata moldar o tratamento constitucional da possibilidade de abertura ao ensino privado. Já o Partido Socialista pretendia alcançar um compromisso entre o respeito pela Concordata, por um lado, e a prioridade constitucional ao ensino público, por outro. Esta posição torna-se bem clara quando Sottomayor Cardia afirma que a liberdade da "Igreja Católica em Portugal fundar livremente escolas, esse direito, essa liberdade, está consignada na Concordata e faz, portanto, parte do direito positivo português. Está consignada no artigo 20.º da Concordata, em que se diz que as associações da Igreja podem livremente estabelecer e manter escolas particulares, paralelas às do Estado", para logo de seguida esclarecer que, no entender do PS, isto não

---

[53] Na declaração de voto inicial sobre a proposta da 3.ª Comissão, o deputado do CDS Sá Machado afirmou a este respeito: "As limitações várias à iniciativa privada, mau grado o seu reconhecimento em termos gerais, assumem particular melindre no capítulo relativo ao ensino, sector em que a iniciativa privada desempenhou, ao longo dos tempos, papel de incontestável importância e utilidade social. A disposição programática que virá a saldar-se pelo desaparecimento do chamado ensino particular constitui, além do mais, restrição séria à liberdade do ensino e, no que respeita à Igreja Católica, colide com compromissos internacionais que o Estado Português se obrigou a respeitar".

98 O Momento Constituinte – Direitos Sociais na Constituição

significava abrir mão do monopólio estatal sobre a criação de estabelecimentos de ensino. Cardia rejeitava liminarmente a possibilidade de qualquer indivíduo ou instituição, incluindo a Igreja Católica, ver "salvaguardado constitucionalmente o direito de fundar uma qualquer escola, com vista a ministrar um ensino paralelo ou supletivo ou concorrente ao ensino público. Constitucionalmente, este direito não deve ficar salvaguardado. A lei geral determinará". O efeito polémico causado pela Concordata, no entanto, não se limitou a esta tentativa de demarcação política do PS relativamente ao PPD. Ainda da bancada socialista, houve quem tivesse aproveitado a proximidade do PPD à Concordata para acusar este partido de reaccionarismo.[54] Mas foi da bancada comunista que veio a rejeição mais veemente à proposta do PPD. Reagindo à invocação pública da Concordata no debate sobre ensino público e privado, Vital Moreira expôs a posição do PCP nesta matéria com uma sistematicidade e clareza programáticas:

> Em primeiro lugar, não aceitamos sequer a designação de «ensino livre», que aqui está, pela mesma razão que não aceitamos a designação de «economia livre» para designar economia privada contra a economia pública. Também não aceitamos a designação de «ensino livre» para o ensino privado contra o ensino público, que nada tem a ver isso com liberdade. Em segundo lugar, não entendemos que a escola privada seja um direito fundamental, antes entendemos que é um princípio de organização política e social. Em terceiro lugar, entendemos que o pluralismo escolar é inapto, especialmente em sociedades não ricas, e é um luxo a que se podem dar eventualmente apenas as sociedades extremamente ricas. Em quarto lugar, o ensino é uma função pública e deve ser prestado adequadamente em escolas públicas. Em quinto lugar, o facto de não se reconhecer como direito constitucional o direito à criação de

---

[54] Referimo-nos a Romero de Magalhães: "Muito rapidamente, Sr. Presidente, para não atrasar a discussão, que já vai longa, só queria dizer que a expressão «ensino livre» tem uma conotação muito especial, que o Sr. José Augusto Seabra certamente não ignora e que muito me espanta que ele tenha iludido exactamente esse problema. «Ensino livre» é uma expressão que surge para combater a expressão «ensino laico»; é uma expressão clerical contra o laicismo do ensino laico, tal como era concebido no século XIX. Isto é, repor a expressão «ensino livre» é repor toda uma temática que suponho que ninguém lhe quererá tornar a pegar".

escolas privadas não põe em causa a liberdade de ensino. E em sexto lugar, o reconhecimento de um tal direito poria em causa o princípio de integração de convivência da escola pública, transformaria a escola pública num elemento amputado como elemento de desempenho de uma função pública.

Em resultado desta súbita crispação político-ideológica, a proposta do PPD, "O ensino privado é livre", acabaria por ser rejeitada. Se este debate sobre o ensino oficial e particular nos permite ver como o processo de acolhimento de certas normas do direito internacional tem lugar no âmbito de estratégias de auto-legitimação, de demarcação e de conflito político-ideológico, o debate que o precedeu, sobre o direito ao ensino, oferece-nos alguns exemplos de como esta migração de ideias constitucionais pode incluir elementos conceptuais, e campos semânticos, próprios de determinadas ideologias. É o caso das teses marxistas sobre ensino e educação, subscritas programaticamente por partidos como o MDP/CDE e o PCP. À época, porém, a influência das ideias marxistas no domínio da educação, reforçada pelo discurso sociológico de matriz francesa, era muito pronunciada, e estendia-se para além da esquerda mais radical. É, pois, sem surpresa que vemos também as propostas socialistas em matéria de ensino serem inspiradas no marxismo. Miller Guerra (PS) faz questão de sublinhar a proximidade entre as fontes a que o seu partido havia recorrido e as consultadas pelo PCP:

> Não admira, porque eu percebo perfeitamente que as fontes onde fomos beber, eu e o Deputado Vital Moreira, se não são as mesmas, são muito próximas. Sou um velho ledor de assuntos educativos em toda a parte, e particularmente -- como não podia deixar de ser – sobre as inovações que tem trazido o marxismo à educação. Não admira portanto – embora não concorde com tudo – que haja muitos pontos de identificação e haja muitos de contacto, além, naturalmente, de algumas divergências.

Esta alusão a meras diferenças de pormenor entre PS e PCP em matéria de ensino não passou despercebida a deputados de outras bancadas. José Augusto Seabra, do PPD, logo procurou retirar dividendos desta proximidade do Partido Socialista com o PCP e a ideologia marxista. Seabra, após revelar familiariedade com o trabalho do seu colega deputado sobre temas de educação ("contrariamente ao que disse o Deputado que eu muito prezo, o Dr. Miller Guerra porque ele publicou estudos sobre a educação, que eu, no exílio, li com a máxima atenção e sobre os quais meditei"), aproveita a oportunidade para se demarcar do PS e sublinhar a posição do seu partido sobre educação e ensino: "nós não poderemos acompanhá-lo na sua convergência, senão identidade, com o PCP. Eu creio que as palavras que empregou foi que «as ideias são idênticas às do PCP, as fontes, se não são as mesmas, são muito próximas», no que respeita à educação, evidentemente, porque é a questão que está hoje em debate. Não é o caso do PPD. E não é o caso, porque, efectivamente, não sendo um partido marxista, não pode aceitar os pressupostos que, no plano da educação em geral, do ensino em particular, estão por detrás, por exemplo, da proposta do Deputado Vital Moreira". Exemplos como este mostram como as fontes foram, em diferentes momentos, trazidas a debate para legitimar as opções assumidas, formar alianças inter-partidárias, ou demarcar-se vigorosamente dos adversários. Longe de ser forças impelindo os deputados, as fontes que aqui identificámos foram deliberadamente usadas por eles como armas de luta política. Uma utilização semelhante foi, por vezes, feita do passado, tal como recuperado, ou mesmo reconstruído, pelas diferentes forças político-partidárias. Mas disso falaremos, em maior detalhe, no capítulo que segue.

Ruptura com o Passado

CONSTITUIÇÃO, DEMOCRACIA, DIREITOS SOCIAIS

A legitimação do novo regime – e, necessariamente também, da Constituição que o enformaria – provinha em larga medida da sua capacidade de provar a ruptura com o regime de Salazar e Caetano. A necessidade de dar provas de afastamento face aos princípios e às práticas do regime anterior, e a urgência em atender aos valores e aspirações de quem lutou pela mudança, é, aliás, um dos factores usualmente aduzidos pela literatura internacional para explicar a consagração constitucional de direitos sociais. Uma hipótese que assume especial plausibilidade em países onde a preparação de uma nova Constituição coincide com a mudança do regime, e esta última, além de ter sido radical, foi feita no sentido da democratização política *e* da libertação social relativamente a um passado de dominação. Disto são casos paradigmáticos a Constituição Indiana de 1949, marcando a independência face à Coroa Britânica, e da Constituição Sul-Africana de 1996, marcando o fim do regime de *apartheid*, ambas conhecidas, entre outros aspectos, pelo nível de protecção conferido aos direitos sociais.

Todavia, é necessário notar que a relação entre constitucionalismo e democracia, e entre qualquer uma delas e os direitos sociais, é bem menos linear do que por vezes se assume. Não é este o local adequado à discussão detalhada dessa relação, até porque é importante discuti-la a vários níveis, analiticamente separáveis, mas que, necessariamente, se intersectam: desde logo, o normativo-conceptual, mas também o histórico e empírico. Por razões de economia, limitar-nos-emos aqui a apresentar três regularidades históricas, que nos dão uma noção do modo de articulação (e de desarticulação) entre as formas constitucional e democrática. Socorremo-nos para tal de dados apresentados por Zachary Elkins, num artigo recente, sobre difusão de ideias constitucionais (2010, 969-71).

Atentemos, pois, nessas regularidades históricas. Em primeiro lugar, embora seja certo que nem todas as Constituições tenham servido, ou sirvam, o propósito de estabelecimento de um regime democrático, na grande generalidade dos casos, é possível dizer-se que os processos de democratização e de constitucionalização se têm, no geral, desenvolvido a par, sendo praticamente inconcebível que um regime democrático não se veja enquadrado por uma Constituição. Em segundo lugar, desde os inícios do século XIX, não há praticamente um Estado que não tenha adoptado uma Constituição como sua cartilha fundamental, o mesmo não podendo dizer-se da forma de governo democrática. Quer isto assim dizer que os regimes autoritários tendem a ter as suas próprias Constituições, que lhes servem de elemento legitimador, e são frequentemente, como sucedeu, aliás, em Portugal, com a Constituição de 1933, bem menos anti-liberais, anti-parlamentares e anti-democráticas do que os postulados ideológicos e a prática política dos regimes que as produzem. Em terceiro lugar, estatisticamente, a relação entre mudança de regime e mudança constitucional é relativamente fraca: apenas cerca de 19% e de 27% das transições para um regime democrático ou autoritário, respectivamente, coincidiram com a adopção de uma nova Constituição (Elkins, Ginsburg, & Melton, 2009). Donde é fácil concluir que a forma constitucional é altamente flexível, e que quem vise estudar processos de democratização não pode, sem perda, descurar o estudo das Constituições "autoritárias", nelas assumindo especial relevância aquelas promessas e aquelas aspirações que, tendo sido formalmente incorporadas no texto constitucional, foram minoradas ou mesmo suprimidas no terreno.

Estes dados são, por si só, importantes, na medida em que nos alertam para a complexidade de supostas simples "continuidades" ou "rupturas" históricas, bem assim como para a necessidade de ir para além da superfície, de forma a questionar o seu significado – isto é, o seu "porquê".

E tal como é comum associar-se mudança de regime e mudança de Constituição, também comum é fazer-se a associação entre os direitos sociais e a democracia. Os direitos sociais seriam assim uma forma quase "natural" de realização da tendência igualitarista da forma política democrática e de concretização do entendimento menos formal – isto é, mais socialmente inclusivo e civicamente emancipatório – da cidadania que as democracias visariam promover. Acontece, porém, que a própria história nos alerta para a linearidade excessiva da associação. Com efeito, o

Estado Social desenvolvido na Alemanha de Bismarck nos finais do século XIX, e os regimes fascistas e comunistas surgidos na primeira metade do século XX, apresentam-nos casos em que, logo na origem, ou no decurso do tempo, e amiúde traindo o progressismo inicial, os direitos e as prestações sociais assumiram uma dimensão menos emancipatória do que conservadora (nalguns casos, literalmente, contra-revolucionária) e disciplinadora (isto é, menos de libertação do que de controlo social). É que, nestes três exemplos, temos outros tantos casos em que a legislação social serviu desideratos de silenciamento da luta de classes; de contenção da movimentação da população; de supressão do descontentamento popular, social e político; e de fortalecimento da lealdade para com Estados de recorte autoritário.

Desta forma, seria, no mínimo, inocente assumir-se que a introdução e expansão de direitos sociais serve a causa da cidadania democrática, independentemente da forma *como* – e dos propósitos *com que* – aqueles direitos são concebidos, distribuídos e finalmente adquiridos pelas populações. Desta dualidade nos dá conta uma intervenção de José Niza (PS), no debate na generalidade dos DESC. Niza queixa-se da timidez e ineficácia das prestações sociais no Estado Novo, prestações que, sublinha, não tinham base, nem se traduziam, em direitos efectivos, prestados a todos os cidadãos. Mas a intervenção de Niza ganha especial acúmen quando o médico socialista expõe a lógica conservadora que teria impregnado todo o sistema assistencial e previdencial corporativista. No entender de Niza, trata-se de um sistema que não teria sido concebido para *fazer* coisas, designadamente para promover a redistribuição da riqueza e a justiça social, mas antes para *prevenir* que coisas "más" acontecessem, designadamente, a revolta em face da exploração. Isto é, o anémico aparelho de assistência e previdência social havia sido um instrumento *defensivo*, destinado a travar ameaças à ordem social e política. A expectativa era que, pela prestação de uma mísera benesse, aqui e ali, tudo ficasse afinal na mesma. Mas, conclui Niza, a astúcia da razão histórica acabaria por não permitir a reprodução indefinida do sistema de dominação:

> Quem foram e quantos foram os portugueses que até hoje tiveram o efectivo direito à segurança social e à saúde? Não é preciso ser médico para acusar todo um sistema explorador, instituído para que a exploração pudesse sobreviver e perdurar neste país, embora camuflada

em nomes tais como "previdência", "Casa do Povo" e "assistência", embora camuflada com benefícios menores, que, se paralisavam o gesto da revolta, não paravam o curso ao pensamento, nem o curso da história.

A lição de Niza é simples: mais do que a previsão de prestações sociais, ainda que limitada, e, por isso, insatisfatória, importa saber o que as estruturas de poder pretendiam (ou não) fazer, por intermédio dela.[55]

---

[55] Note-se que a Constituição de 1933 contemplava a questão da previdência social no seu art. 41.º, ao abrigo do qual ficava estabelecido que "O Estado promove e favorece as instituições de solidariedade, previdência, cooperação e mutualidade". O Estatuto do Trabalho Nacional, promulgado nesse mesmo ano, torna a intenção de estabelecer uma associação directa entre previdência e corporativismo, e sua capacidade de prestar protecção aos socialmente mais desamparados, numa lógica de harmonia social, ainda mais clara ao insistir, no art. 48.º, na organização corporativa do sistema e na função meramente "coordenadora" do Estado: "A organização do trabalho abrange, em realização progressiva, como as circunstâncias o forem permitindo, as caixas ou instituições de previdência tendentes a defender o trabalhador na doença, na invalidez e no desemprego involuntário, e também garantir-lhe pensões de reforma.
1.º A iniciativa e a organização das caixas e instituições de previdência incumbe aos organismos corporativos.
2.º Os patrões e os trabalhadores devem concorrer para a formação dos fundos necessários a estes organismos, nos termos que o Estado estabelecer expressamente, ou sancionar quando da iniciativa dos interessados.
3.º A administração das caixas e fundos alimentados por contribuição comum pertence de direito a representantes de ambas as partes contribuintes".
O objectivo controlador e disciplinador da previdência, que a colocaria, se é certo que não exclusivamente, pelo menos também, ao serviço da manutenção da ordem social e política, ganha, segundo Pierre Guibentif, especial nitidez naqueles casos em que a previdência (ou, melhor, a privação dela) é utilizada como meio de sanção de desafiliados, social e/ou politicamente. Encontrava-se, assim, prevista, na legislação, a possibilidade de das casas do povo poderem ser expulsos "os que se mostrarem maus portugueses" e de das caixas sindicais de previdência recusarem o direito à sua reserva matemática a quem fosse condenado por crime político (Guibentif 1985, 56). No entanto, a evolução da previdência social, no final dos anos 60 e inícios dos anos 70, faz-se no sentido de desacentuar esta vertente conservadora e disciplinadora, para a passar a articular mais claramente com desígnios de modernização do país, de mitigação das desigualdades, e de justiça social, tidos por Marcelo Caetano como essenciais à legitimação do regime. Nesta evolução teria tido lugar de destaque uma elite "tecnocatólica", inspirada pelos ensinamentos da doutrina social da Igreja e no pensamento social católico, e em contacto próximo com a "comunidade epistémica" nacional e internacional (Pereira 2009).

Genealogia dos direitos sociais
Duas histórias em confronto

Ainda antes de nos debruçarmos sobre as diversas dimensões de ruptura com o passado corporativista invocadas no debate do projecto de constitucionalização dos DESC saído da 3.ª Comissão, gostaríamos de nos concentrar num outro nódulo, mais geral, da relação com a história dos direitos sociais. Referimo-nos, precisamente, à revisitação da origem dos direitos sociais por dois deputados à Constituinte, Mário Pinto, pelo PPD, e Vital Moreira, pelo PCP. Cada um deles reconstrói no hemiciclo a genealogia dos direitos sociais, traçando-lhes, porém, histórias diversas, impregnadas de pressupostos e de subtextos que muito nos dizem acerca do seu posicionamento político-ideológico, e do lugar reservado aos direitos sociais nele. Como veremos, estas histórias, que os constituintes nos contam, não têm uma função meramente descritiva. Bem pelo contrário, elas assumem uma dimensão distintamente performativa, na exacta medida em que pretendem ser forças activas no moldar da realidade que se está a construir. Como Nietzsche fez notar, os conceitos, e entre eles, o conceito de direitos sociais, são insusceptíveis de definição, porque carregam uma história, uma história que é, ademais, quase invariavelmente, uma história contestada. É precisamente com esta história, imbuída de episódios e significados múltiplos e contraditórios, que tomaremos contacto, ao analisarmos, mais de perto, as intervenções de Mário Pinto e de Vital Moreira na Constituinte. Intervenções em que a história dos direitos sociais se assume como ponto fulcral de luta política. Uma luta que é também, inevitavelmente, uma luta pela definição e pela interpretação, presente e histórica, das mais fundamentais aspirações dos indivíduos e de quem os representa.

Mas antes, um curto preliminar. Após a II Guerra Mundial, a temática dos direitos sociais passou a inserir-se num discurso mais alargado sobre a cidadania. Disso é exemplo o famoso ensaio que T. H. Marshall publicou em 1950 sobre a evolução do moderno conceito de cidadania e a forma como esse conceito teria contribuído para a alteração de padrões de desigualdade social e da própria estrutura de classes. Nesse ensaio, Marshall distinguiu três elementos distintos da cidadania: o civil, o político e o social, apresentando uma leitura evolucionista da emergência das diferentes "vagas" de cidadania, com destaque para a geração da cidadania social a partir das cidadanias "anteriores", civil e política. Nas palavras de Marshall, o elemento civil da cidadania, cujo período formativo teria sido o século XVIII, "é composto dos direitos necessários à liberdade individual da pessoa"; o elemento político, cujo período formativo teria coincidido com o início do século XIX, plasma-se no "direito de participar no exercício do poder político, como membro de um corpo investido de autoridade política ou como eleitor dos membros de um tal corpo", muito embora a universalização da cidadania política fosse mais tardia; e o elemento social, produto do século XX, implicava um espectro alargado de direitos, "desde o direito a um módico de bem-estar económico e segurança ao direito de participar plenamente da herança social e de viver a vida de um ser civilizado de acordo com os padrões prevalecentes na sociedade" (Marshall 1992, 8). Estes diferentes elementos – civil, político e social, momentos consecutivos na moderna história da cidadania, teriam um alcance universal, mas os direitos que lhes correspondiam tinham, ainda assim, de ser entendidos, segundo Marshall, por referência às instituições sociais e condições materiais em que se encontravam embebidos. Por exemplo, o desmoronamento da ordem feudal e o surgimento do capitalismo teriam exigido a libertação do trabalho e do capital, tornando assim necessários o desenvolvimento de direitos civis, bem como do sistema legal e da estrutura de tribunais que os ancora. Já os direitos sociais teriam beneficiado de transformações profundas no tecido social e económico, responsáveis pelo aumento do rendimento disponível, pela diminuição da distância entre classes, e pela homogeneização de gostos, o que veio, por sua vez, possibilitar, uma maior integração social, deslocada da "esfera do sentimento e patriotismo para a esfera do desfrute material". A diminuição da desigualdade a que se assistira reforçara a "exigência da sua abolição, pelo menos com respeito aos essenciais do bem-estar social" (Marshall 1992, 28), o que iria levar ao desenvolvimento de todo um leque de políticas públicas, pelo Estado Providência, em notória ascensão desde os anos 40. Mas a extensão do número de direitos sociais não era pacífica. Isto porque ela gerava um novo conflito entre cidadania – e a sua expectativa inerente de maior igualdade entre indivíduos – e mercado, cujo funcionamento implicava a geração continuada de novas desigualdades.

A cada uma destas três categorias de direitos correspondiam, no entendimento de Marshall, instituições típicas de diferentes estádios do desenvolvimento do Estado: no caso dos direitos civis, os tribunais; no caso dos direitos políticos, o parlamento e as instituições de governo local; e no caso dos direitos sociais, o sistema educativo e serviços sociais, essenciais à garantia de uma rede de segurança aos cidadãos e à criação de reais oportunidades de mobilidade social. Quanto ao impacto do desenvolvimento do conceito de direitos de cidadania, ancorados nestas instituições estatais, sobre a estrutura de desigualdade social, a questão que dá, de resto, mote ao ensaio, Marshall conclui que "a preservação de desigualdades económicas foi tornada mais difícil pelo enriquecimento do estatuto de cidadania", constituindo os direitos, sobretudo os sociais, uma forma de correcção do mercado, pela penetração (não necessariamente pacífica) da justiça social nos interstícios do mesmo. Mas a questão do impacto dos direitos sobre a desigualdade estava longe de fechada. O movimento igualitarista era, segundo Marshall, um movimento duplo, operando, em parte, via cidadania, noutra, via sistema económico. Ambos, cidadania e mercado, almejavam, segundo ele, abolir desigualdades ilegítimas, mas essa ilegitimidade era aferida, numa e noutro, por critérios diversos – a justiça social, no primeiro caso, e a esta combinada com as necessidades do mercado, no segundo. O que implicava que fosse possível que "as desigualdades permitidas pelas duas metades do movimento não viessem a coincidir" (Marshall 1992, 45). Ainda assim, Marshall deixava no ar uma esperança positiva: os indivíduos aceitariam um certo nível de desigualdades, desde que, e a condição é crucial, a pudessem reconhecer como legítima. O reconhecimento de um conjunto mínimo de direitos sociais era uma importante contribuição nesse sentido.

A sequência proposta por Marshall de três gerações de direitos, sucedendo-se de forma mais ou menos linear, tem sido alvo das mais variadas críticas. Para uns, o modelo de análise marshalliano é distintamente anglo-cêntrico, não fazendo luz sobre a evolução dos direitos de cidadania em países que não a Inglaterra (Mann 1987). E mesmo quando aplicado exclusivamente a Inglaterra o modelo perde plausibilidade quando projectado sobre certos grupos sociais, como as mulheres, que tiveram acesso a direitos sociais antes de acederem a certos direitos civis, por exemplo (Walby 1994). Assim, para outros autores, o modelo é, sobretudo, enganador na sua linearidade teleológica, não contemplando, por exemplo, casos em que os direitos sociais precederam os políticos como teria sido o caso da Prússia; ou casos em que o reconhecimento de direitos sociais foi precedido do reconhecimento de direitos civis, mas apenas seguido pelo reconhecimento, deveras limitado, de direitos políticos, como seria o caso da União Europeia; ou ainda descurado o facto de o reconhecimento da plenitude da cidadania civil e, sobretudo, política ter sido devedor da consolidação do Estado Social, na medida em que este ofereceu uma alternativa reformista ao socialismo revolucionário, e acalmou medos de que a democracia (política) produzisse o socialismo, tornando "segura" a atribuição de direitos políticos aos trabalhadores. A estas críticas junta-se ainda outra, também recorrente na literatura sobre direitos de cidadania. Apesar de Marshall ter avançado uma leitura dinâmica do desenvolvimento da cidadania, enquanto resultado de uma luta contínua entre, por um lado, a extensão da igualdade política e dos direitos sociais cuja aquisição teria vindo possibilitar, e, por outro, o mercado capitalista e a estrutura de classe, ele teria indevidamente "suspendido" da sua narrativa aquelas intensas lutas sociais, protagonizadas por diversos movimentos e contra-movimentos, que foram necessárias à extensão efectiva dos direitos de cidadania. Para outros, porém, o que mais ausente estaria da narrativa de Marshall, seria, não tanto a luta de classes, quanto o facto de os direitos sociais terem sido indevidamente apropriados, e se terem tornado o reduto de novos privilégios de grupo, às expensas do todo. Mas se a teorização das vagas consecutivas da cidadania oferecida por Marshall conhece, de facto, limites e exibe numerosas deficiências, ela continua a ser reconhecida, ainda hoje, como *a* teorização "clássica" da cidadania na idade moderna. Noutras palavras, quem quer que discuta direitos – nomeadamente, direitos sociais – não pode deixar de por lá passar.

Assim o fizemos nós, ainda que brevemente, e assim também o terão feito alguns dos deputados à nossa Constituinte. Aliás, basta olharmos para a abordagem histórica dos DESC, tal como formulado por Mário Pinto (PPD), para encontrarmos marcas do evolucionismo, ou linearidade teleológica, que permeia a narrativa marshalliana. Mas com diferenças. O nosso constituinte adopta uma perspectiva bem menos sociológica e bem mais jurídico-legalista do que a de Marshall, a que não será estranha a sua formação (Mário Pinto é jurista). Desta forma, a atenção de Mário Pinto vai para a história legal-institucional, designadamente, para a "história da formalização jurídico-constitucional e da correspondente efectivação político-prática dos direitos, de deveres e garantias do Homem". Nisso é notória a influência exercida sobre o discurso de Mário Pinto pela Carta Internacional dos Direitos Humanos, subdividida em dois pactos, ambos aprovados em 1966: o dos direitos civis e políticos e o dos direitos económicos, sociais e culturais, que tratam ambos os tipos dos direitos como direitos do Homem, inerentes à dignidade da pessoa humana, e não como direitos que são conquista, e que devem ter por titular, um grupo social em particular. Isto, muito embora o deputado do PPD faça o esforço de inserir o conteúdo desses pactos numa matriz histórica, tratando os respectivos direitos como reflexo de duas vagas consecutivas de "revolução da Humanidade".

A primeira revolução teria sido travada "contra o absolutismo político", e fixando os limites desse poder, quer quanto ao seu fundamento, na soberania do povo, quer quanto ao seu exercício, pela divisão de poderes, pela consagração do Estado de Direito, e pela efectivação de um princípio democrático-participativo. Este movimento teria produzido as "celebradas declarações de direitos, desde a Magna Carta à declaração dos direitos do cidadão na Revolução Francesa à Carta das Nações Unidas", em que a tónica é colocada "na consagração dos direitos, liberdades e garantias do cidadão enquanto actor da cena política e no confronto do Estado-poder político".

A segunda revolução, aquela que aqui mais nos interessa, teria consistido no "avanço para a reivindicação dos chamados «direitos sociais»". Mas mais do que identificar o objectivo desta revolução importa aqui examinar os termos em que Mário Pinto a descreve. É que, como veremos, a dialéctica idealista, o personalismo, a doutrina social da Igreja e a doutrina social-democrata são ingredientes essenciais na explicação que o deputado do PPD nos dá do advento dos direitos sociais. Desde logo, a conquista dos direitos sociais é-nos apresentada como "uma nova conquista da *consciência* do Homem", ou, mais adiante, como uma aquisição da "consciência histórica", e portanto produto de um desenvolvimento ou progresso histórico teleologicamente necessitado, em que cada nova fase ocorreu em resultado de insuficiências e/ou contradições implícitas em fases anteriores. Assim, a "experiência histórica das liberdades e direitos políticos mostrou que não basta resguardar espaços de liberdade de cada cidadão", porque se neles "o homem-cidadão fica livre de agir", já "não fica, necessariamente, capaz de agir, nem, muito menos, credor garantindo a solidariedade entre os homens". Reconhecer direitos civis e políticos, sem reconhecer os sociais, a prazo, demonstraria ser, portanto, insustentável. Isto porque negava a própria natureza da pessoa humana, que para o pensamento personalista, não consiste em simples matéria. Embora incarnada num corpo, a pessoa tem, para os personalistas, uma clara dimensão espiritual e comunitária: quer isto dizer que o indivíduo se faz pessoa através das suas relações com os demais, e neste carácter social do ser humano se enraíza o princípio da solidariedade, decorrente da necessidade, que todo o homem sente, de desenvolvimento de ligações económicas, sociais, políticas e culturais com o grupo, ou, aliás, com os grupos sociais mais alargados, a que pertence, começando na família, mas atravessando também as barreiras de classe social e mesmo as barreiras de geração. Solidariedade que, sublinha Mário Pinto, ainda numa óptica personalista, não é classista, mas "normativa, porque assenta na própria natureza do homem, ser que não se realiza na solidão ou no egoísmo, mas apenas na solidariedade e na fraternidade". Assim, ao realizar os direitos sociais, a "consciência histórica" dava cumprimento ao "mais puro fio do pensamento dos utópicos, na mais profunda e lídima crença, feito de inteligência e de mística dos religiosos de várias religiões" – isto é, ao princípio normativo, de clara inspiração metafísico-religiosa, de que "o Homem é um ser comunitário, espiritual e fisicamente, e que a sua felicidade, a plenitude da sua realização se encontra na linha de síntese entre a liberdade pessoal de cada um e a solidariedade fraterna entre todos". Para que esta causa final se efective, é necessário que a história interceda, reunindo, "dialecticamente", "os laços de solidariedade", "aos espaços de liberdade que a revolução liberal ganhou para a prática sócio-política". Laços de solidariedade que – mais uma vez, numa visão típica do personalismo e do conceito católico de solidariedade – não se devem desenvolver verticalmente apenas, "através de direitos e deveres entre os cidadãos e o Estado", mas também horizontalmente, "através de direitos e deveres entre os cidadãos". Isto porque a responsabilidade pela prestação de justiça social, e "especial apoio e protecção dos mais fracos e desfavorecidos", é antes de mais uma responsabilidade social, isto é, uma responsabilidade de todos, e de cada um, exigindo "a mobilização de toda a nossa sociedade, provavelmente sem descanso e sem fim". A íntima relação entre personalismo, subsidariedade e responsabilidade social, numa leitura não "colectivista", remata, assim, a narração de Mário Pinto sobre a "génese", as "razões" e mais aptas "formas de ser" dos direitos económicos, sociais e culturais.

Nos antípodas da narração de Mário Pinto encontra-se aquela que é oferecida no mesmo debate por Vital Moreira. A intenção polemista é patente. Vital Moreira acusa directamente "certos partidos", nomeadamente o PPD e o CDS, de tentarem "neutralizar" o significado dos DESC, ao desinseri-los "do seu real enquadramento histórico e político". E ao, dessa forma, lhes retirarem a "conotação de classe" e a ligação "a luta pelo socialismo", que estaria, todavia, inscrita no seu ADN. Nessa acção deliberada de neutralização ideológica, a narração histórica desempenharia um papel fundamental. Daí que também Vital Moreira se sinta obrigado a recordar o auditório da verdadeira "origem histórica" e "significado político" dos DESC, recorrendo, em aberto contraste com Mário Pinto, ao materialismo histórico e dialéctico marxista, e à luta de classes, para explicar a sua génese e evolução. Quanto à origem histórica, Vital Moreira relembra primeiro que os DESC são direitos recentes, com "pouco mais de um século"; e sobretudo que eles eram direitos inexistentes nas "constituições liberais", percebendo-se "facilmente porquê" (reflectindo a super-estrutura jurídica os interesses da classe dominante, os DESC teriam ficado fora de qualquer consagração constitucional). Os DESC são também, para Vital Moreira, produtos revolucionários, sendo unicamente com a "primeira grande guerra mundial e com as revoluções que a acompanham ou que lhe seguiram que os direitos económicos, sociais e culturais adquirem lugar na Constituição". Mais do que saber quando o que os DESC surgiram importa, porém, perceber a razão do seu surgimento tardio, na altura identificada. E a razão, na opinião de Vital Moreira, é simples: "É que os direitos económicos, sociais e culturais são histórica e fundamentalmente *direitos de classe*". Isto é, não direitos intrínsecos à natureza da pessoa humana, e interessando igualmente a todas as pessoas enquanto tal, como Mário Pinto havia sugerido, mas isso sim "direitos que interessam, em primeiro lugar, às classes trabalhadoras, e particularmente à classe operária". Por isso, a sua consagração constitucional não foi uma emanação histórica pacífica, abraçada por todas as classes sem distinção. Ela resultou antes de "uma longa luta das classes populares contra a burguesia e o Estado burguês". É precisamente porque estes direitos são produto da luta entre duas classes antagónicas, uma dominante e com controlo sobre o aparelho de Estado (a burguesia) e outra explorada (o proletariado), que eles se viram consagrados apenas em "constituições nascidas de processos revolucionários", em que os trabalhadores destronaram a burguesia, e subiram ao poder. O significado histórico e político dos DESC é, assim, peremptoriamente expresso por Vital Moreira: "direitos conquistados, através de prolongada luta, pelas massas populares, à burguesia e ao seu Estado". Precisamente porque a infra-estrutura económica de uma sociedade determina todas as suas outras instituições, incluindo as responsáveis pelos serviços e prestações sociais, os DESC teriam um efeito puramente "paliativo" se não se fizessem acompanhar de uma tentativa de atacar o problema da exploração e desigualdade na sua raiz, isto é, na estrutura económica e social: "a luta pelos direitos económicos, sociais e culturais está incindivelmente ligada à luta pelo socialismo, à luta pela apropriação colectiva dos meios de produção, à luta pela conquista de poder pelas classes trabalhadoras, à luta pelo cerceamento do poder da burguesia". Por trás da chamada de atenção para a vinculação dos DESC à construção da sociedade socialista feita por Vital Moreira, encontra-se um comum desconforto da esquerda marxista com o possível efeito perverso da prestação estatal de direitos sociais: na ausência de medidas tocando as forças e meios de produção, a prestação de DESC poderia alimentar uma falsa consciência quanto à realidade social e política entre a classe trabalhadora, servindo assim para estabilizar, e já não para radicalmente transformar, uma sociedade essencialmente "capitalista". Assim, Vital Moreira aponta o dedo a todos aqueles que (como os "personalistas") tentam consumir ideologicamente os DESC, "sob conceitos como «solidariedade social», «justiça social», «sociabilidade», «fraternidade», etc". É que, se os partidos personalistas fazem dos DESC direitos da pessoa humana, e pretendem reunir todas essas pessoas, para além de quaisquer barreiras sociais e económicas, numa comunidade cooperativa e solidária, para Vital Moreira é por demais claro que os DESC "não nasceram, nem se realizam por essa irrealidade que seria a solidariedade social entre classes antagónicas", com interesses conflituantes. Uma ideia que Vital Moreira reforça pelo recurso a uma figura retórica já nossa conhecida, a repetição do mesmo início de frase, para dar intensidade dramática ao ponto feito:

Não é pela solidariedade social que as classes trabalhadoras vêem «reconhecido» pelo capital o seu direito ao trabalho; *não foi pela solidariedade social* que o patronato «reconheceu» aos trabalhadores o direito à greve; *não foi pela solidariedade social* que os trabalhadores obtiveram da burguesia e do Estado burguês o reconhecimento da liberdade sindical; *não será pela solidariedade* social que as massas trabalhadoras conquistarão o direito à saúde, o direito ao ensino, o direito à habitação, etc.

Os DESC não podem ser assim tido por direitos do Homem, do homem independentemente da sua pertença de classe. Pelo contrário, eles são, sublinha Vital Moreira, direitos efectivados "por e para as massas trabalhadoras", "contra os interesses das classes dominantes", no âmbito do processo de construção de uma sociedade socialista, sem propriedade privada dos meios de produção e sem classes. Caso contrário, eles serão apenas um paliativo, uma forma de camuflar a exploração do homem pelo homem, para manter em funcionamento a sociedade capitalista.

Nas histórias alternativas dos direitos sociais que nos são dadas por Mário Pinto (PPD) e Vital Moreira (PCP) encontramos um ponto fulcral de uma luta político-ideológica acesa, cujos múltiplos filamentos procurámos separar, no intuito de pôr a descoberto toda uma série de pressupostos e de clivagens ideológicas que doutra forma poderiam facilmente passar despercebidos. Através de uma aparentemente inócua visitação da história do conceito de "direitos sociais", ambos os constituintes trabalharam o suposto "conteúdo político" e as "conotações sociais" do conceito abordado, chamando a atenção para aquilo que viam como manipulações históricas e manipulações retóricas, por parte dos restantes partidos, quer do próprio conceito, quer do vocabulário nos termos do qual ele era discutido. E ao fazê-lo tornam manifesto, aquilo que Koselleck nos lembra: que a história e definição de conceitos são campos privilegiados de batalha política, até porque elas têm uma capacidade de intervenção no "futuro", sendo – como são –, essenciais à constituição de oportunidades e de agentes de acção.

114 *O Momento Constituinte – Direitos Sociais na Constituição*

De um Estado de Previdência a um Estado de Providência Social[56]

Na discussão do projecto da 3.ª Comissão sobre os DESC, bem assim como na discussão sobre o direito ao ensino, é notória a resolução dos constituintes em realizar uma ruptura histórica – e certamente, também, ideológica – com o passado. Ruptura essa que se consubstanciava, desde logo, na consagração constitucional da segurança social, da saúde e do ensino como *direitos fundamentais* dos cidadãos, independentemente de quaisquer particularismos corporativos (muito embora a esquerda radical quisesse confinar tais direitos às classes trabalhadoras, como veremos na secção em se discutem as clivagens político-ideológicas). Mas se a prestações sociais eram agora não meros "benefícios", mas antes *direitos fundamentais*, elas adquiriam também novas finalidades. É que aos constituintes não bastava mais usar os direitos sociais constitucionalizados "como forma de satisfazer as necessidades dos Portugueses" (Martelo de Oliveira, PPD). Igualmente necessário era, em seu entender, transformá--los em instrumentos de realização de justiça social, isto é, "como uma maneira de o Estado redistribuir a riqueza para aqueles que dela mais carecem". Uma exigência redistributiva que afastava o Estado Social do pós 25 de Abril de intenções meramente conservadoras, apostadas na manutenção da ordem política e social pelo atendimento às necessidades mais básicas da população, e o fazia agente de um projecto progressista, orientado à realização de uma "sociedade mais solidária e mais justa" (Marcelo Curto, PS). Mas a ruptura com o passado corporativista não se ficava por aqui. Antes se estendia à concepção da rede escolar, do serviço nacional de saúde e da segurança social, como *serviços públicos*, da

---

[56] Apesar do título dado a esta secção, é necessário notar que o termo "Estado--Providência" é tido por um termo com conotações políticas negativas à altura da Constituinte, "empurrando" os seus apologistas para uma suposta "direita neoliberal", avessa à construção de uma sociedade socialista. Assim, é o próprio PPD que, cautelosamente, pela voz de Furtado Fernandes, esclarece, em sua defesa, "Alguns dirão que o PPD apenas deseja que o Estado, de espectador da vida colectiva, se transforme em «Estado--providência» ou em «Estado do bem-estar», como é bem do gosto das construções neoliberais. A esses respondemos que sempre defendemos o controlo do poder económico pelo poder político democrático, o que implica, coerentemente, o desmantelamento dos grandes grupos económicos, que pela sua actuação sempre se revelaram contraditórios da construção da autêntica democracia".

responsabilidade do *Estado*, de quem dependia, e a quem competiria, daí em diante, a sua realização efectiva. Sublinhe-se aqui o adjectivo "efectiva". Isto porque era consensual entre os constituintes a conclusão de que as prestações, os serviços e as estruturas sociais haviam sido, no âmbito do Estado Novo, gritantemente descuradas, ineficientes e insuficientes, e isto em múltiplas dimensões: na extensão e qualidade dos serviços e prestações; nos recursos financeiros, humanos e técnicos que lhes eram alocados; na dificuldade de acesso pelos potenciais beneficiários e/ou utentes; ou mesmo na tendência para a centralização, resultando numa parca cobertura territorial. Uma das mais importantes diferenças dos novos serviços públicos em relação aos do regime deposto residiria, por conseguinte, no facto de se pautarem por princípios de universalidade, generalidade, gratuitidade, unificação, descentralização e gestão participada, com contribuição activa dos beneficiários/utentes. Como bem o resume Marcelo Curto (PS), o objectivo do projecto apresentado a debate pela 3.ª Comissão teria sido "[n]a segurança social, na saúde, no ensino, assegurar a criação de um sistema geral, universal e descentralizado, que democratize e efective os direitos de todos, sem qualquer discriminação". Para além de se impor ao Estado obrigações muito precisas, no intuito de assegurar as condições de efectivação dos direitos sociais, era necessário fazer com que o Estado as cumprisse no respeito por princípios que não deixassem dúvidas quanto ao voltar de página.

O malogro da política social do Estado Novo

Concentremo-nos primeiro nas múltiplas alusões feitas no decurso do debate ao fracasso da política social do Estado Novo. É, desde logo, importante notar que a veemência da ruptura com o passado sai retoricamente reforçada pela obliteração de qualquer referência a eventuais evoluções positivas na legislação social, sobretudo nas décadas de 60 e 70. Assim sendo, as políticas sociais de Salazar e Caetano são tratadas indistintamente pelos oradores, como que se actuassem na intenção de afastar a sugestão de haver antecedentes, e continuidades, na ruptura que prometem. Isto apesar de serem muitos os cientistas sociais a encontrar na reforma da previdência social de 1962 uma primeira mostra de descontentamento, subtil, como se impunha, mas ainda assim visível, com o fracasso do ideal de corporativismo de associação, que arredara, tanto quanto possível, o Estado do desenvolvimento da previdência, abandonando-o a vontades amiúde reticentes, e nos desenvolvimentos subsequentes, durante o período marcelista, passos seguros na direcção da construção do Estado Social, e antecâmaras importantes da política social do pós-25 de Abril (Lucena 1982; Samouco 1993; Cardoso e Rocha, 2003; Pereira 2009). Manuel de Lucena é especialmente peremptório neste ponto, ao insistir que a ruptura revolucionária bebe de uma "ruptura vinda de trás", "ligada ao esboço, ainda no tempo de Salazar, daquela passagem a Estado Social que Marcelo Caetano deliberadamente acelerou" (Lucena 1982, 923), e que teria passado, entre outros aspectos, pelo maior envolvimento do Estado onde a preconizada associação de vontades de parceiros sociais previdentes falhava; na tendência unificadora do sistema, em confronto com particularismos corporativos; pela nomeação governamental da direcção dos organismos da previdência; pela expansão da previdência rural e do montante das pensões prestadas; pelo cada vez mais notório anacronismo do princípio da capitalização, etc. (Lucena 1982, 923-24). Todavia, em 1975, esse passado, ainda muito recente, que havia sido revolucionariamente renunciado, apresentava-se aos oradores, não na sua modelação interna, mas antes como um todo monolítico, como um tempo perdido, que importava superar. Um passado habitado pelos fantasmas, ainda bem reais, de todos aqueles "necessitados" e "oprimidos" explorados "no tempo de Salazar e Caetano", que urgia, doravante, e sem perda de tempo, a tal condição resgatar:

> [O] que foi feito durante todos esses anos pelos diminuídos física e mentalmente? Nada!
>
> E [pel]as viúvas, os órfãos e as mães solteiras, os doentes, as pessoas idosas, o que se fez? Nada!
>
> Em que condições foram tratados e alojados os doentes deste país?
>
> Enfim, onde estava e onde está o Serviço Nacional de Saúde e o sistema unificado de segurança social, de que tanto carece a população portuguesa?
>
> E no entanto os trabalhadores portugueses foram descontando, ao longo de todos esses anos, dos seus magros ordenados, quantias que lhes iam dizendo que era para pôr ao serviço dos trabalhadores e ao serviço das instituições.

Liberto da miséria e da ignorância de uma vez para sempre, o homem português construirá uma sociedade verdadeiramente humana, onde floresçam os valores da liberdade, justiça, igualdade e solidariedade. (Martelo de Oliveira, PPD)

O falhanço apontado ao sistema de previdência social em vigência durante o Estado Novo é total, mas em diferentes intervenções ele aparece desdobrado nas suas diferentes dimensões. Trata-se assim de um falhanço que se verifica, desde logo, ao nível da extensão do sistema de previdência, já que o sistema, pelo seu polimorfismo e pela sua parca implantação territorial, teria deixado a descoberto, e portanto também, vulnerável a diferentes tipos de risco social, muita da população portuguesa. Isso mesmo relata Avelino Gonçalves (PCP), numa referência, num tom carregado, a algumas das prestações e serviços sociais que ao fim de 48 anos de Estado Novo continuariam a não passar de mera quimera:

> Hoje o que existe no plano da segurança social é incipiente e insuficiente e deixa marginalizados larguíssimos sectores da população. Quantos trabalhadores desempregados sem receberem qualquer subsídio! Quantos trabalhadores doentes sem adequada assistência médica e hospitalar! Quantos trabalhadores à beira da invalidez que se arrastam ainda para o trabalho por não terem garantida uma justa reforma!

Este limitado alcance da política de protecção social do regime anterior, medido tanto em extensão quanto em vigor de recursos investido e de cobertura prestada, teria conseguido irmanar pescadores, trabalhadores agrícolas e trabalhadores do comércio, indústria e serviços, numa situação de grave desamparo social, que urgia, agora, publicamente relembrar, e politicamente inverter:

> Lembro aqui o exemplo de *pescadores* de Matosinhos, que, depois de dezenas de anos de aturado trabalho, se vêem remetidos para uma situação de miséria, recebendo, como por esmola, uma pensão social de 500 escudos, que os condena à fome. (Avelino Gonçalves, PCP)

> Queríamos aqui lembrar, em especial, as muitas centenas, se não milhares, de *trabalhadores agrícolas* que, tendo dado o seu esforço em benefício do capitalismo agrário durante toda uma vida, desde a infância até à velhice, para não terem de os indemnizar pelo despedimento

118   *O Momento Constituinte – Direitos Sociais na Constituição*

sem justa causa, [os latifundiários] quando isso lhes convinha, a troco de miseráveis subsídios, a que magnanimanente chamavam «reforma». (Casimiro Cobra, PPD)

Mas se a extensão da cobertura deixava muito a desejar, mesmo onde ela parecia existir, a realidade é que as prestações efectivamente servidas no âmbito das caixas sindicais, das «Casas do Povo» e das «Casas dos Pescadores» atingiam valores pecuniários muito pouco significativos. E sendo esses valores míseros, em quase nada conseguiam aliviar o nível de desprotecção social dos trabalhadores, ou erguê-los a uma existência condigna:

> São os operários agrícolas que recebem uma miséria de assistência, subsídios que nesta altura são de 600 e 900 escudos por mês, mas que, descontando os 80 escudos para a caixa, ficam apenas em 500 ou 800 escudos por mês para comer. (Joaquim Velez, PCP)

Logo, o rompimento com o regime político transacto, e mesmo o rompimento com alguma incapacidade de acção a nível da política social entretanto demonstrada pelo jovem regime democrático, pressupunha um investimento sério na extensão e melhoria dos serviços e prestações sociais, neles se incluindo o sector da saúde. O sistema público de segurança social deveria, de resto, ser estreitamente articulado com um novo sistema público de saúde. Saúde, um sector que, a par do da previdência, os oradores dizem, aliás, ter sido especialmente negligenciado pelo Estado Novo, como os números dramáticos, que colocavam Portugal na cauda da Europa, em termos de mortalidade infantil, comprovariam: "Ao ser votado este artigo [art. 16.º, sobre direito à saúde] é bom ter presente o que é a mortalidade infantil em Portugal e o que são as condições de vida do povo trabalhador. Em cada 1000 crianças que nascem em Portugal 40 morrem antes de 1 ano de idade. A média é das mais elevadas da Europa". (Américo Duarte, UDP) A descida em tempo quase recorde da taxa de mortalidade infantil viria a ser uma das coroas de glória do novo sistema nacional de saúde constitucionalmente previsto. É que, na opinião dos oradores, de "sistema" de saúde não se podia realmente falar em tempo pretérito, isto é, quando se avaliava o legado deixado pelo Estado Novo. As estruturas que então haviam existido no sector da saúde ter-se-iam antes encontrado desarticuladas e, mais do que

Ruptura com o passado 119

isso, minadas por um série de desconcertos, que Miller Guerra (PS) detalhadamente elenca: "falta quase completa de uma política de saúde"; "anacronismo da organização administrativa e gestionária"; "péssima repartição dos recursos humanos (médicos, enfermeiros, farmacêuticos, técnicos, administradores) pelo território nacional"; "aumento dos doentes com enfermidades súbitas e graves"; "procura cada vez maior de serviços médicos"; "desactualização do curso de Medicina e das estruturas hospitalo-universitárias"; "irregularidade e incerteza das carreiras"; "predomínio esmagador da medicina curativa sobre a medicina preventiva"; "imperfeita participação dos trabalhadores da saúde e dos utentes dos respectivos serviços na gestão local e central"; "dispersão dos doentes, dos médicos, dos meios técnicos e financeiros por variadíssimos locais e serviços"; divisão destes mesmos serviços por três sectores, "paralelos, e, o que é pior, concorrentes entre si: um sector estadual, que grosseiramente se pode designar por rede hospitalar, um paraestadual, a Previdência, e outro privado, a medicina livre ou liberal", com a "Previdência, tratando mal os seus beneficiários; defrauda-os nos seus direitos, levando-os a pagar na medicina privada a assistência a que se obrigara a prestar-lhes gratuitamente". Um cenário sombrio do estado de coisas no sector da saúde, que importava rapidamente deixar para trás, pela criação de um sistema nacional de saúde, com carácter integrado, geral, universal e gratuito, através do qual o Estado pudesse finalmente dar ao direito à protecção da saúde uma tradução prática efectiva.

Também na educação, a política desenvolvida pelo Estado Novo teria enfermado de múltiplas deficiências e de vícios crónicos, muitos deles deliberadamente infligidos, que era indispensável superar. Desde logo, a coarctação da liberdade de aprender e ensinar, que, para uns, tinha expressão directa na perseguição de professores e na imposição centralizada de *curricula*. Como Romero Magalhães (PS) explica, o "fascismo nunca permitiu liberdade de criação no ensino", como o testemunharia a "[p]erseguição de professores, que começara logo em 1935", mas também "o «livre e único», esse instrumento de massificação e de estupidificação", que se viu acompanhado da "proibição aos professores de indicação de certos livros", incluindo obras emblemáticas, como "a História da Literatura Portuguesa, dos Doutores António José Saraiva e Óscar Lopes". Estes eram erros que, sublinhava Sottomayor Cardia (PS) importava agora não repetir, pois embora "o fascismo" tivesse "entre nós um passado especialmente criminoso, e por isso justifica[sse] uma menção específica", o novo regime deveria ser "contra todas as formas de dirigismo pegagógico", sob qualquer "ideologia de Estado". Um possível regresso do "monolitismo", que também o PPD receava, "quando se multiplicam exemplos de substituição da ideologia oficial, fascizante, por uma nova ideologia oficial, comunizante, e dos antigos livros únicos, «nacionalistas», por novos livros únicos «revolucionários»" (Jorge Miranda, PPD), mas que o PCP rejeitava, porque aquilo que mais o preocupava era, não o pluralismo ou a autonomia pedagógica, mas a rápida inflexão do domínio da sociedade portuguesa por "anos de imposição do obscurantismo" e de uma "uma cultura fundamentalmente burguesa", através de uma verdadeira "revolução cultural" (Manuel Gusmão, PCP). Aquilo em que todos concordavam, porém, era na necessidade de fazer com que o novo sistema de educação atravessasse obstáculos sociais, financeiros e culturais passados no acesso e na frequência da escola. Todos consideravam, por um lado, ser necessário investir numa rede escolar mais alargada, que cobrisse as necessidades de largas camadas da população portuguesa outrora votadas ao esquecimento, com destaque para o ensino básico, que passaria a ser universal e obrigatório. E, por outro, insistiam na concessão de benefícios de acção social escolar a quem mais deles precisasse, para assegurar uma igual oportunidade de acesso à escola.

O desacordo era grande, porém, quanto à necessidade do Estado deter o monopólio do ensino, desacordo este que será por nós analisado no capítulo dedicado às clivagens partidárias. Aqui concentramo-nos na rejeição de discriminações passadas no acesso ao ensino, que momentaneamente, pelo menos, une as forças partidárias. Da "dificuldade, [d]a impossibilidade de aprender e ensinar, dos filhos das classes trabalhadoras" sob Salazar e Caetano, fala-nos, por exemplo, Francisco Miguel (PCP), cuja preocupação se centra portanto em garantir a "existência de escolas" e os "meios materiais para se poder aprender livremente, para se poder realmente aproveitar todas as pessoas e transformarmos o nosso país, do país mais atrasado da Europa que tem sido até agora por responsabilidade desses dirigentes, transformá-lo num país de cultura". As situações dramáticas vividas no passado, e a discriminação, limitação de oportunidades e exclusão social delas resultantes, são trazidas à memória, de forma especialmente vivida, por Américo Duarte (UDP), que traça um cenário crítico de "turmas superlotadas"; de professores em número "muito inferior ao necessário"; de "milhares de crianças que têm de andar quilómetros a pé, à chuva e ao frio, para poderem ter aulas"; do trabalho infantil que compromete o seu êxito escolar; de muitos edifícios escolares sem um "mínimo de condições"; de uma gravíssima assimetria "entre as cidades e as aldeias", onde as escolas e o material escolar escasseariam; tudo isto, situações "herdadas do fascismo", cujo legado urgia rapidamente descartar (para o que muito contribuiria, no entendimento da UDP, rejeitado por outros partidos, designadamente o PPD, a nacionalização dos "colégios" ou escolas privadas). Lugar de honra cabe, no debate sobre o direito ao ensino, ao analfabetismo, um verdadeiro drama social, que era imperativo um dia – idealmente breve – fazer parte do passado, quer pela aposta na alfabetização de quem nunca frequentara a escola, quer pela generalização do ensino básico obrigatório a todos os portugueses, independentemente de classe ou origem social. A tarefa era, porém, de grande monta, porquanto, nas palavras de Jorge Miranda (PPD), havia que "rapidamente, erradicar o analfabetismo e o semi-analfabetismo, levar a escola a todos os lugares, recuperar tantos talentos desaproveitados, elevar o nível de cultura do povo, e com ele, o grau de preparação dos trabalhadores para as tarefas materiais e cívicas que são chamados a desempenhar". Em suma, também a nível da concepção e execução da política educativa um corte resoluto com o passado se impunha, embora o acordo fosse bem maior quanto à envergadura dos males a erradicar do que quanto ao conjunto de soluções, institucionais e políticas, em que se deveria encontrar a sua cura.

A construção de um Estado Social em novos termos

Em diversas intervenções é patente o esforço de sinalização da ruptura com princípios corporativos. Desde logo, na concepção da segurança social como um verdadeiro *serviço público*, que se afasta, decisivamente, da velha "Previdência", do Estado Novo. A "Previdência Social", como o próprio nome indica, colocava a ênfase no esforço colaborativo das partes interessadas, patrões e trabalhadores previdentes, que deveriam juntar vontades, e concorrer para a formação dos fundos necessários ao funcionamento das instituições previdenciais, o Estado aparecendo

122   *O Momento Constituinte – Direitos Sociais na Constituição*

como mera figura facilitadora. Do sistema de previdência do Estado Novo transitávamos agora para um *sistema público* pleno, a que competia assegurar, nas palavras de um dos constituintes, "uma total protecção, por parte do Estado, na velhice, na doença, invalidez, viuvez, orfandade e desemprego, que através de pensões, subsídios, abonos ou outras formas que a lei determinar". (José Niza, PS) Isto é, da mera "Previdência", com o seu inerente cepticismo face ao envolvimento do Estado, desde logo financeiro, passava-se, assim, a um verdadeiro, à falta de melhor termo, Estado-Providência, assumindo responsabilidade pela constituição, financiamento e gestão de um ambicioso sistema de valências sociais:

> Pensamos que, para além das prestações financeiras ou monetárias, tais como pensões, subsídios, abonos, etc., outros meios terão de criar-se de modo que a segurança social tenha uma capacidade de resposta permanente e universal em relação às necessidades da comunidade. Refiro-me a todo um conjunto de instituições que garantam um efectivo apoio às necessidades e aos direitos das crianças, dos jovens, dos velhos, dos diminuídos, etc., isto é, à criação de creches, infantários, instituições para a terceira idade, centros de recuperação, etc.

Desta transição de um Estado Previdência, dependente do voluntarismo de parceiros sociais "previdentes", para um verdadeiro Estado de bem-estar social, assumindo um compromisso directo pelo estabelecimento, financiamento e gestão de todo o sistema, nos dão conta, de resto, as intervenções de diversos deputados, sobretudo aquelas incidindo na forma de financiamento do serviço público de segurança social. Assim, para Coelho dos Santos (PPD), quando no projecto dos DESC se dizia que "ao Estado compete subsidiar" a segurança social, ter-se-ia, certamente, querido dizer que, "para além das receitas próprias do sistema de previdência, que tem funcionado alheio ao poder central", o Estado, "tal como acontece na segurança social na maior parte dos países", "também subsidiará o sistema de previdência". Noutras palavras, o sistema de segurança social pressupunha o concurso do Estado, para a realização das suas finalidades. José Niza (PS) vai ainda mais longe, e insiste que a "verdadeira socialização" da responsabilidade pelo sistema de segurança social que constitucionalmente se instituía pressupunha que os meios financeiros necessários à sua concretização tivessem "como proveniência não os descontos dos trabalhadores portugueses – que assim continuariam a ser explorados – mas o contributo de toda a comunidade, através de um imposto sobre o rendimento". Esta insistência no envolvimento e responsabilização colectiva de *toda* a comunidade pelo serviço público de segurança social (a que a esquerda radical contrapõe, porém, a ideia de suporte do serviço deveria caber exclusivamente às classes mais favorecidas, em benefício das classes trabalhadoras) encontrava-se claramente ligada à exigência de que esse serviço fosse um serviço universal, abrangendo todos os cidadãos, independentemente da sua situação profissional, e unificado, e portanto capaz de acabar com anteriores particularismos corporativos, cuja manifestação mais visível fora a multiplicação de caixas – de profissão, de ramo, de empresa. Igualmente notória é a intenção em acabar com a existência paralela de um sistema de assistência e de um aparelho de previdência. De futuro, ambas as funções deveriam ser integradas num sistema unificado, o que implicava que as prestações sociais fossem, todas elas, recebidas a título de "direito", e já não, como acontecera no passado, sobretudo no caso das assistenciais, como mera "esmola".

O serviço público de segurança social deveria ser intimamente articulado (na opinião de alguns oradores, quase "fundido") com um sistema nacional de saúde, cuja constituição deveria, também ela, ficar prevista, enquanto dever constitucional, recaindo sobre as entidades competentes, sobretudo as legislativas e as administrativas. Serviço de saúde que, como sublinha José Niza (PS), "será geral, universal e gratuito. E pretende-se que garanta uma eficaz cobertura médica e hospitalar do País, com a descentralização de meios humanos e técnicos que urge fazer". Para conferir eficácia aos resquícios de um sistema de saúde "herdados" do Estado Novo, era, assim, indispensável proceder à integração de todas as entidades e serviços responsáveis pela prestação de assistência médico-sanitária "num único serviço – o Serviço Nacional de Saúde – cuja finalidade é prestar gratuitamente a todo o cidadão, sem distinções de classe, categoria ou posição social, os cuidados médicos de que carece". (Miller Guerra, PS) Da dispersão à unificação, da quase inacessibilidade à gratuitidade e à socialização dos custos, da concentração urbana à equitativa implantação geográfica; das anteriores selectividades, discriminações, e privilégios à universalidade; da coexistência, e possível, concorrência, entre diferentes sectores (privado, para-estatal, estatal), ao seu disciplinamento por parte do Estado: estas seriam as grandes linhas

124   *O Momento Constituinte – Direitos Sociais na Constituição*

de força da transição "revolucionária" a efectuar, em Portugal, no campo da saúde, começando, desde logo, pela própria Constituição, e pelo direito de todo e cada um dos portugueses à protecção da saúde, que ela erguia a direito fundamental e incumbência prioritária do Estado.

Tal como na segurança social e na saúde, também na educação era necessário reconstruir o sistema público a partir da base, no respeito por novos, e impolutos princípios, de universalidade, gratuitidade e obrigatoriedade. Desde logo, a nova rede de ensino público deveria pôr cobro a segregações e discriminações passadas, para assim passar a garantir uma efectiva igualdade de oportunidades no acesso à escola. Para uns, isso dependia, sobretudo, da unificação do sistema de ensino (excluindo, por exemplo, a distinção, dentro do ensino secundário, entre liceal e técnico) e da criação de um sistema de acção social escolar que instituísse as condições materiais necessárias ao acesso e frequência da escola, em paridade de condições, pelas classes trabalhadoras. Como insiste Vital Moreira (PCP), "há medidas que devem ser tomadas no sector específico da educação: estabelecimento de um tronco comum nos ensinos básico e secundário, ministrados em estabelecimentos de ensino comum e oficial, estabelecimento de um sistema de acção social escolar baseado exclusivamente nas condições económicas dos candidatos, estabelecimento de preferência absoluta para filhos de trabalhadores nos estabelecimentos de ensino superior onde exista números clausus, criação de vias de acesso especiais para trabalhadores, outorgas de facilidades e isenções aos trabalhadores-estudantes". O mesmo Vital Moreira especifica mais tarde os principais pontos que considera que o novo sistema de ensino contemple: "Primeiro, (...) o sistema nacional de ensino deve ser unificado. Segundo, (...) os seus objectivos são a formação e qualificação dos cidadãos que correspondem às necessidades sociais. A contribuição para a eliminação de todas as formas de discriminação social e, finalmente, assegurar a efectiva possibilidade de participar na edificação de uma sociedade democrática e socialista. Estes quatro elementos, cremos que merecem ter lugar na Constituição". Por contraste, para Mário Pinto (PPD), a eliminação de quaisquer formas de discriminação – sendo, é certo, um dos principais objectivos do novo sistema – não passa muito pela sua unificação, que "é já, entre nós, uma realidade ou está em vias de ser", até porque esta unificação, se levada a extremos ou mesmo para além do ensino básico, se poderia, em seu entender, traduzir numa uniformização burocratizante, atentatória da liberdade de ensinar. Para o PPD a superação das práticas discriminatórias do passado passa antes privilegiadamente por um leque de medidas como aquelas advogadas, em plenário, por Jorge Miranda, a saber: a "[d]efinição de um estatuto comum a todas as escolas do País, incluindo gratuitidade; idênticos benefícios de acção social escolar, critérios idênticos de selecção e promoção do pessoal, circulação dos alunos de umas escolas para outras; [a]fastamento de qualquer espécie de comercialização do ensino particular, mas, em contrapartida, concessão de subsídios públicos às escolas privadas em termos equitativos que ressalvem o interesse geral". A dissensão entre os apologistas da absorção total, por parte do Estado, do ensino de iniciativa privada, e dos apologistas da manutenção de formas plurais de ensino (o chamado "ensino livre"), sob supervisão estatal geral, estava assim instalada, e marcaria o curso do debate sobre o direito ao ensino.

Mas para além da dissensão, vários eram os pontos de acordo quanto aos objectivos gerais do novo sistema de ensino. Em primeiro lugar, democratizar a educação, para assim permitir o acesso de todos, em condições de igualdade de oportunidade, à escola, designadamente ao ensino básico obrigatório. Como José Augusto Seabra do PPD fez notar na sua declaração pública de apoio à proposta socialista, que previa que "a função conservadora da divisão social do trabalho" fosse combatida pelo Estado por intermédio do sistema de ensino, o "sistema de ensino pode alterar, por transformar profundamente essas condições prévias, e é disso que se trata numa revolução socialista. Trata-se, precisamente, de fazer com que o ensino deixe de ser reprodutor dessas condições prévias e se torne, em maior ou menor grau, um agente positivo de transformação dessas condições". A democratização do acesso ao ensino era assim vista por todos os partidos, apesar das reticências do CDS quanto à clareza da formulação proposta pela Comissão, como a via privilegiada de se responder ao problema da reprodução social das desigualdades. Em segundo lugar, os partidos convergiam na necessidade de criar uma rede de estabelecimentos públicos de ensino territorialmente muito mais abrangente, e portanto capaz de responder às reais necessidades da população. A partilha deste objectivo pelos dois maiores partidos, PS e PPD, não impedia, porém, que tivessem posições diferentes quando à melhor forma de o alcançar. Se, por um lado, o PS, representado por

Sottomayor Cardia, considerava que a cobertura de todo o território nacional passava pela criação de uma "rede de estabelecimentos oficiais e ensino que acuda às necessidades de toda a população", por outro lado, o PPD, por José Augusto Seabra, era da opinião que esse mesmo objectivo dava "ao ensino livre no nosso país um papel ainda importante, pois, infelizmente, o Estado não dispõe de condições para abarcar numa rede total o território nacional". Esta diferença de opiniões quanto aos meios para atingir o objectivo de cobertura nacional não prejudicou a anuência de ambos os partidos, nem de resto das demais forças partidárias, ao objectivo de tornar incumbência prioritária do Estado a garantia de um ensino básico universal e gratuito, designadamente através da criação de uma rede pública de escolas, onde deveriam desaguar as crianças que frequentassem o sistema público pré-escolar constitucionalmente previsto, uma vez que o número 3 do Art. 74.º, onde estas matérias são tratadas, foi aprovado sem votos contra, e com apenas 6 abstenções.

Incluídos neste mesmo número estavam, aliás, dois outros importantes objectivos gerais do novo sistema de ensino. Por um lado, desenvolver o apoio social escolar, de forma a mitigar discriminações sócio-económicas de partida, com reflexo nefasto sobre o acesso e a frequência da escola por parte das camadas desfavorecidas da população. Por outro lado, promover a erradicação do analfabetismo, desde logo, pela generalização do ensino básico, mas também através do desenvolvimento de campanhas de alfabetização mais direccionadas. À semelhança da mortalidade infantil, no campo da saúde, o analfabetismo, no da educação, era símbolo de um passado, ainda presente, que se queria encerrado pela Revolução. Certo é, porém, que esse passado daria mostras de grande resiliência. E os progressos notáveis feitos no primeiro domínio far-se--iam, e fazem-se ainda hoje, acompanhar de um balanço bem mais matizado no segundo.

Condições sócio-económicas em debate

Como vimos, a literatura internacional sobre a constitucionalização dos DESC sugere, como hipótese de trabalho, que, *ceteris paribus*, essa constitucionalização será tanto maior quanto mais severos forem os desafios sócio-económicos enfrentados por um país, entre os quais se contam a pobreza, a exclusão social e a desigualdade sócio-económica. Ainda que os DESC não sejam constitucionalizados como direitos directamente justiciáveis, e dependam, para a sua prestação, da existência de recursos financeiros, o compromisso constitucional para com estes direitos funcionaria, assim, como uma maneira de "forçar" politicamente o desenvolvimento do conjunto de estruturas e políticas públicas necessárias à sua efectivação. Quando se diz aqui que "funciona", faz-se uma afirmação *ex-ante*, que se prende, no essencial, com a intenção dos constituintes (isto é, aquilo que eles achavam estar a fazer), e já não uma afirmação *ex-post*, que estaria a tomar, erroneamente, consequências institucionais como causas.[57]

Esta hipótese parece ter cabimento no caso do nosso país, sobretudo se atentarmos na forma como as condições de vida dos portugueses são abordadas, quer nos programas partidários, quer nos debates sobre os DESC em plenário. Com efeito, a situação social e económica em que o nosso país se encontrava em 1975 serviu de mote a muitas intervenções, à esquerda e à direita, no sentido de justificar a urgência e a importância de que se revestia uma constitucionalização extensa e precisa dos direitos sociais em Portugal. Apesar do período de crescimento acelerado entre 1960 e o início dos anos 70,[58] vários factores de ordem conjuntural e estrutural ajudam a explicar a profunda consternação e pessimismo dos nossos deputados à Constituinte com o "estado da nação". A mediar entre estes factores macro-económicos e os discursos por eles proferidos no plenário em São Bento encontra-se, porém, a posição ideológica e experiência pessoal de cada um deles. Estas circunstâncias pessoais e pertenças grupais funcionam como "lentes" através das quais cada deputado interpreta e faz uso das circunstâncias sócio-económicas para justificar a inclusão de direitos sociais no novo ordenamento constitucional.

Este aspecto é importante, porque explica muito do pluralismo da discussão. Os mesmos factores macro-económicos, os mesmos problemas sociais, para já não falar na própria estrutura económica herdada do regime fascista, foram mobilizados de formas bem distintas para justificar a mesma posição de apoio à constitucionalização dos direitos sociais.

---

[57] Esta falácia metodológica é bem desmontada em Pierson 2000.

[58] Como observa Edgar Rocha, "A média anual de crescimento do PIB (a preços constantes) entre 1960 e 1973 foi de 6,9 %, em comparação com 4,3 % em 1954-60 e 2,7 % em 1974-79" (Rocha 1984, 621).

A excepção a este padrão era a extrema-esquerda representada pela UDP, para quem a via eleitoral-constitucional era uma forma inaceitável de "normalizar" o processo revolucionário em curso.[59] Para o deputado da UDP, Américo Duarte, o drama social que o desemprego representava em 1975 dava razão às suas reservas sobre a proposta da Comissão. Começando por criticar o carácter abstracto e contrário aos interesses dos trabalhadores da proposta da Comissão, Américo Duarte remata: "Não é por acaso que se fala do direito e dever de trabalho como se os trabalhadores não estivessem já fartos de ouvir falar no direito ao trabalho e não soubessem que hoje haverá já perto de 400.000 desempregados que vivem na miséria porque nem subsídio de desemprego possuem". Se a elevada taxa de desemprego que se verificava em 74-75 contribuiu para o voto da UDP contra a proposta da Comissão, a conclusão oposta foi retirada pelo deputado do PPD, Pedro Roseta, para quem "o desemprego crescente", a par do "aumento do custo de vida" e a "aflitiva situação dos retornados de Angola" (tema tabu à esquerda), eram exemplos concretos que exigiam "que se resolv[essem] os problemas reais do país real em que vivemos", e a garantia constitucional dos DESC era um primeiro passo nessa direcção, ou se arriscasse reduzir "a base social de apoio à Revolução." Já para os deputados do PCP, estes mesmos factores de crise conjuntural eram apresentados como crises do sistema capitalista mundial e usados para justificarem a conversão da estrutura económica portuguesa numa economia socialista de planificação central. Em suma, factores conjunturais como a quadruplicação do preço do petróleo no Inverno de 1973 e o subsequente abrandamento da actividade económica internacional, apesar de interpretados de forma diferente por deputados

---

[59] Na introdução do respectivo projecto de Constituição, podia ler-se a este respeito: "Apresentar-se um projecto de Constituição com mais de cento e tal artigos, como todos os outros os partidos o fizeram, é querer estar a legislar tudo e mais alguma coisa, querendo deste modo impedir a iniciativa revolucionária das massas populares. (...) Ao apresentarmos a nossa proposta de Constituição pômo-la à discussão das massas populares, para que seja possível apresentar no decorrer dos trabalhos da Assembleia Constituinte todas as alterações, emendas e acrescentos que forem propostos por reuniões de trabalhadores. Façamos reuniões de trabalhadores para discutir o projecto de Constituição. Façamos do nosso camarada Deputado o porta-voz, na Assembleia Constituinte, de todo o povo enviando para a sede da UDP ou para o gabinete da UDP na Assembleia Constituinte todas as propostas que considerem justo serem ali apresentadas". (DAC n.º 16, 24 Julho 1975)

de diferentes cores ideológicas,[60] concorreram para que todos eles justificassem a inclusão urgente de um detalhado catálogo de direitos sociais na Constituição.[61]

Eram sobretudo os atrasos estruturais da nossa economia que preocupavam os deputados e lhes alimentava a convicção de que muito havia a mudar em matéria de políticas sociais no nosso país. Mas se era consensual que Portugal era, em 1975, "o país mais atrasado da Europa", já as razões desta situação eram alvo de controvérsia e demarcação político-ideológica. Para a bancada comunista, donde vieram aquelas palavras,[62] as razões do atraso estrutural português em matéria económica encontravam-se no tipo específico de capitalismo com que o regime fascista explorou as massas trabalhadoras. "O desenvolvimento do capitalismo monopolista de Estado em Portugal, assegurado e favorecido pela ditadura fascista", como sublinhava Manuel Gusmão (PCP), "assentou não só na violenta repressão do povo trabalhador, como na mais desenfreada exploração das classes trabalhadoras, nos salários de miséria, na sobrexploração dos povos, das riquezas naturais e dos mercados coloniais e na subordinação ao imperialismo que exportava capitais e tecnologias baixas e retirava as mais-valias acumuladas". Posição semelhante tinha o MDP/CDE, cujo deputado Sousa Pereira apontava a "especulação desenfreada, resultante da apropriação abusiva por parte do grande capital da iniciativa imobiliária" como a principal responsável

---

[60] Por exemplo, a análise económica no relatório do secretário-geral do CDS, Adelino Amaro da Costa, também ele deputado à Constituinte, no I Congresso Nacional do partido a 25-26 de Janeiro de 1975, é particularmente céptica quanto às consequências económicas do 25 de Abril: "As tendências presentes da economia portuguesa não são fruto da revolução do 25 de Abril. Revelavam-se já em embrião – e as pressões inflacionistas encontravam-se em plena pujança – antes da eclosão daqueles acontecimentos. (...) Os acontecimentos de 25 de Abril vieram, no entanto, agudizar as referidas tendências devido à atitude de retracção dos sujeitos económicos, provocada pela incerteza que sobre as bases de funcionamento do sistema económico – maxime pelo que respeita à definição do direito de propriedade, à forma de decisão e funcionamento da empresa e às relações de trabalho – necessariamente se segue a tais eventos revolucionários". (AAVV 1975b, 30)

[61] A UDP, que havia votado contra a proposta da 3.ª Comissão na generalidade, acabou por se juntar aos restantes partidos e votar a favor na especialidade o direito à segurança social (que foi aprovado por unanimidade).

[62] Proferidas por Francisco Miguel no debate na especialidade sobre direitos e deveres culturais.

O Momento Constituinte – Direitos Sociais na Constituição

pelas "situações de gritante exploração do povo português, em benefício daqueles investidores que foram sempre protegidos pelo próprio Estado fascista, Estado fascista esse que permitiu e favoreceu a utilização do aforro nacional através de escandalosos financiamentos por parte da Caixa Geral de Depósitos, do Montepio, etc.". Algo próximo destas posições encontrava-se o Partido Socialista. Segundo o programa eleitoral com que este partido concorreu (e venceu) as eleições à Constituinte, Portugal era um "País cujo atraso se radica em razões estruturais" (AAVV 1975, 173), da responsabilidade do "sistema capitalista e [d]a dominação burguesa" (AAVV 1975, 169). No entanto, ao assumir-se herdeiro "de toda uma tradição de luta das classes trabalhadoras pelo socialismo democrático" (AAVV 1975, 168), o PS demarcava-se dos partidos à sua esquerda, declarando-se "contra os modelos burocráticos e totalitários que, por razões históricas e contraditoriamente à inspiração essencial do marxismo, o socialismo seguiu em certos países", o que o levava a propôr uma "via portuguesa para o socialismo" (AAVV 1975, 169): por outras palavras, "[n]ão nos interessa susbtituir um patrão autoritário por um Estado igualmente autoritário, levando a que a vida económica e social fique subordinada a uma burocracia de Estado ou de Partido, que impeça a livre expressão da vontade dos trabalhadores" (AAVV 1975, 170). Mas o PS precisava igualmente de se demarcar dos partidos à sua direita, para os quais o marxismo não era a fonte doutrinária.[63] Esta clivagem ideológica é bem visível no debate na generalidade sobre os DESC. Nele, Mário Pinto declara, em confronto com o PS, que o "Partido Popular Democrático não inclui no seu programa nem nos seus pressupostos o materialismo, dialéctico ou não dialéctico. E por aqui já nos separamos", para, logo de seguida, enfatizar que a "partir do materialismo dialéctico, a teoria da história exprime-se no materialismo histórico. No seu rigor dogmático também a não podemos aceitar". O PS, pela voz de Manuel Pires, aproveita esta oportunidade para pressionar o PPD a esclarecer publicamente se "aceita ou não que, neste momento, no

---

[63] Dois exemplos bastam para ilustrar este ponto. Por parte do PPD, Furtado Fernandes, ao caracterizar a prestação dos representantes populares democratas na 3.ª Comissão, observou que "nos opusemos a formulações de índole puramente marxista, ideologia que, aliás, não tem, segundo pensamos a maioria dos votos dos portugueses". Pelo CDS, Freitas do Amaral, ao prestar um esclarecimento ao deputado comunista Vital Moreira, afirmava: "ao contrário do que o Sr. Deputado disse, o CDS não é, nem se considera, nem pretende ser considerado como um partido socialista".

mundo se encontrem em confrontação duas ideologias, a liberal e a marxista?", e a determinar "qual a sua posição ideológica e política", em concreto, "se o PPD considera o marxismo uma doutrina filosófica que deve ser excluída do País ou não?" O mesmo é dizer, em que lado da barricada se coloca o PPD – se do lado do capitalismo, cuja aplicação entre nós nos havia conduzido a esta situação, se do lado da explicação marxista do atraso económico português e, por conseguinte, nas soluções marxistas para superar tal atraso estrutural?

Apesar de concordar com a caracterização geral do regime fascista como profundamente iníquo e o principal responsável pelo estado depauperado do nosso país em 1975, o PPD tinha, de facto, um entendimento diferente dos partidos à sua esquerda sobre os mecanismos em específico que tinham levado a essa situação. Concretamente, a ênfase colocada na figura da "pessoa humana" pelo "socialismo personalista ou humanista" do PPD, se, por um lado, permitia que deputados deste partido como Casimiro Cobra não calassem a sua voz "para denunciar uma das muitas e variadas formas da exploração capitalista a que os trabalhadores agrícolas foram sujeitos pelo fascismo", por outro, impedia-os de encontrar na "luta de classes" o mecanismo essencial do processo de desenvolvimento histórico. As desigualdades sociais gritantes e a pobreza estrutural da nossa sociedade deviam-se, segundo os popular democratas, à acção concreta dos responsáveis políticos do regime anterior e não a uma "escatologia profética", como se podia ler no programa do PPD da altura.[64]. Diferentes razões para o atraso estrutural da nossa economia e sociedade, expressão de também diferentes posicionamentos ideológicos, levaram, ainda assim, a uma posição comum a todos os partidos com assento na Constituinte – o "país mais atrasado da Europa" não podia esperar mais pela inclusão de um leque de direitos sociais na sua Lei Fundamental.

---

[64] Pode ler-se no programa do PPD de 1975, na Parte dedicada à "Democracia Económica e Progresso": "O Partido Popular Democrático considera (...) que o crescimento económico não é suficiente nem pode constituir um fim em si mesmo, rejeitando pois liminarmente concepções estritamente «desenvolvimentistas». (...) Desta posição decorre que qualquer política económica deve dirigir-se à satisfação cada vez mais exigente das aspirações democraticamente expressas pelo voto livre dos cidadãos. Os passos históricos para a construção da nova sociedade e a passagem a formas superiores de organização devem ser comandadas pelo voto e não obedecerem a esquemas rígidos ou a escatologias proféticas. (...) Propõe, portanto, a construção, por todos e para todos, de uma sociedade em que a democracia política e social assente na democracia económica" (AAVV 1975a, 70).

Clivagens na Constituinte

CONSTITUIÇÃO VS. REVOLUÇÃO?

No seu recente estudo jurídico dos direitos sociais em Portugal, Jorge Reis Novais alude *en passant* a uma alegada clivagem fundamental por trás do aparente consenso em torno da constitucionalização de um leque muito alargado de direitos fundamentais, incluindo os sociais, na Constituição de 1976: "É que, não obstante o consenso sobre um elenco abrangente de direitos fundamentais", diz-nos Reis Novais, "era latente na sociedade portuguesa da época o conflito, mais *surdo* do que estridente, entre modelos opostos e conflituantes de organização social e política e, particularmente, o conflito entre os defensores do *modelo ocidental* de Estado de Direito e os que propugnavam, de forma mais ou menos difusa ou precisa, um Estado revolucionário anticapitalista" (2010: 335). Esta clivagem entre os modelos "ocidental" e "revolucionário anticapitalista" a que Reis Novais alude reenvia-nos para clivagens semelhantes sugeridas por outros autores: por exemplo, como já tivemos oportunidade de ver, Medeiros Ferreira fala na clivagem entre a "via eleitoral" e a "via revolucionária", e Jorge Miranda alude à clivagem entre "constitucionalismo ocidental" e "constitucionalismo de matriz soviética e leninista". O que estas interpretações têm em comum é que todas elas procuram analisar o momento constituinte à luz do conflito entre os dois grandes blocos da Guerra Fria: o "mundo livre", de matriz liberal-democrática, liderado pelos Estados Unidos da América, e o bloco socialista, de inspiração marxista, liderado pela União Soviética. Numa frase, o que se sugere é a oposição entre Constituição e Revolução, entre os partidários da via moderada institucionalista e os defensores da via radical revolucionária.

O que resta saber, porém, é se uma clivagem tão abrangente quanto esta não obnubila mais do que ilumina as razões da constitucionalização dos DESC em 1976. Uma das hipóteses de explicação que considerámos na introdução a este estudo referia-se à natureza do consenso partidário verificado no momento da agregação das preferências dos diferentes partidos quanto aos moldes da constitucionalização dos direitos sociais. Será este voto unânime explicado pela partilha de uma mesma agenda ideológica, no caso dominada pelo ideal de progressão para uma socie-dade socialista, ou será ele resultado de um "consenso por sobreposição" em que diferentes razões substantivas, por vezes mesmo conflituantes entre si, concorrem para posições sobreponíveis nesta matéria? A verifi-cação da plausibilidade de cada uma destas possibilidades passa por analisar os debates de modo a esclarecer as razões que levaram cada partido a aprovar cada proposta apresentada pela Comissão em matéria de direitos sociais, fazendo-se assim luz sobre a natureza dos alinhamen-tos partidários. Isto levanta, de imediato, duas questões. Desde logo, em que medida a clivagem-tipo Ocidente (PS, PPD e CDS) vs. Bloco de Leste (PCP, MDP/CDE, UDP e AOC) efectivamente estruturou estes debates? Por outro lado, e revertendo a perspectiva analítica, será que encontramos nestes debates outras clivagens que não a clivagem-tipo que tem dominado a literatura neste domínio? A resposta a estas questões, como se verá de seguida, sugere que se deve relativizar o peso explica-tivo da clivagem-tipo: em vários momentos, a lógica dos debates estru-turou-se por referência a outras clivagens que não se sobrepõem, nem reduzem, àquela.

Considere-se o direito à segurança social, cujo primeiro número dizia respeito à titularidade deste direito. Esta questão havia já dividido as propostas dos partidos em dois grupos: por um lado, os projectos do PCP e do MDP/CDE restringiam, respectivamente, a titularidade deste direito aos "trabalhadores e suas famílias" ou simplesmente aos "trabalhado-res"; por outro lado, PS, PPD e CDS reconheciam que "todo o cidadão" ou "todas as pessoas" eram os legítimos titulares deste direito. A propos-ta da Comissão, dominada pelo PS, parece reflectir a proposta deste grupo de partidos ao prever que "todos os cidadãos têm direito à segu-rança social". Chegada a hora de votar, este número foi aprovado por unanimidade. Será que este consenso reflecte a partilha de uma mesma posição ideológica por parte dos partidos, ou será antes um "consenso por sobreposição"? A análise dos debates que precederam esta votação não deixa margem para dúvidas: longe de um consenso ideológico, o que encontramos são razões muito diversas por detrás do acordo na hora da votação. Comecemos pelos casos do PPD e o PCP. Este último, pela voz de Avelino Gonçalves, no debate na especialidade, justifica o seu apoio à proposta da Comissão por não só consignar "em termos justos uma série de direitos" que havia que "garantir, na realidade, aos trabalhadores", mas também, e este não é um ponto trivial, porque "representa ao mesmo tempo a nossa confiança no futuro da Revolução portuguesa, a nossa certeza de que, apesar de todas as vitórias provisórias da reacção e das forças contra-revolucionárias, a vitória definitiva para que os trabalhadores avancem será real". Isto é, no limite, com esta vitória, Portugal transformar-se-ia numa sociedade sem classes, em que a distinção entre trabalhadores e não trabalhadores desapareceria. Por seu turno, o PPD, defende que a segurança social deve ser prestada a todos os portugueses sem discriminações, por referência a um quadro ideológico bem diferente do defendido pelo PCP, designadamente o personalismo e socialismo humanistas: o PPD, segundo Casimiro Cobra, não podia "concordar com quaisquer represálias atentatórias da pessoa humana", dada a filiação deste partido na tradição ideológica do "socialismo humanista". E ainda mais o universalismo do sistema fazia sentido, quando, para o PPD, e ao contrário do PCP, as classes trabalhadoras incluíam "todos aqueles que trabalham, isto é, os assalariados (operários, empregados e quadros), mas também muitos dos pequenos e médios empresários da agricultura, da indústria e dos serviços". (Furtado Fernandes, PPD) Se destrinças havia a traçar entre os beneficiários da segurança social, elas não deviam resultar, para o PPD, da distinção entre trabalhadores e empresários, mas da lotaria genética, que, de forma indisponível à vontade, colocava alguns numa situação desvantajosa à partida: "É que a nossa visão personalista da igualdade", como explica Pedro Roseta, "implica que, onde a Natureza criou diferenças grandes nas capacidades, não devem estas determinar oportunidades de vida melhor para cada um, mas antes deve a sociedade intervir constantemente para restabelecer o equilíbrio". Foi, por conseguinte, através de um "consenso por sobreposição", informado não pelas mesmas razões, mas por razões antagónicas, que o PPD e o PCP justificaram publicamente o seu voto favorável à proposta da Comissão: aquele por referência ao personalismo, este a partir do marxismo-leninismo. Estes dois partidos ilustram bem a divisão que se verificou nesta matéria, uma divisão que parece reflectir aspectos da clivagem-tipo, com PS, PPD e CDS a favor de uma solução de tipo ocidental, e do outro o PCP e restantes partidos de esquerda a favor de uma solução inspirada nos modelos socialistas e anti-capitalistas.

Esta questão da titularidade do direito à segurança social está intimamente relacionada com a questão do seu financiamento: a quem deve ser exigido o esforço de financiamento das políticas sociais que o efectiva? Contudo, a clivagem que encontramos nesta matéria é diferente da que acabámos de discutir. Com efeito, se no caso da titularidade, foi à luz da clivagem-tipo que os alinhamentos partidários se estabeleceram, já no que toca ao seu financiamento, a clivagem que aparece é outra: o PS surge aqui mais próximo do PCP e do MDP/CDE do que do CDS e do PPD. Com efeito, todos os partidos à esquerda do PPD defendem um sistema de segurança social altamente redistributivo, em que as classes mais favorecidas suportem a segurança social das menos favorecidas. Todavia há também diferenças muito significativas: o PCP é contra a universalidade do sistema, reservando as prestações do sistema de segurança social público apenas aos "trabalhadores", e excluindo os demais portugueses das prestações, mas já não do seu financiamento; ao passo que o PS defende a unversalidade do sistema público, assegurando o seu efeito redistributivo, através da política fiscal. Assim, o PCP pela voz de Vital Moreira, defende que "não há necessidade de garantir constitucionalmente o direito à segurança social para aqueles que verdadeiramente já o têm garantido através do poder do dinheiro", sendo, portanto, a favor da criação de um "sistema de segurança social, organizado de acordo com os sindicatos e outras organizações das massas trabalhadoras". Já o PS, pela voz de José Niza, defende que "o Estado terá de ir buscar às entidades que possam ou aos cidadãos que possam os meios materiais para realizar todos esses direitos, sem o que ficaremos apenas com uma Constituição muito poética, mas, muito pouco consequente". E enuncia claramente o princípio da responsabilidade colectiva dos cidadãos entre si, à luz do qual o sistema de segurança social deve ser financiado por todos, na base da sua capacidade contributiva relativa, e garantir prestações a todos, também. Concretamente, para o PS, "os diversos meios que garantirão materialmente a concretização das valências da segurança social terão de ter como proveniência não os descontos dos trabalhadores portugueses – que assim continuariam a ser explorados – mas o contributo de toda a comunidade através de um imposto sobre o rendimento, que por eles será responsável". Esta resistência do PS à manutenção da base contributiva da Segurança Social contrasta com a posição do PPD. Subscrevendo, como o PS, o princípio da universalidade do sistema, o PPD torna claro que o faz porque a solidariedade social não deve ser entendida como um interesse "classista", mas antes como uma exigência da pessoa humana. Contrastando com o PS, o PPD crê que o sistema público de segurança social tem de ser financiado com base em "receitas próprias do sistema de previdência", a que acrescerá a sua subsidiação, substancial é certo, por parte do Estado: a tentativa dos popular democratas em conciliar uma solução de tipo universalista, à la Beveridge, em que o financiamento da segurança social é assegurado exclusivamente por via do orçamento geral do Estado, com uma solução de cariz ocupacionalista, baseada nas contribuições baseadas no salário ou rendimento (Pavard 1979), é aqui evidente. Este exemplo é bem ilustrativo de quão ilusório e pouco informativo pode ser o consenso na hora da votação: no âmbito de um mesmo direito social, encontramos dois "consensos por sobreposição" criados a partir de dois alinhamentos diferentes que, por seu turno, reflectem duas clivagens não menos distintas.

Também no caso dos direitos à educação e ao ensino encontramos outras clivagens que não correspondem à clivagem-tipo acima descrita. O debate na especialidade sobre o número em que se discutia a função social do ensino (a redacção final deste n.º 2 do Art. 74.º é "O Estado deve modificar o ensino de modo a superar a sua função conservadora da divisão social do trabalho".) mostra-nos um alinhamento partidário entre o PS, PPD e o PCP, contra o CDS. Estando em apreciação uma proposta de aditamento dos deputados socialistas Miller Guerra e António Reis ("Incumbe ao Estado modificar o ensino de modo a suprimir a sua função conservadora da divisão social do trabalho".), José Augusto Seabra, pelo PPD, justifica o acordo da sua bancada a esta proposta "dado que ela vai no sentido de dar ao ensino não um carácter de reprodução mas de transformação do sistema social". No seguimento desta tomada de posição do PPD, Miller Guerra, apressa-se logo a explicar que "[a] intervenção que acaba de fazer o Sr. Deputado Seabra [PPD] dispensa grande parte das considerações que eu tinha para fazer. É exactamente isso que ele acaba de dizer: um ensino tem de ser uma forma de transformação da sociedade e não uma forma de conservação ou de reprodução, como na primeira intervenção eu aqui disse e no dia seguinte foi dito pelo Sr. Deputado Vital Moreira [PCP]". E, em conformidade com estas palavras, PCP, PPD e PS votaram favoravelmente esta proposta, não sem antes o CDS, pela voz de Amaro da Costa, justificar o seu voto contra com a falta de clareza da formulação "função conservadora da divisão social do trabalho" sugerida na proposta.

Mas não foi só por referência às questões da titularidade e modo de financiamento do direito à segurança social, ou da função social do ensino, que clivagens político-ideológicas se multiplicaram dentro, e mesmo para além, da clivagem-tipo definida pela literatura. Um exemplo significativo, que discutimos em seguida, diz respeito à natureza da relação entre cidadão e Estado Providência e entre cidadãos entre si, e àqueles princípios normativos fundamentais que devem guiar ambas as relações.

Relações "Estado Providência-cidadão" e "cidadão-cidadão"

Quando instados a pronunciarem-se sobre o papel do Estado na efectivação dos direitos sociais, no debate na generalidade sobre os DESC, e não obstante o consenso na votação na especialidade, os partidos revelaram entendimentos substancialmente diferentes do que deveria ser a relação entre Estado Providência e cidadão e dos cidadãos que o suportam entre si. Nesse debate, de um lado, temos partidos como o CDS e o PPD, cuja posição é tributária do humanismo personalista, na óptica do qual o indivíduo se faz pessoa na sua relação com os demais, e este carácter social do ser humano não se realiza primariamente na sua relação com o Estado, mas antes na sua relação com os demais, no âmbito da sociedade civil, sendo também a esse nível que a solidariedade social deve começar. Por conseguinte, embora acolham a necessidade de constituição de um Estado Providência (sendo ela, no debate, reconhecida de forma mais clara pelos popular democratas), os "personalistas" tendem a conceber a relação entre o cidadão e esse Estado com alguma precaução, e sempre do prisma da salvaguarda da liberdade e da autonomia do cidadão perante o Estado, cujo crescimento, como estrutura burocrática escapando ao controlo do cidadão, temem. Isto fica bem claro, por exemplo, quando Sá Machado, do CDS, considera que os direitos "à saúde, à educação e à cultura, valorizam a iniciativa e que, ressalvando a liberdade de criação, estimulando a participação e a originalidade, o fazem como obra de um povo vivo, e não apenas como tarefa administrativa do Estado". A defesa de valores como o pluralismo, a criatividade, a responsabilidade individual, a iniciativa privada, a autonomia e a independência pessoal fica bem expressa quando este mesmo deputado sublinha que "a iniciativa privada dos cidadãos deve ser respeitada e estimulada como exigência elementar de uma comunidade de seres livres e responsáveis, e como desafio à própria capacidade de resposta do Estado".[65] Isto porque, com cidadãos dependentes do aparelho de Estado, é impossível manter este último sob escrutínio crítico. Posição semelhante foi expressa pelo PPD, por Furtado Fernandes, que sublinha que o bem-estar dos indivíduos em sociedade é em primeira mão responsabilidade solidária desses mesmos indivíduos: "[s]endo certo que os DESC se inserem na relação entre os indivíduos e a sociedade, sociedade politicamente organizada onde aparece o Estado, não é menos certo que não parece correcto estatizar a problemática do reconhecimento e da garantia dos DESC, de tal modo que o Estado nos apareça como o dispensador dos seus DESC". A efectivação das garantias, na óptica do PPD, deve estar antes "a cargo da sociedade e do Estado". E, interroga-se Furtado Fernandes: "A solidariedade, que é a condição do empenhamento colectivo dos cidadãos, autonomamente ou em colaboração com o Estado, na efectivação dos direitos dos outros, não será também pressuposto essencial?" Esta recusa da estatização dos DESC e correspondente ênfase na solidariedade que deve começar na família e estender-se, em círculos sucessivos, à comunidade política em geral, enquanto condição do respeito pela, e de florescimento da, pessoa humana a leva este partido (tal como, de resto, o

---

[65] O personalismo em que o CDS se inspira ficou bem expresso quando, logo a seguir, o mesmo Sá Machado afirmou que o seu partido, "fiel à sua inspiração humanista personalista, centra a sua proposta política na defesa intransigente da pessoa concreta, que recusa, a um tempo, o imperialismo dos interesses privados e a tirania dos poderes colectivos, e se sente, desse modo, particularmente vocacionado, como afirma na sua declaração de princípios, para a vivência de um sistema democrático que conduza à redução acelerada das desigualdades sociais, a um rápido progresso social e económico e uma ampla e efectiva participação de cada um nas diferentes manifestações da nossa vida colectiva".

140 *O Momento Constituinte – Direitos Sociais na Constituição*

CDS) a privilegiar o pólo "cidadão", e da sociedade civil, em detrimento do pólo "Estado".

Se o PPD adopta a perspectiva da pessoa, e se preocupa sobretudo com os perigos dos aspectos potencialmente "colectivistas" da provisão do bem-estar social, já o PS dá primazia inequívoca à intervenção, e à perspectiva, do Estado. Uma boa ilustração desta posição encontra-se no debate na generalidade, em que José Niza (PS) afirma que, "para a realização do direito à segurança social", é necessário garantir "uma total protecção, por parte do Estado" dos indivíduos em situações de vulnerabilidade – "velhice, doença, invalidez, viuvez, orfandade e desemprego". Aos receios do PPD relativamente a um Estado excessivamente interventivo contrapõe-se assim a confiança do PS na justeza e necessidade social dessa intervenção. Já no debate na especialidade sobre o ensino público e particular, um deputado do PS assume explicitamente a posição do Estado, para avaliar dos termos de admissibilidade do ensino privado em Portugal. Em resposta a Mário Pinto (PPD), que havia criticado o carácter meramente supletivo que a proposta de substituição do PS atribuia ao ensino privado ("O Estado fiscalizará o ensino particular, supletivo do ensino oficial".), o socialista Sottomayor Cardia afirma que, sendo esta "uma Constituição do Estado Português, o ponto de vista em que se coloca o legislador é o ponto de vista do Estado"; desta perspectiva, isto é, "do ponto de vista do Estado, o ensino privado é supletivo do ensino público". A clivagem que se verifica quanto à relação Estado-cidadão coloca, portanto, PS e a direita parlamentar em campos opostos.

Mas será que isto significa que o PS se confunde com a esquerda estatista? Esta hipótese tem de ser enjeitada, porque é patente o repúdio socialista face à ideia de um colectivismo que esmague a liberdade individual. A concepção da relação Estado-cidadão subscrita pelo PS era, assim, amíude formulada em aberta oposição ao autoritarismo de Estado dos regimes comunistas do Leste da Europa. José Luís Nunes, no debate na generalidade sobre os DESC, é bem claro a este respeito. E, sem papas na língua, relembra no hemiciclo de São Bento que, já em 1975, era "possível fazer-se uma crítica muitíssimo dura e muitíssimo violenta às sociedades socialistas, aos países socialistas do Leste, em termos marxistas. Fê-la Alexander Dubcek, fê-la Ota Sik, fê-la Milovan Djilas, fizeram-nas imensas marxistas ocidentais". Em particular, era o desrespeito pelos direitos individuais, liberdades de pensamento, opinião, expressão e associação, por um Estado autoritário, que motivava a demarcação do PS relativamente ao PCP: "A gente não se esquece, por exemplo, da proibição, na União Soviética, das Lettres Françaises, de Aragon, porque pôs os problemas em relação à Checoslováquia. E a gente sabe perfeitamente, e é isso que nos separa do socialismo que se faz nos países de Leste integral e frontalmente". Como se via no programa do PS da altura, e mau grado o facto de numerosos quadros deste partido subscreverem o modelo ocidental de Estado Providência, por a ele terem sido expostos nos anos imediatamente anteriores ao 25 de Abril, era, antes, no sentido de uma via jugoslava, em que a prioridade dada ao Estado coexistia com o respeito pelas liberdades individuais que apontava a "via portuguesa para o socialismo" preconizada pelo Partido Socialista de Zenha e Soares. É, portanto, uma posição equidistante face aos diversos "grupos partidários", que falam "em nome da pessoa humana ou das «conquistas revolucionárias»", tal como Marcelo Curto (PS) coloca, que o PS procura manter nestes debates: com efeito, o que os debates nos mostram é que a relação Estado-cidadão estrutura uma clivagem entre PS e os partidos à sua direita, e uma outra, entre o PS e o PCP, à sua esquerda. Mas não se julgue por isto que existia um consenso à esquerda sobre esta matéria: as diferenças entre o PCP e a UDP nos debates sobre os DESC são bastante reveladoras quanto às diferentes perspectivas sobre as relações "Estado-cidadão" e "cidadão-cidadão" nesta área política.

A posição do Partido Comunista radicava numa visão da história cujo motor era a luta de classes: e, como vimos, os direitos sociais eram vistos como o produto desta luta, em que as classes trabalhadoras, unidas em torno de laços de solidariedade de classe, haviam conquistado estes direitos contra as classes detentoras dos meios de produção. Por isso mesmo, os direitos sociais nunca poderiam vir a ser garantidos por uma solidariedade atravessando barreiras de classes. Pelo contrário, a sua garantia cabal exigia que se caminhasse para uma sociedade sem classes, na qual o problema da relação "exploratória" entre indivíduos ficaria resolvido. Isto porque a emancipação do indivíduo se poderia apenas fazer pela emancipação do colectivo, e, quando este atingisse a sua emancipação, e assumisse total controlo sobre o aparelho de Estado, a realização de cada um seria condição de realização do todo, e vice-versa. Cabia assim ao Estado personificar a vontade das classes trabalhadoras,

142 O Momento Constituinte – Direitos Sociais na Constituição

e nessa personificação, que era afinal uma identidade, garantir que as conquistas revolucionárias não eram deitadas a perder. Como um outro deputado comunista explica, "[n]ós, comunistas, consideramos que a frente do ensino e da educação e da cultura e da ideologia é uma das grandes frentes de combate das forças democráticas e revolucionárias na construção de uma sociedade democrática a caminho do socialismo, uma tarefa fundamental que deve ser firmemente cumprida por um Estado democrático revolucionário". (Manuel Gusmão, PCP) Esta concepção da relação "Estado-cidadão", em que o Estado é habitado pelo colectivo, e se transforma em instrumento principal da emancipação das classes trabalhadoras, era sem surpresa partilhada pelo MDP/CDE. Como explicou Sousa Pereira na declaração inicial de voto do MDP/CDE, no debate na generalidade dos DESC,

> Deveria ter-se em conta a concepção de Estado que, pela progressiva tomada do poder pelas classes trabalhadoras, se vai transformando num Estado definitivamente livre. Deveria ter-se em conta a concepção de um Estado representativo dos interesses do povo e reflexo das suas aspirações. Enfim, um Estado de expressão democrática promovendo, por isso, a progressiva participação popular no poder. Nestas circunstâncias, a Constituição deveria ser um elemento dinamizador e catalisador dessa progressiva participação colectiva no poder e no Estado, para o que há que dar sentido aos deveres, direitos e garantias do cidadão, só assim se conseguindo transformar em Estado livre e humano um Estado opressor, omnipresente e omnipotente.

Em suma, para este deputado do MDP/CDE, o projecto da 3.ª Comissão falhara precisamente porque "não teve presente esta noção libertadora do Estado e mais o considerou uma entidade abstracta voltada contra o cidadão". Ao conceber o Estado como um sustentáculo abstracto e impessoal de poder, em vez de uma força viva, habitada e dirigida pelo colectivo (isto é, pela classe trabalhadora), a Constituição ter-se-ia transmutado numa "carta de alforria do cidadão em relação ao Estado – conceito que bebe a sua justificação numa concepção liberal e idealista". Se PCP e MDP/CDE subscrevem uma concepção de Estado forte, detentor do controle dos meios de produção, e principal instrumento da emancipação de classe, a UDP assume uma posição bastante distinta, substituindo o estatismo centralizador pela auto-mobilização das organizações populares de base. Sublinhando a solidariedade entre os trabalhadores vítimas da exploração capitalista, o único representante da UDP, Américo Duarte, afirma: "É cada trabalhador, cada explorado, que tem de ver que na sua situação vivem milhões de outros trabalhadores. São os trabalhadores que têm de avançar para a resolução destes problemas". E termina a sua intervenção sobre o direito à saúde com uma exposição do seu programa de acção política: "Que se formem comissões de desempregados e entrem em contacto com as comissões de moradores e que estas exijam às autarquias locais os meios materiais de solucionar este problema, em conjunto com as comissões de desempregados". A luta colectiva por melhores condições de vida é aqui uma luta fundada numa solidariedade de classe que tem nos próprios trabalhadores, tomando em mãos os seus próprios problemas, e organizando-se em pequenos núcleos associativos, como seus principais agentes, e já não o Estado "lá em cima", que pode também estar demasiado longe.

Os fins do Estado Providência

Uma outra clivagem que aparece nos debates prende-se com as finalidades que incumbiria ao Estado, e sobretudo ao Estado Providência, prosseguir. Por um lado, partidos havia que defendiam que a Constituição devia estabelecer os fins últimos, os objectivos, os meios de realização e os titulares dos direitos sociais lá garantidos, no pressuposto de que estes deveriam ser apenas alguns, e não todos os portugueses – "DESC para quê, com que meios e para quem?". Por outro, encontramos partidos para quem uma especificação excessiva resultaria necessariamente em discriminações, e, mais do que isso, ao impregnar a Constituição de uma ideologia, funcionaria como um espartilho intolerável às opções políticas de governos futuros. Assim temos o MDP-CDE a expressar a sua insatisfação com o projecto, sobre os DESC, saído da 3.ª Comissão, pelo levantamento de uma série de questões que também seriam articuladas em debate pelo PCP: "o projecto apresentado pela 3.ª Comissão é nitidamente insuficiente e vago na definição dos objectivos desses direitos e também nos fins últimos do seu exercício. Pode dizer-se que a proposta responde à pergunta: Que direitos?; responde mal à pergunta: Com que meios?, deixando, no entanto, sem resposta a pergunta: Liberdades, para quê e para quem?" (Sousa Pereira, MDP/CDE). Já a objecção do PPD ao projecto da 3.ª Comissão, sobretudo ao seu artigo 1.º, era exactamente a contrária, pois o que os preocupava é que tal artigo levasse a uma interpretação teleológica dos direitos sociais, "como instrumentos visando o crescimento das forças produtivas". (José Seabra, PPD) Inscrever nos direitos sociais finalidades que não apenas a da plenitude da cidadania ou a da justiça social era fechar indevidamente o jogo político democrático, quando, na verdade, "a democracia é, por definição, pluralista. E o pluralismo, sendo, por um lado, a expressão legítima da liberdade e da diversidade, é, por outro lado, a expressão da dialéctica política e ideológica que garante o progresso no sentido da libertação total da pessoa humana e evita o totalitarismo. Ora a Constituição política não pode deixar de ser a carta da democracia". (Furtado Fernandes, PPD) Daqui decorria, como precisou mais tarde o seu colega de bancada, Mário Pinto, um entendimento muito próprio dos fins da Constituição. Para o PPD, a questão era a de se saber se:

> [A] Constituição vai ser a carta de uma democracia pluralista, em que o projecto socialista não é dogmaticamente afirmado como marxista, ou se, pelo contrário, a Constituição vai ter muitas liberdades e garantias individuais, vai dizer-se muito pluralista, e no fim de contas vai impedir que amanhã, se, por exemplo, o PPD vier a ganhar as futuras (e com certeza próximas) eleições legislativas, e for convidado a assegurar Governo – hipótese que, desportivamente, me permito considerar de bom augúrio –, possa fazê-lo tomando o seu programa, como programa mais votado pelo povo.

Na mente de Mário Pinto estava a preocupação com um excessivo grau de pré-compromisso, sobretudo ideológico, em matéria de direitos sociais: era crucial que a Constituição deixasse margem de manobra para que governos de diferentes orientações ideológicas pudessem definir e executar os seus programas.

Democracia Política – Democracia Social

A análise ao debate dos DESC ficaria incompleta se não fizéssemos uma breve incursão no debate geral do relatório da 2.ª Comissão, incidindo sobre a Parte I da Constituição, votada aos "Direitos e Deveres Fundamentais" (de que os DESC fazem parte)[66]. A questão dos direitos fundamentais, e mormente dos chamados "direitos de liberdade", era para a maioria dos constituintes uma questão de primeiríssima linha, em razão do atropelo, no Estado Novo, desses direitos, da crescente pressão da rua, e dos actos de violência que, no Verão de 75, se multiplicavam por todo o país, colocando alguns desses direitos, novamente, sob ameaça.

É neste outro debate, temporalmente anterior ao dos DESC, que se manifesta com maior clareza o posicionamento dos diversos partidos quanto à relação desejável entre direitos de liberdade e direitos sociais, democracia política e democracia social. Em termos gerais, é possível avançar a ideia de que todos os partidos com assento na Constituinte estavam convictos de que os primeiros – isto é, os direitos e liberdades civis e políticos, dependiam dos segundos – isto é, dos direitos económicos, sociais e culturais, para a sua efectiva concretização. Isto porque, se os direitos civis e políticos abriam oportunidades de acção, apenas os DESC seriam capazes de gerar as condições necessárias ao seu exercício. Noutras palavras, mais próximas das efectivamente proferidas no debate, as liberdades civis e políticas teriam uma potencialidade apenas formal, e portanto vazia de sentido, se não encontrassem o seu complemento nos direitos económicos, sociais e culturais, entendidos como direitos "substanciadores da igualdade", que se destinavam a assegurar, a todos os portugueses, condições práticas de exercício e de vivência das liberdades (Marcelo Rebelo de Sousa, PPD). A democracia política era, assim, entendida como sendo indissolúvel da democracia social e económica, que ao novo Estado Social competia realizar, sob pena de se transformar num conceito meramente formalista, deixando intocadas as estruturas de poder, e traindo os objectivos da revolução. Como disse Furtado Fernandes, pelo PPD: "A democracia política sem a democracia económica, social e cultural seria, indubitavelmente, democracia burguesa". Ao que logo acrescentaria, numa advertência à esquerda, que vemos também ser lançada também pela voz do PS, que a "democracia económica, social e cultural sem a democracia política colocaria o cidadão nas mãos do

---

[66] O debate na generalidade sobre o relatório da 2.ª Comissão não foi incluído neste livro por motivos relacionados com a falta de espaço.

Estado, que o vitimaria com o ferrete do totalitarismo". Nem um Estado "espectador", demitindo-se das suas responsabilidades sociais, nem um Estado "todo-abrangente", asfixiando a sociedade e escudando-se da responsabilização política, serviriam, na opinião dos dois maiores partidos, os objectivos da revolução de Abril. Era, assim, preciso firmemente radicar nos direitos civis e políticos a construção de uma "verdadeira sociedade socialista", aquele objectivo final em que todas as forças partidárias, à excepção do CDS, convergiam, muito embora fosse notório que cada uma delas tinha um entendimento assaz diferente daquilo em que esse "socialismo" da sociedade portuguesa futura devesse consistir.[67]

Mas se todos os partidos concordavam que a democracia política era, por si só, insuficiente, divergiam muito significativamente quanto à valoração relativa dessa dimensão da democracia e do conjunto de direitos, de natureza civil e política, que eram necessários à sua consecução. Ao PS e ao PPD preocupava, sobretudo, o risco de esmagamento da democracia política, e dos direitos civis e políticos que a sustentavam, na pressa de se chegar ao socialismo. O PPD receava serem muitas as forças políticas à esquerda para quem as "liberdades democráticas" constituíam entraves à rapidez do progresso para a sociedade sem classes, progresso que queriam portanto submeter a uma dinâmica extra-eleitoral, ou revolucionária, e no limite, consentânea com a suspensão de direitos de liberdade, pelo menos para algumas camadas da população. Ciente desta ameaça, o PS insistia que as liberdades civis e políticas eram não um entrave, mas antes a base da construção da sociedade socialista que todos queriam ver erguida em Portugal. Como insistia José Luís Nunes (PS), é unicamente possível "a construção do socialismo mediante a instauração firme e a extensão das liberdades democráticas". E mais essenciais seriam ainda tais liberdades à medida que o socialismo fosse sendo implantado, porque ele pressupunha a criação de um verdadeiro "Estado de intervenção", controlando as "alavancas do poder económico", e, por conseguinte, concentrando em si "enorme poder". Concentração que, na ausência de fortes contrapontos, na forma de direitos, liberdades e garan-

---

[67] O conceito de "socialismo" é mobilizado pelos diferentes partidos de forma tão plural, que, no debate da 2.ª Comissão, Vital Moreira (PCP) insinua que nessa mobilização encontramos uma forma de "contrabando ideológico".

tias precisas, e generalizadas a toda a população, conduziria, inevitavelmente, "a novas formas de opressão sobre o povo", que importava, desde já, prevenir (José Luís Nunes, PS), pela consagração constitucional prioritária dos direitos, liberdades e garantias pessoais e políticos. Porque a verdade era que, se de nada serviria conferir às classes trabalhadoras liberdades das quais não pudessem realmente usufruir, pior seria cair na tentação de fazer uso da distinção marxista entre "liberdades formais" e "liberdades materiais" para advogar a suspensão, ou mesmo, para justificar a violação, das primeiras em nome do avanço das segundas. É que, ao contrário do que era, por vezes, sugerido, por quem recorria à distinção, as liberdades civis, políticas e sociais não constituíam, no entender dos socialistas, liberdades antagónicas, mas liberdades irmanadas, que se queriam em necessária colaboração, com vista à realização mútua.

Também o PPD sublinha a complementaridade entre ambas as liberdades, embora colocando mais abertamente a tónica na prioridade, histórica e axiológica, das liberdades pessoais e políticas sobre os direitos sociais. Invocando a sua opção personalista, o PPD sublinha que tais liberdades radicam na pessoa humana, que goza de um "prius lógico, axiológico e ontológico em relação à comunidade"; (Costa Andrade, PPD) e não, como pretendia a esquerda marxista, na "segregação superestrutural da sociedade capitalista", que tornaria o povo português, revolucionariamente libertado, "mais sensível à democracia social e económica" do que ao Estado de direito ou à democracia política (Marcelo Rebelo de Sousa, PPD). Pelo contrário, a base social de apoio à Revolução era, no entender do PPD, feita de portugueses para quem as liberdades pessoais e políticas eram liberdades prioritárias e portanto não sacrificáveis a "avanços sociais e económicos a realizar prioritariamente". (Rebelo de Sousa, PPD) Assim, ao conceder "um lugar primeiro" e uma protecção reforçada às liberdades pessoas e políticas, a Constituição não mais fazia do que seguir o desejo dos portugueses, e o próprio fluxo histórico, já que os direitos sociais representavam "conquistas posteriores que foram feitas com o apoio da liberdade e da democracia política". (Olívio França, PPD) Teriam, aliás, sido as liberdades civis e políticas a abrir as portas ao socialismo "onde, além da liberdade, o Homem pretende conquistar o direito de não morrer de fome, de ter acesso à cultura, de ter direito ao trabalho, a um salário justo, à habitação, à saúde, aos lazeres e a toda uma infinidade de direitos sociais, que lhe retirem a inquietação, dele e da sua família, e lhe tornem agradável e digna a vida de cada dia". (Olívio França, PPD) Sem direitos de liberdade e direitos políticos, os homens não poderiam, na leitura do PPD, ter acedido aos direitos sociais. Mas apesar desta afirmação de dependência mútua, a anterioridade dos "direitos de liberdade" era claramente assumida, e tinha uma vertente conceptual e outra axiológica. Assim, a separação dos direitos de liberdade e dos direitos económicos, sociais e culturais em dois Títulos diferentes da Constituição, encontrava-se para o PPD explicada não apenas por se tratar de direitos com origens históricas diversas, mas também por estarmos perante direitos de estrutura diferenciada, de direitos "negativos" e direitos "positivos", respectivamente. Como explica Costa Andrade, os primeiros "conferem ao cidadão um poder de agir e impõem ao Estado uma abstenção", ao passo que os segundos "tornam o cidadão credor de prestações positivas por parte do Estado". Deste modo, e embora estivéssemos perante direitos complementares, ambos indispensáveis numa "democracia digna deste nome", o seu tratamento separado na Constituição encontrava-se plenamente justificado. Isto porque a unificação "só poderia fazer-se em detrimento das liberdades", que possuíam, no entanto, um conteúdo mais determinado do que o dos DESC e, concomitantemente, mereciam um regime privilegiado de protecção constitucional. (Costa Andrade, PPD)

A ordem de prioridade entre direitos civis e políticos, por um lado, e direitos económicos, sociais e culturais, por outro, era bem diferente à esquerda do PS. O PCP, em particular, criticara o articulado proposto pela Comissão dos "Direitos e Deveres Fundamentais" por conceder destaque às liberdades ditas "formais", em seu entender, um legado liberal, apelando à "inacção ou abstenção do Estado", e remeter para um segundo plano o problema, mais fundamental, do substrato material dessas liberdades e dos seus titulares concretos. (Vital Moreira, PCP) É que, no entendimento do PCP, mais do que proclamar a existência de liberdades de pensamento e acção, e do que atribuir a sua titularidade ao homem em abstracto, "desenraizado das suas determinantes económicas, sociais e políticas" concretas, importava atentar num conjunto de questões muito particulares: "que classe a usa? Com que objectivo?". Isto porque, para o PCP, o exercício das liberdades civis e políticas não era, por si só, necessariamente benéfico à democracia. Para que efectivamente o fosse, ele requeria, por um lado, "discriminações positivas", a favor das classes trabalhadoras, que deveriam poder exigir uma acção positiva do Estado no sentido de providenciar garantias materiais do exercício dessas mesmas liberdades; e, por outro, "discriminações negativas", a desfavor de quem as usasse, ou pudesse vir a usar, para fins contrários à revolução. (Vital Moreira, PCP) Os direitos e liberdades fundamentais eram, na leitura marxista, parte de uma super-estrutura, a um tempo, radicada em, e reflectindo, as condições económicas, sociais e políticas injustas, em que os portugueses haviam vivido, e continuavam em larga medida a viver. Por isso, na opinião do PCP, a menos que esses direitos de liberdade fossem mobilizados para agir sobre as condições de vida dos portugueses, e sobretudo sobre a estrutura classista de poder, de nada serviriam, senão à perpetuação de uma mera "ilusão democrática", por trás da qual se esconderia a manutenção do *status quo*.

Deste breve recorrido do posicionamento dos maiores partidos quanto à relação entre os direitos civis e políticos e os DESC, fica claro que a organização da Parte I da Constituição de 1976, com a prioridade que nela é concedida aos "direitos, liberdades e garantias" por relação aos "direitos e deveres económicos, sociais e culturais" reflecte uma vitória das opções político-ideológicas do PS e dos partidos à sua direita (PPD e CDS). Opções que encontraram resistência nas forças à esquerda, designadamente no PCP, para quem a separação, em diferentes títulos, não fazia sentido, já que todos os direitos deveriam ser objecto de uma consagração e de um regime de protecção constitucional unificados, mas em que a universalidade era substituída por critérios de discriminação positiva e negativa de trabalhadores e capitalistas, respectivamente. Contudo, se os maiores partidos advogavam, como vimos, que os direitos de liberdade não podiam ser sacrificados à democracia económica e social, também insistiam no profundo imbricamento entre as dimensões política, social e económica da democracia, o que tornava indispensável a complementação dos direitos civis e políticos por um conjunto muito substantivo de direitos sociais, económicos e culturais constitucionalizados. Logo, se, em termos estritos, não podemos falar de uma perfeita "co-originalidade" entre a democracia política e a democracia económica e social na nossa Constituição, o certo é que no ADN da Constituição de

1976 ficaria impressa a ideia de que a bondade da democracia é inseparável da substancialidade dos seus *outputs* em termos de bem-estar e
igualização económica e social.

Como aqui se espera ter provado, para descodificar este ADN não
basta submergimo-nos no texto da Constituição: é preciso igualmente
recuperar as intenções dos seus obreiros, pela análise pormenorizada das
palavras por si transmitidas, ou, noutros casos, entre si trocadas, em
plenário. Um dos deputados envolvidos na feitura da Constituição ante-
ciparia que os portugueses haveriam de um dia voltar a ler "o preto no
branco do Diário das sessões da Assembleia Constituinte", para avaliar
"do esforço e da obra que fizemos, por palavras e por gestos, a favor do
seu destino constitutional", deliciando-se, nesse regresso, com o seu tom,
por vezes, comicieiro, outras, elevado. É isso mesmo que nós aqui fizemos, e que damos agora oportunidade ao leitor de fazer, deixando-o, a
sós, com as palavras feitas texto dos debates na generalidade e na especialidade sobre os direitos à Segurança Social, Saúde e Educação.

Bibliografia

AAVV 1975. *O Programa do MFA e dos Partidos Políticos*. Alfragide, Edições Acrópole.

BALL, T. e POCOCK, J.G.A. orgs. 1990. *Conceptual Change and the Constitution*. Lawrence, KS: University Press of Kansas.

BANTING, K.G. e SIMEON, R. orgs. 1985. *Redesigning the State: The Politics of Constitutional Change*. Toronto: University of Toronto Press.

BELLAMY, R. e CASTIGLIONE, D. 1997. Review article: Constitutionalism and democracy – political theory and the American constitution. *British Journal of Political Science* 27: 595-618.

BEN-BASSAT, A. E DAHAN, M. 2008. Social rights in the constitution and in practice. *Journal of Comparative Economics* 36: 103-19.

BLUME, L. e VOIGT, S. 2007. The economic effects of human rights. *Kyklos*, 60: 509-38.

CANOTILHO, J. G. e MOREIRA, V. 1991. *Fundamentos da Constituição*. Coimbra: Coimbra Editora.

CANOTILHO, J. G. e MOREIRA, V. 2007. *Constituição da República Portuguesa Anotada. Volume I*. 4.ª ed.. Coimbra: Coimbra Editora.

CARDOSO, J.L. e ROCHA, M.M. 2003. Corporativismo e Estado-Providência (1933-1962). *Ler História* 45: 111-35.

CHAMBERS, S. 2004. Behind closed doors: Publicity, secrecy, and the quality of deliberation. *The Journal of Political Philosophy*, 12: 389-410.

CHOUDHRY, S. 2006. *The Migration of Constitutional Ideas*. New York: Cambridge University Press.

COSTA, J. M. C. 1990. *A Lei Fundamental de Bonn e o Direito Constitucional Português*. Coimbra: Coimbra Editora.

DE VANSSAY, X. e SPINDLER, Z.A. 1994. Freedom and growth: Do constitutions matter?. *Public Choice* 78: 365-66.

ELKINS, Z., Ginsburg, T. e Melton, J. 2009. The Endurance of National Constitutions. Cambridge: Cambridge University Press.

ELKINS, Z. 2010. Diffusion and the constitutionalization of Europe. *Comparative Political Studies* 43: 969-99.

ELSTER, J. 2000. Arguing and bargaining in two constituent assemblies. *Univ. Pa. J. Const. Law* 2: 345–421.

152   *O Momento Constituinte – Direitos Sociais na Constituição*

FABRE, C. 2005. *Social Rights Under the Constitution.* Oxford: Oxford University Press.

FERREIRA, J. M. 1994. Portugal em transe, in *História de Portugal*, org. José Mattoso, vol VIII.

FINLAYSON, A. 2007. From beliefs to arguments: Interpretive methodology and rhetorical political analysis. *British Journal of Politics and International Relations* 9: 545-63.

FRANK, J. 2010. *Constituent Moments: Enacting the People in Postrevolutionary America.* Durham, NC: Duke University Press.

FRASER, N. e GORDON, L. 1994. A genealogy of *dependency*: Tracing a keyword of the U.S. welfare state. *Signs: Journal of Women in Culture and Society* 19: 309-36.

GALLIE, W.B. 1956. Essentially contested concepts. *Proceedings of the Aristotelian Society* 56: 167-98.

GINSBURG. T., ELKINS, Z. e BLOUNT, J. 2009. Does the process of constitution-making matter? *Annual Review of Law and Social Science* 5: 201-23.

GUIBENTIF, P. 1985. Génese da Previdência Social. Elementos sobre as origens da segurança social portuguesa e as suas ligações com o corporativismo. *Ler História* 5: 27-58.

GUNTHER, R. 1985. Constitutional change in contemporary Spain. In Keith Banting and Richard Simeon, orgs., *Redesigning the State: The Politics of Constitutional Change.* Toronto: University of Toronto Press.

HIRSCHL, R. 2006. On the blurred methodological matrix of constitutional law. In Choudhry, S. org. *The Migration of Constitutional Ideas.* New York: Cambridge University Press.

HUBER, E. e STEPHENS, J. (2001). *Development and the Crisis of the Welfare State.* Chicago: University of Chicago Press.

KNIGHT, J. 1992. *Institutions and Social Conflict.* Cambridge: Cambridge University Press.

LOPES, V.S. 1976. *Cenas Parlamentares: Humor, Agitação e Ataques na Constituinte.* Lisboa: Editus.

LISI, M. 2007. O PCP e o processo de mobilização entre 1974 e 1976. *Análise Social* 182: 187-205.

LUCENA, M. 1976a. *A Evolução do Sistema Corporativo Português. Vol. I. O Salazarismo.* Lisboa: Perspectivas e Realidades.

LUCENA, M. 1976b. *A Evolução do Sistema Corporativo Português. Vol. II. O Marcelismo.* Lisboa: Perspectivas e Realidades.

LUCENA, M. 1978. *O Estado da Revolução: A Constituição de 1976.* Lisboa: Jornal Expresso.

LUCENA, M. 1982. Transformações do Estado português nas suas relações com a sociedade civil. *Análise Social* (72-73-74): 897-926.

MAGALHÃES, P. 2004. Teorias da democracia, in A. C. Pinto org., *25 de Abril: Os desafios para Portugal nos próximos 30 anos.* Lisboa: Presidência do Conselho de Ministros.

Bibliografia

MAGALHÃES, P. 2009. A qualidade da democracia em Portugal: A perspectiva dos cidadãos. Relatório SEDES. http://static.publico.clix.pt/docs/politica/estudodase des.pdf

MAGALHÃES, P. 2010. Explaining the Constitutionalisation of Social Rights: Portuguese Hypotheses and a Crossnational Test. Draft paper.

MANN, M. 1987. Ruling class strategies. *Sociology* 21: 339-54.

MARSHALL, T.H. 1992. *Citizenship and Social Class.* Londres: Pluto Press.

MICHELMAN, F. I. 2003. The constitution, social rights, and liberal political justification. *International Journal of Constitutional Law* 1: 13-34.

MIRANDA, J. 1976a. *As Constituições Portuguesas: 1822, 1826, 1838, 1911, 1933, 1976.* Lisboa: Petrony.

MIRANDA, J. 1976b. *Constituição e Democracia.* Lisboa: Petrony.

MIRANDA, J. 1978. *A Constituição de 1976: Formação, Estrutura, Princípios Fundamentais,* Lisboa: Petrony.

MIRANDA, J. 1993. *Manual de Direito Constitucional, tomo IV.* Coimbra: Coimbra Editora.

NEVES, O. org. 1976. *Textos Históricos da Revolução.* 1.º Vol. Lisboa: Diabril.

NOVAIS, J. R. 2010. *Direitos Sociais. Teoria Jurídica dos Direitos Sociais enquanto Direitos Fundamentais.* Coimbra: Coimbra Editora/Wolters Kluwer.

PAVARD, F. 1979. Social security financing through the contribution method. *International Social Security Review* 32: 407-19.

PEREIRA, V. 2009. Emigração e desenvolvimento da previdência social em Portugal. *Análise Social* 192: 471-510.

PIERSON, P. 1996. The new politics of the welfare state. *World Politics* 48: 143-79.

PIERSON, P. 2000. The limits of design: Explaining institutional origins and change. *Governance Intern. J. Pol. Admin.* 13(4): 475–99.

PIMENTEL, I. F. 1999. A assistência social e familiar do Estado Novo nos anos 30 e 40. *Análise Social* 151-2: 477-508.

POUSADA, R. V. 2003. Estado y economía en la España democrática, 1975-1999. *Historia y Política* 9: 159-84.

RAUDLA, R. 2010. Explaining constitution-makers' preferences: the cases of Estonia and the United States. *Constitutional Political Economy* 11: 249-269.

ROCHA, E. 1984. Crescimento económico em Portugal nos anos de 1960-73: alteração estrutural e ajustamento da oferta à procura de trabalho. *Análise Social* 84: 621-44.

ROSANVALLON, P. 1981. *La Crise de l'État-providence.* Paris: Le Seuil.

ROUX, C.V. e Ramírez, J.C. 2004. *Derechos Económicos, Sociales y Culturales, Política Pública y Justiciabilidad.* Bogotá: CEPAL/Naciones Unidas.

SANDERS, L. 1997. Against deliberation. *Political Theory* 25: 347-76.

SAMOUCO, A. 1993. O Estado-Providência e a sociedade rural. Revalorização de recursos e reodenamento de estratégias num novo contexto: a agricultura de pluriactividade. *Análise Social* 121: 391-408.

SCHEPPELE, K. L. 2006. The migration of anti-constitutional ideas: the post-9/11 globalization of public law and the international state of emergency. In Choudhry, S. org. *The Migration of Constitutional Ideas*. New York: Cambridge University Press.

SKINNER, Q. 1969. Meaning and understanding in the history of ideas. *History and Theory* 8: 3-53.

SOUSA, M.R. 2000. *A Revolução e o Nascimento do PPD. 2.º Volume*. Lisboa: Bertrand.

STJERNO, S. 2005. *Solidarity in Europe. The History of an Idea*. Cambridge: Cambridge University Press.

STEENBERGEN, M. et al. 2003. Measuring Political Deliberation: A Discourse Quality Index. *Comparative European Politics*, 1: 21-48.

TILLY, C. e Goodin, R.E. 2006. It depends. In *The Oxford Handbook of Contextual Political Analysis*. Oxford: Oxford University Press.

TUSHNET, M. 2006. Some reflections on method in comparative constitutional law. In Choudhry, S. org. *The Migration of Constitutional Ideas*. New York: Cambridge University Press.

WALBY, S. 1994. Is citizenship gendered? *Sociology* 28: 379-95.

WALKER, N. 2006. The migration of constitutional ideas and the migration of *the* constitutional idea: The case of the EU. In Choudhry, S. org. *The Migration of Constitutional Ideas*. New York: Cambridge University Press.

WHYTOCK, C. 2004. Constitutional pre-commitment to social and economic rights. Draft paper.

WIDNER, J. 2008. Constitution writing in post-conflict settings: An overview. *William and Mary Law Review*, 49: 1513-41.

WOLIN, S. 1990. *The Presence of the Past: Essays on the State and the Constitution*. Baltimore: The Johns Hopkins University Press.

ANEXOS

Nota sobre a Edição dos Debates

Os critérios de edição dos debates a seguir reproduzidos visam facilitar a leitura dos mesmos sem pôr em questão o seu carácter *verbatim*: foram, portanto, eliminadas gralhas, mas nunca se procedeu a qualquer modificação ao conteúdo do texto. Os períodos de "antes da ordem do dia", apesar de interessantes do ponto de vista histórico por serem um testemunho quase dia-a-dia do processo revolucionário em curso, foram excluídos por não se referirem directamente ao tema deste livro. De igual modo, uma longa discussão sobre a unicidade sindical no debate na generalidade, não obstante a indiscutível importância com que se revestiu na altura, foi por nós excluída à luz deste critério. Foram também apagadas as referências às páginas do *Diário da Assembleia Constituinte* donde estes debates foram retirados. Já as datas de cada reunião plenária foram mantidas para ajudar o leitor a localizar no tempo cada discussão.

Quanto à leitura dos debates, permitimo-nos dar algumas sugestões. Dos debates a seguir reproduzidos, aquele que contém as intervenções mais significativas do ponto de vista político-ideológico é, sem margem para dúvidas, o debate na generalidade sobre os DESC. Uma vez que nele são discutidos todos os direitos sociais e económicos o leitor aqui encontrará uma excelente porta de entrada para as (diferentes) razões dos partidos em constitucionalizar os DESC. Os debates na especialidade, por seu turno, permitem ver em maior detalhe a posição de cada partido por relação a cada direito em particular (em rigor, por relação a cada ponto e alínea de cada artigo). Cada debate pode, por conseguinte, ser lido por si só. A leitura do conjunto dos debates, todavia, dará ao leitor uma perspectiva geral que, desejavelmente interpelada pela nossa análise, lhe permitirá repensar o nosso momento constituinte.

DEBATE NA GENERALIDADE

Direitos e Deveres Económicos, Sociais e Culturais

Cronologia:

9 de Setembro de 1975: Apreciação do parecer e relatório da 3.ª Comissão sobre "Direitos e Deveres Económicos, Sociais e Culturais, iniciando-se, na sessão seguinte o debate na generalidade.

12 de Setembro de 1975: Aprovado na generalidade o parecer da Comissão sobre "Direitos e Deveres Económicos, Sociais e Culturais" – com 3 votos contra e 2 abstenções – iniciou-se o debate na especialidade.

Apresentação do relatório	133
Declarações de voto	136
CDS	136
MDP/CDE	137
PCP	139
PPD	142
Discussão na generalidade	148
Liberdade de aprender e ensinar	266
Educação e cultura	274
Ensino	299
Ensino público e particular	321

APRESENTAÇÃO DO RELATÓRIO

10 DE SETEMBRO DE 1975

Vamos agora ouvir pela boca do Sr. Deputado Marcelo Curto o relatório da 3.ª Comissão.

O Sr. Marcelo Curto (PS): – Eu devo começar por declarar que não se trata do relatório da Comissão, que será lido, julgo que a seguir à minha intervenção, pelo Sr. Deputado Mário Pinto. O que vou ler é uma declaração sobre o projecto da 3.ª Comissão: «Direitos e Deveres Fundamentais, título III – Direitos e Deveres Económicos, Sociais e Culturais.»

Julguei necessário fazer aqui uma breve exposição que tentará esclarecer os deputados sobre a ordenação e pontos principais da matéria constitucional que coube a esta Comissão apreciar.

É de realçar desde já que os assuntos referentes aos direitos e deveres económicos, sociais e culturais tratam de benefícios e condições para o povo português e que este sente directamente, pois que respeita a direitos materiais, no sentido de se traduzirem em serviços e estruturas pelas quais os trabalhadores e todo o povo português lutou durante o fascismo, por vezes à custa de sacrifícios pessoais e da própria vida.

Assim, o projecto orientou-se não só no sentido de declarar direitos dos trabalhadores e do povo em geral, mas também, e principalmente, em impor ao Estado obrigações muito precisas a fim de criar condições para aplicação dos direitos reconhecidos.

Afastou-se assim, por um lado, a tentação de declarações programáticas que mais não são do que votos piedosos e por outro a mera declaração de direitos e deveres sem prever e impor a criação dos meios necessários à sua concretização.

Alguns podem reprovar este método e o seu resultado, a excessiva regulamentação no texto constitucional de matérias que deviam ser deixadas ao legislador ordinário. A isto respondemos que o povo e os trabalhadores estão fartos da legislação cheia de termos técnicos e de alçapões, em que era fértil a constituição e a legislação fascista. Todos recordamos o tristemente célebre artigo 8.º que, prevendo garantias quanto à prisão preventiva sem culpa formada, mandava depois para a lei ordinária as excepções possíveis, o que permitiu os longos períodos de interrogatório, torturas e prisão em que a ex-Pide foi perita.

Debate na Generalidade 163

E os trabalhadores, em particular, conhecem as leis do trabalho em que, a coberto de belas declarações de direito, se permitiam todas as excepções e intervenções do Governo contra os poucos direitos declarados.

É, pois, compreensível que neste título III os membros da Comissão tivessem reflectido estas preocupações e nos apareçam artigos que mencionam com pormenor os direitos, as liberdades e sobretudo as condições impostas ao Estado para assegurar a efectivação desses direitos e liberdades.

Isso mesmo se nota nos pontos fundamentais do projecto, desde logo no início em que se inscrevem as exigências básicas para que o direito ao trabalho se torne efectivo. O mesmo se passa em relação às comissões de trabalhadores e aos sindicatos, ponto em que fica consagrado o reconhecimento da liberdade sindical como valor fundamental e conquista irreversível dos trabalhadores.

Mereceu especial atenção da Comissão e longos debates o capítulo dos direitos sociais, nomeadamente os artigos que se referem à segurança social, à saúde, à infância, juventude, diminuídos e terceira idade.

Mas foi talvez o capítulo III que respeita aos direitos culturais, o mais difícil de projectar. Se atendermos à quantidade da matéria (é o ponto em que os projectos dos diversos partidos são mais prolixos e exigentes), aos diversos aspectos a ter em conta – cultura, ensino, investigação científica, a criação artística, etc. – e ao melindre de certas questões, veremos que a tarefa, nesta parte, foi realizada com algumas limitações e porventura com, deficiências que o plenário virá a corrigir.

Quero por fim sublinhar que o ardor posto em algumas discussões pelos membros da Comissão não excluiu o diálogo crítico e as apreciações em concreto que cuidadosamente foram sendo feitas e que contribuíram para que esta peça constitucional seja um instrumento que se quer eficaz e à disposição das classes mais desfavorecidas, na terminologia do Programa do MFA.

Espera agora a Comissão que se avance na aprovação do texto definitivo deste título, como parte fundamental de uma Constituição ao serviço da liberdade concreta, dos direitos fundamentais e da democracia pela qual tantos lutaram e morreram, mas cujos valores e objectivos permaneceram e são agora retomados por esta Assembleia na construção de um futuro na democracia, na liberdade e na paz, rumo à única sociedade justa: a sociedade socialista.

O Sr. Presidente: – Depois desta explicação que nos foi dada pelo Sr. Deputado Marcelo Curto, vamos então ouvir a leitura do relatório pelo Sr. Deputado Mário Pinto. Tem a palavra.

O Sr. Mário Pinto (PPD): – Sr. Presidente, Srs. Deputados: O texto que vos vou ler é o relatório que mereceu aprovação à 3.ª Comissão, encarregada de elaborar o projecto e parecer do título III na parte t da Constituição, subordinada ao título «Direitos e deveres económicos, sociais e culturais»:

1 – Nos dias 6, 8, 12, 13, 14, 19, 20, 21, 22, 25, 26, 27, 28, 29 de Agosto e 1, 2, 3, 4, 5 e 8 de Setembro reuniu, em alguns destes dias em duas ou três sessões, numa sala do Palácio de S. Bento, a 3.ª Comissão encarregada de dar parecer sobre os projectos de Constituição na parte tocante ao título m, «Direitos e deveres económicos, sociais e culturais, subordinado à parte t, «Direitos e deveres fundamentais», de acordo com a sistematização constitucional aprovada.

Em observância do regimento, na primeira reunião foi eleito presidente o Sr. Deputado Francisco Marcelo Curto, do Partido Socialista; secretário, o Sr. Deputado Hilário Marcelino Teixeira, do Partido Comunista Português; e relator, o Sr. Deputado Mário Pinto, do Partido Popular Democrático. Igualmente se aprovaram as linhas gerais do método de trabalho a seguir pela Comissão.

2 – Considerando-se como critério a rubrica do próprio título m, a Comissão entendeu dever ordenar a matéria segundo as três esferas nela contidas, económica, social e cultural, sendo certo que verificou não ser fácil levar, neste ponto, muito longe a preocupação de rigor, dada a interpenetração das mencionadas esferas e a polivalência dos direitos e deveres que se lhes referem. De acordo com esta directriz, assim assumida em termos algo perfunctórios, a Comissão foi de parecer que deveriam integrar a esfera dos direitos e deveres económicos as seguintes matérias: direito ao trabalho, direitos dos trabalhadores, comissões de trabalhadores, participação dos trabalhadores, greve, lock-out, sindicatos, iniciativa privada e propriedade privada; a esfera dos direitos e deveres sociais as seguintes matérias: segurança social, saúde, política de diminuídos, da terceira idade, da infância e juventude, qualidade de vida e ambiente, família, maternidade e habitação; a esfera dos deveres e direitos culturais as seguintes matérias: cultura, ensino, educação, investigação e criação intelectual e artística, política científica e tecnológica, cultura física e desporto.

3 – Dada a natureza das matérias, sobretudo o seu carácter mais concreto e imediato numa perspectiva da situação existencial das pessoas, em geral, e dos trabalhadores e outras categorias de cidadãos particularmente merecedores de protecção por parte da sociedade é do Estado, em especial, a sua discussão e disposição constitucional ofereceu dificuldades de vulto, pois está em causa, aqui, aquilo a que poderia chamar-se, no mais amplo e rico sentido da expressão, a política social do futuro, que condiciona a realização e a felicidade das pessoas em sociedade.

Por outro lado, aqui talvez mais do que em qualquer outra parte da Constituição, os cidadãos quererão encontrar o programa, ao alcance do entendimento comum e sem ambiguidades, que possa satisfazer a sua ansiedade por um futuro melhor e uma sociedade mais solidária e mais justa.

Neste contexto, a coincidência dos vários projectos constitucionais foi grande; mas não sem que se verificassem, em algumas questões, divergências de fundo, que vieram a traduzir-se em decisões apoiadas apenas em simples maioria. Isto mesmo resultará das declarações de voto (que vão juntas, afinal, e integram este relatório) e que não deixarão de se evidenciar nos debates do Plenário desta Assembleia.

Estas razões poderão explicar não só o tempo que foi necessário à Comissão como ainda formulações normativas que eventualmente possam vir a merecer uma certa discussão no Plenário.

4 – Finalmente, é necessário realçar a forma como durante os trabalhos se superaram as divergências e as dificuldades, sendo justo referir, a este propósito, o papel do Presidente, a quem se deve, sem dúvida, uma condução dos trabalhos que é digna de uma palavra de elogio.

5 – A Comissão entende dever deixar aqui consignado o seu agradecimento aos serviços que lhe forneceram apoio, sempre prestado com uma eficiência e uma generosidade verdadeiramente cativantes.

6 – Posto isto, segue-se o projecto de articulado que a Comissão propõe sobre direitos e deveres económicos, sociais e culturais. E após este, as declarações de voto subscritas pelos Deputados do CDS, MDP/ /CDE, PCP e PPD.

Solicita-se ao Sr. Presidente que, após a leitura do projecto de articulado pelo relator, seja concedida a palavra aos Deputados representantes dos partidos com declarações de voto.

O Sr. Presidente: – Será concedida.

O Orador: – Assinam:

Francisco Manuel Marcelo Monteiro Curto (PS) – Hilário Manuel Marcelino Teixeira (PCP) – Mário Campos Pinto (PPD) – Alfredo Fernandes de Carvalho (PS) – José Manuel Niza Antunes Mendes (PS) – Manuel Joaquim Paiva Pereira Pires(PS) – António Martelo de Oliveira (PPD) – José António Nunes Furtado Fernandes (PPD) – Avelino António Pacheco Gonçalves (PCP) – Vítor António Augusto Nunes Sá Machado(CDS) – Manuel Domingos Sousa Pereira (MDP/CDE).

Projecto de articulado aprovado pela 3.ª Comissão «Direitos e Deveres Fundamentais», parte I, título III – Direitos e deveres económicos, sociais e culturais.

Capítulo I – Direitos e deveres económicos.

Artigo 1.º ....

O Sr. Presidente: – Sr. Mário Pinto, eu consultaria a Assembleia, visto que o texto está distribuído, se a Assembleia dispensava sua leitura.

O Orador: – Pessoalmente agradeço.

O Sr. Presidente: – Parece haver um consenso nesse sentido. Peço desculpa da interrupção, mas creio que encurtarei os nossos trabalhos assim, visto que demoraria bastante tempo a ler.

Pausa.

DECLARAÇÕES DE VOTO

Se a Assembleia não se opõe, então eu daria a palavra a quem a pedisse para exercício de declarações de voto.

(...)

CDS

Tem a palavra o Sr. Deputado Sá Machado.

O Sr. Sá Machado (CDS): – Sr. Presidente, e Srs. Deputados: No contexto de uma revolução que se deseja profundamente empenhada na dignificação do homem português avultam, com particular importância, as matérias que, ao abrigo do título III da parte 1.ª da sistematização adoptada, se propõem para consagração constitucional. Aí, com efeito, se perfilam e afirmam com consistência os direitos, as liberdades e as garantias capazes de alicerçar uma sociedade mais justa, solidária e fraterna. Direitos, liberdades e garantias de conteúdo concreto que partem, com simbolismo que importa não silenciar, da afirmação inequívoca do primado do trabalho, extinguem desigualdades e discriminações ilegítimas, conferem especial protecção à criança e à mãe, aos velhos e aos diminuídos, consagram em termos amplos e modernos o direito à saúde, à educação e à cultura, valorizam a iniciativa e que, ressalvando a liberdade de criação, estimulando a participação e a originalidade, o fazem como obra de um povo vivo, e não apenas como tarefa administrativa do Estado.

Representante, na Comissão, do CDS, partido que, fiel à sua inspiração humanista personalista, centra a sua proposta política na defesa intransigente da pessoa concreta, que recusa, a um tempo, o imperialismo dos interesses privados e a tirania dos poderes colectivos, e se sente, desse modo, particularmente vocacionado, como afirma na sua declaração de princípios, para a vivência de um sistema democrático que conduza à redução acelerada das desigualdades sociais, a um rápido progresso social e económico e a uma ampla e efectiva participação de cada um nas diferentes manifestações da nossa vida colectiva, cumpre-me, em declaração de voto, exprimir a nossa concordância na generalidade com a proposta da 3.ª Comissão. E significar, a este propósito, o apreço que nos merecer o esforço sincero de todos os participantes, sob a esclarecida direcção do Deputado Marcelo Curto, para superar divergências que diferentes enquadramentos ideológicos suscitaram na apreciação de certos aspectos da problemática abordada.

Reservaremos para discussão na especialidade a explicação dos nossos pontos de vista relativamente às matérias em que votamos vencidos; pela sua importância na economia da proposta porque, em nosso entender, a doutrina aprovada colide, de algum modo, com o pluralismo e com a medida de participação e da criatividade que desejaríamos ver ressalvadas, não deixaremos sem menção alguns desses pontos.

Refere-se o primeiro ao espaço deixado à iniciativa privada, com reflexo nas limitações impostas à propriedade privada e ao respectivo acesso por parte dos trabalhadores.

Consideramos, na verdade, que a iniciativa privada dos cidadãos deve ser respeitada e estimulada, como exigência elementar de uma comunidade de seres livres e responsáveis, e como desafio à própria capacidade de resposta do Estado.

168   *O Momento Constituinte – Os Direitos Sociais na Constituição*

Nos mesmos termos, o espartilhamento sufocante da propriedade privada, num país onde se impõe um crescimento rápido dos rendimentos baixos e médios a par da necessidade conjuntural da criação urgente de postos de trabalho, não parece avisado. Independentemente de razões de outra ordem, que teriam a ver com o adequado balanceamento da socialização da actividade produtiva numa sociedade que se reclama do socialismo em liberdade, entendemos que a propriedade privada não é, em si, um mal, a não ser quando se torna alienante e alienatória. Defendemos, com convicção, o direito à propriedade privada de escala humana, o que transfere para o Estado, e em sede de planificação, a responsabilidade do controle do crescimento dos rendimentos.

O acesso dos trabalhadores à propriedade, que constitui proposta nuclear do nosso programa político, obtém consagração na disposição que assegura o direito dos trabalhadores à propriedade social, se é correcto o entendimento que damos à expressão, sem tradição na nossa conceptologia técnico-jurídica.

As limitações várias à iniciativa privada, mau grado o seu reconhecimento em termos gerais, assumem particular melindre no capítulo relativo ao ensino, sector em que a iniciativa privada desempenhou, ao longo dos tempos, papel de incontestável importância e utilidade social.

A disposição programática que virá a saldar-se pelo desaparecimento do chamado ensino particular constitui, além do mais, restrição séria à liberdade do ensino e, no que respeita à Igreja Católica, colide com compromissos internacionais que o Estado Português se obrigou a respeitar.

Conhecida a precariedade financeira da grande maioria dos estabelecimentos particulares de ensino, a proibição emergente da sua actividade reveste-se de carácter de discriminação ideológica.

Por último, gostaríamos de ter visto consagrado um grau maior de descentralização no tocante à organização da saúde e à promoção cultural, como garantia de participação mais ampla dos cidadãos, que consideramos condição essencial para o êxito das respectivas políticas.

MDP/CDE

O Sr. Presidente: – Tem a palavra o Sr. Deputado Sousa Pereira para declaração de voto.

O Sr. Sousa Pereira (MDP/CDE): – O artigo 2.º já aprovado, ao dizer que «a República Portuguesa é um Estado democrático, baseado na soberania popular [...] e que tem por objectivo assegurar a transição para o socialismo mediante a criação de condições para o exercício democrático do poder pelas classes trabalhadoras», fundamenta as linhas de força orientadoras da Constituição.

Esta afirmação, para que não venha a transformar-se numa enfatuada definição circunstancial, deveria ter os consequentes reflexos no restante texto constitucional, nomeadamente o conceito de Estado, que naquele artigo é, implícita e explicitamente, expresso. Deveria ter-se em conta a concepção de Estado que, pela progressiva tomada do poder pelas classes trabalhadoras, se vai transformando num Estado definitivamente livre. Deveria ter-se em conta a concepção de um Estado representativo dos interesses do povo e reflexo das suas aspirações. Enfim, um Estado de expressão democrática promovendo, por isso, a progressiva participação popular no poder.

Nestas circunstâncias, a Constituição deveria ser um elemento dinamizador e catalisador dessa progressiva participação colectiva no poder e no Estado, para o que há que dar sentido aos deveres, direitos e garantias do cidadão, só assim se conseguindo transformar em Estado livre e humano um Estado opressor, omnipresente e omnipotente.

Em nosso entender a elaboração do título em apreciação, «Direitos e deveres económicos, sociais e culturais», não teve presente esta noção libertadora do Estado e mais o considerou em entidade abstracta voltada contra o cidadão, que, neste errado pressuposto, é preciso defender. A Constituição é, assim, considerada uma carta de alforria do cidadão em relação ao Estado – conceito que bebe a sua justificação numa concepção liberal e idealista, com reflexos na imperfeição do texto proposto.

Se é verdade que, neste título, se enumeram com certo pormenor as garantias, liberdades e direitos fundamentais de natureza económica e social; se é verdade também que o texto proposto enuncia, de uma maneira menos precisa mas ainda suficiente, os meios, o projecto apresentado pela 3.ª Comissão é nitidamente insuficiente e vago na definição dos objectivos desses direitos e também nos fins últimos do seu exercício. Pode dizer-se que a proposta responde à pergunta: Que direitos?; responde menos mal à pergunta: Com que meios?, deixando, no entanto, sem resposta a pergunta: Liberdades, para quê e para quem?

Persistem no texto proposto, se bem que em menor grau, a concepção demo-liberal dos direitos, e isto é de lamentar, tendo em atenção que esta Assembleia já claramente definiu como objectivo a construção de uma sociedade socialista.

Esquecendo este objectivo último, o texto da Comissão não garante, com suficiente energia, a defesa das conquistas fundamentais do povo português, verificando-se mais a preocupação de conter e regular o ritmo da revolução do que lhe criar os meios materiais (económicos e de organização social) que lhe garantam o seu rápido avanço.

O projecto da 3.ª Comissão reflecte a preocupação de conter normativamente o processo em curso, tornando rígida uma legislação que deveria ser aberta ao aproveitamento das experiências vividas e daquelas que a imaginação popular é capaz de descobrir e inventar e que, se incentivadas, seriam um contributo importante como factor de aceleração do processo revolucionário em curso.

Por razões atrás expressas, o Movimento Democrático Português manifesta a sua discordância em relação à eliminação de algumas propostas do seu projecto ou apresentadas pelo seu representante e que claramente apontavam, como orientação do exercício dos direitos, a construção de uma sociedade socialista. Tal se verificou, por exemplo, em relação ao ensino e cultura e ao direito de correcção e educação dos pais.

O MDP discorda também dos limites impostos ao confisco em resultado de crimes de natureza económica. Na verdade, mais que admitir que a actual crise resulta do avanço rápido da revolução, o MDP entende que tal se deve, para além de razões circunstanciais e conjunturais, ao facto de não terem sido tomadas oportunamente medidas revolucionárias que se tivessem oposto decisivamente à sabotagem por parte de pessoas e grupos altamente comprometidos com o imperialismo e com o grande capital.

No que se refere aos artigos que contemplam as associações sindicais, o MDP defende que os sindicatos são a forma preferencial de organização dos trabalhadores e, como tal, a sua participação deve ser decisiva, não só na orientação das lutas pela defesa dos seus interesses, mas também na gestão das instituições de previdência e segurança social, na legislação do trabalho e no controle da produção. Não consideramos também que as comissões de trabalhadores e os sindicatos actuem em campos estanques mas que, através de uma activa cooperação, devem desenvolver esforços comuns que permitam dar unidade e perspectiva sectorial e global às acções desenvolvidas pelos trabalhadores a nível das unidades produtivas.

Apupos. Assobios.

Por outro lado, ao não consagrar expressamente a unicidade sindical, o texto constitucional proposto presta um mau serviço aos trabalhadores deste país.

Gargalhadas. Apupos.

Apesar das declarações dos partidos representados nesta Assembleia e que se afirmam todos defensores da unidade dos trabalhadores, a verdade é que, objectivamente, se deixa o campo aberto à criação de sindicatos fantoches a soldo do patronato, de todo e qualquer grupo de pressão reaccionário.

Apupos. Risos.

Queria chamar a atenção que a maior parte das pessoas que estão a protestar desconhece a proposta que segundo alguns partidos, pretende defender a «liberdade» dos trabalhadores, defende realmente a liberdade daqueles grupos que, por via da divisão, ficam com os meios para destruir a capacidade de luta dos trabalhadores em favor da democracia e do socialismo e assim, o de aniquilar de todas as liberdades.

Estas reservas e outras de pormenor que explicitaremos quando da discussão na especialidade permitem-nos afirmar que o projecto não satisfaz na generalidade, porquanto não define, com precisão, os fins últimos do exercício dos direitos económicos e sociais e também porque não defende, sem ambiguidades, as conquistas do povo português e ilude o conceito de Estado que esta Assembleia já elaborou e consagrou.

Por estas fundamentais razões de fundo não pode o MDP deixar de rejeitar a generalidade do projecto proposto, muito embora venha a subscrever, na sequência das posições adoptadas na Comissão, grande parte do articulado que acaba de ser proposto.

O Sr. Presidente: – Mais algum Sr. Deputado deseja usar da palavra? Pausa.

PCP

Tem a palavra o Sr. Deputado Avelino Gonçalves.

O Sr. Avelino Gonçalves (PCP): – Srs. Deputados:

De um modo geral, o Partido Comunista Português deu o seu acordo ...

Agitação em alguns sectores da Assembleia.

172 O Momento Constituinte – Os Direitos Sociais na Constituição

... à redacção proposta pela Comissão para o título m da Constituição, respeitante aos Direitos e Deveres Económicos, Sociais e Culturais.

Entendemos, entretanto, que a Constituição não deve limitar-se a consagrar normas programáticas ou vagas garantias. Diferentemente, na nossa perspectiva, a Constituição deve corresponder a um programa de construção de uma sociedade democrática rumo ao socialismo, o que implicaria que a consignação de concretos direitos e garantias fosse feita neste capítulo muito mais acentuadamente, e não nos termos vagos e difusos em que ficaram redigidos muitos artigos.

Propusemos a consagração constitucional do princípio da unicidade sindical como meio de exprimir a unidade das classes trabalhadoras e a fim de defender a liberdade sindical perante o patronato, o Estado, os partidos políticos e as confissões religiosas.

Burburinho.

Fomos vencidos nessa posição pelo PS, pelo PPD e pelo CDS. Entendemos que esta Assembleia não pode furtar-se a consagrar aquele princípio. A consagração legal da unicidade é uma conquista revolucionária dos trabalhadores portugueses e, como tal...

Apupos. Risos.

... tutelada pelo pacto entre o MFA e os partidos políticos que participaram nos trabalhos desta Comissão.

Manifestações na Assembleia.

Mais do que isso, a unidade sindical, que a consagração legal da unicidade defendeu dos assaltos da burguesia, foi a pedra fundamental dos avanços revolucionários alcançados no terreno da economia ...

Assobios.

... após a derrota da tentativa reaccionária do 11 de Março. Por isso continuamos a defendê-la, na certeza de que ela é de um valor inestimável para os trabalhadores portugueses, que vivamente reclamaram a sua consagração como um direito de classe.

Apupos. Manifestações diversas.

Pelas mesmas razões ...

Vozes diversas que não foi possível registar.

... votámos contra o n.º 6 do artigo 11.º do projecto adoptado pela Comissão, através do qual se pretende consagrar constitucionalmente o direito de institucionalização de tendências no seio dos sindicatos. Defen-

Debate na Generalidade

demos a mais larga liberdade de expressão de todas as correntes democráticas nos sindicatos.

Vozes diversas.

Consideramos, entretanto, que é pela participação intensa dos trabalhadores em toda a vida sindical e pela prática dos princípios democráticos no seio da organização sindical que as diferentes opiniões se devem exprimir.

A institucionalização do direito de tendência, em vez de servir a liberdade sindical, tem por efeito romper a independência com que, no interesse dos trabalhadores e nos termos da lei, o movimento sindical deve salvaguardar-se. A instituição do direito de tendência é uma disposição que, demagogicamente apresentada como democrática, visa garantir o predomínio do jogo de cúpulas partidárias nos sindicatos em detrimento de um autêntico funcionamento democrático.

Manifestações.

Votámos igualmente contra o n.º 2 do artigo 7.º, que impõe o voto directo e secreto, secreto, repito, na eleição das comissões de trabalhadores. Em nosso entender, a forma de eleição das comissões de trabalhadores deve ser regulada autonomamente pelos próprios trabalhadores. As massas trabalhadoras não receiam assumir plenamente perante si mesmas a responsabilidade do voto que fazem no seu próprio interesse.

Vozes.

Impor este condicionalismo não passa de mais uma violência de classe que esta Assembleia se propõe exercer sobre os trabalhadores portugueses.

Manifestações. Apupos.

Lamentamos ...

Uma voz: – Vai-te embora!

Apupos. Assobios.

O Orador: – Lamentamos que a Comissão ...

Continuaram as manifestações.

Lamentamos que a Comissão tenha afastado a norma proposta pelo PCP no sentido de limitar o acesso a cargos públicos e de direcção a indivíduos gravemente comprometidos com o regime fascista ou condenados por corrupção.

Burburinho.

Para tal recusa pretextaram alguns Srs. Deputados presentes à Comissão os termos vagos em que a norma proposta estaria redigida e o facto de não ser este título sede própria para tal norma.

Lamentamos profundamente que mais uma vez se utilizem tão falaciosos argumentos para cobrir a inadmissível liberalidade com que se vêm contemplando os fascistas e que tão bem se traduziu no facto de a Comissão não se ter preocupado minuciosamente em debruçar-se sobre a redacção da nossa proposta em busca de solução literal porventura mais satisfatória.

Apesar de tudo, votamos favoravelmente, na generalidade, o texto adoptado pela Comissão, sem prejuízo de oportunamente propormos as correcções achadas convenientes.

Agitação tumultuosa na Assembleia.

O Sr. Presidente: – O Sr. Deputado Casimiro Cobra pede a palavra para ...?

O Sr. Casimiro Cobra (PPD): – É para pedir um esclarecimento ao Sr. Deputado que acabou de fazer uma declaração de voto.

O Sr. Presidente: – Faça favor.

O Sr. Casimiro Cobra (PPD): – É o seguinte: pergunto ao Sr. Deputado se desconhece o artigo 61.º do Regimento, que diz que os oradores deverão dirigir-se ao Presidente, ou se pretendeu claramente violá-lo.

O Sr. Vital Moreira (PCP): – Qual Presidente?

O Sr. Presidente: – Tem a palavra o Sr. Deputado Avelino Gonçalves, se quiser responder.

O Sr. Avelino Gonçalves (PCP): – Não desconhecemos, nem desconhece a Assembleia, que não reconhecemos o Sr. Deputado Pinto Balsemão nessa qualidade.

Uma voz: – E a Câmara Corporativa?

Burburinho. Assobios.

Uma voz: – Isto é um disparate ...

O Sr. Presidente: – V. Ex.ª pede a palavra para...?

O Sr. Casimiro Cobra (PPD): – Só para dizer que estou esclarecido dos conhecimentos que o Sr. Deputado adquiriu na Câmara Corporativa, como procurador.

Continua a agitação na Assembleia.

O Sr. Presidente: – Mais alguém deseja usar da palavra?

Tem a palavra.

O Sr. Avelino Gonçalves (PCP): – Se o Sr. Deputado ...

Continua o burburinho.

O Sr. Presidente: – Pede-se o silêncio da Câmara.

O Sr. Avelino Gonçalves (PCP): – Se o Sr. Deputado se pretendia referir a mim, esclareço-o que nunca fui, efectivamente, procurador à Câmara Corporativa, mas esclareço também que tenho muito orgulho que no tempo do fascismo os trabalhadores me confiassem o cargo de os representar no «covil dos leões»!

Aplausos. Apupos.

O Sr. Presidente: – Mais algum Sr. Deputado deseja usar da palavra?

A agitação continua intempestiva.

O Sr. Presidente: – Pede-se a atenção da Câmara!

Mais algum Sr. Deputado deseja usar da palavra?

O burburinho continua.

PPD

O Sr. Presidente: – Creio que há pouco, na leitura do relatório foi anunciado que havia quatro declarações de voto.

O Sr. Deputado Furtado Fernandes faz favor.

O Sr. Furtado Fernandes (PPD): – Sr. Presidente, Srs. Deputados: Em meu nome e no dos Deputados Martelo de Oliveira e Mário Pinto, representando, comigo, o Partido Popular Democrático na 3.ª Comissão, desejo apresentar a seguinte declaração de voto:

1 – Para o Partido Popular Democrático, a democracia é, por definição, pluralista. E o pluralismo, sendo, por um lado, a expressão legítima da liberdade e da diversidade, é, por outro lado, a expressão da dialéctica política e ideológica que garante o progresso no sentido da libertação total da pessoa humana e evita o totalitarismo. Ora a Constituição política não pode deixar de ser a carta da democracia. E por isso terá de ser a carta que legitima o pluralismo.

Daí que sejam verdadeiramente de excluir como antidemocráticas e antipluralistas as tentações de partidarização ideológica da Constituição. É indispensável que a Constituição Política do País não seja a Constituição de uma ideologia, de um partido ou de uma coligação ideológica de partidos; mas seja, efectivamente, a base política que permita que todas as legítimas posições políticas e ideológicas se sintam aceites na Constituição. Uma Constituição que se hipoteca a uma ideologia exclui as demais, e tal como no antigo regime, em vez de ser a carta da liberdade, da democracia e do pluralismo, será a carta de uma corrente ideológica contra as demais. A consequência é que, em vez de ser a base da estabilização política, poderá ser a causa da divisão e da oposição popular contra a Constituição.

2 – Foi nesta linha que os representantes do Partido Popular Democrático na 3.ª Comissão sempre procuraram opor-se a formulações cujo conteúdo ou forma pudessem vir a dividir o povo português. E não se queira, a este propósito, simplificar a questão através do recurso ao argumento da divisão entre as classes sociais. Porque nem as classes sociais irão desaparecer no tempo de vigência da Constituição, nem tão-pouco parece que esta Assembleia Constituinte tenha por missão fazer uma Constituição classista. Por isso nos opusemos a formulações de índole puramente marxista, ideologia que, aliás, não tem, segundo pensamos, a maioria dos votos dos portugueses, sendo certo que frequentemente concordávamos quanto ao fundo das soluções. Acresce que, algumas vezes, essas formulações marxistas se mostravam sem qualquer cabimento dispositivo ou programático, e apresentavam um alcance meramente dogmático, como é o caso do artigo 1.º do projecto apresentado, visivelmente copiado da Constituição estalinista russa (artigo 118.º). Esta disposição, aliás, mesmo que fosse aceite, estaria de todo deslocada do ponto de vista sistemático.

Acresce que o artigo 1.º, para além de usar terminologia marcada e desnecessariamente marxista, faz depender a efectivação dos direitos económicos, sociais e culturais exclusivamente de condições económicas. Tal afigura-se-nos manifestamente simplista e errado, na linha do pior economicismo, e por isso votamos contra a inclusão desse artigo.

3 – Uma observação deverá fazer-se quanto formulação geral e sistemática do projecto. Sendo certo que os direitos e deveres económicos, sociais e culturais se inserem na relação entre os indivíduos e a sociedade, sociedade politicamente organizada onde aparece o Estado, não é menos certo que não parece correcto estatizar a problemática do reconhecimento e da garantia dos direitos económicos, sociais e culturais, de tal modo que o Estado nos apareça como o dispensador dos seus direitos económicos, sociais e culturais. Foi por isso que o PPD sempre defendeu como orientação para esta parte da Constituição Política que se tornava necessário fazer sempre a afirmação de cada direito económico, social ou cultural, a que se deveria seguir a estatuição das garantias da respectiva realização efectiva, estas a cargo da sociedade e do Estado.

Ora, se tal se verifica em alguns artigos, outro tanto se não espelha em outros. Esperamos que a este respeito se possa melhorar o futuro texto constitucional. E para este efeito o PPD quererá contribuir na altura da discussão na especialidade.

4 – Sem prejuízo destas reservas gerais, e de outras que oportunamente se produzirão, os representantes do PPD dão a sua aprovação na generalidade ao projecto da 3.ª Comissão, considerando-o uma base aceitável para a discussão no plenário. Não podemos deixar de notar que este projecto, reflectindo, aliás, os contributos dos vários partidos, é em si mesmo, desde já, uma assinalável expressão da vontade de criar em Portugal uma sociedade em que se realize a efectiva libertação da pessoa humana.

Sempre o PPD, como partido personalista e defensor da via social-democrata, sustentou, ao contrário das teses individualistas e neo-liberais, que a democracia, para ser autêntica, isto é, real e completa, terá de ser, não só, política, como também económica, social e cultural.

É que a democracia económica, social e cultural se não realiza pela simples reserva de espaços de liberdade individual, mas sim pela criação, no seio da democracia política, de vínculos justos de solidariedade social, que efectivem as condições materiais indispensáveis ao gozo dos direitos e ao cumprimento dos deveres. Isto é, em suma, à realização existencial de cada homem na comunidade em que vive, conseguida pela sua libertação pessoal e pela sua solidarização personalista com a libertação dos seus semelhantes.

5 – Sem prejuízo desta aprovação na generalidade, os representantes do PPD foram vencidos em diversos pontos do projecto apresentado pela Comissão. Limitamo-nos, neste momento, a mencionar a nossa discordância relativamente a algumas das formulações que fizeram vencimento.

Para além do repúdio do artigo 1.º, já referido, discordamos do n.º 6 do artigo 7.º, onde se lê:

«As comissões de trabalhadores têm o direito de exercer o controle de gestão nas empresas», os representantes do PPD votaram a substituição de «controle de gestão» por «intervenção na gestão». Efectivamente, entendemos ser esta a fórmula que permite aos trabalhadores a liberdade de optarem pelo modelo de participação na empresa que julguem mais adequado ao seu caso concreto. Consagrar na Constituição apenas o controle de gestão é restringir o poder de intervenção dos trabalhadores.

178 *O Momento Constituinte – Os Direitos Sociais na Constituição*

Um outro e importantíssimo ponto é o que se refere ao ensino e à educação.

No artigo 29.º, n.º 3, aponta-se para o progressivo desaparecimento dos estabelecimentos de ensino particular. Entende o PPD que «a liberdade e o direito de aprender e de ensinar», já aprovado como princípio nesta Constituição, implica necessariamente a admissibilidade do ensino privado.

Argumentaram os representantes de outros partidos que esse ensino violava o princípio da igualdade de oportunidades. Os representantes do PPD, contudo, replicaram que defendiam um ensino particular fiscalizado e subsidiado pelo Estado, de modo que todos pudessem a ele ter acesso em igualdade de circunstâncias com o ensino oficial.

Não obstante, fez vencimento a estatização do ensino, que viola um direito e uma liberdade fundamental, e que violentará a consciência social e política do povo português, que não deseja a estatização do ensino, como não deseja a estatização da imprensa e da cultura, em suma, a estatização dos meios através dos quais se efectivam as liberdades que suportam a criação e difusão do pensamento, estatização essa que é própria dos Estados totalitários.

A este propósito, consideramos gravíssima a definição da educação que é dogmaticamente apresentada no n.º 1 do artigo 31.º do projecto.

É verdadeiramente inaceitável dogmatizar que a função da educação seja definida em termos de explicar e resolver as contradições levantadas pela revolução científica e técnica, o que é manifestamente uma concepção exclusivamente materialista.

O Sr. Presidente: – Srs. Deputados, se nenhum dos Srs. Deputados quer usar da faculdade que lhe é concedida pelo n.º 1 do artigo 76.º, no sentido de propor a alteração do prazo de vinte e quatro horas nele previsto para o início da discussão na generalidade, encerrarei a sessão.

Entretanto, o Sr. Secretário transmite-me aqui uma informação, que eu peço para ler.

O Sr. Presidente: – Srs. Deputados, vou então encerrar a sessão.

Amanhã haverá sessão à hora regimental, tendo como ordem do dia o debate na generalidade do projecto da 3.ª Comissão (Direitos e Deveres Fundamentais, título III Direitos e Deveres Económicos, Sociais e Culturais).

Está encerrada a sessão.

Eram 17 horas e 20 minutos.

Articulado anexo ao relatório da Comissão de Direitos e Deveres Fundamentais (título III – Direitos e Deveres Económicos, Sociais e Culturais):

SUMÁRIO

TÍTULO III

Direitos e deveres económicos, sociais e culturais

CAPITULO I

Direitos e deveres económicos

(Artigos 1.º a 14 .º)

CAPÍTULO II

Direitos e deveres sociais

(Artigos 15.º a 26.º)

CAPÍTULO III

Direitos e deveres culturais

(Artigos 27.º a 34.º)

TÍTULO III

Direitos e deveres económicos, sociais e culturais

CAPÍTULO I

Direitos e deveres económicos

ARTIGO 1.º

(Condições para a efectivação dos direitos económicos, sociais e culturais)

Os direitos económicos, sociais e culturais serão efectivados pela extensão da propriedade social dos meios de produção e pela planificação do desenvolvimento económico, visando o crescimento das forças produtivas.

(...)

CAPÍTULO II

Direitos e deveres sociais

ARTIGO 15.º

(Segurança social)

1 – Todos os cidadãos têm direito à segurança social.

2 – Compete ao Estado organizar, coordenar e subsidiar um sistema de segurança social unificado e descentralizado, de acordo e com a participação das associações sindicais e outras organizações das classes trabalhadoras.

180   *O Momento Constituinte – Os Direitos Sociais na Constituição*

3 – A organização do sistema de segurança social não prejudicará a existência de instituições privadas, não lucrativas, de solidariedade social, que serão permitidas, regulamentadas por lei e sujeitas à fiscalização do Estado.

4 – Compete ao sistema de segurança social proteger todos os cidadãos na doença, velhice, invalidez, viuvez, orfandade, desemprego e contra todos os outros riscos de perda ou diminuição de meios de subsistência ou capacidade para o trabalho.

5 – O sistema de segurança social actuará através de assistência médica, medicamentosa e hospitalar, bem como pela atribuição de pensões, subsídios, abonos e outras formas de prestações diferenciadas que a lei determinar.

ARTIGO 16.º
(Saúde)

1 – Todos os cidadãos têm direito à saúde e o dever de a defender e promover.

2 – O Estado, apoiado nas organizações populares, garante este direito através da melhoria das condições económicas, sociais e culturais das classes trabalhadoras e da criação de um serviço nacional de saúde, geral, universal e gratuito.

3 – Este direito é realizado pela criação das condições económicas, sociais e culturais que garantam a protecção da infância, da juventude e da velhice, pela melhoria sistemática das condições de vida e de trabalho, pela criação de um sistema de saúde eficiente ao serviço do povo, por uma política social orientada para a satisfação de todas as legítimas necessidades, pela promoção da cultura física e desporto escolar e popular, e ainda pela promoção da educação sanitária do povo.

4 – Constituem obrigações prioritárias do Estado:

a) Garantir o acesso de todos os cidadãos, independentemente da sua condição económica, aos cuidados da medicina preventiva, curativa e de reabilitação;

b) Assegurar uma racional e eficiente cobertura médica e hospitalar de todo o País;

c) Disciplinar e controlar as formas empresariais e privadas da medicina, articulando-as com o Serviço Nacional de Saúde;

d) Controlar progressivamente o fabrico, a propaganda, a comercialização e o preço dos produtos químico-farmacêuticos, até à nacionalização desses sectores.

5 – O Estado deve orientar a sua acção no campo da saúde no sentido de ser atingida a socialização da medicina.

(...)

CAPÍTULO III
Direitos e deveres culturais

ARTIGO 27.º
(Cultura)

1- Todos os cidadãos têm direito à educação e à cultura, sem discriminação de sexo, idade ou classe social, por forma a permitir-lhes o pleno desenvolvimento da sua personalidade e das suas capacidades.

2 – O Estado assegura a democratização e desenvolvimento da cultura e a promoção cultural dos trabalhadores, incentivando a participação dos cidadãos, nomeadamente através das organizações populares, colectividades de cultura e recreio e dos meios de comunicação social, na realização da vida cultural.

3 – O Estado não pode atribuir-se o direito de programar a cultura segundo quaisquer directrizes filosóficas, estéticas, políticas, ideológicas ou religiosas.

ARTIGO 28.º
(Ensino)

1 – O Estado reconhece e garante a todos os cidadãos o direito ao ensino e a iguais oportunidades de formação com respeito pelas aptidões individuais.

2 – O sistema unificado de ensino, além de contribuir para eliminar todas as formas de discriminação social, deve garantir a todos os cidadãos a formação, a qualificação e o aperfeiçoamento que correspondam às necessidades sempre crescentes da sociedade. A educação deve assegurar a todos a efectiva possibilidade de contribuir para a edificação de uma sociedade democrática.

3 – Na realização da sua política de ensino o Estado deve:

a) Assegurar o ensino básico obrigatório e gratuito, que será progressivamente alargado de acordo com as possibilidades humanas e materiais;

b) Garantir a todos os cidadãos, em igualdade de oportunidades e segundo as suas capacidades, a possibilidade efectiva de ascender aos graus mais elevados do ensino, da investigação científica e da criação artística;

O *Momento Constituinte – Os Direitos Sociais na Constituição*

c) Promover gradualmente e de acordo com as possibilidades a gratuitidade de todos os graus de ensino;

d) Estabelecer a ligação do ensino a outras actividades sociais e particularmente à produção;

e) Favorecer a formação de quadros originários das classes trabalhadoras capazes de participarem no desenvolvimento económico do País a caminho do socialismo;

f) Criar um sistema público de educação pré-escolar;

g) Garantir a educação permanente e promover a eliminação do analfabetismo.

ARTIGO 29.º
(Ensino oficial e particular)

1 – O ensino oficial será laico.

2 – Não serão admitidas quaisquer discriminações de carácter religioso, étnico ou linguístico.

3 – O Estado procederá à progressiva integração dos estabelecimentos do ensino particular no ensino oficial, salvaguardando os interesses de quantos neles trabalhem, sem prejuízo de, no exercício da liberdade religiosa, as igrejas manterem estabelecimentos de ensino para os seus fins específicos.

4 – As escolas particulares entretanto existentes ficam sujeitas a fiscalização e controle por parte do Estado.

(...)

ARTIGO 31.º
(Educação)

1 – É função da educação procurar explicar e resolver as contradições levantadas pela revolução científica e técnica, garantindo o progresso harmonioso da sociedade democrática portuguesa.

2 – Para alcançar este objectivo, combinar-se-ão a educação geral e as especialidades de carácter científico, técnico e artístico com o trabalho produtivo, a investigação para o desenvolvimento, a educação física, o desporto e a participação em actividades políticas e sociais.

(...)

DISCUSSÃO NA GENERALIDADE

11 DE SETEMBRO DE 1975

Estão abertas as inscrições para a discussão, na generalidade, do parecer e articulado proposto pela 3.ª Comissão – Direitos e Deveres Fundamentais (título III «Direitos e deveres económicos, sociais e culturais»), e já se encontram inscritos alguns Srs. Deputados. O primeiro é o Sr. Deputado Marcelo Curto. Tem a palavra.

O Sr. Marcelo Curto (PS): – Sr. Presidente, Srs. Deputados: O Partido Socialista defende que o projecto sobre os Direitos e Deveres Económicos, Sociais e Culturais é um projecto equilibrado e que pode servir de base de trabalho para a discussão nesta Assembleia.

Já ontem tive ocasião de dizer que o texto pode apresentar deficiências que o Plenário se encarregará de apresentar e discutir, mas não aceito que sejam postos em causa os pontos fundamentais do projecto, que, quanto a mim, são pontos indiscutíveis, no processo de transição para o socialismo que estamos a viver.

As críticas que ontem aqui foram feitas nos votos expressos pelos diversos grupos partidários, ao falar em nome da pessoa humana ou das «conquistas revolucionárias», ou, ainda, do valor da iniciativa e propriedade privada, ou têm origem nos interesses partidários e não valem como princípios universais, ou desconhecem o momento e o sentido da evolução do processo revolucionário português.

O projecto combina, isso sim, princípios indiscutíveis para uma sociedade em transição para o socialismo e conquistas concretas das classes trabalhadoras, que, a serem postas em causa, seriam a negação de todo o sentido da luta antifascista, levada a cabo antes e depois do 25 de Abril.

Assim, a consagração das garantias do direito ao trabalho, no artigo 3.º, dos direitos dos trabalhadores, artigo 4.º, e das obrigações do Estado para assegurar estes direitos e garantias só tem sentido se estiverem, como estão, subordinadas ao Plano de Política Económica e Social, como vem declarado logo no início do artigo 3.º e no n.º 3 do artigo 2.º, quanto à escolha da profissão.

A não se consagrar este princípio de subordinação e acordo dos direitos com o Plano ou entraríamos na chicana liberal ou no socialismo

184   *O Momento Constituinte – Os Direitos Sociais na Constituição*

utópico, e qualquer destas correntes tem representantes nesta Assembleia. Na verdade, em nome do dogmatismo condena-se o marxismo, mas o que verdadeiramente se condena é a marcha que nós queremos irreversível para o socialismo pela construção do poder democrático dos trabalhadores. Mais: pretende-se denunciar o artigo 1.º como saído de uma constituição staliniana, mas o fundo do problema, tantas vezes vincado na resistência ao fascismo, é este: sem condições económicas, sem a socialização dos meios de produção, onde estão os direitos à saúde, ao ensino, à cultura e todos os outros «ideais» do socialismo utópico ou do capitalismo disfarçado de humanismo?

Por outro lado, e de acordo com os princípios orientadores do projecto, a não se consagrar o direito ao controle de gestão das empresas pelas comissões de trabalhadores, que Constituição seria esta para uma sociedade de transição para o socialismo? Como a leriam os trabalhadores? Onde estaria a construção do seu poder? Aqui, como noutros pontos, é preciso decidirmo-nos: ou queremos a ruptura com a sociedade capitalista e retiramos-lhe as alavancas de comando ou não queremos e então não embrulhem os objectivos reais em belas explicações teóricas que não enganam ninguém.

Vozes: – Muito bem!

O Orador: – Do mesmo modo, o Partido Socialista se bateu, coerentemente com a luta que tem desenvolvido, pela liberdade e pela unidade sindical.

Neste campo, talvez seja preciso lembrar ao PCP que a luta pela liberdade sindical, desde os fins do século XVIII, foi sempre uma luta em duas frentes: pelo direito de associação e contra o Estado burguês e capitalista. Só depois da 2.ª Guerra Mundial os países capitalistas reconheceram os sindicatos como «responsáveis» e como «interlocutores válidos», e assim tentaram e conseguiram, muitas vezes, integrá-los, como bons rapazinhos, nos objectivos neocapitalistas ou do capitalismo de face humana (passe a ironia ...).

Porém, a liberdade sindical foi sempre o resultado de uma dura luta contra as estruturas do poder político capitalista, ao lado de uma luta paralela, e não menos importante contra os mandantes desse poder político: o patronato. Lembro, a propósito, que o 1.º de Maio, hoje consagrado como Dia Mundial do Trabalhador, resulta de uma luta pelas oito horas de trabalho diário, em que quatro operários norte-americanos

Debate na Generalidade

caíram sob as balas da polícia do Estado capitalista americano. Quer-se melhor demonstração da aliança e da importância da luta contra o Estado capitalista pela liberdade sindical?

Mas daqui extraímos também a lição de que a liberdade e a unidade sindical são o resultado da luta dos trabalhadores, e não de uma lei de qualquer Estado.

Vozes: – Muito bem!

O Orador: – Ataca-se depois o direito de tendência nos sindicatos.

Em primeiro lugar, julgo não ser necessário dizer que o direito de tendência é uma aquisição do marxismo e não uma infiltração da burguesia.

Vozes: – Muito bem!

O Orador: – Em segundo lugar, o direito de tendência é a democracia dentro do mesmo sindicato; logo, o contrário do pluralismo.

Uma voz: – Muito bem!

O Orador: – Vejamos: É inegável que há várias maneiras e pontos de vista quanto ao desenvolvimento das acções sindicais, quanto à organização das lutas, quanto ao método para colher a vontade dos trabalhadores no sindicato. Se se admitir, dentro do sindicato, unicamente o ponto de vista da maioria (que por vezes, quase sempre, nem sequer é a maioria absoluta), todas as outras opiniões e tendências ficarão excluídas e não poderão manifestar a sua crítica. E não nos venham dizer que há as assembleias para as tendências se manifestarem! Desde as dificuldades de convocação (há um sindicato, pelo menos que eu saiba, com mais de 30 000 associados em que se exige a assinatura de 10% dos sócios para a convocação) até à confusão, às pressões e às dificuldades de expressão disciplinada em grandes assembleias, uma tendência a exprimir-se aí ou é hipocrisia ou é a negação intencional da própria democracia.

Uma voz: – Muito bem!

O Orador: – Ora o problema está em que, se a lei sindical impede o pluralismo, não impede, e não poderia nenhuma lei impedir, a pulverização sindical, isto é, que sectores profissionais de um sindicato se destaquem e formem outro sindicato, se a maioria os oprimir e impedir de se expressarem dentro do sindicato.

É por isto que o Partido Socialista sustenta, e com as melhores razões, que é o direito de tendência que realiza a unidade e não uma qualquer lei que não respeite a vontade livre dos trabalhadores!

Infiltrações da burguesia dos patrões? De agentes estrangeiros para quebrar a unidade?

A isto respondemos que os agentes da burguesia são, nas fileiras dos operários e dos trabalhadores, o cogumelo venenoso que a própria burguesia cria dentro da classe trabalhadora: são os encarregados, os chefes, os privilegiados, os familiares do patrão, de que a classe se desenvencilha ou não, mas que não são as leis ou o Estado a resolver.

Uma voz: – Muito bem!

O Orador: – Agentes estrangeiros? Esses são facilmente detectáveis, e não podem enganar os trabalhadores que não se queiram deixar enganar. Desses «papões», só as crianças ou aqueles a quem interessa agitar espantalhos para manter os trabalhadores dóceis ou amedrontados ou para esquecerem os seus verdadeiros objectivos e interesses.

Uma voz: – Muito bem!

O Orador: – O restante do projecto representa uma linha de força que é constante e que julgo dentro dos princípios que devem reger uma sociedade em transição para o socialismo. Na segurança social, na saúde, no ensino, assegurar a criação de um sistema geral, universal e descentralizado que democratize e efective os direitos de todos, sem qualquer discriminação.

O Partido Socialista, sem quebra destes princípios, aceita as críticas e ele mesmo proporá algumas emendas a alguns artigos. Mas que não se julgue o projecto em nome de interesses partidários sectários mascarados de «interesse nacional». A isso, e em nome das classes sociais mais desfavorecidas, nos oporemos terminantemente.

Vozes: – Muito bem!

Aplausos.

O Sr. Presidente: – Tem a palavra o Sr. Deputado Furtado Fernandes.

O Sr. Furtado Fernandes (PPD): – Sr. Presidente, Srs. Deputados: Como acentua a declaração de voto proferida pelos representantes do PPD na 3.ª Comissão, a democracia autêntica é não só política, mas também económica, social e cultural.

A democracia política sem a democracia económica, social e cultural seria, indubitavelmente, democracia burguesa.

A democracia económica, social e cultural sem a democracia política colocaria o cidadão nas mãos do Estado, que o vitimaria com o ferrete do totalitarismo.

Alguns dirão que o PPD apenas deseja que o Estado, de espectador da vida colectiva, se transforme em «Estado-providência» ou em «Estado do bem-estar», como é bem do gosto das construções neoliberais.

A esses respondemos que sempre defendemos o controle do poder económico pelo poder político democrático, o que implica, coerentemente, o desmantelamento dos grandes grupos económicos, que pela sua actuação sempre se revelaram contraditórios da construção da autêntica democracia. Outro tanto não acontece, como é sabido, nas sociedades geridas por modelos neoliberais que assimilam só os processos do socialismo que sirvam a uma maior eficácia do sistema, que é, evidentemente, o capitalismo.

No programa do PPD pode ler-se, na página 15:

A sociedade capitalista conseguiu expandir a produção a um ritmo extraordinário, imprimindo uma enorme aceleração ao processo histórico e criando as condições de satisfação das necessidades humanas numa escala nunca atingida. Mas fê-lo à custa da exploração dos trabalhadores e das nações produtoras de matérias-primas, colocando a maioria da população na dependência de alguns directores de grandes grupos económicos incontroláveis e deixando afinal insatisfeitas muitas necessidades essenciais através da criação artificial de necessidades e da manipulação do consumidor. O capitalismo multiplicou por toda a parte as desigualdades, a dependência económica e política, a alienação e a desagregação sociais. E ameaça o futuro da humanidade através do rápido esgotamento dos recursos naturais, da destruição da Natureza e da poluição do ambiente.

Nem liberal, nem neoliberal, o PPD é um partido vocacionado na construção de uma sociedade socialista.

Risos.

Socialismo que não esmague a pessoa humana, antes seja a condição imprescindível da sua completa libertação.

Para tanto, recolhe o PPD contributos diversos, onde se compreende o personalismo e o marxismo; para além de outras heranças que tornam o nosso partido maleável à apreciação da realidade e imune às construções dogmáticas.

É com a inspiração doutrinária que se deixa referida que apreciamos o articulado proposto pela Comissão, subordinado ao tema dos direitos e deveres económicos, sociais e culturais.

Logo no primeiro artigo se estabelece que a efectivação dos aludidos direitos é resultado da «extensão da propriedade social, dos meios de produção e da planificação do desenvolvimento económico, visando o crescimento das forças produtivas».

Não desconhece o PPD, antes considera de indiscutível veracidade, que muitos dos direitos económicos, sociais e culturais pressupõem um certo nível mínimo de crescimento económico; parece-nos, contudo, incorrecto fazer depender todos esses direitos de tais condições económicas e, o que se nos afigura mais grave, não serem considerados outros pressupostos que não os económicos, para a efectivação desses direitos.

Como pode fazer vencimento a tese de que o direito de constituir comissões de trabalhadores, que o direito de os trabalhadores participarem na reorganização das unidades produtivas, que o direito à greve, que o direito de exercício da actividade sindical na empresa, entre outros, dependam para a sua realização da «extensão da propriedade social dos meios de produção e da planificação do desenvolvimento económico, visando o crescimento das forças produtivas»?

Mas, já que foi adoptado no articulado um primeiro artigo, onde se consagram as condições para a efectivação dos direitos económicos, sociais e culturais, não entendemos qual a razão por que não foi considerado, a par do pressuposto económico, pressupostos de outro género, ou estaremos a pensar que os direitos apenas necessitam para a sua efectivação de um suporte económico?

Vozes: – Muito bem!

O Orador: – A isto chama o PPD economicismo estreito. Por exemplo, não será a liberdade indispensável à concretização do direito à cultura, ao ensino, à educação, à investigação e criação intelectual e artística, e a tantos outros direitos?

Vozes: – Muito bem!

O Orador: – A solidariedade, que é a condição do empenhamento colectivo dos cidadãos, autonomamente ou em colaboração com o Estado, na efectivação dos direitos dos outros, não será também pressuposto essencial?

Face a tantos lapsos, só um entendimento pode ser dado. A formação marxista da maioria dos elementos da Comissão impediu-os de analisar a realidade em toda a riqueza da sua diversidade. Atenderam exclusivamente à instância económica, menosprezando um conjunto de outros aspectos que não são apenas apreciados pelo PPD, mas constituem também património da nossa Revolução.

O dogmatismo marxista iria ter repercussões noutros pontos do articulado aprovado. Nomeadamente, usou-se e abusou-se do termo «classes trabalhadoras» em artigos que não lhes dizem exclusivamente respeito, antes têm por destinatários todos os cidadãos em geral.

Como é do conhecimento desta Assembleia, o PPD por classes trabalhadoras entende todos aqueles que trabalham, isto é, os assalariados (operários, empregados e quadros), mas também muitos dos pequenos e médios empresários da agricultura, da indústria e dos serviços.

Contudo, não é este o entendimento que outras formações partidárias dão ao termo «classes trabalhadoras», nomeadamente o PS, que, através do seu Deputado Sr. António Reis, foi a este respeito bastante explícito!

Uma voz: – Ainda bem!

O Orador: – «De facto, para nós, o conceito de classes trabalhadoras exclui todos os exploradores da mais-valia, sejam eles pequenos ou médios exploradores da mais-valia do trabalho dos outros».

Vozes: – Muito bem!

O Orador: – «Verificamos, efectivamente, que no conceito do PPD explorar a mais-valia pode ser uma forma de trabalho, só porque – quem explora estará oito, dez, doze ou catorze horas na sua empresa a fazê-lo.» (Diário da Assembleia Constituinte, p. 714).

Apupos. Assobios.

Para evitar o equívoco que resulta da atribuição ao termo «classes trabalhadoras» de mais de uma significação, propôs o PPD a sua substituição por «classes mais desfavorecidas», expressão, aliás, do programa do MFA, que não fez vencimento por não se coadunar com a ortodoxia marxista.

Proclamam reiteradamente dirigentes de vários partidos com assento nesta Assembleia que os pequenos e alguns médios empresários são, em conjunto com os assalariados, a base social da Revolução.

Sr. Presidente, Srs. Deputados: Pessoalmente tenho dúvidas que tal ca-tegoria de empresários sinta a Revolução como sua também, depois de ler o texto constitucional e sobretudo a adjectivação de que são alvos nas folhas do Diário da Assembleia Constituinte; estou-me evidentemente a referir ao qualificativo de exploradores da mais-valia do trabalho dos outros.

Vozes: – Muito bem!

O Orador: – Mas não foram só os pequenos e médios empresários a sofrerem o ónus da visão marxista que está subjacente ao articulado da comissão.

Apupos.

Os assalariados sofreram também sérias limitações às possibilidades de intervenção na vida das empresas onde trabalhem. As comissões de trabalhadores apenas se confere o direito «de exercer o controle de gestão nas empresas».

É caso para perguntar: e aqueles trabalhadores que pretenderem ter acesso aos esquemas de co-gestão não apenas nas empresas privadas, mas também nas empresas públicas?

Manifestações na Assembleia.

Dir-se-á que a Constituição não proíbe, mas o que não deixa também de ser certo é que não o prevê.

Este, um caso que encontraria adequada solução se substituíssemos «o controle de gestão» por «intervenção na gestão».

Risos.

Adequada solução não só para o PPD, mas muito principalmente para os trabalhadores que pretenderem optar pela co-gestão.

Risos.

A co-gestão, numa sociedade onde não é admissível o grande capital e onde existe por via disso um vasto sector nacional, como a sociedade portuguesa, é um meio de socializar as empresas nacionalizadas e de reformar as pequenas e médias empresas, na preparação de uma sociedade socialista.

Agitação na Assembleia.

Os trabalhadores, que não são monopólio dos partidos marxistas, o que aliás seria impossível, pois os monopólios são proibidos em Portugal, ...

Risos.

... saberão levar à prática esquemas co-gestionários.

Congratula-se o PPD com a consagração do direito à greve e da liberdade sindical.

São duas conquistas históricas dos trabalhadores, que só os países fascistas e os países ditos socialistas não reconhecem.

É o exemplo de Portugal antes do 25 de Abril e o da Polónia, um de entre os países onde as greves são proibidas, por atentarem contra os interesses da construção da sociedade socialista.

Lá como cá, antes do 25 de Abril, foram as forças interiores de segurança, a K. B. W., que, dispondo de blindados, massacraram barbaramente os trabalhadores polacos empenhados na greve geral de Dezembro de 1970.

A liberdade sindical que a Comissão por maioria votou é de um valor inestimável se de facto estamos interessados na edificação de uma sociedade socialista democrática.

A unicidade sindical que hoje ainda vigora em Portugal é contra o Programa do MFA. O próprio Ministro do 1.º Governo Provisório, Avelino Gonçalves, disse na Organização Internacional do Trabalho: «o Programa do Movimento das Forças Armadas e do Governo Provisório que governará o País durante um ano, isto é, até às eleições legislativas, serve de imediato alguns dos interesses dos trabalhadores, na medida em que garante o exercício das liberdades democráticas e a liberdade sindical de acordo com as convenções internacionais, em especial [sublinho] as convenções n.º 87 e 98.» Como toda a gente sabe, a convenção n.º 87 diz muito claramente que a liberdade sindical passa pela liberdade de constituir livremente associações sindicais. Mas a unicidade sindical não é só contra o Programa do Movimento das Forças Armadas, é também contra a Declaração Universal dos Direitos do Homem, artigo 23.º, n.º 4, onde se dispõe:

O Sr. Presidente: – Faltam três minutos, Sr. Deputado.

O Orador: – «Toda a pessoa tem o direito de fundar, com outras pessoas, sindicatos e de se filiar em sindicatos para a defesa dos seus interesses.»

Não é, pois, a unicidade sindical uma conquista revolucionária dos trabalhadores como por vezes apregoam algumas correntes partidárias. Antes pelo contrário, ela configura-se como um elemento estranho à nossa revolução, que é democrática, e não é totalitária.

O Sr. Vital Moreira (PCP): – É burguesa! ...

Vozes: – Muito bem!

Uma voz: – Este gajo é mesmo reaccionário!

O Orador: – A propósito, convém recordar que o Sr. Dr. Vital Moreira, no seu livro *A Ordem Jurídica do Capitalismo*, diz – muito claramente, na p. 172, que «o monopólio da representação sindical é uma das características do corporativismo». Penso que a Revolução do 25 de Abril fez-se para erradicar da nossa terra o corporativismo e outras espécies de totalitarismo. É por isso que nós, os partidos democráticos, entendemos que a unicidade sindical não tem lugar.

Aplausos do sector do PPD.

O Sr. Presidente: – Sr. Deputado, tem um minuto.

O Orador: – Repudiar a unicidade não significa desejar o pluralismo, como alguns habituados a pensar em termos de preto-branco julgam. O PPD, como consta do seu programa, aprovado no 1.º Congresso, defende a unidade sindical, contra a unicidade e o pluralismo, na convicção que a unidade sindical exprime o resultado do exercício da liberdade associativa dos trabalhadores, e não do império da lei ou de quaisquer limitações do direito de liberdade sindical..

Finalmente, congratula-se também o PPD com as normas que reconhecem as comissões de trabalhadores e garantem a sua constituição e funcionamento em modelos democráticos.

Sempre defendeu o nosso partido que as comissões sindicais e intersindicais de empresa não excluíam as comissões de trabalhadores.

Curiosamente, outros sectores que não nós, mudaram de opinião. Ontem apodavam as comissões de trabalhadores de divisionistas, hoje fazem o seu aplauso.

A política é para nós, PPD, uma questão de coerência, e esta é a nossa coerência, cada um terá a sua.

Tenho dito.

Aplausos.

O Sr. Presidente: – Tem a palavra o Sr. Deputado Júlio Calha.

O Sr. Júlio Calha (PS): – Sr. Presidente, eu prescindo e cedo a minha vez ao camarada Manuel Pires.

O Sr. Presidente: – Tem, pois, a palavra.

O Sr. Manuel Pires (PS): – Sr. Presidente, Srs. Deputados: Vai repor-se neste Plenário a discussão dos assuntos que na Comissão não obtiveram unanimidade.

O que virá à discussão e debate, entre outros, é o que respeita à iniciativa privada, ao acesso dos trabalhadores à propriedade, a unicidade sindical, o direito de tendência, o voto nas comissões de trabalhadores, a declaração contida no artigo 1.º deste título, o controle de gestão, o ensino e a educação.

Para alguns observadores menos prevenidos poderá parecer pouca matéria de divergência. No entanto, cada um destes assuntos, só por si, é marco fundamental de delimitação das linhas de fractura, definidoras da separação das ideologias aqui presentes.

Assim, ao PPD aflige que este título abra com uma declaração tão fundamental como a que se apresenta. Quando se diz que os direitos económicos e sociais serão efectivados pela extensão da propriedade social dos meios de produção o PPD vem-nos dizer que isto é uma declaração contida na Constituição da URSS e que está carregada de marxismo.

Aqui nós sentimos de facto o PPD pôr-se no seu devido lugar.

Vozes: – Muito bem!

Aplausos.

O Orador: – Se o PPD não aceita que os direitos só podem ser garantidos dc acordo com a apropriação colcctiva dos meios de produção, temos de perguntar que socialismo é este de que o PPD se reclama.

Vozes: – Muito bem!

A Sr.ª Helena Roseta (PPD): – Não é o totalitário, é o democrático!

Aplausos.

O Orador: – Sem dúvidas que no plano ideológico, inclusive no seio do socialismo marxista, tem surgido uma dupla aspiração: a de uma pluralidade de modelos do socialismo e um socialismo humanista – um socialismo de rosto humano, mas, seja que modelo for de socialismo que se apresente, tem um denominador comum a todos os outros, que são as suas características: constatação da miséria e da injustiça social e vontade de as remediar. (Isto o PPD diz que tem). Outra característica: mudança das condições políticas existentes (mudança obtida quer pelo reformismo, quer pela revolução) com vista à instauração de uma sociedade reconciliada da qual seja banida a propriedade privada dos meios de produção. Repito: da qual seja banida a propriedade privada dos meios de produção.

Vozes: – Muito bem!

O Orador: – É neste momento que o PPD deixa de ser socialista, para se transformar em social-democrata, socialismo à maneira sueca, liberal, não marxista, cuja harmonia social assenta na abundância, na superabundância, para o meu camarada, na superabundância cósmica, e não na justiça social.

Vozes: – Muito bem!

O Orador: – É aqui que temos de reflectir, nós, trabalhadores, no insulto que nos é feito. Para a social-democracia não passamos de simples animais, basta-nos encher a barriga e ficamos satisfeitos. Para a social-democracia não temos direito a mais nada a não ser sermos bem alimentados e possivelmente bons procriadores para repormos as forças produtivas.

Vozes: – Muito bem!

Uma voz: – Isso é falso!

Aplausos.

O Orador: – Mas controlar a gestão isso é que não. Fazer o controle de gestão, isso nunca. Participação..., participação, a nova forma de exploração dos trabalhadores, a cenoura à frente do burro.

Vozes: – Muito bem!

Uma voz: – Viva o coelho!

A Sr.ª Helena Roseta (PPD): – Os trabalhadores não são burros, são homens!

Aplausos.

O Orador: – O controle de gestão aflige muita gente. Porque é o princípio da aprendizagem da gestão pelas massas trabalhadoras. Se as massas trabalhadoras aprenderem a gerir a economia, as massas trabalhadoras libertam-se das tutelas daqueles que à custa dos trabalhadores tiraram cursos superiores para depois as explorarem.

Vozes: – Muito bem!

O Orador: – Mas nós, trabalhadores, não queremos a participação, a co-gestão ou até a co-direcção.

Pela experiência dos outros povos, aprendemos que, embora a co-gestão possa ser considerada por muitos conquista dos trabalhadores, pois que representa recuos do capital, a verdade é que essas formas também são injecções de sobrevivência do inimigo principal.

E, no caso português, perante uma burguesia que durante quarenta e oito anos teve o poder absoluto nas mãos e não foi capaz de ultrapassar a sua mediocridade, limitando-se a viver à custa das colónias, à custa da miséria e da degradação humana dos povos africanos, é esta burguesia incapaz, incompetente e vencida e arruinada que vem aqui a esta Assembleia, com voz chorona, apresentar um contrato aos trabalhadores portugueses no qual se lhe restaure os privilégios perdidos. Não há dúvidas de que, além de coragem, é também preciso não ter vergonha.

Vozes: – Muito bem!

Aplausos.

Agitação na Assembleia.

Uma voz: – É uma vergonha!

O Sr. Presidente: – Peço a atenção dos Srs. Deputados, lembrando-lhes que têm a possibilidade de intervenção nos pedidos de esclarecimento.

Peço-lhes o maior silêncio possível durante a intervenção do Sr. Deputado.

Agitação intempestiva na Sala.

O Orador: – Não há dúvidas de que a burguesia agita-se!

Assobios. Risos.

A unicidade sindical e o direito de tendência sindical são pequenas querelas comparadas com essa autêntica peça revolucionária do processo português – controle de gestão. Isto é o que esta Assembleia tem de consagrar se quiser ser, de facto, revolucionária. O controle de gestão é um dos pilares fundamentais da sociedade de transição para o socialismo. É o embrião da sociedade socialista autogestionária que nós, socialistas portugueses, pretendemos ver instaurada em Portugal. É o princípio do fim da burguesia alienada e irresponsável que fez deste país um país de miséria e é o travar do passo ao capitalismo, quer privado, quer de Estado, que tenta recuperar à custa dos trabalhadores portugueses.

Tenho dito.

Aplausos.

Vozes: – Muito bem!

Apupos. Pancadas nos tampos das bancadas.

O Sr. Presidente: – Tem a palavra o Sr. Deputado José Niza. Desculpe, mas parece que há pedidos de esclarecimento.

O Sr. Deputado Furtado Fernandes pediu a palavra para quê?

O Sr. Furtado Fernandes (PPD): – Para pedir um esclarecimento.

O Sr. Presidente: – Se o Sr. Deputado Manuel Pires quer prestar o esclarecimento tenha a bondade.

O Sr. Furtado Fernandes (PPD): – A questão que queria pôr ao Sr. Deputado que acabou de falar era a seguinte: o PPD como, aliás, fizeram os seus representantes na Comissão e como tive ocasião de dizer agora no Plenário, prevê, deseja a intervenção na gestão. Como o Sr. Deputado sabe, a intervenção na gestão não exclui de maneira nenhuma o controle de gestão por parte dos trabalhadores; antes dá a possibilidade de os trabalhadores, se quiserem, praticarem a intervenção na gestão por outras vias, de outra maneira. Eu gostava de perguntar ao Sr. Deputado se de facto dá o mesmo significado à palavra intervenção na gestão como nós. Eu penso que deverá dar o mesmo significado; o Sr. Deputado fez parte da 3.ª Comissão e nela tivemos ocasião de explicitar, justamente, esse conceito.

O Sr. Presidente: – Tenha a bondade Sr. Deputado se assim o entender.

O Sr. Manuel Pires (PS): – No que foi referido, relativamente ao controle de gestão, parece que fui bem explícito. Aos trabalhadores portugueses interessa fazer o controle de gestão para a sua própria aprendizagem a caminho da sociedade socialista. A participação na gestão não é mais nem menos. do que a co-gestão. O que é a co-gestão? É a colaboração de classes que o PPD pretende. Não sei se o Sr. Deputado do PPD ficou esclarecido a este respeito, mas façamos de uma vez tábua rasa neste assunto.

Risos.

O PPD é aqui representante da pequena burguesia que tenta recuperar os privilégios da burguesia.

O Sr. Vital Moreira (PCP): – E não só.

Manifestações na Sala. Apupos.

O Sr. Presidente: – O Sr. Deputado Coelho dos Santos é para algum pedido de esclarecimento?

O Sr. Coelho dos Santos (PPD): – Eu queria, Sr. Presidente...

Continua o burburinho na Sala.

O Sr. Presidente: – Eu peço o favor da Assembleia do silêncio possível, não como dizia um antigo professor meu que gostava de ouvir o silêncio...

O Sr. Coelho dos Santos (PPD): – Eu queria...

A agitação continua.

O Sr. Presidente: – Peço desculpa ao Sr. Deputado. Creio que é possível, com certeza que é possível, uma discussão sobre um assunto como este, sem este trabalho, sem estas interrupções, pois perturbam o orador que está a falar, confundem a Mesa, que se torna impotente para conseguir dominar a Assembleia, que tem a esperar dos Srs. Deputados uma colaboração que é aquela que mais desejava.

Tem V. Ex.ª a palavra para esclarecimento, suponho eu.

O Sr. Coelho dos Santos (PPD): – Agradeço a interrupção feita pelo Sr. Presidente, não porque os apartes me perturbem, mas, efectivamente, também entendo que o diálogo deve ser aberto, franco e leal.

Vozes: – Muito bem!

O Orador: – Estou convencido de que algumas das expressões proferidas pelo ilustre Deputado do Partido Socialista vieram impregnadas de certa carga ideológica e não só ideológica. Nalguns aspectos tratar-se-ia de uma interpretação muito subjectiva, quer do programa do PPD, quer muito concretamente dos objectivos e dos pressupostos que o PPD pôs em discussão.

É claro que, quando falamos na intervenção na gestão, temos diferentes maneiras de actuar como trabalhadores e eu queria que o Sr. Deputado Manuel Pires me explicasse, depois de dar a minha própria versão da intervenção dos trabalhadores na gestão das empresas, se ele entende essa intervenção de outra forma.

O controle da gestão, no meu entendimento, é uma fiscalização da gestão das empresas, tão-só uma fiscalização, que deve ser feita por órgãos dos trabalhadores absolutamente autónomos, sendo as comissões de trabalhadores que participam na orientação a nível económico da empresa.

A co-gestão é já uma participação dos trabalhadores na própria decisão. Não é uma forma maioritária de intervir decisoriamente, mas pode ser, pelo menos, uma forma de intervir paritariamente. Essa co-gestão é distinta, conforme o tipo de empresas em análise, e, em determinadas empresas capitalistas e avançadas, poderá o ilustre Deputado ter a ideia de que isso é uma gestão colectiva do capitalismo, e isso é uma interpretação sua, pessoalíssima; numa empresa estatizada já assim não será. Numa empresa estatizada, ou cuja gestão é uma gestão por representantes do Estado e representantes dos trabalhadores, entendo-a, portanto, como uma fase intermédia a caminho da autogestão, a autogestão que o Partido Socialista desde os seus primórdios defendia como organização autónoma dos trabalhadores para desde já assumirem o poder nas empresas. Portanto, só a partir de determinada altura é que o Partido Socialista, fazendo uma inversão no seu processo ideológico, entende que o controle de gestão ...

Uma voz: – Isto não é um pedido de esclarecimento.

O Orador: – Quando alguém quiser interromper, eu paro para ser interpelado.

... portanto, só a certa altura do processo é que o Partido Socialista entende que numa fase transitória será talvez mais vantajoso ir para o controle de gestão.

Eu primeiro dei a minha versão para que o Sr. Deputado que fez uma intervenção...

O Sr. Presidente: – Eu peço ao Sr. Deputado o favor de se circunscrever ao pedido de esclarecimento.

O Orador: – Acabo já, Sr. Presidente.

Eu pergunto, portanto, se o Sr. Deputado aceita que em determinadas circunstâncias, e não têm de ser, necessariamente, circunstâncias especiais, a co-gestão pode ser, ou é mesmo, o caminho da autogestão ou não?

O Sr. Presidente: – V. Ex.ª pode responder, se assim o entender.

O Sr. Manuel Pires (PS): – Bem! Os Srs. Deputados acabaram de ouvir uma intervenção, dado que me competia a mim fazer os pedidos de esclarecimento.

Risos.

No entanto, e talvez até comece por um pedido de esclarecimento: o Deputado do PPD aceita ou não a luta de classes?

Pausa.

Aqui é que está a linha de fractura...

O Sr. Coelho dos Santos (PPD): – Sr. Presidente: Estou a ser interpelado. Ora, parece-me que fui eu que fiz a interpelação.

Risos.

O Sr. Presidente:. – O Sr. Deputado Manuel Pires fará o favor de prestar os esclarecimentos e terminada a prestação destes esclarecimentos terminou o diálogo.

Tenha a bondade, Sr. Deputado.

O Sr. Manuel Pires (PS): – No princípio da minha exposição fui bem claro, em que disse que aqui se voltariam a pôr as condições que tinham sido postas na Comissão. Ou seja, viria novamente aqui assim ao Plenário demarcadamente e a demarcar-se muito bem, de facto, as posições ideológicas dos diversos partidos aqui presentes.

Na Comissão não me pareceu que o PPD fosse aquilo que se reclama – um partido das classes trabalhadoras. E não tem nada que fazer barulho esta minha impressão!

Porque, quando chegávamos de facto à defesa dos direitos e dos interesses dos trabalhadores o PPD recuava. Estou-me a lembrar do caso do lock-out, em que o PPD recuava para o lock-out defensivo, situação que os trabalhadores nunca poderão aceitar.

Debate na Generalidade 199

Portanto, a toda a interpolação do Sr. Deputado, tudo começa por uma pergunta: o PPD aceita ou não a luta de classes?

Se aceita a luta de classes, não pode aceitar a co-gestão. Os trabalhadores são os autênticos criadores da riqueza deste país ou de qualquer país.

Pergunto: para que é que os trabalhadores hão-de dar a outros a sua mais-valia?

Vozes: – Muito bem!

Aplausos.

O Sr. Presidente: – A sessão está suspensa por meia hora.

Eram 17 horas e 15 minutos.

O Sr. Presidente: – Está reaberta a sessão.

Eram 17 horas e 45 minutos.

Tem a palavra, para um pedido de esclarecimento, o Sr. Deputado Mário Pinto.

O Sr. Mário Pinto (PPD): – Sr. Presidente: Desejava efectivamente pedir um esclarecimento ao Sr. Deputado Manuel Pires, aliás, mais do que um.

O primeiro tem que ver com a sua afirmação relativamente à luta de classes.

É óbvio que a luta de classes é uma realidade, que, aliás, não foi conceitualmente ou teoricamente descoberta por Marx; ele próprio disse que não fora ele quem descobriu tal conceito, tal realidade histórica.

Mas a questão que eu queria pôr ao Sr. Deputado é se ele pensa que a luta de classes cessa pelo simples facto do desaparecimento da propriedade privada de todos os meios de produção.

Esta era uma primeira pergunta.

Em segundo lugar, queria perguntar se o Sr. Deputado não admite que a mais-valia resultante do trabalho dos trabalhadores nas pequenas e médias empresas possa (e, designadamente numa sociedade socialista, entendendo este termo não exactamente coincidente com o sentido de sociedade onde são colectivizados todos os meios de produção), dizia eu, se o Sr. Deputado entende que essa mais-valia pode ser adequada à justa retribuição do trabalho dos pequenos e médios empresários.

No caso negativo, isto é, no caso de concluir por essa impossibilidade e, portanto, pela fatalidade das pequenas e médias empresas serem exploradoras, injustamente exploradoras, ou seja, os pequenos e médios empresários se apropriarem de uma mais-valia indevida, injustamente

200   *O Momento Constituinte – Os Direitos Sociais na Constituição*

proporcional com o trabalho, como retribuição do seu trabalho, eu pergunto se efectivamente a política de protecção das pequenas e médias empresas que o partido do Sr. Deputado propugna é efectivamente uma solução a curto prazo ou uma solução que se baseia num programa a longo prazo, fundamentado na atribuição dos direitos da iniciativa privada.

O Sr. Presidente: – Pode usar da palavra, se assim o entender.

O Sr. Manuel Pires (PS): – Bem, as perguntas que o Sr. Deputado apresenta não são mais nem menos que, digamos, uma espécie de limpar a parte política perante o seu eleitorado, perante as afirmações que aqui foram feitas.

Risos.

Quanto à primeira pergunta, se a luta de classes cessa com a apropriação da propriedade privada dos meios de produção, pois com certeza que não. Porque se ela cessasse, pois com certeza que nós estaríamos a negar o próprio marxismo.

A verdade é que se formarão possivelmente novas classes e, portanto, essa luta enunciada como o motor da história, pois com certeza que continuará.

Quanto ao problema que se põe da apropriação da mais-valia pelos pequenos e médios proprietários, para um justo salário, vamos pôr as questões não camufladas e vamos falar olhos nos olhos e francamente.

Porque é que necessita de ser um pequeno proprietário ou um médio proprietário assalariado?

Uma contradição!

Todos nós sabemos que os proprietários, melhor dizendo, os proprietários não, porque estaríamos aqui a fazer uma certa confusão, mas os pequenos e os médios empresários são-no na medida do lucro. E o Sr. Deputado, que parece conhecer qualquer coisa de marxismo, sabe perfeitamente que marxismo estará definido como o fascismo.

Portanto, enquanto não houver uma consciencialização, uma tomada de consciência de classe por todas as camadas trabalhadoras, pois com certeza que num período histórico de transição nós teremos os pequenos e médios empresários, e isso está dentro da política do nosso partido.

No entanto, no quadro de fundo, a luta de classes que se apresenta neste momento é, de facto, a dos trabalhadores tomarem conta do poder.

Agora os Srs. Deputados do PPD ou o programa do PPD, a maneira como põem as coisas, não é dos trabalhadores tomarem em definitivo conta do poder, é perpetuar o poder do capitalismo, porque, se se mantém o pequeno empresário, ele vai recuperando as mais-valias, e nós estaremos a gerar capitalismo. E, se me permitem, as experiências sociais-democratas parece-me que são bem demonstradoras deste fenómeno.

O Sr. Presidente: – Tem a palavra o Sr. Deputado Miguel Macedo.

O Sr. Miguel Macedo (PPD): – Eu queria, também, fazer uma pergunta ao Sr. Deputado.

As miragens do Sr. Deputado, que fechou os olhos e viu as bancadas do PS todas preenchidas por operários, levaram-no a fazer algumas considerações que eu considerei graves e que carecem de ser esclarecidas.

Manifestações.

O Orador: – Por mim ...

Uma voz: – Vai-te embora, provocador!

O Sr. Presidente: – Eu chamo a atenção da Assembleia, se o Sr. Deputado me dá licença para uma pequena interrupção: Cada um tem o seu conceito. Eu tenho o meu. Acho que um pedido de esclarecimento não importa nem implica uma exclamação ideológica.

O Sr. Miguel Macedo (PPD): – A pergunta ...

O Sr. Presidente: – V. Ex.ª dá-me licença?

É o próprio Regimento que o diz, que tem de ser uma coisa sintética. Cada um terá o seu método, o seu sistema de raciocínio, eu compreendo, respeito e condescendo, mas pedia à Assembleia que compreendesse de que temos um Regimento para cumprir. Tem V. Ex.ª, portanto, a palavra para fazer a sua intervenção, pedindo o esclarecimento o mais concisamente possível.

O Orador: – Eu peço desculpa ao Sr. Presidente, mas realmente a pergunta é sintética e este breve preâmbulo insere-se dentro da própria pergunta.

Portanto, eu por mim, que sou ferroviário, queria perguntar ao Sr. Deputado como é que explica que dada a distribuição da população por classes sociais e a sua distribuição pelo território, dada, por outro lado, a votação obtida pelo PPD, que ganhou em 13 dos seus 23 círculos eleitorais e onde houve realmente competição, o Sr. Deputado possa considerar o PPD um partido da burguesia, subentendendo-se, nesse caso, que reserva para o Partido Socialista outra classe.

O Sr. Presidente: – Poderá responder, se assim o entender, o Sr. Deputado.

Pausa.

É um direito do Sr. Deputado, se entender que não deve esclarecer, não esclarece.

O Sr. Manuel Pires (PS): – Eu pedia ao Sr. Deputado se não se importava de repetir a pergunta.

O Sr. Miguel Macedo (PPD): – Então eu vou repetir a pergunta.

As miragens do Sr. Deputado, que fechou os olhos e viu a bancada do Partido Socialista toda preenchida por operários, levaram-no a fazer afirmações graves que carecem de esclarecimento.

Para mim, que sou, ferroviário, gostaria de saber como é que explica que dada a distribuição da população por classes sociais e a sua distribuição pelo território e dado ainda, por outro lado, a votação do PPD, que triunfou em 13 dos 23 círculos eleitorais, onde realmente houve competição, o Sr. Deputado possa considerar o PPD um partido representativo da burguesia, subentendendo-se, nesse caso, que reserva outra classe para o Partido Socialista.

O Sr. Presidente: – Responderá o Sr. Deputado, se assim o quiser.

O Sr. Manuel Pires (PS): – Bem, volto a repor o mesmo problema que foi reposto há bocado. O PPD, com este pedido de esclarecimento, continua a salvar o seu fato bonito.

Risos.

Não é de rir. Eu gostava, e já agora que o Sr. Deputado pôs uma pergunta e se reclamou ferroviário, de saber, se me for permitido, se é das oficinas, se é de via e obras ou ...

O Sr. Miguel Macedo (PPD): – Via e obras.

O Orador: – Portanto, relativamente ao que eu disse, foi que o PPD representava a pequena burguesia alienada, que tenta recuperar os privilégios da grande burguesia. Ora, não espanta nem admira que ao fim de quarenta e oito anos de fascismo, em que a ideologia predominante é a ideologia burguesa, não espanta que o PPD consiga ainda votos em certas regiões.

Burburinho na Sala.

Risos.

Bem, em psicologia nós sabemos o que é o riso e eu não sou psicólogo, mas com um pouco de pequenos conhecimentos sabemos o que é riso.

O Sr. Presidente: – Vamos deixar essa explicação de «riso» para outra altura e vamos entrar, sobretudo, nos problemas constitucionais.

Risos.

O Sr. Miguel Macedo (PPD): – Muito obrigado, mas não fiquei bem esclarecido.

Risos.

O Sr. Presidente: – Tem a palavra o Sr. Deputado Amândio de Azevedo.

O Sr. Amândio de Azevedo (PPD): – A pergunta era a seguinte: Talvez o Sr. Deputado não tenha conhecimento, mas eu tive oportunidade de saber, por leituras feitas há pouco tempo, que as leis de co-gestão na Alemanha vieram a ser possíveis apenas após uma luta com momentos muito difíceis dos trabalhadores alemães para conseguirem essa participação na gestão das empresas. Posso ainda afirmar também que essa luta continua e ainda em 1960 os sindicatos alemães continuavam a reivindicar o alargamento da co-gestão. Depois disto, que talvez o Sr. Deputado não conheça, gostaria que ele me informasse se porventura considera que os trabalhadores alemães não fazem a mínima ideia da forma como hão-de defender os seus legítimos interesses de classe.

O Sr. Presidente: – Tenha a bondade, Sr. Deputado, se assim o entender.

O Sr. Manuel Pires (PS): – Ora, precisamente o caso da Alemanha é um caso muito bem posto nesta Assembleia, porque vem demonstrar perfeitamente a alienação em que caíram os trabalhadores alemães.

Risos.

Novamente o PPD ri-se, e em parte da minha intervenção eu dizia: «Pela experiência dos outros povos aprendemos que, embora a co-gestão possa ser considerada por muitos conquistas dos trabalhadores, pois que representam recuos do capital, a verdade é que essas formas também são injecções de sobrevivência do inimigo principal. E o inimigo principal é o capitalismo.»

O Sr. Amândio de Azevedo (PPD): – Portanto, a conclusão é que os trabalhadores alemães são subdesenvolvidos.

O Sr. Manuel Pires (PS): – Os trabalhadores alemães aceitam uma conivência com o patronato capitalista porque usufruem dos resultados da exploração desse mesmo patronato nos países subdesenvolvidos.

De facto, os trabalhadores alemães não são subdesenvolvidos, mas são os trabalhadores portugueses, que estão nas fábricas a trabalhar para os alemães com baixo salário.

Aplausos.

Vozes: – Muito bem dito, Sr. Deputado, muito bem dito!

O Sr. Presidente: – Atenção, Srs. Deputados, eu não sei quem está inscrito para pedido de esclarecimento. Sr. Deputado Manuel Monteiro, tenha a bondade.

O Sr. Manuel Monteiro (PS): – É só em relação a esta última interpelação em que eu, na minha qualidade de delegado do Sindicato dos Bancários, lamento profundamente que o último Sr. Deputado interpelante não tivesse isso em observação aquando das negociações ainda no regime fascista, quando este senhor era agente dos banqueiros portugueses.

Vozes: – Muito bem!

Aplausos.

O Sr. Presidente: – Eu chamo a atenção do Sr. Deputado que acaba de falar, que não me parece – peço muita desculpa, mas tenha a bondade de me ouvir –, não me parece que seja muito curial numa atmosfera de pedidos de esclarecimento que se façam acusações desse tipo. V. Ex.ª tem muitas ocasiões, inclusivamente avulso, aqui nesta Assembleia para tomar as posições que entender. Desculpará, mas terá de ser mais vigilante e mais regulamentar nessa matéria de interpelações. Mas como efectivamente fez uma acusação a V. Ex.ª, tem a palavra.

O Sr. Amândio de Azevedo (PPD): – Ora, constitui para mim uma novidade a possibilidade de qualquer Deputado poder pedir esclarecimentos a quem pede esclarecimentos. Mas eu, por mim, não tenho a mínima dificuldade em reconhecer esse direito, porque prefiro pecar por excesso, neste domínio, do que pecar por defeito. Entretanto, e no uso do legítimo direito de defesa que me cabe perante afirmações que me foram feitas em termos de acusação, quero esclarecer a Assembleia de que efectivamente aceitei ser designado árbitro na última arbitragem dos bancários por parte do Grémio, não para defender os interesses patronais, mas ...

Gargalhadas.

Vozes: – Oh!

O Sr. Presidente: – Os Srs. Deputados tenham paciência, eu admitia que se sorrissem, mas com esta gargalhada, efectivamente, a coisa toma um aspecto muitíssimo desagradável e eu terei de tomar outras providências, que com certeza me hão-de custar muito a praticá-las.

O Orador: – Este pedido, aliás, só revela ignorância, porque quem souber ou quiser saber o que é o árbitro sabe perfeitamente que esse árbitro age em representação dos interesses de ninguém, mas emite as opiniões que em sua consciência são mais válidas dentro de uma comissão de arbitragem.

Vozes: – Muito bem!

O Orador. – De resto, se me permitem, mais grave é haver pessoas que, como parte dos advogados de parte, defendem os interesses de capitalistas, como foi o caso de uma pessoa, por quem tenho a máxima consideração, que é membro do Partido Socialista, que é o Dr. Salgado Zenha, que defendeu interesses do Champalimaud.

Aplausos:

Vozes: – Não apoiado!

Agitação na Sala.

O Sr. Manuel Ramos (PS): – O senhor não tem o direito ... Não sabe em que condições ele fez essa defesa? Foi lá substituir um colega. O senhor não tem o direito ...

O Sr. Presidente: – Peço a atenção do Sr. Deputado.

A agitação na Sala continua.

O Sr. Presidente: – Chamo a atenção da Assembleia ...

Burburinho.

Fica já completamente assente que não consentirei, daqui por diante, a inversão destes valores, que estão, aliás, regulamentados.

Está-se aqui a tratar de um problema de um pedido de esclarecimento do Sr. Deputado Manuel Pires. V. Ex.ª dirija-se ao Sr. Deputado e peça-lhe o esclarecimento, sem a referência a assuntos extras e ataques pessoais, pois, caso contrário, interrompo o orador e corto-lhe a palavra.

O Orador: – Certo!

Sr. Presidente: Gostaria de continuar no uso da minha palavra e de esclarecer que eu não fiz aqui um ataque, porque disse que tinha por essa pessoa a maior consideração e entendam ...

Apupos.

Perdão...

O Sr. Presidente: – V. Ex.ª está no pleno direito de reagir contra a interpelação ou contra a acusação que lhe foi feita.

Suponho, salvo melhor opinião, que não terá direito a referir-se nesses termos a pessoas que não se encontram aqui presentes.

O Orador: – Eu peço imensa desculpa ...

O Sr. Presidente: – Nessas condições, se V. Ex.ª continua a prosseguir nesse caminho, vejo-me obrigado a cortar-lhe a palavra.

O Orador: – Não prossigo nesse caminho, deixe-me só explicar porque é que evoquei esse exemplo, porque é um caso que eu considero de defesa de interesses, que porventura não são considerados legítimos por certas pessoas, e que para mim é tão legítimo como qualquer outro.

Aliás, por esse caminho considerar-se-ia legítimo que um advogado defendesse em tribunal um criminoso ou que defendesse pessoas que tivessem praticado actos nitidamente condenáveis e dignos de censura.

Passando à segunda parte da minha intervenção, eu desafiava o Deputado que me interpelou para consultar as datas da arbitragem ...

Uma voz: – Fora o árbitro!

O Orador: –... e vir-me demonstrar que as posições que eu tomei nessa comissão tenham qualquer coisa que possa servir de fundamento para me dirigir qualquer censura.

As posições que tomei continuo a tomá-las, continuo a considerar que é possível ainda hoje haver comissões arbitrais a pedido dos trabalhadores, onde sejam defendidos todos os interesses; o problema está na forma como são defendidos esses interesses.

Eu peço meças a qualquer dos Deputados presentes, desde a sua origem até à forma como conduziram a sua vida, para me virem dar lições de moralidade ou de normalidade de conduta. Sou filho de um pequeno agricultor, aquilo que sou custou muitos sacrifícios e muitas lágrimas à minha família e custou-me a mim muito trabalho e muito esforço. Nunca esqueci a minha origem e toda a minha luta tem sido sempre, e será sempre, na defesa dos humildes e na defesa daqueles que se encontram em situações de inferioridade. E não eram os empregados bancários, como ainda o não são hoje, aqueles que no nosso país mais necessitam de pessoas que se condoam pelo facto de haver alguém que conteste reivindicações, que significavam remunerações triplas daquelas que já auferiam e que eram o dobro da média das remunerações pagas aos trabalhadores portugueses.

Vozes: – Muito bem!

Aplausos.

O Sr. Coelho dos Santos (PPD): – Peço a palavra para um protesto.

O Sr. Presidente: – Tem V. Ex.ª a palavra.

O Sr. Coelho dos Santos (PPD): – Protesto, por ser anti-regimental, a intervenção do Deputado do PS que deu origem a esta discussão. Estava em causa apenas o pedido de esclarecimento ao Deputado Sr. Manuel Pires, por consequência, ambas estas intervenções estão absolutamente fora da ordem de trabalhos e são anti-regimentais.

Aproveito ainda este protesto para esclarecer o seguinte: haja respeito pelas pessoas e não se façam análises precipitadas, quer de um lado, quer de outro, porquanto, qualquer pessoa no uso legítimo das suas funções, seja o Deputado Dr. Amândio de Azevedo, seja o dirigente do PS, Dr. Salgado Zenha, no exercício da sua profissão, têm inteira obrigação de atender quem se abeire dos seus escritórios. A questão é que actuem com dignidade, e parece-me que isso não está em causa, nem relativamente a um nem relativamente a outro. O meu protesto tem como finalidade que na acta não constem intervenções em que os Deputados exorbitaram do exercício do seu direito de intervenção.

Vozes: – Não apoiado!

O Sr. Presidente: – Aceito o protesto do Sr. Deputado, que, aliás, considero procedente e ficará registado na acta.

Sr. Deputado Carlos Candal, tem a palavra.

O Sr. Carlos Candal (PS): – É também para manifestar o meu protesto contra a referência, pelo menos indirectamente desprimorosa, que foi feita aqui ao Sr. Salgado Zenha, que sempre foi um dos advogados mais limpos e mais isentos do foro nacional...

Vozes: – Muito bem!

O Orador: – ... e para afirmarmos que a advocacia, embora viciada por todo o processo capitalista, em Portugal contou no seu elenco alguns dos antifascistas mais combativos e mais militantes.

Vozes: – Muito bem!

O Sr. Presidente: – Tem V. Ex.ª a palavra, Sr. Deputado Amândio Azevedo.

O Sr. Amândio Azevedo (PPD): – A minha palavra era apenas para pedir uma correcção à intervenção do meu colega Coelho dos Santos, porque se é certo que a intervenção do Deputado do Partido Socialista foi abusiva, a minha intervenção constitui um direito fundamental que não pode ser negado por ninguém.

Já agora aproveito para agradecer as palavras do Deputado Carlos Candal, que vêm exactamente ao encontro da minha posição.

O Sr. Presidente – Continuam abertas as inscrições para esclarecimentos. Se algum Deputado o desejar ...

Tenha a bondade Sr. Deputado Costa Andrade.

O Sr. Costa Andrade (PPD): – Sr. Presidente: O Sr. Deputado que fez a intervenção e em relação ao qual eu me dirijo num pedido de esclarecimento, se ele entender por bem formulá-lo, fez o convite de que falássemos de olhos nos olhos. Pois é de olhos nos olhos que deve falar-se e que devem encarar-se estes problemas.

Penso, porém, que não foi de olhos nos olhos ou pelo menos não foi com aquela clareza que se exigia quando o Sr. Deputado, do alto da tribuna, referindo-se e olhando para esta bancada, dizia: «a burguesia agita-se». Porque, de olhos nos olhos, e se virmos bem, nessa bancada há, como nesta, talvez nessa em maior proporção do que nesta, porque são mais Deputados, advogados, médicos, engenheiros, jornalistas, professores dos vários graus de ensino, regentes agrícolas, empregados de serviços e operários – também nesta?

O Sr. Deputado referiu-se a alguma necessidade de lavar a cara. Não me parece que isso seja uma grande preocupação nossa, atendendo a que tudo aquilo, todo o tipo de discurso que estamos aqui a fazer; fizemo-lo lá fora na campanha eleitoral como fazemos lá fora, reivindicamo-nos, nunca o negámos, cá dentro ou lá fora da ideia e de um programa social-democrata. Mas já agora o pedido de esclarecimento: o Sr. Deputado entende que formas de co-gestão não, porque implicariam um certo comprometimento das comissões de trabalhadores na gestão e dessa maneira quebrar-se-ia um pouco a agressividade à luta de classes e, portanto, mais do que formas de co-gestão importava era formas que mantivessem em guarda os trabalhadores, e por isso se fala em controle, mantendo-se sempre em guarda na luta de classes. E, sendo assim, pergunto-lhe: se o seu programa, afinal, é de autogestão, que momento, que prazo ou que ritmo determinará e que factores determinarão a passagem da fase de autogestão, e que espero, porque trava de certa maneira a dinâmica, e não se reivindica desde já e para já formas de autogestão, porquê pararem nessa fase de controle?

O Sr. Presidente: – O Sr. Deputado responderá, se assim o entender.

Debate na Generalidade 209

O Sr. Manuel Pires (PS): – Com certeza! A pergunta essencial é: que tempo é necessário no período de transição para chegarmos à autogestão? Mas antes, o Sr. Deputado pôs o acento tónico na agressividade dos trabalhadores e «em guarda». Eu direi ao Sr. Deputado que os trabalhadores não estarão «em guarda», mas estarão ao ataque. Quanto ao tempo necessário para chegar à autogestão, aos trabalhadores portugueses, é o tempo da sua emancipação da ideologia burguesa e é também, e aqui muito firmemente e muito solenemente, a aliança estreita, de facto, e verdadeira do MFA com os trabalhadores portugueses a caminho do socialismo.

Risos. Agitação na Assembleia.

Vozes: – Muito bem!

O Sr. Presidente: – Não sei se algum Sr. Deputado teria pedido a palavra para algum esclarecimento.

Pausa.

O Sr. Oliveira Dias (CDS): – Eu queria pedir também um esclarecimento muito simples ao Sr. Deputado Manuel Pires.

Assisti com o maior interesse a esta troca de impressões e, a certa altura, notei que o Sr. Deputado Manuel Pires afirmava que a ideologia dominante em Portugal, neste momento, é a ideologia burguesa. Eu queria perguntar-lhe como é que concilia isto com a brilhante vitória eleitoral do Partido Socialista?

Risos. Aplausos.

O Sr. Presidente: – O Sr. Deputado poderá responder.

O Sr. Manuel Pires (PS): – Como é um pedido de esclarecimento,, não há dúvidas nenhumas de que o Sr. Deputado não ouviu bem, apesar de estar com toda a atenção. O que eu falei, foi durante os quarenta e oito anos e que neste momento com certeza, ainda os resíduos da ideologia burguesa se mantêm, não tenho dúvidas nenhumas!

O Sr. Oliveira Dias (CDS): – Se assim é, então fui eu que ouvi mal, peço desculpa.

O Orador: – E se o CDS continuar, pois com certeza ainda se vão manter por mais algum tempo, não é?

Risos.

O Sr. Presidente: – Tem a palavra o Deputado José Niza para uma intervenção.

Pausa.

O Sr. José Niza (PS): – Sr. Presidente e Srs. Deputados: No momento em que entramos na discussão na generalidade do título III da nossa Constituição, no qual se trata dos «Direitos e deveres económicos, so-ciais e culturais», eu gostaria de vos trazer um despretensioso contributo em relação à temática do capítulo II (Direitos e deveres sociais) do parecer da Comissão a que pertenci e que o elaborou.

Para mim, como médico socialista que sou, constitui especial atracção a abordagem de alguns temas nele tratados, tais como segurança social, saúde, infância, juventude, terceira idade, família e outros.

Mas, para isso – e antes de pretender penetrar com alguma profundidade, e algum pormenor, no âmago do pequeno mundo que cada um desses temas encerra, o que será mais oportuno para a discussão na especialidade parece-se aconselhável deixar aqui algumas considerações de ordem geral.

Todos sabemos que este país, para além de politicamente doente, está convalescente de uma doença de quarenta e oito anos de involução e depauperamento catastróficos.

Poder-se-á dizer que, no fim de tão longo sofrimento, o 25 de Abril de 1974 foi como um inesperado e milagroso medicamento que chega no último momento a resolver tudo. Assim se esperou, assim se deseja, mas tal não aconteceu, nem acontece. Depois da cura aparente, os males voltam a agravar-se.

Neste momento, a doença torna-se invasiva, o crescimento das células é anárquico, há metástases ao Norte, dispneia ao centro e um bloqueio cardíaco, isto é, no coração, isto é, em Lisboa.

Mas, se somaticamente o País apresenta sinais de malignidade reaccionária, os sintomas psíquicos não são mais animadores. Da ansiedade dos que esperam e da angústia dos que regressam, ao delírio colectivo dos que julgam ter, ou querem ter só para si, o monopólio da cura, de tudo há neste tumor e neste temor chamado Portugal.

É, portanto, perante uma doença e um doente que nos encontramos.

É, portanto, uma crise que vivemos.

Será esta crise que o socialismo português terá de vencer. Rapidamente. Eficientemente. Aceitando-a como é, em toda a sua dimensão da sua realidade. Diagnosticando-a. Enfrentando-a. Resolvendo-a.

E a solução terá de vir através de uma perspectiva socialista lúcida, no âmbito da qual os valores colectivos terão de se sobrepor aos egoísmos e privilégios pessoais.

Debate na Generalidade

Uma perspectiva que aceite, encare e ponha fim, definitivamente e sem variantes demagógicas, à exploração do homem pelo homem.

Uma perspectiva que arranque e se apoie nas classes trabalhadoras para construir aqui um país novo, livre e justo.

Mas sejamos bem claros, pois se o socialismo é palavra, não é apenas palavras. É, fundamentalmente, um acto. Um acto de coragem. Um acto de justiça.

Enfrentar a realidade portuguesa é, por isso, um acto de coragem. E, também, um acto que terá de ser justo, preciso, adequado e rápido. Sobretudo quando a realidade se torna angustiante. Sobretudo quando os minutos contam.

Compete-nos a nós, Deputados eleitos por 6 milhões de portugueses, termos essa lucidez, essa coragem e essa eficiência. E não deixarmos que o delírio, o medo ou a incompetência, nos passem um bilhete de ida, para o degredo dos traidores por omissão ou por intenção, o que é pior.

Está escrito no parecer que ontem vos foi distribuído, que todos os portugueses têm direito à «segurança social» e à «saúde».

Em tão poucas e tão simples palavras se esconde todo um futuro, nunca antes conhecido de milhões de portugueses explorados e oprimidos.

Importa perguntar – Sr. Presidente e Srs. Deputados quem foram e quantos foram os portugueses que até hoje tiveram esses direitos? Quem foram e quantos foram os portugueses que até hoje tiveram o efectivo direito à segurança social e à saúde?

Não é preciso ser médico para acusar todo um sistema explorador, instituído para que a exploração pudesse sobreviver e perdurar neste país, embora camuflada com nomes, tais como «previdência» «Casas do Povo» e «assistência», embora camuflada com benefícios menores, que, se paralisavam o gesto da revolta, não pararam o curso ao pensamento. Nem o curso da história.

Não é preciso ser médico, enfermeiro ou condutor de ambulâncias para saber isto. E sabem-no, sobretudo, os doentes. Sabem, porque sofreram e continuam a sofrer.

Mas – Sr. Presidente e Srs. Deputados – que doentes?

Os privilegiados, os exploradores, os accionistas desta grande empresa que era, e ainda é, Portugal?

Não, não foram esses os humilhados, os ofendidos e os ignorados. Para esses havia, e há, todo um sistema, lubrificado pelos óleos do Banco

212   *O Momento Constituinte – Os Direitos Sociais na Constituição*

de Portugal. Para estes, quando doentes, o único mal era a doença, que não o tratamento.

E, por muito que custe (e porque não se pode agradar ao mesmo tempo a dois senhores), a verdade é que, para que uns pudessem sobreviver, muitos tinham que morrer.

Os Srs. Deputados conhecem estas «banalidades» de que vos falo. Sei que não vos trago novidades.

Sei que todos sabem, mesmo aqueles que, por razões de classe ou possibilidades económicas, nunca passaram por estas coisas.

Sei que todos já viram as bichas dos postos da Previdência, que sabem das longas esperas dos trabalhadores que lá acorrem e da vertigem com que a ciência os vê. E a lentidão da burocracia que os trata.

Sei que todos são testemunhas do macabro cortejo de ambulâncias a caminho de Lisboa, do Porto ou de Coimbra, isto é, dos centros da assistência centralizada, neste erro e neste vício, centrípeto e crónico, de todos quererem ser urbanos, «civilizados» e egoístas.

Sei que todos já ouviram falar em medicina preventiva, embora todos tenhamos sido consumidores forçados da medicina curativa.

Sei que todos têm uma ideia, difusa que seja, das condições sub-humanas dos bancos e das enfermarias da maioria dos hospitais portugueses. Ou desses gritos de miséria que são os asilos, ditos «hospitais psiquiátricos», vergonha de um país em que os loucos, afinal, também governavam.

Sei que todos sabem das carências assistenciais das zonas rurais, sobretudo das zonas do interior, onde a mortalidade infantil prova que, afinal, não pertencemos à Europa.

Sei que todos já ouviram falar dos médicos que emigram para o Brasil e outros países, movidos por todas as razões menos uma: a do desemprego.

Sei que todos sabem que as escolas estão a formar, cada vez mais deficientemente, os nossos técnicos de saúde.

Todos sabemos, finalmente, que cada português nasce, cresce e morre e que, em todo este ciclo, a sua saúde está em causa e necessita de cuidados da medicina.

O Sr. Presidente e os Srs. Deputados sabem, todos, de tudo isto. Não vos trago novidades. Apenas pretendo fazer um rappel das vossas opções, das opções que todos temos de tomar. Apenas vos falo disto, para que tudo isto mude. Porque, Srs. Deputados, neste momento há alguém que morre sem assistência médica, neste momento há alguém que espera numa bicha, neste momento há alguém que sofre e não tem dinheiro para uma consulta.

Gostaria agora de sublinhar alguns dos pontos do parecer da Comissão que me parecem mais importantes.

Assim, em relação aos direitos à segurança social e à saúde, há que evidenciar a generalização a todos os cidadãos.

No entanto, se lermos as propostas sobre estas matérias, constantes dos projectos do Partido Comunista Português e do Movimento Democrático Português, verificamos que apenas os «trabalhadores e suas famílias» (no caso do PC) ou os «trabalhadores» (no caso do MDP) têm direito à segurança social.

Pergunta-se: porquê esta exclusividade?

Pergunta-se: e os não trabalhadores? Como se definem e que direito lhes cabe? Quais os critérios?

É evidente que, por exclusão de partes, caberá aos não trabalhadores o recurso às formas privadas da medicina, aquelas que se articularão com o Serviço Nacional de Saúde, embora não fazendo parte integrante dele.

Mas então, ao mesmo tempo que se pretende seguir rumo ao socialismo, ao mesmo tempo que se pretende a socialização da medicina, não estarão a criar-se condições de estímulo, privilégio ou encorajamento das formas privadas e empresariais de medicina, mesmo que sejam «controladas» é «disciplinadas» pelo Estado, como se diz no parecer, e até à sua socialização?

Um outro ponto importante, ainda em relação à segurança social e à saúde, será o da participação das associações sindicais e outras organizações das classes trabalhadoras, bem como das organizações populares. Isto é, a participação dos utentes (a palavra não é feliz, mas está já consagrada) na resolução dos seus próprios problemas.

Porque, Sr. Presidente e Srs. Deputados, se não forem os trabalhadores a pressionar e a contribuir para a resolução dos seus direitos, não vejo quem os substitua. Não será, com certeza, o capital.

Para a realização do direito à segurança social, prevê-se na proposta constitucional da Comissão uma total protecção, por parte do Estado, na velhice, doença, invalidez, viuvez, orfandade e desemprego, quer através de meios médico-hospitalares, quer através de pensões, subsídios, abonos ou outras formas que a lei determinar. Mas quer uns, quer outros, terão de ser dimensionados em relação às efectivas necessidades das populações.

Quanto à saúde, prevê-se a criação de um sistema nacional de saúde, que nem por ser muito falado, já existe. Este serviço será geral, universal e gratuito. E pretende-se que garanta uma eficaz cobertura médica e hospitalar do País, com descentralização de meios humanos e técnicos que urge fazer.

As diversas formas da medicina privada serão disciplinadas e controladas pelo Estado, nesta fase de transição para o socialismo, até à efectiva socialização da medicina.

Idênticas medidas se tomarão em relação ao sector químico-farmacêutico, o qual, talvez mais do que se julgue, está enormemente dependente das indústrias estrangeiras.

Para terminar, desejaria fazer uma breve referência às propostas dedicadas, com o destaque constitucional que merecem, aos direitos específicos da infância, em especial aos órfãos; da juventude e dos trabalhadores jovens; da terceira idade, que com o progresso das ciências vê hoje a vida prolongar-se, o que traz novos problemas às sociedades modernas: dos física e mentalmente diminuídos, sem esquecer os deficientes das guerras coloniais; da maternidade e, sobretudo, das mães trabalhadoras; da família e dos direitos e deveres dos pais, com todo o somatório de valências que os caracterizam, e, finalmente, da habitação, qualidade de vida e ambiente.

É todo o futuro de uma sociedade que estas epígrafes anunciam. Um futuro que terá de ser atingido com o esforço e o sacrifício de todos e que, não estando, talvez, ao alcance das nossas vidas, está ao alcance das nossas mãos.

Um futuro que terá de ser construído à custa de uma radical transformação da sociedade portuguesa numa sociedade socialista, livre e justa, onde não haja lugar à exploração do homem pelo homem.

Eram estas as palavras que queria trazer-vos aqui hoje.

Nada de novo vos trouxe, bem sei, nem algo de profundo. Trouxe-vos apenas, e tão só, a realidade. A realidade em que todos vivemos. E morremos.

Que Portugal seja um país onde a saúde de uns nunca signifique jamais a doença dos outros!

Debate na Generalidade 215

Tenho dito.

Vozes: – Muito bem!

Aplausos.

O Sr. Presidente: – Algum pedido de esclarecimento, Srs. Deputados? O Sr. Dr. Luís Catarino tenha a bondade.

O Sr. Luís Catarino (MDP/CDE): – Eu tive o prazer de acabar de aplaudir a intervenção do Sr. Deputado. Todavia, e relativamente a uma referência que ele fez ao programa do MDP, eu perguntava ao Sr. Deputado se realmente atentou no disposto no artigo 27.º do seu projecto de programa, que diz e eu vou ler:

Todo o cidadão tem direito à saúde. Este direito é realizado pela criação das condições económicas e sociais que garantem a protecção da infância, da juventude e da velhice pela melhoria sistemática das condições de vida e de trabalho, pela criação de um sistema de saúde eficiente ao serviço do povo, por uma política social orientada para a satisfação de todas as legítimas necessidades, pela promoção da cultura física e desporto escolar e popular. Apoiado nas organizações populares, o Estado procederá à criação de um serviço nacional de saúde em benefício de todas as camadas da população, esclarecendo-as sobre as formas de promover a saúde e o mínimo de meios e forças, para esse fim.

Uma vez que o disposto no nosso projecto se referia apenas às classes trabalhadoras, parecendo desprezar as outras camadas da população, eu pedia ao Sr. Deputado que dissesse se realmente teve em vista esta norma, ou teve em vista apenas uma outra norma à frente, que diz:

Daquilo que respeite especificamente ao trabalho.

O Sr. Presidente: – V. Ex.ª pode responder, se assim o entender.

O Sr. José Niza (PS): – Muito obrigado!

A minha referência crítica teve apenas uma finalidade, e a finalidade, quanto a mim, era corrigir uma questão, que me parece mais de forma do que propriamente de conteúdo. Claro que tive em atenção o vosso projecto, como os outros, e, portanto, li aquilo que acabou de ler. Simplesmente, dá-me ideia de que esta exclusão do direito à segurança social em relação a uma determinada parte da população, parece-me que poderá ser contornada e compensada através de outras medidas. Portanto, através de mecanismos simplesmente técnicos. Quer dizer, não está em causa a crítica em relação, e isso seria completamente ridículo, a um partido que demonstra através da sua acção e do seu programa que defende os

216   *O Momento Constituinte – Os Direitos Sociais na Constituição*

trabalhadores, seria completamente ridículo agora vir com críticas ou com um comportamento de anti-trabalhadores.

Era só, portanto, em relação a uma questão formal, que me parece que poderá ser controlada, através de soluções técnicas que entrarão no domínio da legislação.

O Sr. Presidente: – Estão todos esclarecidos?

Tem a palavra o Sr. Deputado Vital Moreira.

O Sr. Vital Moreira (PCP): – Em relação à intervenção que acabámos de ouvir, parece-me que, a título de esclarecimento, importa fazer uma pequena correcção, se o Sr. Deputado estiver disposto a isso, naquilo que afirmou numa referência ao projecto de Constituição do Partido Comunista Português. Na realidade, não é certo que no artigo 39.º «Direito à saúde» se diz que «todos têm direito à saúde», e não é certo que no artigo 41.º, embora no n.º 1 se diga que «os trabalhadores e suas famílias têm direito à segurança social», no n.º 3 desse mesmo artigo se diz que «o sistema de previdência será substituído por um sistema de segurança social, organizado de acordo com os sindicatos e organizações de massas trabalhadoras, de forma a criar um regime cívico para todos os cidadãos», e não é certo que não há necessidade de garantir constitucionalmente o direito à segurança social para aqueles que verdadeiramente já o têm garantido através do poder do dinheiro, e que importa consagrar esse direito apenas para aqueles que o não têm ainda consagrado nesse campo?

O Sr. Presidente: – Tem a faculdade de responder o Sr. Deputado.

O Sr. José Niza (PS): – A dúvida é paralela à que foi posta pelo MDP. O problema é este: a mim interessa-me fundamentalmente, para além de avançar soluções programáticas, interessa-me saber quem paga e como é que são pagas todas estas despesas que o Estado irá fazer em prol da população. É evidente que terão exactamente de ser feitas à custa daqueles que podem. Aos trabalhadores, enquanto não tiverem dinheiro e, portanto, terá de ser a cada momento e dentro de uma evolução a caminho do socialismo que o Estado terá de ir buscar às entidades que possam ou aos cidadãos que possam os meios materiais para realizar todos esses direitos, sem o que ficaremos apenas com uma Constituição muito poética, mas muito pouco consequente.

O Sr. Presidente: – Encantado com este tipo de intervenção e de esclarecimento, a Mesa não pode deixar de ser sensível a isso.

Tem a palavra o Sr. Deputado Lopes de Almeida.

Debate na Generalidade 217

O Sr. Lopes de Almeida (PCP): – Sr. Presidente, Srs. Deputados: Começou hoje a discutir-se na generalidade o projecto apresentado pela 3.ª Comissão e relativo aos direitos económicos, sociais e culturais.

Escusado será salientar a importância do tema. Ao fim e ao cabo, é todo um projecto de sociedade que logo se esboça na definição dos vários direitos económico-sociais; ou o projecto de uma sociedade assente em classes antagónicas, onde a maior liberdade, a liberdade suprema, é, para uns poucos, a de explorar, e, para outros – a esmagadora maioria –, a de ser explorado; ou o projecto de uma sociedade em que venha a ser posto fim à exploração do homem pelo homem. Na formulação constitucional dos direitos económico-sociais tem de estar subjacente uma ou outra concepção.

Pois não basta a consagração formal dos direitos: importa, sim, garantir o seu efectivo exercício; importa transformar os direitos formais em direitos reais.

Ora, o projecto apresentado pela 3.ª Comissão traduz, na generalidade, uma posição progressista que cumpre, antes de mais, salientar.

Nele vêm tratados com grande relevância os direitos económico--sociais dos cidadãos, com enunciação de disposições diversas que visam garantir o efectivo exercício desses direitos por parte das classes trabalhadoras. Em amplos domínios – como o direito ao trabalho, segurança social, saúde, família, maternidade, habitação, ensino, etc. são afirmados princípios fundamentais que marcam a consagração, no plano jurídico--constitucional, de preocupações revolucionárias, no sentido da transformação da sociedade portuguesa a caminho do socialismo.

Nem se diga que tais formulações serão meramente demagógicas, na medida que exigem uma intervenção ulterior do Estado, de difícil concretização imediata.

Bem ao contrário, muitas das disposições propostas pela Comissão são de eficácia praticamente automática e implicam alterações importantes no domínio da legislação vigente (trabalho, saúde, ensino, por exemplo).

Muitos dos direitos consagrados não valem apenas perante o Estado, mas relevam também para as relações entre os particulares, nos termos que a lei fica obrigada a determinar.

Pelo que resumidamente se deixa exposto, entendemos que o projecto da Comissão deve ser aprovado na sua generalidade. Isto, com as diversas ressalvas quanto a algumas questões de fundo, ontem enunciadas na nossa declaração de voto, e que dou aqui por reproduzidas.

Convém, entretanto, chamar desde já a atenção para certas limitações ou deficiências do projecto, susceptíveis de serem corrigidas na votação na especialidade, e que passamos muito resumidamente a enunciar:

1.º Desde logo discordamos da sistematização em três capítulos, correspondendo um a direitos económicos, outro a direitos sociais e outro a direitos culturais. Trata-se de uma autonomização algo arbitrária – pois entendemos que não existe diferença de natureza entre cada um desses direitos, nem é possível determinar com um mínimo de rigor as suas fronteiras;

2.º Não é correcta a inclusão no capítulo I do actual artigo 1.º do projecto da Comissão relativo às condições para a efectivação dos direitos económicos, sociais e culturais. Trata-se, manifestamente, de uma disposição genérica, comum aos três capítulos – e que deveria ser in-cluída numa rubrica autónoma, referente a princípios gerais;

3.º Discordamos da autonomização da proibição do lock-out num artigo próprio pois entendemos tal proibição como uma garantia do direito ao trabalho e que ficaria melhor incluída na disposição respeitante a este direito;

4.º Verificam-se no articulado repetições desnecessárias como, por exemplo, a alínea c) do artigo 3.º, que reproduz disposição similar do n.º 3 do artigo 2.º, e o n.º 1 do artigo 32.º, que reproduz uma disposição já aprovada pela Assembleia no capítulo I do título II e referente à investigação e criação intelectual e artística;

5.º Por outro lado, não se nos afigura correcta a inclusão do direito de escolha de profissão na rubrica do direito ao trabalho, como aparece nos artigos 2.º e 3.º do projecto da Comissão pois trata-se, efectivamente, de direitos diferentes;

6.º Algumas disposições do projecto estão concebidas como meras normas programáticas e não como verdadeiros direitos à actuação positiva do Estado. É o caso do artigo 18.º, que se limita a declarar que «o Estado promoverá uma política de terceira idade [...], e do artigo 20.º, ao enunciar meros critérios gerais sobre política de juventude quando, rigorosamente, o que importa declarar e garantir são verdadeiros direitos (das pessoas idosas, dos jovens, etc.) a uma protecção especial, a uma actividade concreta do Estado.

Tais disposições devem ser rectificadas aquando do exame na especialidade até por uma questão de coerência com o teor geral do projecto;

7.º Discordamos da formulação do artigo 14.º do projecto, onde se contém uma concepção inadequada da liberdade de iniciativa privada e de propriedade privada. Efectivamente, tal disposição refere-se à propriedade social dos meios de produção como limitação à propriedade privada quando se nos afigura que, pelo contrário, é a propriedade privada dos meios de produção que constitui uma limitação à propriedade social.

Srs. Deputados, estas algumas das observações suscitadas ao longo de uma primeira análise do texto da Comissão.

Pensamos que o projecto, para além dos seus aspectos positivos, pode e deve ser melhorado e corrigido aquando da discussão e votação na especialidade. Que estes breves comentários possam ter utilidade para os trabalhos que vão seguir-se, no exame em pormenor das diversas disposições do projecto.

Duas observações finais:

a) O reconhecimento dos direitos económico-sociais dos trabalhadores não é obra da burguesia, mas conquista dos próprios trabalhadores. Foram estes, no seu combate histórico contra a exploração, contra o obscurantismo, que impuseram progressivamente o reconhecimento de alguns desses direitos nas próprias sociedades capitalistas. Se é possível estarmos hoje aqui a apreciar este projecto, isso se deve a uma longa e difícil resistência durante a noite fascista; isso se deve também a um longo combate dos trabalhadores portugueses, nesses tempos em que a intervenção no plano político e no plano sindical implicava grandes riscos e exigia grandes sacrifícios; isso se deve, por último, a toda uma série de lutas após o 25 de Abril tendentes a eliminar o poder dos grandes monopolistas e latifundiários, pelas transformações revolucionárias rumo ao socialismo;

b) E é aqui, nesta transformação profunda das estruturas económicas, sociais e políticas, que reside a suprema garantia dos direitos das grandes massas populares. Por isso mesmo, entre as condições para a efectivação dos direitos económicos, sociais e culturais, a Comissão salientou, no artigo 1.º do projecto, «a extensão da propriedade social dos meios de produção e a planificação do desenvolvimento económico visando o crescimento das forças produtivas».

220   *O Momento Constituinte – Os Direitos Sociais na Constituição*

Já foram aprovadas por esta Assembleia algumas disposições que apontam nesse sentido.

Estamos confiantes, Srs. Deputados, em que também daqui para o futuro, não apenas na discussão na especialidade desta parte referente aos direitos económicos, sociais e culturais, mas em todos os outros capítulos da Constituição, este mesmo sentido progressista ficará marcado, ficará aprovado, porque; como tantas vezes temos aqui salientado, queremos que a revolução portuguesa fique dentro da Constituição.

Aplausos.

O Sr. Presidente: – Tem a palavra o Sr. Deputado Avelino Gonçalves.

O Sr. Avelino Gonçalves (PCP): – Sr. Presidente, Srs. Deputados: O capítulo I do texto adoptado pela Comissão trata dos direitos e deveres económicos e abre com um artigo que dispõe «condições para a efectivação dos direitos económicos, sociais e culturais».

No nosso projecto de Constituição tal norma aparece no n.º 3 do artigo 35.º como forma de garantir a efectivação do direito ao trabalho.

A Comissão entendeu que o acrescimento das forças produtivas» é não apenas condição da efectivação do direito ao trabalho, mas ainda também a garantia sem a qual os direitos sociais e culturais serão vazios de conteúdo.

Não nos repugnou subscrever tal tese. De facto, sempre a libertação do homem em relação à opressão da natureza e de outros homens teve como condição de realização o desenvolvimento das forças produtivas.

A exploração, a opressão de uns homens sobre outros, é o resultado e a causa da miséria humana, da penúria, da dependência em relação a um mundo natural, a um tempo acolhedor e hostil, que só o homem em sociedade pode e vai dominando.

Só a apropriação social dos meios de produção eliminará os obstáculos à livre expansão da capacidade de produção da sociedade. O crescimento das forças produtivas é a base económica indispensável para que o nosso povo atinja um dia a abundância, a paz, a liberdade, a cultura, a igualdade e a felicidade.

Ou seja, o crescimento das forças produtivas é condição indispensável para que os direitos económicos, sociais e culturais consignados neste título da Constituição ganhem um conteúdo concreto.

As massas trabalhadoras sabem que ninguém lhes distribui aquilo que não produziram. Os trabalhadores sabem que tudo o que o Estado lhes garanta em qualquer domínio da vida humana é sempre, e só, fruto do seu trabalho. Tudo quanto neste título se pretende garantir aos cidadãos nasce, inelutavelmente, da actividade produtiva e criadora das massas operárias e camponesas, da actividade socialmente organizada das massas trabalhadoras. Desde a habitação ao ensino, desde a alimentação à cultura, tudo quanto assegura a sobrevivência e desenvolvimento do homem resulta sempre e apenas do trabalho.

Por isso nós, comunistas, consideramos o direito ao trabalho como um direito fundamental do homem. Porque ele é a base de todos os direitos, é a condição natural da libertação humana, porque a sua efectivação exige e impulsiona a transformação de toda a sociedade.

Como sistema social, o capitalismo está condenado não apenas porque assenta na exploração do homem pelo homem, mas principalmente porque tende a perpetuar essa exploração. O capitalismo está condenado quando, na sequência de um período de desenvolvimento social assente na exploração das massas trabalhadoras, se torna um meio de bloquear o desenvolvimento social, como forma de manter aquela exploração.

Só a apropriação dos meios de produção, pela sociedade pode garantir o fim do desemprego e da fome, o fim dos bairros de lata e do analfabetismo, o fim do obscurantismo e da miséria. Só a apropriação social dos meios de produção impedindo que interesses egoístas de meia dúzia de monopolistas e latifundiários se sobreponham aos interesses de um povo inteiro, pode libertar a sociedade portuguesa.

Os trabalhadores portugueses sabem como tem sido dura a sua luta contra a exploração e opressão daqueles que, falando demagogicamente na «realização plena da pessoa humana», põem em causa, no concreto, o pão necessário à sobrevivência dos trabalhadores e suas famílias, encerrando empregas, fugindo para o estrangeiro, cessando os investimentos, sabotando a economia tudo sempre em nome de uma liberdade apresentada em abstracto, mas que se traduz, na prática, no domínio da vida social por parte das classes possidentes.

Esta situação só mudará efectivamente pela extensão da propriedade social dos meios de produção e pela planificação do desenvolvimento económico, sempre com a participação e sob o controle organizado dos trabalhadores. Assim se alcançará o pleno emprego, se criarão condições de segurança social, se garantirá a habitação, ensino, educação, repouso e bem-estar de todos os portugueses.

O Momento Constituinte – Os Direitos Sociais na Constituição

Por todas estas razões, Sr. Presidente, Srs. Deputados, damos o nosso acordo à redacção que, em emenda ao nosso projecto, propuseram os nossos colegas do Partido Socialista nesta Comissão, e que marca o sentido de todo o título subordinado aos direitos e deveres económicos, sociais e culturais.

(...)[1]

O Sr. Presidente: – Para uma primeira intervenção, tem a palavra o Sr. Deputado Hilário Teixeira.

O Sr. Hilário Teixeira (PCP): – Sr. Presidente, Srs. Deputados: 1 – Inserido no título III (Direitos e deveres económicos, sociais e culturais) apresentado pela 3.ª Comissão à Assembleia Constituinte, encontra-se um capítulo que consagra os direitos e deveres sociais dos cidadãos portugueses.

Pela sua importância material e espiritual que representa para as classes trabalhadoras, não pode o PCP deixar de lhe dedicar particular atenção. Para nós, a principal razão de ser, a finalidade fundamental do socialismo é elevar ao máximo o nível de vida material e cultural do povo, é desenvolver harmoniosamente as faculdades criadoras de cada um.

O articulado proposto pela Comissão é aceitável, embora alguns artigos sejam um tanto vagos, reflectindo muitas vezes as tentativas de encontrar resposta para os fenómenos de crise que surgiram na economia e na infra-estrutura dos países capitalistas.

O Sr. Presidente: – Peço o favor aos Srs. Deputados de não conversarem, sobretudo com as costas voltadas para a Presidência.

Pausa.

Claro que não é com o orador.

Risos.

O Orador: – Os marxistas consequentes não hesitam em dizer que, efectivamente, a concretização prática dos direitos consagrados nesta Constituição passa pelo crescimento rápido da produção, quando ao serviço das classes trabalhadoras.

---

[1] Conforme anunciado acima, excluímos neste ponto uma discussão prolongada sobre a questão da unidade sindical que, apesar de muito importante no contexto da época, transcende o objecto do presente estudo.

Não é por se baptizar alguns artigos de marxistas que os ideólogos ao serviço da burguesia prestam uma útil colaboração na elaboração da Constituição. Pelo contrário, os partidos não marxistas pretendem é, sim, evitar que a Constituição sirva o processo revolucionário e a libertação dos trabalhadores. As acusações de que alguns artigos reflectem a ideologia marxista visam apenas fazer que eles traduzam a ideologia e os interesses da burguesia.

2 – Um outro artigo que se associa com certos ideais positivos e que não deixa de exercer uma certa influência na população, incluindo parte da classe operária e outras forças progressistas, exprime o conceito de «qualidade de vida e ambiente». No entanto, não é demais sublinhar que a luta pela qualidade de vida e pelo ambiente não tem sentido fora de uma luta global contra o capitalismo e o imperialismo. Sendo o imperialismo e o capitalismo os responsáveis pela má utilização e desperdício dos recursos, são-no também pela contaminação do ar, o aumento do ruído, a acumulação de lixo, a redução das reservas de água pura, a crescente irritabilidade das pessoas e a concentração de substâncias nocivas e de venenos no organismo humano; o capitalismo já demonstrou ser incapaz de se aproximar sequer da verdadeira solução dos problemas fundamentais ligados às condições de vida sociais, higiénicas e culturais dos trabalhadores. A resolução deste problema depende pura e simplesmente do poder económico e político.

3 – Questão também delicada, criminosamente rejeitada pelo regime fascista, é a situação dos cidadãos idosos ou, como aparece no texto da Comissão, «a política da terceira idade».

Aos cidadãos idosos deve-se permitir que continuem a tomar parte activa na vida pública e social, mantenham a boa saúde e melhorem a sua situação social. Devem-lhes ser garantidas pensões e reformas adequadas, pois as pessoas idosas são fisicamente capazes de tomar conta de si, manterem elas próprias a sua casa. No entanto, derivado da sua condição económica, muitos vivem com os seus filhos no seio da família, quantas vezes contrariados.

4 – Embora os cuidados inerentes aos diminuídos e às pessoas inválidas não estejam claramente concretizados, este capítulo também os aborda de uma maneira geral.

Ao Estado deverão competir, em conjunto com as organizações populares, os cuidados a prestar às pessoas inválidas e aos doentes, nomeadamente restabelecer a sua capacidade de trabalho e fornecer-lhes um emprego apropriado. Deverão ser criados empregos especiais para os inválidos nas fábricas e nas cooperativas, devendo viver em apartamentos especialmente preparados e trabalhar em ateliers especialmente equipados e em que sejam submetidos a um controle médico permanente.

5 – Como jovem trabalhador que sou, e sendo a juventude também abordada neste capítulo, não poderei deixar de tecer algumas considerações acerca desta matéria.

A juventude, no articulado proposto pela Comissão, é encarada de um modo um pouco simplista. Para compreender a juventude é necessário perceber a reacção espontânea e apaixonada dos jovens. É necessário compreender que a juventude entrou ou entra na vida numa época de grandes transformações revolucionárias, na época da confrontação à escala mundial entre o capitalismo e o socialismo. Sob o capitalismo, os jovens e o seu movimento só podem, ao fim e ao cabo, desenvolver-se confrontando os interesses de classe e definindo os seus objectivos vitais na luta contra o imperialismo.

Há jovens com verdadeiro heroísmo no trabalho e elevado civismo, mas também há casos de parasitismo, falta de gosto no trabalho e de passatempo inútil.

No entanto, os jovens de todo o mundo já demonstraram, e concretamente a juventude portuguesa, o seu importante papel na luta democrática anti-imperialista e anti-monopolista, nos movimentos contra a guerra e na luta contra a opressão racista nacional.

6. Na concretização daquilo que disse, e nos direitos consignados no projecto, seria utópico pensar que isso seria uma realidade se, efectivamente, o poder político não pertencesse ao proletariado e seus aliados. Para esse Estado o importante é que a sociedade realmente se desenvolva, e o seu objectivo fundamental é a elevação do nível de vida material e cultural de todo o povo, e não só da população activa, que produz valores e recebe uma remuneração pelo trabalho produzido. Sem esta condição com certeza não haverá a concretização dos objectivos que este projecto pretende contemplar.

Aplausos.

(...)

O Sr. Manuel Gusmão (PCP): – Sr. Presidente, Srs. Deputados: I – Para o Partido Comunista Português o problema dos direitos e deveres culturais é de grande importância numa Constituição que deve ser revolucionária, como na luta geral das classes trabalhadoras. Isso mesmo é revelado pela amplitude e teor dos preceitos relativos a esse problema constantes no nosso projecto de Constituição. Por isso, também nos congratulamos com a extensão do tratamento que têm no parecer da 3.ª Comissão, em que são recolhidas algumas das nossas principais preocupações.

Nós, comunistas, consideramos que a frente do ensino e da educação e da cultura e da ideologia é uma das grandes frentes de combate das forças democráticas e revolucionárias na construção de uma sociedade democrática a caminho do socialismo, uma tarefa fundamental que deva ser firmemente cumprida por um Estado democrático revolucionário.

Para nós, a escola e, portanto, o ensino e a educação encontram-se dialecticamente ligados à estrutura das sociedades e têm consequentemente um papel importante, quer de manutenção, quer de transformação dessas estruturas.

É em função deste princípio fundamental que a nossa posição sobre os preceitos sobre esta matéria, a incluir na Constituição, se baseiam em dois factores principais: o primeiro é o conhecimento da situação concreta que nos é legada pelo fascismo e que, se já sofreu algumas alterações, se mantém em muitos aspectos: o segundo é a definição do tipo de sociedade que visamos e do período de transição a que se destina a Constituição que estamos a elaborar.

II – Em relação ao 1.º factor nós sabemos, por exemplo, que a situação que no ensino herdámos do fascismo se caracteriza entre outros pelos traços seguintes:

1 – a) Uma rede escolar deficiente na cobertura do País, em todos os graus de ensino, inexistência de uma rede escolar pré-primária. Deficiências de instalações, de apetrechamento didáctico e das demais condições de trabalho. Grandes diferenciações entre a cidade e o campo e entre a faixa litoral e as regiões do interior do País;

b) Cerca de 30 % de analfabetos. Pouco mais de 3% de crianças com acesso ao ensino infantil, com evidente exclusão total ou quase total das crianças das classes mais exploradas. Cerca de 100 000 crianças inadaptadas ou deficientes sem apoio médico-pedagógico. Milhares de crianças com uma escolaridade primária de duas horas e meia por dia e em alguns casos apenas dia sim dia não, e isto sobretudo em regiões de forte concentração das classes trabalhadoras. Escolaridade obrigatória baixa e ainda não totalmente cumprida, nem sequer no que diz respeito aos quatro primeiros anos;

c) Professorado em grande parte impreparado ou deficientemente preparado e com grandes dificuldades na obtenção dessa preparação, por falta de condições e de estruturas que a forneçam. Grande isolamento do professorado do ensino primário;

d) Grande selectividade de classe em toda a estrutura do aparelho escolar, agravada com a diversificação dos dois últimos anos de escolaridade obrigatória, com a distinção entre o ensino liceal e o ensino técnico, e no acesso ao ensino superior. Ensino secundário técnico insuficiente, desdobrado em cinquenta e três cursos, dos quais apenas oito são frequentados por mais de mil alunos, o que, ligado à quase inexistência do ensino técnico profissional, é um dos cinco instrumentos que facilitavam e facilitariam, a manter-se, a desenfreada exploração dos trabalhadores e sobretudo das mulheres trabalhadoras. Profundo elitismo, aliado a um baixíssimo nível científico e técnico e ligado a uma grande desqualificação social do trabalho manual. Se em relação a algum destes problemas se começaram já a ensaiar os primeiros passos com vista à sua resolução, é um facto que estes factores pesam ainda claramente numa definição de situações;

e) Elevados custos escolares e baixíssimo grau de aproveitamento em todos os graus de ensino circunstância ligada quer a deficiências de ordem pedagógica e didáctica quer a efeitos de estrutura classista da sociedade portuguesa. Deficientíssimas condições de estudo para os trabalhadores estudantes, agravadas pela baixa qualidade e inadequação dos cursos, programas e métodos;

f) Atrofia do trabalho científico, literário e artístico criador, produto da falta de estruturas materiais de apoio e estímulo, de ausência de liberdade e de violenta repressão durante o período fascista.

2 – Sabemos também que o funcionamento do aparelho escolar visa a reprodução das relações de produção, quer dizer: nas sociedades capitalistas visa, por um lado, a formação de mão-de-obra estratificada, seguindo a divisão em classes sociais antagónicas, e por outro lado, a difusão de uma ideologia que funciona como um dos meios de manter a existência dessas classes e das relações de exploração em que assenta a sua existência.

No caso do nosso país, o fascismo como expressão do domínio da burguesia em Portugal operou uma intensa instrumentalização terrorista da escola. Profundamente selectiva na sua organização e nos mecanismos de acesso, a escola funcionava difundindo uma ideologia obscurantista, nacionalista e colonialista, que servia, entre outros objectivos, para desarmar e reprimir ideológica e culturalmente as populações oprimidas, procurando impedir a sua entrada na luta política, e para mascarar o carácter anti-nacional da política dos monopólios, latifundiários e seus governos, a submissão do nosso país ao imperialismo e a consequente hipoteca de uma independência nacional.

Por outro lado, o desenvolvimento do capitalismo monopolista de Estado em Portugal, assegurado e favorecido pela ditadura fascista, assentou não só na violenta repressão do povo trabalhador, como na mais desenfreada exploração das classes trabalhadoras, nos salários de miséria, na sobre-exploração dos povos, das riquezas naturais e dos mercados coloniais e na subordinação ao imperialismo que exportava capitais e tecnologias baixas e retirava as mais-valias acumuladas. Esta situação, que explica o fraco desenvolvimento das forças produtivas em Portugal, permite também compreender que fosse, apesar de tudo, mitigada a necessidade dos monopólios em mão-de-obra qualificada e em quadros técnicos, o que explica também o baixo nível técnico e científico do nosso ensino. Quer dizer que o capitalismo português não resolveu sequer alguns dos problemas primários do ensino, resolvidos por outros países capitalistas, porque a contradição entre a necessidade de um ensino de baixa qualidade e obscurantista e a necessidade de mão-de--obra qualificada não se tomou pelas circunstâncias específicas já referidas uma contradição explosiva.

Por idênticas razões, não pode hoje qualquer perspectiva de reconversão capitalista pretender resolver esses problemas.

3 – Quanto ao segundo factor que referi como determinante da nossa posição quanto a este problema, trata-se de que para nós, comunistas, a extensão e transformação do aparelho escolar só pode ser efectivamente realizada no quadro da luta pela construção da sociedade socialista, de uma sociedade de trabalhadores livres e soberanos, isto é, só pode ser efectivamente encarada se os trabalhadores forem os sujeitos e o objecto das transformações necessárias.

228 *O Momento Constituinte – Os Direitos Sociais na Constituição*

Nessa transformação alguns princípios são para nós fundamentais:

a) O princípio da unidade do desenvolvimento da personalidade e do desenvolvimento social;

b) O princípio da unidade da teoria e da prática, da aprendizagem e do trabalho produtivo;

c) O princípio de unidade de instrução e de educação, da unidade dos valores pedagógicos, ideológicos, e políticos.

4 – É em face destes dois factores que nós afirmamos a luta pelos direitos e deveres culturais, como reivindicação das classes trabalhadoras, que só por elas, através do exercício do seu poder, pode ser satisfeita e que é parte integrante da luta pela democracia, pelo socialismo e pelo comunismo. Por isso nós recusamos as perspectivas tecnocráticas e desenvolvimentistas como as perspectivas liberais burguesas.

Para além de eventuais alterações a propor ao parecer da Comissão para uma melhor explicitação ou correcção de certas formulações, nós consideramos importante a consagração constitucional, entre outros, dos seguintes princípios:

O da participação das organizações populares na democratização da cultura (artigo 27.º, n.º 2, do parecer).

O do sistema unificado do ensino como um dos instrumentos necessários à eliminação progressiva da selectividade de classe e o princípio de ligação da educação à missão de edificação de «uma sociedade democrática» que só pode ser realizada segundo os valores de liberdade e de democracia de ideologias revolucionárias das classes trabalhadoras (artigo 28.º, n.º 2).

A explicitação da necessidade de «formação de quadros originários das classes trabalhadoras» que, aliando os conhecimentos científicos e técnicos a uma firme consciência de classe, serão obreiros fundamentais da construção da sociedade socialista (artigo 28.º, n.º 3).

A laicidade do ensino, as medidas em relação ao ensino particular, constantes do artigo 29.º.

O carácter fundamental da entrada dos trabalhadores e dos filhos das classes trabalhadoras no problema do acesso à Universidade (artigo 30.º).

A necessidade de combinações da educação, em geral e em especial, com o trabalho produtivo, a educação física e o desporto e a participação em actividades políticas e sociais (artigo 31.º, n.º 2).

Debate na Generalidade 229

O direito de liberdade de investigação e de criação intelectual e artística (artigo 32.º, n.ºs 1 e 2).

Para terminar, queremos sublinhar a necessidade de que os preceitos constitucionais nesta matéria sejam os princípios orientadores suficientemente claros e objectivos que enformem o desencadear de uma acção cultural revolucionária em que se devem empenhar o Estado democrático revolucionário, as organizações populares e os intelectuais progressistas.

Aplausos.

O Sr. Presidente: – Está encerrada a sessão.

Amanhã à hora regimental, a continuação da discussão na generalidade do texto da 3.ª Comissão.

Está encerrada a sessão.

Eram 19 horas e 55 minutos.

12 DE SETEMBRO DE 1975

Vamos prosseguir no debate na generalidade do parecer apresentado pela 3.ª Comissão. Está inscrito o Sr. Deputado Sousa Pereira.

Pausa.

Trata-se de uma primeira intervenção. O Sr. Deputado tem vinte minutos. Tem a palavra.

O Sr. Sousa Pereira (MDP/CDE): – Sr. Presidente, Srs. Deputados: A proposta de articulado da 3.ª Comissão mereceu ao MDP/CDE uma declaração de voto, lida anteontem neste Plenário, na qual afirmamos as razões de fundo que nos levam a orientar o nosso voto na generalidade, no sentido da não aprovação daquele projecto. Com efeito, afirmamos que o seu espírito não dá completa satisfação aos objectivos definidos, sem ambiguidades, no n.º 2 dos «Princípios fundamentais» e, por outro lado, o projecto da Comissão não defende com suficiente determinação o processo revolucionário português. Isto, como dissemos, não impede o MDP de se congratular com o avanço positivo que a proposta em apreciação representa em relação a alguns projectos constitucionais partidários. A apreciação que a seguir faremos vai orientar-se no sentido de definir, em linhas gerais, o sentido do voto do meu Partido face aos principais assuntos tratados neste título.

O MDP congratula-se com o facto de ver consignado constitucional-mente, a par e com igual dignidade do direito, o dever de trabalhar. Significa isto uma dignificação do trabalho como forma de actuação revolucionária, como contribuição para a construção de uma sociedade de justiça e prosperidade.

Na verdade, num período revolucionário a caminho do socialismo, o trabalho é, nas palavras de Samora Machel, que passamos a citar:

[...] – um acto de libertação, porque o resultado do trabalho beneficia os trabalhadores, serve os interesses dos trabalhadores, isto é, serve para libertar o homem da fome, da miséria, serve para fazer progredir a luta.

E continua:

[...] Porque o nosso combate é para libertar os trabalhadores explo-rados, é com orgulho que nós vemos as nossas mãos com calos, é com alegria que nós enterramos os nossos pés na terra. O trabalho [...] ajuda--nos a desenvolver a consciência da nossa origem, ajuda-nos a liquidar os complexos que os colonialistas queriam impor-nos.

E o que Samora Machel diz para Moçambique pode dizer-se para Portugal se substituirmos a palavra colonialistas por monopolistas ou im-perialistas, lá e cá uns e outros opressores e exploradores dos trabalhadores e do povo. E o povo e os trabalhadores portugueses sabem isso, sentem isso e estão dispostos a defender a sua Revolução como estiveram, no tempo do fascismo, dispostos à luta pela sua libertação contra o opressor.

Se é certo que temos de reconhecer a acção libertadora dos militares portugueses, em 25 de Abril, não podemos também esquecer que essa acção se inseriu na luta mais geral do povo português, não podemos nem devemos esquecer a capacidade revolucionária dos trabalhadores deste país, que; resistindo à máquina opressora e assassina do regime fascista, souberam manter a sua consciência de classe e souberam conjugar os seus esforços, unitariamente, no sentido de fazer avançar o processo democrático rumo à libertação.

Não podemos nem devemos esquecer que, no 1.º trimestre de 1974, centenas de milhares de trabalhadores, nas mais duras condições de repressão, foram mobilizados em greves por mais justos salários e tam-bém na defesa das liberdades fundamentais para todos nós.

Isto é uma lição que alguns parece terem esquecido: a lição de que, se os trabalhadores portugueses souberam encontrar a sua unidade e a orientação fundamental da sua luta sob o fascismo, também a saberão

Debate na Generalidade

encontrar quando as suas conquistas estiverem ameaçadas. E o avanço da Revolução rumo ao socialismo está ameaçado. Ameaçado pelo divisionismo que, artificialmente, se instalou no movimento popular de massas e que agora se vai instalando nas forças armadas. A reacção, os conservadores e a contra-revolução avançam na táctica da «desestabilização», que começou por, ao nível dos trabalhadores, a tentar a sua divisão em torno de contradições secundárias. Para isso se falou em «pluralismo sindical» como forma de defesa das liberdades. Para isso, partidos como o Partido do Progresso, o Partido Nacionalista Português, o Partido da Democracia Cristã o defenderam aberta e descaradamente.

Em contraposição, as forças políticas progressistas, o MFA e os trabalhadores se manifestaram pela «unicidade sindical», se manifestaram pela ampla liberdade e democraticidade interna dos sindicatos, se manifestaram, na mesma luta de defesa dos interesses dos trabalhadores e do povo, pela convergência de correntes ideológicas diferentes, se manifestaram, enfim, pela necessidade urgente de, para além de opções ideológicas diferentes, arranjar a unidade que permita às classes trabalhadoras resistir ao inimigo comum os monopólios, os latifúndios, o grande capital e o imperialismo capitalista.

Srs. Deputados: A «unicidade sindical» – conquista fundamental do povo português ...

Gera-se agitação na Assembleia .

... não visa obrigar o trabalhador da ideologia A a aderir ou ser submetido à ideologia B, visa, e conseguirá, defender os trabalhadores da ideologia A, B ou C, mas com interesses de classe coincidentes, contra os seus opressores, estes sim com interesses antagónicos dos daqueles.

Uma voz: – Isso é a unidade sindical!

Vozes: – Isso é falso!

Apupos.

O Orador: – Por isto, e só por isto, em conformidade com o programa político do seu Partido, o representante do MDP/CDE votou a favor da inclusão de uma disposição que consagrasse constitucionalmente o princípio da «unicidade sindical». Por isso, o Movimento Democrático Português proporá a este Plenário uma disposição que consagre tal conquista revolucionária, já legislada ordinariamente e que serve objectivamente os interesses dos trabalhadores deste país, o país que as forças imperialistas e os seus aliados não querem admitir se liberte da opressão e da miséria.

Esta opressão, os ataques à Revolução portuguesa, concretizam-se de várias formas, sendo este país, neste momento, a imagem do avanço da contra-revolução, actuando a vários níveis e das mais diversas formas.

Por um lado, assiste-se aos assaltos criminosos dos reaccionários fascistas, do ELP, dos spinolistas do MDLP, através de acções de terrorismo urbano, de técnicas incendiárias, da destruição das sedes de partidos, perante a passividade de alguns que até a atribuem à «justa ira popular».

A outros níveis, verifica-se a acção divisionista das forças revolucionárias, através da calúnia e da mentira.

E é neste contexto que sobressaem as acções de sabotagem económica, a fuga de divisas, a sangria das riquezas deste país. Em nosso entender, a defesa da Revolução exige medidas severas que a protejam. Os sabotadores e criminosos de delito económico que diária e persistentemente corroem a democracia em Portugal devem ser exemplarmente castigados.

Por isto, o MDP/CDE se opõe frontalmente ao limite ao confisco estabelecido no n.º 3 do artigo 14.º do projecto da Comissão. Tal artigo, que deveria aparecer como sanção, transforma-se, com as limitações que lhe são impostas, numa protecção de criminosos. Mais do que a defender a Revolução, aquele articulado revela a carinhosa benevolência face aos contra-revolucionários, repetindo os erros da revolução republicana de 1910.

Srs. Deputados: Para que esses erros não se repitam, por falta de perspectivas políticas ou por falta de orientação programática, é necessário que cada acto individual ou colectivo, que cada actividade ou programa de acção, sejam claros e directos nos objectivos que prosseguem. Para que não tenhamos que lamentar amanhã os nossos erros de hoje, é necessário que, sem tibiezas, definamos o sentido da nossa luta, é necessário que sejamos claros na orientação da utilização dos direitos que consignamos constitucionalmente. Foi esta posição que levou o representante do MDP/CDE a bater-se pela inclusão de um articulado que definisse os parâmetros orientadores do direito da educação dos pais no respeito pelos «valores do trabalho, da paz, da fraternidade e da igualdade entre os homens e no reconhecimento do papel fundamental da infância e juventude na construção de uma pátria socialista». Pela mesma razão, o MDP/CDE se opõe ao articulado do n.º 3 do artigo 27.º, que impede o Estado de utilizar quaisquer directrizes na programação da cultura. Para além do absurdo que tal texto significa, o MDP entende que a cultura deve ser posta ao serviço do povo, deve tornar-se acessível às classes trabalhadoras, e isso implica opções fundamentais, que não podem basear-se em conjunturas abstractas de filosofias burguesas ao serviço do capitalismo e da sociedade sem perspectivas, de estéticas niilistas ou políticas obscurantistas. Coexistência ideológica, e não sectarismo, defenda-se; cegueira intelectual, não!

O MDP/CDE congratula-se, no entanto, com o facto de o texto, em contraposição com o que é feito em relação à cultura, definir claramente os objectivos do ensino, da educação e da investigação científica e apoia firmemente o artigo 30.º, que estabelece as condições de acesso à Universidade de acordo com as necessidades do País e de modo a favorecer a entrada de trabalhadores e dos filhos das classes trabalhadoras. Na verdade, pôr em prática este princípio constitucional significa um passo importante na construção da sociedade socialista, significa abrir ao povo e aos trabalhadores a escola, que durante tanto tempo eles pagaram para uso da burguesia, agravando, por esta via, o processo de dominação, consagrando a nobreza dos doutores; títulos de uma monarquia tecno-aristocrática.

O MDP felicita-se também pelo claro articulado do artigo 26.º, no que se refere ao direito à habitação, nomeadamente o seu n.º 4, que prevê a progressiva nacionalização do solo urbano, medida fundamental para eliminar os parasitas mais repugnantes que viviam à custa da especulação desenfreada de uma necessidade primária do homem, desenvolvendo essa exploração à custa dos dinheiros públicos e da corrupção que designarei de «urbanística».

Na verdade, analisando o que aconteceu durante o fascismo, podemos verificar que toda a política urbanística conduziu a que, de uma forma generalizada, o Estado, através dos órgãos administrativos locais (municípios, serviços municipalizados, etc.) e à custa dos dinheiros públicos, tivesse satisfeito a exigência da criação e manutenção de um ambiente urbano que o especulador explorou, em seu exclusivo benefício, através da mais gritante exploração do povo português.

E isto é tão grave quanto é certo que muitas vezes o especulador multiplicou o seu investimento por 2 e por 3 no período de um ano, socorrendo-se quantas das vezes de financiamentos de instituições públicas de crédito. Situações destas são conhecidas não só nas zonas residenciais, mas também nos parques industriais das grandes cidades.

Para combater isto, só um urbanismo orientado pode vir a ser socialmente útil, o que implica a modificação radical do tipo de exploração e

234 *O Momento Constituinte – Os Direitos Sociais na Constituição*

dos direitos de propriedade e de utilização do solo. Em nosso entender, a apropriação social deve tender preferencialmente para a nacionalização; só desta forma se poderá corresponder às exigências de correcção das graves distorções e assimetrias regionais, função que consideramos fundamental e urgente.

Um urbanismo livre irá permitir que os benefícios sociais – produto do avanço da ciência, da tecnologia e da cultura – possam progressivamente ficar ao alcance de todos. Irá permitir também o povoamento harmónico do País, contrariando a centenária e contínua corrente migratória para a orla marítima e industrial, agravada nos últimos anos com o advento do desenvolvimento tecnológico e do consequente abandono das actividades e das zonas agrícolas.

O MDP/CDE apoia ainda as disposições preconizadas em relação à protecção dos direitos dos jovens, da criança e dos deficientes e apoia a alínea d) do artigo 3.º, que prevê a criação de condições de igualdade de acesso ao trabalho por parte das mulheres, condição fundamental para obtenção da sua igualdade social. Se esta alínea não recupere totalmente e retire dignidade ao artigo autónomo proposto no artigo 22.º do nosso projecto, a verdade é que isto é seguro avanço, no sentido de eliminar as condições favoráveis à dupla exploração a que as mulheres trabalhadoras têm estado sujeitas: por serem trabalhadoras e por serem mulheres.

Este o sentido do voto do Grupo de Deputados do MDP/CDE, que, oportunamente e em pormenor, apresentarão as suas propostas de alteração, que, a serem aprovadas, enriquecerão o texto proposto e orientarão a Constituição no sentido de exercer a função que o meu Partido sempre lhe atribui, eliminando-lhe o carácter limitador desse mesmo processo; do processo revolucionário português.

O Sr. Presidente: – Alguém deseja usar da palavra para interpelar o orador que acabou de falar?

Pausa.

Então vamos dar a palavra ao orador a seguir inscrito, que é o Sr. Deputado Mário Pinto.

O Sr. Mário Pinto (PPD): – Sr. Presidente, Srs. Deputados: Propondo-me intervir no debate na generalidade sobre o futuro título III da parte I da Constituição Política, subordinado à rubrica «Direitos e deveres económicos, sociais e culturais», a minha intenção é a de me ater à discussão, num correcto plano de generalidade. Já na declaração de voto que

Debate na Generalidade

subscrevi com os meus colegas do Partido Popular Democrático, e todos enquanto membros da 3.ª Comissão, foi afirmado o sentido e o alcance do futuro título III da parte I da Constituição Política Portuguesa. Na medida em que ele consagra a declaração e a garantia dos direitos e deveres económicos, sociais e culturais, pode dizer-se que representa, na Constituição Política, a recepção e a consagração da segunda grande revolução da Humanidade, na história da formalização jurídico-constitucional e da correspondente efectivação político-prática dos direitos, deveres e garantias do Homem.

Digo segunda grande revolução, porque a primeira, que produziu as celebradas declarações de direitos, desde a Magna Carta à declaração dos direitos do cidadão da Revolução Francesa e à Carta das Nações Unidas, exprimiu-se tonicamente, e a princípio praticamente em exclusivo, na consagração dos direitos, liberdades e garantias do cidadão enquanto actos da cena política e no confronto do Estado-poder político aliado e instrumento de uma forma de dominação económica. Esta primeira revolução teve, em suma, o sentido da revolução contra o absolutismo político, o sentido da salvaguarda do governado perante o governante, do simples homem comum contra os detentores dos aparelhos do poder político. Neste sentido fixou um estatuto do poder político, as suas limitações, quer quanto ao seu fundamento (na soberania do povo), quer quanto ao seu exercício (divisão dos poderes, princípio do Estado de Direito, democraticidade da orgânica constitucional e da vida política, participação activa dos cidadãos nos negócios públicos e controle da acção política do Poder).

Foi, porém, uma nova conquista da consciência do Homem, o avanço para a reivindicação dos chamados «direitos sociais». A experiência histórica das liberdades e direitos políticos mostrou que não basta resguardar os espaços de liberdade de cada cidadão. Resguardado nos seus espaços de liberdade, o homem-cidadão fica livre de agir; mas não fica, necessariamente, capaz de agir, nem, muito menos, credor garantido da solidariedade entre os homens. Solidariedade que é normativa, porque assenta na própria natureza do homem, ser que não se realiza na solidão ou no egoísmo, mas apenas na solidariedade e na fraternidade.

Foi assim que a consciência histórica adquiriu definitivamente aquilo que, no mais puro fio do pensamento dos utópicos, na mais profunda e lídima crença, feito de inteligência e de mística dos religiosos de várias religiões, desde muito recuados tempos se afirmou e se propôs: que o Homem é um ser comunitário, espiritual e fisicamente, e que a sua felicidade, a plenitude da sua realização se encontra na linha de síntese entre a liberdade pessoal de cada um e a solidariedade fraterna entre todos. Aos espaços de liberdade que a revolução liberal ganhou para a prática sócio-política é assim indispensável reunir, dialecticamente, os laços da solidariedade, através de direitos e deveres entre os cidadãos, cujo tecido infunda na estrutura da sociedade a marca indelével da justiça e da fraternidade, e também através de direitos e deveres entre os cidadãos e o Estado, entendido este como instrumento do poder social, em sede política, potenciando a satisfação das necessidades, organizando os meios de concretização da justiça, criando as condições da igualdade de oportunidades, da promoção de todos e do especial apoio e protecção dos mais fracos e desfavorecidos.

É neste pendor de reflexão que eu entendo e valorizo as linhas programáticas do meu partido, que não se arreceia de confrontos no que toca à ambição de tornar efectivos, na sociedade portuguesa, os direitos e as garantias dos Portugueses nos domínios económico, social e cultural. Sempre afirmámos que não nos contentávamos só com a chamada democracia política; mas que reivindicávamos também para o povo português uma democracia económica, social e cultural. Isto é, uma libertação dos Portugueses de todas as formas de opressão ou repressão, impeditivas ou limitadoras da igualdade de oportunidades e da satisfação das necessidades e anseios de realização pessoal de cada um e de todos os portugueses.

Neste sentido, estamos com todos os partidos e correntes de pensamento que lutam, sem tibiezas, por uma sociedade verdadeiramente justa e igualitária. E não nos contentaremos facilmente neste projecto, que exigirá a mobilização de toda a nossa sociedade, provavelmente sem descanso e sem fim.

Congratulo-me, pois, com o projecto apresentado a este Plenário pela 3.ª Comissão, na medida em que, sem dúvida com graves defeitos, e até com erros evidentes, ele poderá ser um documento de trabalho que permita a este Plenário chegar a um articulado constitucional progressista para a fase histórica actual do povo português, indo ao encontro da situação concreta e existencial das pessoas concretas e, sobretudo, dos pequenos, dos fracos, dos diminuídos, dos velhos, dos que não tiveram oportunidades, dos doentes, dos marginalizados e dos explorados, enfim, de todos os que são vítimas das vicissitudes naturais, das distorções sociais ou do egoísmo dos homens.

É de notar que o texto é a expressão do máximo de plataforma de consenso, que umas vezes foi possível, outras impossível, na Comissão. Aqui reside, aliás, a explicação de vários dos seus deméritos. Não apenas pelo que toca às formulações que fizeram vencimento, mas, sobretudo, pela filosofia marcadamente autoritária, e direi, até, estalinista, que ensombra alguns dos artigos. É o caso do artigo 1.º e sua colocação pretensamente emblemática. É a orientação estatizante de todo o ensino. É a definição materialista e acanhada da educação, que pode interpretar--se, como posta ao serviço da produção material. É a hesitação quanto à transformação das empresas a caminho de novas formas de organização da produção, hesitação gerada por um vulgar maniqueísmo classista, e que leva apenas a uma tolerância eminentemente transitória das pequenas e médias empresas, incluindo as agrícolas.

É o ignorar de todo o sentido da evolução do direito penal, que aflora a propósito da posição acerca do confisco que fez vencimento no projecto. É a pretensa teorização que visa ideologizar o movimento sindical em matéria de greve. É, enfim, um conjunto de pontos, amplo e grave, que o Plenário não poderá deixar de rever cuidadosamente, a fim de correspondermos ao País real que somos e à sociedade que o povo quer construir.

Sr. Presidente, Srs. Deputados: Esta nossa posição na generalidade fundamenta-se naturalmente na vossa legitimíssima posição ideológica e política, na qual assume lugar destacado não só a tolerância, como, mais essencialmente, o respeito pelas posições de outros partidos políticos.

Uma voz: – Muito bem!

O Orador: – Com efeito, partido democrático que somos, e sem hipocrisia defensor do pluralismo, respeitamos, como nos compete (e disso fazemos questão de princípio), as opções ideológicas partidárias marxistas, de cujo seio, ontem, algumas intervenções, felizmente de excepção, nos brindaram não tanto com argumentos, como, sobretudo, com slogans, julgamento de intenções, catalogações cómodas e eventualmente úteis para propaganda política.

Todos aqui sabem, e o povo português também, que o Partido Popular Democrático não se afirma programaticamente marxista. É de notar

238 *O Momento Constituinte – Os Direitos Sociais na Constituição*

que isso possa constituir, aqui, motivo para ataques, e são de lamentar tais ataques na medida em que revelam pendor exclusivista, se não mesmo totalitário.

O Partido Popular Democrático não se afirma marxista, e com isso não sente qualquer reflexo que eventualmente pudesse contentar a muito frequente auto-convicção arreigada (e por vezes arreganhada) em alguns marxistas (que não serão seguramente os melhores) de que só eles possuem a ciência, toda a ciência e nada mais que a ciência.

Entendamo-nos civilizadamente, já que por vezes um certo maniqueísmo parece ultrapassar o tom do legítimo e democrático confronto, para rondar já uma agressividade, na palavra e no gesto, que não vai vencer nem convencer ninguém e só denota ambições hegemónicas pouco contidas.

Poderá essa agressividade eventualmente ter o mérito de sangrar os humores; mas os portugueses que nos elegeram e de nós esperam a Constituição que há-de ser a sua (a menos que também desatinem em combates de intolerância ideológica à base do arremesso de pedradas garotas dos slogans fáceis) hão-de pedir-nos contas, chamando-nos a prestar provas, lendo o preto no branco do Diário das sessões da Assembleia Constituinte, do esforço e da obra que fizemos, por palavras e por gestos, a favor do seu destino constitucional (e não a respeito de querelas ideológicas).

Já por mais de uma vez o PPD afirmou, e penso ter afirmado justificadamente, que a Constituição Política de um povo que decidiu viver em democracia pluralista não pode ser a cartilha ideológica de uma das ideologias perfilhadas por uma parte dos seus membros. E afirmou isto, naturalmente, a propósito do propósito de se querer meter na Constituição, a torto e a direito, doses máximas possíveis de teses marxistas. Que me recorde, não ouvi neste hemiciclo defender a tese contrária à do PPD, que seria a de que a Constituição deveria ser marxista, desse modo inconstitucionalizando as posições programáticas não marxistas, quer em si mesmas, quer já como possíveis suportes de programas de Governo, no caso evidente de, por legitimidade democrática, um partido não marxista vir a ter o Governo a seu cargo.

Repito que não me recordo de ter ouvido defender esta tese, que seria, efectivamente, a única que constituiria uma contradição à posição do PPD. Do que me recordo é de que, em vez disto, se vem sempre defender o marxismo. E, se bem que aqui ou além eu tenha ouvido uma

Debate na Generalidade

ou outra afirmação com alguma dignidade teórico-prática, as mais das vezes essa defesa tem pretendido fazer-se num tom mais ou menos comicieiro que irá, com certeza, fazer as delícias dos futuros leitores das actas das nossas sessões. Ora, Srs. Deputados, não lhes faço a injúria grosseira de os não distinguir, nem por partidos, nem dentro de cada partido. Todos somos minimamente esclarecidos para conhecermos as posições teóricas e práticas dos vários partidos, marxistas e não marxistas, e para sabermos que dentro de cada partido, e mesmo daqueles que exigem uma interna disciplina dogmática, existem divergências ideológicas de maior ou menor tomo.

Repito: não lhes faço a injúria de não lhes respeitar, com honesta intenção, as suas exactas diferenças. Mas pergunto-lhes, à puridade e aqui no Plenário dos representantes de todos os portugueses que votaram (repito, todos os portugueses que votaram, e não só alguns), a que vem a fúria da marxização da Constituição Política e a investida maniqueísta da alguns contra o Partido (não marxista) Popular Democrático?

Queria dizer-lhes que o PPD não só respeita as vossas opções ideológicas, como vai mais longe. Congratula-se mesmo com elas. Mas, posto isto, resta sempre a questão de saber: a Constituição vai ser feita segundo o vosso marxismo (se é que todos entendem o marxismo da mesma maneira) e inconstitucionalizando as posições, mesmo socialistas, quando não se reclamem do marxismo?

Não percamos o fio à questão: há quem negue um socialista não marxista? Tomamos disso a devida nota. Tomem também nota de que, pela nossa parte, afirmamos que o socialismo não é exclusivo do marxismo. Afirmação contra afirmação, posição partidária contra posição partidária, na liberdade e no pluralismo (ou não?).

O Sr. Presidente: – O orador dispõe de três minutos.

O Orador: – Muito obrigado, Sr. Presidente. Agora vamos à Constituição. E vamos a saber: a Constituição vai ser dogmaticamente marxista? Ou vai ser democraticamente pluralista? Dito de outra maneira: Vai ser a Constituição só de uma ideologia? Ou vai a Constituição consagrar uma democracia pluralista, e por conseguinte legitimar os partidos e os Governos que o povo escolher pelo voto, marxistas ou não?

Sr. Presidente, Srs. Deputados: Admito que, talvez, não venha a conseguir o meu intento. Mas esforço-me por o deixar bem a claro. De cada

240   *O Momento Constituinte – Os Direitos Sociais na Constituição*

vez que o Partido Popular Democrático denuncia a anexação ideológica da Constituição pela ideologia marxista (não é esta a expressão que ultimamente fez moda?), não se torna necessário defender o marxismo. E muito menos por forma que, se não me levam a mal que o diga, o próprio Marx se não honraria muito. Como em vida ele próprio disse, imagino que repetiria aqui, se estivesse neste hemiciclo, e talvez que abundantes vezes, a frase que pronunciou um dia em que, do alto do seu génio, não pôde suportar a pequenez dos que dele se reclamavam: «Eu não sou marxista».

A única questão que fica de pé não é saber se o marxismo é bom, mau, muito, pouco ou nada. É saber se a Constituição vai ser a carta de uma democracia pluralista, em que o projecto socialista não é dogmaticamente afirmado como marxista, ou se, pelo contrário, a Constituição vai ter muitas liberdades e garantias individuais, vai dizer-se muito pluralista, e no fim de contas vai impedir que amanhã, se, por exemplo, o PPD vier a ganhar as futuras (e com certeza próximas) eleições legislativas, e for convidado a assegurar o Governo ...

Risos.

... – hipótese que, desportivamente, me permito considerar de bom augúrio –, possa fazê-lo tomando o seu programa, como programa mais votado pelo povo.

E não tenha de substituir o PS, ou sabe-se lá se o próprio PCP (horrible visu!) ou outro marxismo que ainda se pretenda mais ortodoxo, para poder respeitar a Constituição marxista.

Porque, efectivamente, em alguns pontos importantes, as diferenças programáticas são coisa séria, para não falar da chamada prática política.

Quanto ao resto, Srs. Deputados, o meu partido tem repetidamente afirmado que substanciais apostações de Marx, e até de marxistas seus reais continuadores, são recolhidas e assumidas no seu programa. E, segundo eu penso, não em medida desprezível.

Que isto não satisfaça os que se arrogam o único modo de recolher os contributos de Marx, que é dizendo-se marxistas, compreendo muito bem, embora não concorde com tal zelo dogmático. Mas tal não obsta à verdade das coisas.

O marxismo assenta numa filosofia acerca do mundo do Homem e da vida, que se rotula de materialismo dialéctico. O Partido Popular Demo-

Debate na Generalidade   241

crático não inclui no seu programa nem nos seus pressupostos o materialismo, dialéctico ou não dialéctico. E por aqui já nos separamos. A partir do materialismo dialéctico, a teoria da história exprime-se no materialismo histórico. No seu rigor dogmático também a não podemos aceitar. Mas, tomado como sociologia da história, aí, sem dúvida, reconhecemos em Marx um dos maiores vultos, se não o maior. Consequentemente, e a partir da sociologia marxiana da história, a teoria da política constitui também um contributo indispensável à teoria e à prática de qualquer partido actual que não professe uma ideologia reaccionária, no sentido de que, cega e inconsistentemente, se queira opor ao progresso do Homem e da sociedade, e defende o passado como se a história espiritual e material do Homem não fosse evolução.

Sendo assim, alguém nos poderia perguntar porque é que, por mais do que uma vez, nos opusemos à anexação ideológica da Constituição por uma posição marxista.

A resposta é fácil. Por um lado, porque o marxismo não é a cosmovisão em que deve assentar a Constituição Política do povo português, dada a sua cultura. Poderá, com efeito, alguém dizer que o povo português, no seu conjunto, perfilha o marxismo? Poderá dizer-se que foi em nome do marxismo que os capitães se congregaram e fizeram a Revolução do 25 de Abril?

E se nem o povo nem a Revolução são marxistas, poderemos nós oferecer-lhes agora uma Constituição marxista?

O Sr. Presidente: – Desculpe a inoportunidade da minha intervenção, mas o seu tempo está passado, peço-lhe o favor de concluir.

O Orador: – Se me dá licença, Sr. Presidente, acabo imediatamente.

O Sr. Presidente: – Muito obrigado.

O Orador: – Será a causa de uma luta entre facções que se excluem.

Este é que é o problema. Deixo-o à lucidez e à consciência cívica dos ilustres membros do Partido Socialista, a cuja posição de defesa das liberdades e da convivência política, nesta Assembleia, ninguém de boa consciência pode escusar-se a prestar homenagem, esquecendo, obviamente, aqui e além, alguns pecadilhos, de que provavelmente ninguém poderá pretender-se isento, e de que, esperamos, a história se vai esquecer.

Tenho dito.

Aplausos.

O Sr. Presidente: – Terei que pedir aos oradores o favor de programarem as suas intervenções por forma a não excederem o tempo, porque

242 *O Momento Constituinte – Os Direitos Sociais na Constituição*

é extremamente penoso para o Presidente estar a interromper, por vezes em momentos realmente cruciais, em momentos em que o raciocínio fica prejudicado. Enfim, o Regimento é expresso, e teremos que proceder conforme.

Para esclarecimentos, pediu a palavra o Sr. Deputado José Luís Nunes.

O Sr. José Luís Nunes (PS): – Sr. Presidente: Era para uma intervenção, para a qual eu estava inscrito desde ontem.

O Sr. Presidente: – Queira desculpar, disseram-me que era para esclarecimentos.

Então alguém deseja pedir a palavra para esclarecimentos?

O Sr. Deputado Manuel Pires, faz favor.

O Sr. Manuel Pires (PS): – Dado que, de certo modo, o Sr. Deputado que acabou de falar, em certas passagens, se referia à minha intervenção de ontem, eu pergunto ao Sr. Deputado o seguinte: Se aceita ou não que, neste momento, no mundo se encontrem em confrontação duas ideologias, a liberal e a marxista? Esta é a primeira pergunta. Como segunda pergunta, eu gostava que o PPD me respondesse qual a sua posição ideológica e política a que fez referência? Gostava ainda que o PPD, através do Sr. Deputado, me responda se, caso as teses marxistas forem aceites pela Assembleia, o PPD as aceita ou não? Aceita ou não o jogo democrático?

Risos.

Esta é a terceira pergunta.

Uma quarta pergunta, é a seguinte: Dado que, nas posições assumidas pelos Deputados do PPD, se tem mantido uma certa agressividade relativamente à doutrina marxista, pergunto se o PPD considera o marxismo uma doutrina filosófica que deve ser excluída do País ou não?

Agitação na Assembleia.

E por último, isto relativamente ao ensino particular, pergunto ao PP13 se o ensino particular é ou não é o último reduto dos filhos «gatados» da burguesia quando perdem o ano no ensino oficial?

Uma voz: – Muito bem!

Burburinho.

O Sr. Presidente: – O Sr. Deputado deseja responder às perguntas? Tem a palavra.

O Sr. Mário Pinto (PPD): – Não pude tomar, rigorosamente, nota de todas as perguntas que me foram dirigidas, mas contarei com o esclarecimento das mesmas para poder responder, tanto quanto puder.

Em primeiro lugar direi ao Sr. Deputado que não divido a luta ideológica nas clássicas duas posições, no dualismo, para que o maniqueísmo sempre tem tendência para cair. Não há apenas duas ideologias em causa, há muitas mais ideologias em luta na sociedade portuguesa, como na sociedade mundial.

Não tomei nota da segunda questão, a ordem suponho que não interessa, passo à terceira. O PPD aceita o jogo democrático, e por isso mesmo é que pretende que o jogo democrático não seja prejudicado pela dogmatização, fixa e definitiva, da vitória de uma maioria. A Constituição não se renova anualmente, nem coisa que se pareça. A Constituição deve fixar as regras pelas quais se vai reger uma sociedade, e a regra básica fundamental pela qual se deve reger a sociedade portuguesa é a da democracia pluralista, ou seja a regra de que todas as ideologias devem poder manifestar-se, difundir-se e confrontar-se. Se uma delas monopolizasse constitucionalmente destruía a democracia pluralista e deixava de ser possível, por conseguinte, a não ser por uma nova ruptura constitucional, a democracia pluralista.

Quarta questão: o marxismo não deve ser excluído do País, Sr. Deputado.

Quinta questão: o ensino particular não é, tout court, o último reduto dos filhos «gatados» da burguesia. Posso dizer ao Sr. Deputado que a minha experiência pessoal, de provinciano nato e criado longe dos grandes centros, é de que o ensino privado, os modestos colégios das modestas vilórias do modesto interland português, foi o único meio possível às pessoas pobres e modestas, aos filhos de numerosas famílias, como, por exemplo, eu ...

Vozes: – Não apoiado!

O Orador: – ... para poderem fazer os seus estudos. Se V. Ex.ªs me permitem, invoco o meu testemunho. Eu não poderia ter feito o estudo secundário se tivesse de deslocar-me para a sede do meu distrito, único lugar onde existia um estabelecimento oficial de ensino, porque não teria dinheiro para pagar a mensalidade, muito menos eu e os meus irmãos. É natural que se o Sr. Deputado pensa nalguns colégios luxuosos, situados, em princípio, nas grandes cidades, então, se se quer referir apenas a essa parte do ensino privado, eu estarei, muito provavelmente, de acordo consigo. Mas penso que o seu juízo não pode aplicar-se à globalidade do ensino privado, nem tão-pouco é válido para todo e qualquer ensino privado, que pode, evidentemente, como todas as demais instituições, ser

244 *O Momento Constituinte – Os Direitos Sociais na Constituição*

devidamente reestruturado, reconvertido e integrado numa sociedade em transição para o socialismo.

Por outro lado, o ensino privado é ainda a possibilidade de, em sede de liberdade de associação, as pessoas exprimirem a sua liberdade de pensamento e o seu direito de ensinar.

O meu direito de ensinar e ser ensinado fica notavelmente frustrado se eu não puder congregar-me com outros e, em conjunto, exercê-lo através das formas associativas, que não vejo razão para negar neste domínio, enquanto se prodigalizam para outros domínios.

Pedia ao Sr. Deputado o favor de me recordar da pergunta n.º 2, de que não pude tomar nota.

O Sr. Manuel Pires (PS): – A pergunta n.º 2 era: qual é a posição ideológica e política do PPD, que o Sr. Deputado se referiu na sua intervenção.

O Sr. Mário Pinto (PPD): – Peço perdão, mas não ouvi.

O Sr. Manuel Pires (PS): – Qual a posição ideológica e política a que o PPD se referiu na sua intervenção.

Logicamente que esta pergunta estava ligada à primeira, que era a da aceitação ou não de, neste momento, no mundo estarem em confrontação duas ideologias políticas distintas.

O Sr. Mário Pinto (PPD): – Sr. Deputado, não é má vontade minha, francamente, não consegui perceber.

O Sr. Presidente: – Um pedido, desta vez, creio que para esclarecimentos: o Sr. Deputado José Luís Nunes.

O Sr. José Luís Nunes (PS): – É só uma pergunta, muito serena, ao Sr. Deputado Mota Pinto. Nós sabemos ... Mário Pinto, peço desculpa, mas a confusão não foi desonrosa para nenhum.

São pessoas por quem tenho sempre a máxima consideração.

Eu queria perguntar-lhe o seguinte: disse o Sr. Deputado Mário Pinto, na sua intervenção, que o conceito de escola, ou do fim do ensino privado que aqui se defendia, é um conceito marxista?

O Sr. Mário Pinto (PPD): – Eu apenas critiquei a estatização do ensino privado.

O Sr. José Luís Nunes (PS): – Sim, e classificou como marxista.

O Sr. Mário Pinto (PPD): – Não, a estatização.

Penso que é a inspiração marxista que leva a esta tese, mas a esse respeito têm a palavra os autores da mesma tese.

O Sr. José Luís Nunes (PS): – Eu desejava perguntar ao Sr. Deputado se, por exemplo, o Dr. Salazar, quando instituiu o ensino universitário, totalmente estatizado, também sofreu alguma inspiração marxista?

O Sr. Presidente: – Não podemos estar a fazer diálogo.

Está perfeitamente assente que não podemos estar a aceitar diálogo. Manifestações diversas.

O Sr. Manuel Pires (PS): – Eu peço desculpa.

O meu colega diz-me ...

O Sr. Presidente: – Não podemos aceitar diálogo.

Se quiser repetir a pergunta, faça favor, e o Sr. Deputado responderá, se quiser, nos termos em que entender.

O Sr. Manuel Pires (PS): – Sr. Presidente: Eu peço desculpa, mas não houve diálogo.

Simplesmente o nosso colega, o Dr. Mário Pinto, não ouviu a pergunta que eu formulei.

A pergunta era a seguinte: qual é a posição ideológica e política do PPD, que foi mencionada na intervenção do Sr. Deputado.

Aliás, esta pergunta vinha na sequência da primeira pergunta, e era se aceitava ou não que, no momento actual, se confrontam duas ideologias: a liberal e a marxista.

Dado que o Sr. Deputado já respondeu à primeira pergunta, pois com certeza que a resposta que me vai dar vem na consequência, e eu de certa maneira prescindo, mas se ma quiser dar, pode dar.

O Sr. Mário Pinto (PPD): – Não, é claro. Acho que tem razão, é evidente.

O Sr. Mário Pinto (PPD): – O Sr. Deputado sabe com certeza que os extremos se tocam.

Gargalhadas. Aplausos.

O Sr. Presidente: – Mais algum pedido de esclarecimento?

Pausa.

Suspenderemos a sessão e voltaremos a reunir pelas 18 e pouco.

Eram 17 horas e 35 minutos.

O Sr. Presidente: – A sessão está reaberta.

Eram 18 horas e 15 minutos.

O Sr. Presidente: – Vamos prosseguir a discussão na generalidade do parecer da 3.ª Comissão.

O orador inscrito em primeiro lugar é o Deputado Martelo de Oliveira. Tem a palavra.

O Sr. Martelo de Oliveira (PPD): – Sr. Presidente, Srs. Deputados: Na sessão de ontem foi dito neste hemiciclo que o PPD não defendia interesses dos trabalhadores e que por isso aqueles trabalhadores que nele militam ainda não estariam suficientemente esclarecidos para fazer a escolha política que melhor sirva os seus interesses. Quem assim falou pensa que os trabalhadores têm de ler todos pela mesma cartilha. Ora eu, que sou operário, escolhi livremente o PPD e sentir-me-ei muito feliz se com o PPD ajudar a construir um Portugal onde cada português se sinta integralmente libertado. Fiz a minha escolha política livremente. Pois o PPD propõe um programa político que eu próprio também ajudei a elaborar e que no meu entender é o que melhor responde às necessidades económicas, sociais e culturais dos trabalhadores nas condições reais em que se encontra o nosso país.

Porque, Sr. Presidente e Srs. Deputados, sou operário como alguns de vós e, mais ainda, fiquei órfão de pai e mãe aos 7 anos. Mas tive a sorte de viver, depois, durante catorze anos na Casa do Gaiato do Padre Américo, onde aprendi a modesta profissão que ainda hoje exerço. Foi lá também que aprendi a viver o verdadeiro espírito democrático, isto é, a ser livre e a pensar sempre mais nos outros do que em mim. Por isso me nego a aceitar a ideia que para aí anda de que os trabalhadores têm de ser monopólios dos partidos, mais ou menos dogmaticamente marxistas.

Vozes: – Muito bem!

O Orador: – A democracia e o socialismo hão-de construir-se pela convivência pacífica, e não numa guerra de extermínio de uns contra os outros. As diferentes maneiras de pensar existentes no seio do povo português e representadas neste hemiciclo hão-de contribuir, cada uma com a sua parte, para um enriquecimento progressivo da Revolução Portuguesa. Mas para isso é preciso que todas estas forças políticas, sem abdicarem das suas convicções sobre a melhor maneira de construir a democracia e o socialismo, se respeitem reciprocamente e saibam encontrar uma plataforma de entendimento que sirva o conjunto de todo o povo português. O que está em causa é todo o povo e não uma outra classe, e não um outro partido.

Sr. Presidente, Srs. Deputados: Não sou um letrado e muito menos um constitucionalista. Contudo, como Deputado eleito pelo povo, não quero deixar passar a discussão do princípio que estamos a discutir porque entendo que são um contributo e um auto-contributo indispensá-

Debate na Generalidade 247

vel para melhorar as condições de vida dos mais necessitados e dos que mais oprimidos e explorados foram no tempo de Salazar e Caetano. E porque senti, na pele, isso mesmo, foi com bastante alegria que participei na Comissão que ajudou a elaborar o parecer que foi proposto a este hemiciclo.

Porque temos que ver: o que foi feito durante todos esses anos pelos diminuídos física e mentalmente? Nada!

E as viúvas, os órfãos e as mães solteiras, os doentes, as pessoas idosas, o que se fez? Nada!

Em que condições foram tratados e alojados os doentes deste país?

Enfim, onde estava e onde está o Serviço Nacional de Saúde e o sistema unificado de segurança social, de que tanto carece a população portuguesa?

E no entanto os trabalhadores foram descontando, ao longo de todos estes anos, dos seus magros ordenados, quantias que lhes iam dizendo que era para pôr ao serviço dos trabalhadores e ao serviço dessas instituições.

Liberto da miséria e da ignorância de uma vez para sempre, o homem português construirá uma sociedade verdadeiramente humana, onde floresçam os valores da liberdade, justiça, igualdade e solidariedade.

Vários artigos apresentados no trabalho da Constituição, nomeadamente os que se referem à segurança social e à saúde, impõem ao Estado que os assegure a todos os portugueses (abolindo desta forma os privilégios de alguns).

Mas para que o Estado possa garantir estes direitos a todos os cidadãos, que os que mais têm mais contribuam e mais tributados sejam para que a segurança social e os benefícios sociais sejam para todos e não para alguns.

Assim se configuram os direitos sociais não só como forma de satisfazer as necessidades dos Portugueses, mas também como uma maneira de o Estado redistribuir a riqueza criada para aqueles que dela mais carecem.

Eu considero que o articulado apresentado pela Comissão, embora nos termos de redacção não seja perfeito, mas o seu conteúdo parece-me um contributo bastante progressista para acabarmos de uma vez para sempre com os explorados deste país, e portanto merece a minha aprovação na generalidade e daqui faço um apelo a este hemiciclo para que se for possível melhorar ainda mais este articulado que nos foi apresentado, que o façamos para bem de todas as camadas da população portuguesa e especialmente os mais desprotegidos.

Tenho dito.

Aplausos.

O Sr. Presidente: – O Sr. Deputado José Seabra tem a palavra para uma primeira intervenção na discussão na generalidade.

O Sr. José Augusto Seabra (PPD): – Sr. Presidente, Srs. Deputados: Gostaria de me referir a alguns problemas levantados pelo projecto constitucional relativo aos direitos culturais. A cultura é, antes de mais, uma forma de liberdade e, sendo uma forma de liberdade, é uma forma de libertação. No caso do povo português, libertação da ignorância, libertação do atraso, libertação das alienações, libertação da falta de palavra – palavra de que estava privado o nosso povo. Ao reconhecer o direito à educação e à cultura, aliás consagrando aquilo que eu mesmo tinha proposto no debate sobre os direitos e liberdades fundamentais, a Constituição impõe ao Estado que assegure a democratização e o desenvolvimento da cultura, bem como a promoção, antes de mais, dos trabalhadores. Isto é, os meios económicos devem ser geridos pela colectividade de modo a estarem ao serviço do exercício da liberdade cultural de todos, na diversidade das suas formas de expressão. Em qualquer caso, penso que o primeiro artigo do projecto, agora em discussão na generalidade, levanta alguns problemas que se repercutem depois no que diz respeito particularmente aos direitos culturais. É que me parece, se mo permitem é se mo permitem antes de mais os marxistas, que esse primeiro artigo está eivado daquilo que eu aqui já tive oportunidade de apresentar como sendo, não propriamente um marxismo, na sua forma crítica e não dogmática, mas um economicismo vulgar, que o próprio Marx em muitas das suas obras teve ocasião de criticar. Na verdade, este artigo pode interpretar-se como consagrando, teleologicamente, os direitos como instrumentos visando o crescimento das forças produtivas. Ora, não me parece que as forças produtivas sejam um fim. O que me parece é que os meios de produção, que depois se traduzem em relações de produção, são mais a causa, a base última, como dizia Marx, do que propriamente o fim. E, no que diz respeito aos direitos culturais, é evidente que nunca a cultura pode estar ao serviço do crescimento das forças produtivas, mas sim o crescimento das forças produtivas ao serviço da emancipação cultural, da liberdade cultural.

Vozes: – Muito bem!

O Orador: – Mas, Srs. Deputados, eu gostaria de parafrasear o Sr. Bispo do Porto quando dizia, referindo-se aos Cristãos, que nada seria mais lamentável do que vê-los desunidos e guerreando-se entre si por causa de Marx, do que verdadeiramente resta de vivo no seu apelo.

Eu também faço aqui um apelo: é que não nos dividamos por causa de Marx, mas que procuremos todos, à luz do marxismo, à luz do marxismo criador, assim como à luz de outras ideologias igualmente vivas e criadoras, que procuremos todos, encontrar uma forma de superar as alienações que são efectivamente a causa última da inexistência de uma verdadeira liberdade, de um verdadeiro direito à cultura por parte do nosso povo e, sobretudo, das classes trabalhadoras.

Vozes: – Muito bem!

O Orador: – Para mim, um problema se levanta em relação à forma como o Estado e as colectividades públicas podem intervir no plano cultural. É que há que conciliar a necessidade do planeamento com a garantia da diversidade no que respeita à criação cultural. Aliás, o artigo 27.º do projecto, se não me engano, garante essa diversidade, impedindo que o Estado se arrogue, através do planeamento, uma directriz única da cultura, quer no plano filosófico, quer no plano estético, quer no plano ideológico. O que importa é que sejam dados aos nossos escritores, aos nossos artistas, aos nossos investigadores, os meios de eles prosseguirem livremente a sua criatividade, porque, em última análise, é a criatividade que importa.

Por outro lado, o reconhecimento de um pluralismo cultural implica o reconhecimento de uma pluralidade de culturas. Há, antes de mais, a cultura dita pleonasticamente culta e a cultura popular. Melhor: eu diria que há as culturas pleonasticamente ditas cultas e várias culturas populares. Porque não há uma cultura popular; há muitas culturas populares no nosso país, que são o resultado do cruzamento, do entrelaçar de diferentes civilizações, que vão desde o cristianismo à civilização árabe, passando pela civilização judaica, e com todos os contributos de um moderno pensamento livre, de um moderno pensamento progressista, no que respeita às culturas populares. E depois temos que procurar que as culturas ditas cultas, qualquer que seja a sua base ideológica, mantenham uma capilaridade, mantenham um contacto vivo com essas culturas populares.

Teremos, assim, um exemplo vivo de pluralidade, o que não implica que não haja uma profunda unidade subjacente. Mas, dialecticamente,

250 *O Momento Constituinte – Os Direitos Sociais na Constituição*

como sabem, a unidade implica a pluralidade, implica mesmo que haja contrários. Porque se se eliminam os contrários, deixa de existir unidade, deixa de existir possibilidade da sua superação dialéctica e o que há é imposição de um monopólio, o que há é imposição de formas de dominação, de formas de opressão cultural.

Mas eu diria que as desigualdades culturais se traduzem ainda a outros níveis. Há, antes de mais, no nosso país, ainda uma desigualdade de religiões, um privilégio, por vezes abusivo, dado à forma católica de cristianismo, quando há outras formas de cristianismo.

Eu diria que há ainda grupos étnicos que estão por vezes subjacentes a formas de civilização diferenciadas e que não têm no nosso país o direito à palavra. Há também, evidentemente, uma opressão ideológica, porque nós temos assistido, não só durante os últimos cinquenta anos, mas até neste breve período depois do 25 de Abril, à tentativa de algumas ideologias, por vezes de sinal contrário, de se imporem hegemonicamente.

É preciso que desapareçam essas desigualdades, é preciso que todas as formas de expressão ideológica sejam não só permitidas, não só toleradas, mas incentivadas, para que delas resulte, efectivamente, aquele diálogo criador que é imprescindível ao desenvolvimento das potencialidades culturais do povo português.

Eu queria referir-me nesse aspecto a um problema levantado pela chamada laicidade do ensino. Nos países em que se luta pela laicidade do ensino está-se a exigir que o Estado seja neutro, que o Estado não aceite, por exemplo, que uma confissão religiosa se aproprie do ensino para veicular a sua ânsia missionária. Mas não é apenas em relação à religião que o problema se põe, pode pôr-se em relação a uma filosofia ateísta, em relação a uma filosofia materialista. Se nós assistíssemos no nosso país à utilização dos estabelecimentos de ensino como forma de veicular uma concepção filosófica materialista, por exemplo, seja ela materialista dialéctica ou não, nós estaríamos a violar também o princípio da laicidade no ensino.

E, por isso, sem recusar, mas antes acolhendo, o contributo dessas filosofias, nós devemos propiciar a todos aqueles que nos estabelecimentos de ensino têm acesso a uma forma de educação evoluída, devemos propiciar a todos os nossos estudantes o acesso a um confronto não só de concepções filosóficas, mas até, evidentemente, de concepções políticas. Esse será o modo de assegurarmos uma laicidade que não é pro-

Debate na Generalidade 251

priamente um neutralismo cinzento, mas uma forma de confronto activo de opiniões diferenciadas.

Por outro lado, queria referir-me ao problema da democratização da cultura. Parece-me que o termo pode criar um largo consenso entre todas as correntes de opinião deste hemiciclo. Mas, se me permitem, queria chamar a atenção para o facto de que no nosso país se terá de fazer uma síntese entre a democracia cultural e a revolução cultural, não opondo--as, mas tornando-as dialecticamente superáveis, porque só através de uma profunda revolução cultural, que implica o acesso das massas populares à cultura, é que nós conseguiremos que a democratização se verifique. A democratização não é apenas uma concessão que as classes privilegiadas devem fazer às classes oprimidas, mas um reconhecimento de que todas as classes, todos os grupos sociais, todas as comunidades devem ter uma igualdade de oportunidades.

No programa do Partido Popular Democrático nós reconhecemos que a cultura veiculada através dos estabelecimentos de ensino não vai acabar com as desigualdades sociais que existem à partida. Mas elas podem, através de um movimento de solidariedade e dentro de um espírito de liberdade, compensar essas desigualdades. Não tenhamos ilusões, no entanto. Só pelo exercício dessa «liberdade livre», de que falava Rimbaud, é que o povo e os criadores estarão em condições de fazer de Portugal um país livre, um país progressivo, um país que dê, de novo, «novos mundos ao mundo».

Tenho dito.

Aplausos.

O Sr. Presidente: – O Sr. Deputado Vital Moreira tem a palavra para pedir esclarecimentos.

O Sr. Vital Moreira (PCP): – Sr. Deputado: Parece-me ter ouvido, tenho certas dúvidas, tal é o descabimento da afirmação, mas pareceu-me ter ouvido o Sr. Deputado afirmar que o artigo 1.º da proposta da Comissão afirmava que a cultura ficaria ao serviço do crescimento das forças produtivas. E se se afirmou isso, como me pareceu ter ouvido, se não é verdade que isso é precisamente o contrário daquilo que está no artigo 1.º da Comissão, onde se diz precisamente que os direitos económicos, sociais e culturais serão efectivados pelas tensões, através das tensões da propriedade social, etc., visando o crescimento das forças produtivas. Há um entendimento normal, e eu não estive na Comissão, parece-me que o que aqui está é precisamente o contrário daquilo que o Sr. Deputado disse.

Portanto, gostaria de ser esclarecido. Primeiro, se o Sr. Deputado disse aquilo que me parece o Sr. Deputado ter dito. Em segundo lugar, se concorda ou não que, inconscientemente ou conscientemente (prefiro a primeira hipótese), errou na interpretação do artigo 1.º.

Uma voz: – Dá-lhe, Seabra!

O Sr. José Augusto Seabra (PPD): – Não disse exactamente aquilo que o Sr. Deputado Vital Moreira me atribui ou, pelo menos, admite que eu possa ter dito ...

O Sr. Vital Moreira (PCP): – Regozijo-me!

O Orador: – O que eu disse foi que poderia decorrer de uma interpretação do primeiro artigo do projecto essa concepção teleológica, como eu lhe chamei, porque (e eu sou linguista, se me permite, estou habituado a ler textos) a verdade é que o gerúndio, o particípio presente, que aqui está, se pode referir efectivamente aos direitos: «os direitos económicos, sociais e culturais serão efectivados pela extensão da propriedade social [...], visando ...» A vírgula aparece só depois de «desenvolvimento económico», portanto uma leitura rigorosa poderá levar a uma interpretação dessas. E eu espero que, quer aqui a Assembleia, quer a futura Comissão de Redacção, tenham em conta isso. Porque, efectivamente, parece-me que de uma forma talvez inconsciente – e como o Sr. Deputado sabe, além da interpretação marxista, também pode haver uma interpretação psicanalítica dos textos, tenha deslizado para este artigo essa visão que eu chamei economicista vulgar, que neste caso até seria também idealista e voluntarista.

E eu também, numa intervenção que fiz aqui, me referia esse problema.

Para mim, em todo o caso, o que importa é que o consenso, total ou parcial, ou maioritário, vá no sentido de nós recusarmos qualquer instrumentalização dos direitos sociais, culturais e económicos. Estes até seriam, nesse caso, quase redundantes, porque se identificariam, efectivamente, com o desenvolvimento das forças produtivas, que se traduziriam em relações de produção, que deveriam estar ao serviço de todos.

Portanto, eu apenas quis, quer em atenção aos marxistas, quer aos não marxistas, chamar um pouco «a terreiro» o problema da possível interpretação do artigo 1.º do projecto.

Não sei se esclareci o Sr. Deputado. Em todo o caso, estarei à disposição, para um mais amplo desenvolvimento, se o achar necessário.

O Sr. Presidente: – Noutra oportunidade ...

O Sr. Deputado Sousa Pereira ... um pedido de esclarecimento, não é verdade?

O Sr. Sousa Pereira (MDP/CDE): – O Sr. Deputado Seabra ...

Eu pareceu-me entender que o Sr. Deputado Seabra concordaria com o texto n.º 3 do artigo 27.º, tal como está redigido.

Pausa.

O Sr. José Augusto Seabra (PPD): – Com o seu espírito, mas não necessariamente também com a sua letra. Se quiser posso explicitar.

O Sr. Sousa Pereira (MDP/CDE): – Eu queria perguntar, e vou tirar algumas frases que eu consegui anotar da sua intervenção, em que fala, fundamentalmente, da cultura que é libertadora. Refere-se à libertação de alienações; falou na criatividade; falou, fundamentalmente, que o Estado deve ser neutro; falou também que a cultura deve propiciar a todos os estudantes um confronto de concepções filosóficas, etc.; falou em democracia cultural e revolução cultural ...

E eu pergunto, como é que se pode levar à prática todos esses objectivos, se o Estado não programar a cultura, sem quaisquer directrizes.

Efectivamente, o que sucede é que tem as directrizes filosóficas estéticas, políticas, ideológicas e religiosas.

Eu perguntava, concretamente, que sem quaisquer directrizes de qualquer natureza, se pode levar à prática uma revolução cultural, uma democracia popular, etc.

O Sr. José Augusto Seabra (PPD): – Em primeiro lugar, quero agradecer a oportunidade que me dá de explicitar mais longamente a minha adesão ao fundo deste n.º 3 do artigo 27.º, sem que isso implique, necessariamente, uma aceitação da sua forma.

Eu creio que este artigo, ou este n.º 3 do artigo, visa assegurar que no planeamento, na programação dos meios tendentes a permitir a criação cultural, não haja uma imposição de qualquer opção filosófica, estética, religiosa, política ou ideológica, mas sentido amplo.

Mas o que me parece é que deveria aqui ficar mais nítida a consagração da admissão de uma pluralidade de orientações na investigação, por exemplo. Porque o termo «directrizes» pode-se entender em sentidos diferentes. A directriz é uma indicação, digamos, é uma espécie de balizagem daquilo que virá com determinado programa a realizar. Mas essa directriz pode existir quanto à programação, por exemplo, da investigação, até porque há prioridades decorrentes do nosso subdesenvolvimento cultural, há necessidades criadas pela evolução.

E, portanto, nós podemos admitir uma orientação programática de todos esses meios postos ao serviço daqueles que criam a cultura. Nesse aspecto, portanto, a programação, e mesmo a existência de directrizes, é necessária, e é isso o que se chama uma política cultural.

Agora, a pretexto de uma programação, de um planeamento político da investigação, por exemplo, estar a privilegiar aqueles que se inserem dentro de uma determinada concepção é que seria abusivo.

E foi isso mesmo que eu aqui há dias tive oportunidade de denunciar, a propósito de um comunicado do Ministério da Investigação e Cultura que pretendia que, talvez no futuro, algumas especialidades que não existem em Portugal, e que é necessário ir estudar ao estrangeiro, serão secundárias, deixando àqueles que de momento ocupem os postos de decisão a possibilidade de se servirem desse instrumento da planificação para coarctar o acesso a formas diferenciadas de conhecimento. É nesse sentido que me parece que tem de haver uma nítida clarificação de dois problemas diferentes: a necessidade de uma programação, de uma política, de uma directriz, no que respeita à cultura, e a necessidade de uma liberdade, que eu diria, nesse caso, total, porque a liberdade de criação só é «liberdade livre», como eu lhe chamei, citando Rimbaud, num sentido só aparentemente pleonástico. «Liberdade livre», quer dizer liberdade total. No que respeita ao pensamento, no que respeita à criação, a liberdade ou é total ou não é.

O Sr. Presidente: – Mais algum pedido de esclarecimento?

O Sr. Sousa Pereira (MDP/CDE): – Eu sinto-me esclarecido e agradeço a sua intervenção em relação à pergunta que lhe fiz, mas, na verdade, sinto-me confundido em relação à parte final da sua resposta, que não vinha para o caso. Efectivamente, eu tenho ideias diferentes em relação à intervenção que fez no último dia.

O Sr. Presidente: – Mais algum pedido de esclarecimento?

Tem a palavra o Sr. Deputado Luís Catarino.

O Sr. Luís Catarino (MDP/CDE): – O Sr. Deputado Seabra, ao falar da necessidade de assegurar o pluralismo na zona cultural da nossa vida nacional, referiu grupos étnicos que não têm tido o direito à palavra. Desculpe-me se eu realmente não estou a citar tal como o disse na sua

Debate na Generalidade

intervenção, mas suponho que a minha ideia corresponde à ideia que tentou expressar.

Eu queria que indicasse, se fosse possível, quais os grupos étnicos existentes no País que não têm tido possibilidade de se expressarem na vida cultural do País enquanto grupos étnicos que não derivando essa impossibilidade de manifestação no contexto cultural do País por outros motivos de natureza económica, natureza social, etc.

Queria que me indicasse quais os grupos étnicos que não têm tido possibilidade de se expressar culturalmente em Portugal, enquanto tais e por isso.

O Sr. José Augusto Seabra (PPD): – Sem entrar aqui numa discussão de o que é etnia e admitindo o termo num sentido mais amplo do que aquele que poderá eventualmente ser dado pelos especialistas do problema, parece-me que é evidente que tem havido discriminações de certos grupos étnicos, como, por exemplo, os ciganos. E eu poderia citar ainda os cabo-verdianos residentes em Portugal, que eventualmente podem ser portugueses e que têm uma forma própria de cultura.

O que acontece também é que certas regiões, porque já não há pureza étnica, já não têm uma diferenciação étnica, dado que houve um entrelaçamento de grupos étnicos em Portugal, têm sido discriminadas. Sim, eu podia citar-lhes regiões que efectivamente têm sido segregadas, por exemplo em Trás-os-Montes, os Mirandinos. E era nesse sentido que eu me referi à necessidade, e, aliás, está perfeitamente previsto neste projecto, de admitir essa multiplicidade. Mas, mais no nosso caso, nós temos por vezes simbioses de grupos étnicos que deram também origem a uma simbiose cultural. Já não vou falar dos Judeus, porque não são um grupo étnico, segundo os especialistas da questão. A UNESCO, por exemplo, que fez um estudo a esse respeito muito convincente, para mostrar que não se trata de um grupo étnico. Mas esse problema, quanto a mim, existe também no que diz respeito a civilizações que podem ter estado ligadas a grupos étnicos, como, por exemplo, será a civilização céltica, que predomina no Norte do País. E já não vou ao ponto (não é o caso, aliás, da pergunta e abstenho-me porque terei oportunidade de me referir a isso) de falar em divergências de apreciação no que respeita à valoração de determinadas fórmulas ditas por alguns dialectais, e que eu considero linguísticas, do português, mas isso é outra questão ... O que me parece é que nós devemos ter o cuidado de salvaguardar não só o património do passado, mas ainda aquilo que hoje está a ser criado por esses grupos étnicos, de forma a fazermos de Portugal aquilo que talvez tivesse permitido a nossa existência de povo independente.

A pluralidade, o mosaico de culturas do nosso país é um dos exemplos mais importantes na Europa e no mundo, de uma civilização que na sua origem foi realmente plural. Se é que há uma civilização portuguesa, porque eu penso que as civilizações não têm grandemente a ver com a nacionalidade, embora se possam, às vezes, identificar historicamente com ela. Em todo o caso, do nosso ponto de vista, o do Partido Popular Democrático, há que incentivar todas essas formas de cultura, que são tão importantes como a cultura que eu chamei «culta», pleonasticamente culta.

O Sr. Luís Catarino (MDP/CDE): – Só uma pequena referência. Aparte o meu encantamento com a sua lição, acerca destas matérias culturais, ...

Risos.

... eu julgo que não respondeu à minha pergunta. Eu não vou insistir. Eu fiz uma pergunta partindo de um pressuposto estrito. Se, realmente, enquanto tais essas etnias não tinham tido possibilidade de se manifestar no panorama cultural português. Foi neste pressuposto restrito que eu fiz a pergunta.

O Sr. José Augusto Seabra (PPD): – No antigo regime parece-me que algumas delas foram gravemente sacrificadas. Mas depois do 25 de Abril temos de reconhecer que, pelo menos, o reconhecimento e essa pluralidade cultural foi reconhecida. Quanto à concretização disso é o nosso propósito, e de todos nós, que queremos efectivamente isso.

O Sr. Luís Catarino (MDP/CDE): – Muito obrigado pelo esclarecimento, Sr. Deputado.

O Sr. Presidente: – Mais algum pedido de esclarecimento? Tem a palavra o Sr. Deputado José Luís Nunes para uma intervenção. É uma primeira intervenção, portanto, tem a duração de vinte minutos.

O Sr. José Luís Nunes (PS): – Sr. Presidente, Srs. Deputados: Quero confessar muito lealmente que a intervenção do Sr. Deputado Mário Pinto suscitou a intervenção que agora vou fazer:

Não era para intervir nesta matéria, mas a sua intervenção e o apelo que fez suscitaram-me algumas reflexões metodológicas. Creio que uma das tragédias da vida cultural e política portuguesa tem sido dar questões mistificadas e dar metodologias erradas. A da mistificação das palavras

Debate na Generalidade

e dos problemas falsos não exortam intenções e intenções graves. O fascismo português subsistiu, entre outras formas, porque conseguiu pôr os problemas nacionais em termos de ordem e desordem, em termos de religião e não religião. Nós, democratas consequentes, seríamos tremendamente ingénuos se fôssemos pôr os problemas nacionais em termos de marxismo e não marxismo em termos de crença ou não crença.

Acontece, dizia muito justamente um ensaísta que será certamente caro a todos nós, Eduardo Lourenço, que o dogmatismo em Portugal se explicava porque Deus estava longe e o Demónio estava perto. Referia-se ao período dos quarenta e oito anos de fascismo. Simplesmente, se o dogmatismo marxista é uma realidade clara e existente em Portugal, também é uma realidade clara existente em Portugal o dogmatismo do não marxismo.

Se, efectivamente, há pessoas que põem no início dos seus discursos a afirmação de fé e de crença no método marxista, há outras que põem nos seus discursos a afirmação e o ponto de princípio de que não são marxistas.

Uns e outros talvez não estejam também a ser, eficazmente, marxistas.

A forma de abordagem dos problemas não pode ser de forma nenhuma uma abordagem dedutiva. Postulam-se grandes princípios de análise e depois vamos ver se a realidade se adequa ou não a esses princípios.

Essa é uma forma de abordagem dogmática, quer seja utilizada por marxistas, quer seja utilizada por arautos de qualquer outra ideologia. E acho que nisto todos nós estamos de acordo neste hemiciclo.

É evidente que esta análise de uma Constituição não pode de forma nenhuma pôr-se nos termos de se pretender fazer uma Constituição marxista ou uma Constituição não marxista. De resto, nós já consagrámos amplamente que o Estado será laico e que será livre a formação dos diversos partidos ideológicos. Que as pessoas utilizarão a sua própria metodologia de análise que apuram ao povo português e que o povo português escolherá, não de acordo com a ideologia, o que todos estaremos de acordo, não seremos julgados pelas nossas ideologias, nem pelas nossas intenções, mas pelos nossos actos.

Vozes: – Muito bem!

O Orador: – Ora, definidos estes princípios metodológicos, definida esta necessidade, o que é que aparece? Onde é que aparece o marxismo? Aparece, e acho que o posso dizer, assumindo erros próprios que certamente tenho e certamente erros que não são próprios, eu acho que posso

258 *O Momento Constituinte – Os Direitos Sociais na Constituição*

dizer que a afirmação marxista em Portugal aparece com uma consequência do fascismo salazarista. As pessoas que foram tanto tempo perseguidas por se dizerem marxistas. As pessoas que foram, como eu fui, desde miúdo no liceu, que se referiam à imoralidade, por exemplo, e a gente julgava que o marxismo era uma coisa imoral, uma coisa assim como catastrófica, como filmes com cenas eventualmente chocantes ou qualquer coisa desse estilo, ...

Risos.

... eu posso dizer que isso se passou e que conheço casos desses. Dito de outra forma, fez-se em Portugal demonização da cultura e o prestígio que o marxismo goza em Portugal é, evidentemente, para além das suas qualidades próprias, da sua metodologia própria, uma consequência dessa demonização que foi coroada pela coroa do martírio. Isto é que é preciso dizer-se com todas as letras.

Vozes: – Muito bem!

O Orador: – E todos nós marxistas, que o somos, e todos os que o não são, parece que não seria de mais um apelo para que desapaixonássemos a discussão desse problema e que nos aceitássemos mutuamente na nossa concreta análise.

Uma voz: – Muito bem!

O Orador: – Oiço: Muito bem! E agora vou pôr um problema. O que é que isto quer dizer?

Quer dizer que se nós dissermos que a solução A é marxista ou a solução «sou contra ela», porque é marxista e eu não sou marxista, estamos a utilizar uma linguagem mistificada perante nós próprios e perante o povo português.

Vozes: – Muito bem!

O Orador: – Em primeiro lugar, porque crismar uma solução de marxista ou estalinista é ainda apontá-la perante amplas camadas da população como uma solução a abater irracionalmente, é jogar com o irracionalismo das populações. Quando se diz que a solução A, a solução B ou a solução C é uma solução marxista ou comunista ou o que quer que seja, sem explicar o que é que isso é, está-se a fazer um apelo ao que de pior há, que é a apologia da filosofia da irracionalidade e da destruição da razão.

Vozes: – Muito bem!

O Orador: – Portanto, nós compreendemos que certos partidos usem na sua propaganda a afirmação inicial de que não são marxistas. Mas

Debate na Generalidade   259

faço um apelo também neste sentido: é que seria trágico se nós confundíssemos a nossa propaganda com os nossos métodos de análise.

Vozes: – Muito bem!

O Orador: – Seria trágico se nós acreditássemos nos slogans que fazemos para a nossa própria propaganda e seria trágico que através de métodos dedutivos e a partir de slogans nós pretendêssemos construir um sistema político e social.

Vozes: – Muito bem!

O Orador: – O envenenamento ideológico de que, neste momento, sofre a sociedade portuguesa e que é ele, em si, contrário ao marxismo, bem entendido, não está só nas fileiras do marxismo, é preciso dizê-lo. Todos os sectores sofrem desse terrível vício, o envenenamento ideológico. Todos os sectores, os não marxistas, têm uma ideia, quanto a mim errada, é um problema que me é próprio, daquilo que é o marxismo. E muitas vezes não porque desdenhem, e é preciso dizê-lo com toda a clareza, fazer ressuscitar a figura errada do marxista, com a navalha entre os dentes e dos lábios a pender sangue. Nós, para conseguirmos uma coexistência nacional, para defendermos a nossa causa ou questão nacional, como lembrava há pouco Manuel Alegre, necessitamos de trazer a Portugal alguns esforços de são convívio. E, já que estamos dispostos a sair desta Assembleia e fazer a revolução cultural para o povo português, devemos, com aquela serenidade, não gosto da palavra humildade, começar por fazer a revolução cultural dentro de nós.

Vozes: – Muito bem!

O Orador: – Consideraria trágico que em Portugal alguma vez houvesse uma divisão entre marxistas e não marxistas. Essa divisão só teria sentido absurdo em relação aos problemas concretos em que eles se encontram confrontados.

E, assim, como um marxista tem obrigação de demonstrar ao povo português porque é que determinada solução que propõe lhe é benéfica, um não marxista não lhe basta a sua exibição, que é não marxista, para dizer que essa solução está errada.

Vozes: – Muito bem!

Aplausos.

O Orador: – Ora, em relação a todas estas formulações, o que é que nós devemos ou como é que devemos actuar? Por exemplo: fala-se no problema do ensino laico ou da liberdade de ensino. Temos de actuar em

260   *O Momento Constituinte – Os Direitos Sociais na Constituição*

relação a esses problemas com uma grande serenidade (estava a fazer este discurso para todos os Srs. Deputados, mas estava a pensar muito especialmente na intervenção, que tanto me interessou, do Sr. Deputado Mário Pinto, com quem estou de certa maneira, para além de falar com todos, a manter um diálogo). Dizia eu, portanto, que temos o problema do ensino. O problema do ensino particular pode ser analisado em dois planos: ele foi um fenómeno supletivo das deficiências do ensino nacional; nesse sentido ele deve desaparecer, estaremos todos de acordo. Deveremos criar condições para que não haja necessidade de recorrer a fenómenos supletivos.

Mas também tem um outro exemplo de exercício da liberdade, e deveremos estudar aqui serenamente, afastados os fantasmas do passado, como é que poderemos garantir esse exercício. Daí que não concorde que o ensino privado possa ser defendido na base do que aqui foi supletivo no passado isso é um dos seus defeitos e foi uma das suas qualidades. Foi uma qualidade de ensino possível e foi um defeito da estrutura educacional portuguesa, que nós queremos modificar.

Vozes: – Muito bem!

O Orador: – Vistos estes problemas desta maneira, entendo que devemos assumir, e acho que o devemos fazer todos, um grande princípio de liberdade de pensamento e de liberdade de consciência. O que é que significa a liberdade de pensamento? Não é só fazerem ou continuarem a ter liberdade de pensamento para analisar as ideias de todos; é a liberdade de pensamento para analisarmos as nossas ideias e para sermos capazes de sistematicamente nos pormos, a nós próprios, em causa. Assim como Freud não pensou, certamente, que as suas teorias dos recalcamentos poderiam servir para explicar a própria teoria que elaborou, nós, muitas vezes, também não somos capazes de nos pormos directamente em causa na nossa maneira de pensar.

O marxismo, tal como eu o entendo, permite necessariamente pôr em causa, como demonstrou recentemente Louis Althusser, o próprio marxismo.

E neste momento é possível fazer-se uma crítica muitíssimo dura e muitíssimo violenta às sociedades socialistas, aos países socialistas do Leste, em termos marxistas. Fê-la Alexander Dubcek, fê-la Ota Sik, fê-la Milovan Djilas, fizeram-nas imensas marxistas ocidentais. Portanto, como disse o Sr. Bispo do Porto, que nestes últimos anos tem sido tema de citação, e é um sinal que, como efectivo da nossa sociedade que ela continua a ser, o marxismo não deve servir para dividir os Portugueses. Simplesmente, o dogmatismo também não deve servir para dividir os Portugueses. O pluralismo ideológico, qualquer que seja a ideologia, não deve servir para dividir os Portugueses. E, assim, como é absurdo dividir os Portugueses em cristãos e não cristãos, também será absurdo dividi-los em marxistas e não marxistas. É uma coisa, um ponto, em que estamos todos de acordo, mas tenho a impressão de que seria uma formulação que nenhum marxista poderia correntemente fazer. O marxismo não é uma petição de princípio, não é uma ideologia dogmática, é um método de análise da realidade essencialmente. E nós podemos chegar a idênticas análises da realidade concreta partindo de pressupostos muitas vezes diferentes. E foi assim, por exemplo, que em certo momento apareceram cristãos reunidos com marxistas, não agora, mas em 1935 na revista Terre Nouvelle, foi assim que apareceu o movimento Sillon, foi assim que apareceram na história tantos e tantos problemas e tantas e tantas convergências.

Eu entendo que a discussão desta Constituição deveria ser posta na análise concreta da situação concreta. O que é que corresponde, daí o que é que se pretende com cada norma e que consequências é que terá essa norma? E nessa análise ou nesse debate nós deveríamos começar por utilizar, perdoem-me a de formação profissional, aquele princípio do Código Civil que diz que devemos partir sempre do princípio que o intérprete consagrou a formulação mais adequada ao seu pensamento. Portanto, dentro dessa análise, começar por varrer fantasmas do nosso cérebro e das nossas ideias. Ora, nós, neste articulado não pomos em causa, e decerto ninguém põe em causa aqui, este princípio, que ele pode e – deve ser aperfeiçoado. Não pomos em causa que ele pode e deve ser corrigido – onde necessitar de ser corrigido.

Não pomos em causa que ele pode e deve ser melhor explicitado.

Simplesmente, mais do que nos afirmarmos marxistas, mais do que nos afirmarmos personalistas, mais do que assumirmos posições ideológicas, a priori, importa que nós o sejamos efectivamente na prática.

E, nessa altura, as afirmações de princípio deixaram de ter princípio e o debate que se travar aqui dentro poderá demonstrar duas coisas.

E agora deixo isto como palavras finais à meditação dos meus colegas.

Poderá demonstrar que estamos de acordo sobre o essencial, mas poderá também demonstrar nas formulações práticas que escolhermos que em muito efectivamente diferimos.

Mas a vantagem do debate nesta ordem é que este debate não será mistificado, não será coberto por aquilo que, alguém dizia, palavras, palavras, só palavras.

Aplausos prolongados.

O Sr. Presidente: – Há alguns pedidos de esclarecimento relativamente a esta intervenção?

O Sr. Deputado Vital Moreira.

O Sr. Vital Moreira (PCP): – Srs. Deputados: Comecei a tirar notas para fazer alguns pedidos de esclarecimento.

E – uma delas, das muitas, a respeito da intervenção cujo eclectismo só teve paralelo nos aplausos que recebeu – pergunto que relação é que tem a afirmação (a meu ver espantosa) que produziu de que o marxismo surgiu em Portugal como consequência do antimarxismo salazarista? Como é que harmoniza esta afirmação espantosa, repito, sob o ponto de vista de uma concepção marxista das relações entre movimentos sociais?

Mas desisto, entretanto, de fazer a pergunta porque, depois de citar os autores marxistas que, aparentemente, considera deverem ser tomados como os autênticos marxistas contemporâneos – tomei de memória Ota Sik, Milovan Djilas, Dubcek e outros –, creio que é absolutamente desnecessário fazer-lhe o esclarecimento que queria.

Risos.

O Sr. Presidente: – Embora o Sr. Deputado não tivesse feito nenhum pedido de esclarecimento, entretanto eu dou a palavra ao orador que foi interpelado, para comentar o «não» pedido de esclarecimento.

O Sr. José Luís Nunes (PS): – Eu gostava de dizer ao Sr. Deputado Vital Moreira, aliás eu preferia até tratá-lo por «tu», o seguinte problema: é que a gente tem de ouvir com atenção aquilo que as pessoas dizem e é o ponto fundamental do diálogo como dizia Mao Tsé-tung, «as pessoas que não sabem ouvir não sabem governar».

Aquilo que eu disse foi que o dogmatismo marxista em Portugal surgiu da perseguição salazarista e do martírio e que num ensaio inicial de um livrete de Ortodoxia-2, em que ele diz, fazendo uma apreciação do dogmatismo, esta coisa muito clara: que, efectivamente, se Deus está demasiadamente longe o Demónio estava demasiado perto. É uma imagem que explica, segundo a minha maneira de ver, uma realidade. Acho que podemos estar aqui a discutir muito tempo, acho que é uma discussão que poderemos ter privadamente, certamente com todo o gosto, pelo menos pela parte que me toca.

Agora, vamos ver o problema dos autores marxistas. É um problema de demonização. A demonização não é um princípio marxista. E o que é que nós temos habitualmente?

Temos o seguinte: há um homem que é marxista. Esse homem, em determinado momento, difere da linha social. Muito bem! Ele diferiu, pode ser criticado por isso e pode estar errado. Mas o problema é que ele não passa a ser criticado e a dizerem que está errado. Passa a ser um malandro, passa a ser um gatuno, passa a ser um caluniado.

Risos.

E eu cito Alexander Kallentai, que, numa carta a um dos seus amigos, dizia que «agora, se ouvir dizer que eu roubei os talheres de prata do Kremlin, isso quer dizer que eu discordei de Stalin».

Risos.

O que é que acontece?

Acontece, por exemplo, e eu acho que a gente deve dizer estas coisas embora se tornassem muito mais interessantes noutro sítio, que em 1948 o Presidente Tito da Jugoslávia era o herói da resistência antifascista. Em 1949 passou a ser um agente da Gestapo.

Em 1954 foi Béria que, a soldo dos serviços secretos ingleses, disse que Tito era um agente da Gestapo e que complicou tudo. Ora, isto não tem nada a ver com marxismo, tem a ver com a Idade Média e com a Inquisição.

Em primeiro lugar, temos, por exemplo, Alexander Dubcek.

Alexander Dubcek é um homem que nos é caro a todos. Não vamos discutir isso aqui, mas é-nos caro a todos. Nós gostamos de falar nele e dizer isso, assumimo-lo como tal. Pois, Alexander Dubcek é um homem formado na União Soviética, é um herói da resistência antifascista, foi o secretário-geral do Partido Comunista Checoslovaco até que em 1968, quando se dá a invasão, Alexander Dubcek passou ser um malandro. Nem sequer se disse que a sua política estava errada ou estava certa. Não se disse que a sua política tinha este defeito e aquela qualidade. Não se fez uma análise, fez-se uma objuratória e disse-se: este homem é pura e simplesmente um bandido, utilizando as mais diversas formas; agente contra-revolucionário, eu posso citar, se for necessário, artigo por artigo. Milovan Djillas, exactamente o mesmo problema. Adam Schaft, exactamente o mesmo problema, com agravantes. É que, por exemplo, nalguns casos aparecem fantasmas que nos fazem sentir um calafrio pela espinha acima, que é o ressurgimento do anti-semitismo. Por exemplo, na Poló-nia, o Ministro do Interior, general Wiadislau Mockza, pôs claramente o problema do anti-semitismo. Ora, Lenine dizia acerca do anti-semitismo que era a imbecilidade dos medíocres, com o que eu estou de acordo e estou convencido [a emenda do Sr. Deputado Aires Rodrigues (PS)], o socialismo dos imbecis, tem toda a razão, desculpe.

Com o que eu estou de acordo e estou convencido de que o Sr. Deputado Vital Moreira me acompanhará certamente. Ora, nós podíamos continuar ad nausea com exemplos destes. Não vale a pena. Mas, é um problema que vale a pena aqui focar, porque é que isto se passa assim. Passa-se assim porque há uma teoria do conhecimento ou uma forma de conhecimento dogmático que consiste em postular determinados princí-pios e em pegar na realidade que pode ser quadrada ou que pode ser octogonal ou pentagonal e metê-la num buraco redondo.

Risos.

Mas quando a realidade não entra no buraco redondo desta forma, pega-se nessa altura no martelo e mete-se à martelada no buraco redondo.

Risos.

E nessa altura o que é que acontece?

Acontece que temos efectivamente o tal sistema de terror, temos o universo concentracionário, temos isso tudo, e era aquilo que Arthur London, no seu livro *L'Aven*, dizia: «O senhor é um responsável por um grupo de trotskistas, pois se é um responsável por um grupo de trotskis-tas é um trotskista, e, sendo os trotskistas contra-revolucionários, o que é que o senhor é? Um contra-revolucionário.» Quer dizer, abandona-se a lógica dialéctica e cai-se necessariamente na lógica formal, e então regressamos à filosofia dos nossos velhos compêndios do 7.º ano, de Eugénio Aresta, em que transformamos o marxismo num silogismo, em que temos a premissa maior, a premissa menor e a conclusão.

Vozes: – Muito bem!

Aplausos. Risos.

O Orador: – Ora, é isto que eu não aceito. Eu entendo que é possível, e isto já está fora, mas muito fora desta Assembleia, mas que é possível que todas aquelas pessoas que se reclamam de marxistas em Portugal, ou de pensamento marxista, possam dialogar efectivamente.

Eu queria dizer ao Sr. Vital Moreira, que tem um livro que eu com-prei e com prazer, que eu não gosto de fazer elogios porque os elogios

Debate na Generalidade 265

desta Assembleia fazem sempre recordar outros elogios que a gente lê no Eça de Queirós.

Risos.

Mas sinto-me na obrigação de dizer isto: Que o Sr. Deputado Vital Moreira tem uma obra importante na vida cultural portuguesa, ele sabe que é assim e é importante dizê-lo, e eu não utilizo a calúnia como arma política (risos), portanto, tem essa obra e é preciso que as pessoas o saibam.

Agora, para discutirmos, para que esse diálogo seja possível, não podem ser feitos observatórios, processos de intenção e, sobretudo, não se pode pretender ou criar esta ideia de que pura e simplesmente o marxismo é uma ideologia que tem uns métodos artificiais, que pura e simplesmente põem e dispõem de questões filosóficas, e não só, porque nos momentos de maiores alícios stalinistas, como, por exemplo, em 1949, havia hábitos soviéticos que citavam Stalin como autoridade em problemas de biologia.

Risos.

A gente não se esquece da enciclopédia soviética, por exemplo, em que o tamanho dos artigos era reduzido ou aumentado, conforme as pessoas subiam ou desciam.

Risos.

A gente não se esquece, por exemplo, da proibição, na União Soviética, das Lettres Françaises, de Aragon, porque pôs os problemas em relação à Checoslováquia. E a gente sabe perfeitamente, e é isso que nos separa do socialismo que se faz nos países de Leste integral e frontalmente, e é preciso dizer que se sabe perfeitamente, que longe de se praticar o marxismo como uma ideologia viva, o que é que se faz pura e simplesmente? A lógica formal ou objurgatória? E o que é o marxismo aí?

São duas coisas gravíssimas. É, um método de exposição e é uma ideologia de desmistificação.

Tomam perspectivas ou pontos de vista políticos e depois vai-se ver ao livro uma citação que permite justificar esses pontos de vista. Isto é facílimo, porque Lenine, Stalin, Mao Tsé-Tung, ou quem quer que seja, disseram já muitas coisas a esse respeito.

Portanto, é muito simples. Agora o que é que nós devíamos fazer?

Podíamos, se me fosse permitido dizer aqui, para pôr ponto final neste debate, descristianizar o marxismo.

Risos.

É um ponto fundamental.

Mas para descristianizar o marxismo é preciso descristianizar o marxismo. E eu, que faço este apelo em relação à descristianização do marxismo, à desdogmatização, gostaria de ver também outras pessoas fazerem o mesmo apelo em relação à descristianização do antimarxismo, protestarem quando contra a ideologia marxista se atiçam irracionalmente as massas populares.

Vozes: – Muito bem!

Aplausos.

O Orador: – Eu vou terminar, porque esta minha intervenção está a ser longa e, tal como a espada de D. Afonso Henriques, está a ser chata e comprida.

Urna voz: – Apoiado!

Risos.

O Orador: – Gostava de dizer ainda um ponto que é o seguinte: é que eu sou sensível, creio que nós todos seremos sensíveis a um problema fundamental que é recuperar para Portugal a filosofia das luzes e da razão e ver como via o eminente marxista Georg Lukács, em todas as tentativas, em todas as filosofias de destruição da razão, o gérmen do nacionalismo da violência, da apologia soreliana da violência pela violência, que, por melhor intenção que tenha na sua base, acaba necessariamente, como acabou Mussolini, no fascismo.

É isto que queria dizer.

Aplausos prolongados.

O Sr. Presidente: – Mais algum pedido de esclarecimento?

Pausa.

Vamos dar a palavra ao Sr. Deputado Pedro Roseta, também para uma primeira intervenção.

O Sr. Pedro Roseta (PPD): – Sr. Presidente, Srs. Deputados: Ao subir pela primeira vez a esta tribuna, atrevo-me a dirigir as minhas primeiras palavras ao povo português, em geral, e ao povo do distrito de Castelo Branco, em particular, e, sobretudo, àqueles que confiaram no partido a que pertenço e em mim próprio para consagrar na Constituição os princípios fundamentais que hão-de permitir, julgo-o firmemente, a sua libertação efectiva.

Queria dizer-lhes que tenho bem presentes as dramáticas condições de vida que herdou da ditadura fascista, numa sociedade assente na exploração, na injustiça e nas desigualdades de que ele foi vítima. Também não ignoro as dificuldades que lhe criaram agora vanguardas, mais ou menos intelectualizadas, que tentaram utilizá-lo como objecto de experimentação de teorias próprias.

O desemprego crescente, o aumento do custo de vida, a aflitiva situação dos retornados de Angola, estão aí para exigir que se resolvam os problemas reais do país real em que vivemos. Outra atitude conduzirá necessariamente à redução da base social de apoio à Revolução apenas a fracções do proletariado suburbano da cintura industrial de Lisboa e do proletariado rural dos distritos de Évora e Beja.

Por mim, quero apenas lutar, na pequena medida da minha capacidade, pela efectiva libertação do povo do meu país e pelo absoluto respeito da sua vontade soberana.

Ora, Sr. Presidente e Srs. Deputados, ao reaver em 25 de Abril as liberdades individuais herdámos simultaneamente da ditadura a desordem estabelecida, ou sejam, as desigualdades sociais, económicas e culturais profundas engendradas pelo capitalismo através do mundo e agudizadas entre nós pelas características que assumiu, em Portugal.

Passado ano e meio sobre a Revolução, e apesar das reformas da fundo já realizadas – nem sempre, aliás, no caminho do socialização efectiva, mas, muitas vezes, do capitalismo de Estado –, pouco foi feito nos domínios dos direitos sociais e culturais que agora contemplamos. A situação no campo da educação continua desastrosa; não se melhorou a habitação dos Portugueses e o número de fogos construídos é irrisório; os idosos continuam sem a adequada e merecida protecção. Estes são aspectos importantes do país real.

Sr. Presidente, Srs. Deputados: Mau grado as afirmações notáveis, com que me congratulo vivamente, do Sr. Deputado José Luís Nunes, temos sido nós, que lutamos também pela resolução das referidas contradições no Partido Popular Democrático, pelo menos até há poucos momentos, metidos no saco da ideologia burguesa, por contraposição a uma outra determinada ideologia. Eu, por agora, deixo só a informação de que gostaria de um dia ser esclarecido sobre onde enquadram, os que nos acusam, as correntes de pensamento anarquistas e o socialismo não marxista; e até mesmo, no caso de considerarem o cristianismo uma ideologia, se o consideram nesse género omnicompreensivo da ideologia burguesa.

Assim, se, por um lado, me permite chamar a atenção para a realidade do nosso país e apelar para que não se continue a discutir um pouco o sexo dos anjos, enquanto um fogo vivo e doloroso arde dentro das próprias muralhas de Bizâncio, quero, por outro lado, como personalista e social-democrata, dar o meu apoio na generalidade ao projecto da Comissão.

Contudo, inúmeras reservas tenho a pôr ao conteúdo de vários preceitos, às conotações de diversas formulações e às suas intenções claramente estatizantes. Tenho também que criticar vivamente, quanto à forma, o projecto, que, sob este ponto de vista, me parece muito imperfeito e apontar ao Plenário a necessidade de profunda correcção e uniformização da redacção; ela sofre, como é patente, do facto de em muitos artigos terem sido aproveitados números diversos retirados dos projectos constitucionais dos vários partidos.

Em qualquer caso, esta base de trabalho é um contributo positivo para a efectiva libertação da pessoa humana, não em abstracto (essa não me interessa), mas da pessoa concreta de cada um dos portugueses que vive connosco, aqui e agora.

Vozes: – Muito bem!

O orador: – Sempre entendi, como personalista – pese embora aos que, manifestando já aqui singular desconhecimento, confundiram o personalismo com um individualismo ou liberalismo corrigido –, que não há liberdades sem se assegurar a efectiva libertação da pessoa. Que a liberdade exige, para ser de todos e não de alguns, para ser concreta e não abstracta, para traduzir a dimensão comunitária da pessoa, não apenas a igualdade de oportunidades à partida, mas a garantia de uma sociedade igualitária e compensatória de todas as diferenciações individuais não voluntárias. Daqui resulta como essencial a efectiva concretização, na prática, dos direitos económicos, sociais e culturais para a existência, quer de liberdade, quer de uma verdadeira democracia.

Ora, temos perante nós um projecto que marca a ultrapassagem do individualismo e do liberalismo no nosso país. Pode, sem dúvida, abrir caminho à passagem de uma sociedade concorrencial, esmagadora da pessoa humana, para uma sociedade em que a igualdade, a cooperação e a solidariedade enformem toda a vida social.

Sr. Presidente, Srs. Deputados: O país real não é apenas o país que se manifesta nas lutas de classes existentes. A realidade é muito mais complexa. E se as desigualdades económicas têm cavado profundas divergências entre nós, não menos verdade é que a essas desigualdades se vêm somar muitas outras; o programa do PPD começa exactamente utilizando uma metodologia que bem conhecem e que é muito cara a muitos de vós, por fazer uma análise das contradições e desigualdades existentes no nosso país, nomeadamente as regionais, que mostram um fosso esmagador entre os portugueses da capital e os da chamada «província», entre os portugueses das cidades e dos campos; acrescem as desigualdades entre homens e mulheres, entre velhos e jovens, entre saudáveis e deficientes, entre cultos e incultos. Poderão dizer que algumas delas são subsidiárias da contradição dominante; mas muitos perguntam se as contradições dominantes no mundo, hoje, não serão, no plano interno, a diferenciação entre os que detêm o poder de decisão mais os que têm acesso ao Poder e os outros que suportam os primeiros, e, no plano internacional a que se verifica entre os países industrializados do hemisfério Norte (Estados Unidos, Europa, URSS e Japão) e os restantes.

Foi por ter consciência da complexidade das desigualdades existentes no nosso país que o projecto de constituição do PPD não deixou de consagrar alguns preceitos aos direitos de grupos da população que, por serem geralmente marginalizados e por terem menor capacidade de lutar por eles, merecem a nossa especial atenção e protecção – queremos referir-nos às disposições relativas aos diminuídos físicos e mentais e à terceira idade, que não aparecem, salvo erro, em mais nenhum outro projecto, e que nos congratulamos vivamente por ver consagradas no projecto da Comissão.

É que a nossa visão personalista da igualdade implica que, onde a Natureza criou diferenças grandes nas capacidades, não devem estas determinar oportunidades de vida melhor para cada um, mas antes deve a sociedade intervir constantemente para restabelecer o equilíbrio. Tais diferenças, na forma de diminuições físicas ou intelectuais, não podem, sem dúvida, ser totalmente eliminadas, mas podem ser muito reduzidas, exactamente pelo seu combate à concepção liberal da igualdade.

Sr. Presidente, Srs. Deputados: Queria centrar-me agora nos problemas da educação e do ensino, até porque é nesta matéria que se me levantam maiores discordâncias. No entanto, não quero deixar de me referir, de passagem, às importantes disposições referentes à habitação, à infância e à juventude.

No que respeita à habitação, congratulamo-nos pelo reconhecimento do direito a uma habitação para todos, que não seja um simples tecto,

270 *O Momento Constituinte – Os Direitos Sociais na Constituição*

pela enumeração correcta das tarefas do Estado neste domínio, pela explicitação realista do papel da construção privada e pela consagração, ainda, do princípio da proporcionalidade entre a renda e o rendimento familiar, conforme aliás também se propunha no programa do nosso Partido. Não compreendo só por que razão se não consagrou um preceito que afirmasse o direito a casa própria, a realizar progressivamente. No que respeita à infância, o projecto da Comissão recolhe o artigo 40.º do projecto do meu Partido, cuja formulação julgo muito correcta.

O projecto consagra depois em dois artigos os direitos da juventude, explicitando bem, a meu ver, as finalidades específicas de uma política de juventude que deverá definitivamente abandonar a mentalidade paternalista do regime anterior, que sempre procurou – como todos nós sentimos – controlar ou impedir os movimentos associativos juvenis.

Sr. Presidente, Srs. Deputados: É de louvar também o preceito do n.º 1 do artigo 25.º, que garante aos pais o direito de educação dos filhos, na sequência do artigo 23.º, que reconhece o importante papel da família na sociedade. Ninguém duvidará que tal direito é fundamental e corresponde a uma exigência da pessoa humana, que um Estado democrático nunca poderia violar.

Já não louvo, antes condeno totalmente, a definição da função da educação que consta do n.º 1 do artigo 31.º. Afirmar, com carácter parece que exclusivo, ser função da educação procurar «explicar e resolver as contradições levantadas pela revolução científica e técnica» é verdadeiramente espantoso. Este preceito – para além de ter por base uma concepção puramente materialista da educação – contraria o artigo 26.º, n.º 12, da Declaração Universal dos Direitos do Homem, que afirma:

A educação deve visar à plena expansão da personalidade humana e ao reforça dos direitos do homem e das liberdades fundamentais. E deve favorecer a compreensão, a tolerância e a amizade entre todas as nações e todos os grupos raciais ou religiosos, bem como o desenvolvimento das actividades das Nações Unidas para a manutenção da paz.

Esta formulação contradiz ainda, a meu ver, preceitos já aprovados por esta Assembleia, como o que reconhece o direito de aprender e de ensinar, bem como alguns que certamente aprovaremos dentro de dias, como o que dá aos pais o direito de educarem os seus filhos, a que já me referi.

Certamente que os autores deste projecto não se propõem obrigar os pais a modificarem a orientação familiar naquele sentido indicado pelo

Debate na Generalidade

271

articulado. E é certamente do conhecimento de todos que não é só o conhecimento, pela generalidade dos jovens, das contradições nele referidas que vai contribuir para a expansão completa da personalidade de cada um.

Sr. Presidente, Srs. Deputados: O ensino em Portugal foi e é ainda hoje uma das fontes de desigualdades, desde a idade pré-escolar, pela ausência de uma educação pré-escolar generalizada, que marca com um ferrete, aos sete anos, as crianças que vão para a escola, até ao ensino superior, a que só tem acesso uma elite, passando pelo ensino secundário, com a sua divisão, aliás moribunda, em dois ramos segregadores. Não se pode, no entanto, fazer do ensino privado o bode expiatório desta situação. Assim, o artigo 29.º merece a minha mais viva oposição ao apontar claramente para a extinção do ensino privado. Terei ocasião de voltar a este tema no debate na especialidade, mas não quero deixar de expressar desde já a minha discordância. É evidente para mim que não pode o ensino privado ser fonte de discriminações classistas; é claro que a educação não pode estar sujeita aos mecanismos de mercado, pois, como direito fundamental da pessoa, não pode ser objecto de compra e venda.

Vozes: – Muito bem!

O Orador: – É certo que o Estado tem um papel fundamental a desempenhar, e por isso o ensino oficial não pode nunca ser supletivo – tem de ser acessível a todos em todos os locais do País.

Vozes: – Muito bem!

O Orador: – Nem sequer o próprio ensino particular pode ser tido como supletivo – como até agora foi, e prestou serviços nesse sentido, já aqui foi reconhecido; tem de ser tido como complementar do ensino oficial, por forma a assegurar a liberdade de escolha, e nada mais.

Não será, no entanto, de esquecer, evidentemente, o contributo importantíssimo das iniciativas particulares e julgá-las tanto no aspecto do desenvolvimento da população e na sua integração no processo educa-tivo como dentro da ideia de que o princípio da liberdade se deve estender também à liberdade de dar ensino, ideológica e religiosamente diferenciado.

Com efeito, o ensino privado não deve ter como factores de referência aspectos de ordem económica que lhe tiram a própria dignidade, agravam a discriminação dos alunos com base em elitismos económicos

272   *O Momento Constituinte – Os Direitos Sociais na Constituição*

e sociais, sobretudo em regiões em que o ensino particular ali concorre com o ensino público, como nas grandes cidades, ou então é o único a que têm acesso determinadas populações.

Há, pois, que restituir ao ensino privado – e nele incluo o ensino promovido por iniciativa de cooperativas, associações de pais e organizações populares toda a dignidade a que tem direito. Aliás, a eliminação, mais ou menos rápida não importa, do ensino privado não estaria a pôr em causa um dos princípios universais do cooperativismo, que consiste exactamente no desenvolvimento da educação e da cultura, financiado por pequenas percentagens subtraídas aos benefícios auferidos pelos sócios das próprias cooperativas.

Sr. Presidente, Srs. Deputados, julgo ficar claro que a eventual aprovação do articulado da Comissão violaria também a Declaração Universal dos Direitos do Homem – que, no seu artigo 26.º, n.º 3, afirma: «Aos pais pertence a prioridade do direito de escolher o género de educação a dar aos filhos» –, retiraria significado às disposições que esta Assembleia já aprovou, consagrando, por um lado, o direito de aprender e de ensinar e, por outro, a liberdade religiosa, uma vez que – e muito bem – incluiu no âmbito desta liberdade o direito de as confissões religiosas terem ensino próprio; violaria ainda compromissos internacionais celebrados com a Igreja Católica, aos quais os partidos maioritários, então no Governo Provisório, deram o seu apoio em 15 de Fevereiro do corrente ano.

Assim, e para concluir, desde que estejam garantidas as condições que evitem que o ensino privado seja parte de qualquer discriminação, o texto constitucional deve consagrá-lo como expressão do pluralismo ideológico e como reconhecimento da realidade cultural e sociológica do nosso povo.

Finalmente, devo dizer que tenho as maiores reservas à formulação do n.º 1 do artigo 29.º, embora concorde paradoxalmente com o seu conteúdo real. O ensino oficial deve ser pluralista, não deve estar vinculado nem vincular nenhuma ortodoxia religiosa ou política – já aqui hoje foi dito, entre outros, pelo meu companheiro José A. Seabra. No entanto, como muito bem reconhecia, em artigo publicado recentemente, o Dr. Salgado Zenha, o «laicismo escolar» tem no nosso país, uma tradição, aliás, comum a outros (como a França), uma conotação anti-religiosa e anticlerical. Julgo que a expressão, sendo equívoca, poderá ser substituída com vantagem por uma explicitação conveniente do seu conteúdo, ressalvando o plura-

Debate na Generalidade 273

lismo do ensino das religiões nas escolas públicas pelas respectivas Igrejas. Esse ensino terá de ser de frequência, evidentemente, voluntária.

Sr. Presidente, Srs. Deputados: Ao concluir esta minha intervenção quero deixar clara a minha esperança de que nós aqui não ignoraremos o povo real; que melhoraremos este projecto que temos na nossa frente, esquecendo por agora miragens ou opções ideológicas de cada um e dando, antes, consagração constitucional às aspirações do povo português por uma sociedade em que possa finalmente, depois de longos séculos, viver mais livre, mais seguro e mais feliz.

Tenho dito.

Vozes: – Muito bem!

Aplausos.

O Sr. Presidente: – Para esclarecimentos, tem a palavra o Deputado Sousa Pereira.

O Sr. Sousa Pereira (MDP/CDE): – Em primeiro lugar, eu queria fazer uma rectificação: Comparando os projectos que estão aqui à minha frente, verifico, contrariamente àquilo que me pareceu ser afirmado pelo Sr. Deputado Pedro Roseta, que o projecto do MDP/CDE prevê, no seu artigo 43.º, n.º 3, que «o Estado promoverá a integração das pessoas idosas, incapacitadas, etc.», e também todos os outros projectos que não me cabe aqui referir, mas o do PS e mesmo o do PCP também prevêem este caso.

Em continuidade, eu queria fazer algumas perguntas ao Sr. Deputado. A primeira é se efectivamente o articulado do n.º 3 do artigo 29.º proposto pela Comissão, quando diz que, salvaguardando os interesses do trabalho, sem o prejuízo do exercício da liberdade religiosa, as igrejas manterem os estabelecimentos de ensino para os seus fins específicos. Portanto, a liberdade de ensino religioso está consignada na proposta apresentada. Por outro lado, pareceu-me também entender que o Sr. Deputado contrapunha à laicidade do ensino o direito e a liberdade de as religiões, pelos seus meios próprios ou através de subsídios do Estado, fazerem um ensino das suas religiões nas escolas, e eu falo aqui em escolas oficiais.

É evidente que isto parece defender, de facto e realmente, a liberdade de religião; quanto a mim, dadas as desigualdades de capacidade económica existentes, estabeleceria, sim, a liberdade só para algumas religiões fazerem o seu ensino e não a liberdade de ensino de todas as religiões.

274 *O Momento Constituinte – Os Direitos Sociais na Constituição*

Eu queria perguntar ao Sr. Deputado Pedro Roseta se esta liberdade que ele prevê é a liberdade que ele defende e se essa liberdade que ele defende não vai favorecer nitidamente algumas religiões, eu diria mesmo a Igreja Católica?

O Sr. Presidente: – Tem a palavra o Sr. Deputado Pedro Roseta para responder.

O Sr. Pedro Roseta (PPD): – Agradeço a rectificação em relação ao projecto de constituição do partido que represento e peço desculpa pelo lapso.

Quanto às duas perguntas, eu queria dizer que, em relação à primeira, o n.º 3 do artigo 29.º efectivamente não consagra aquele ensino a que eu me referi – o ensino particular, mesmo o das próprias igrejas.

Aliás, se o consagrasse, fá-lo-ia mal, porque aquilo que eu defendi foi o ensino privado, em geral, que pode ser, como disse, não apenas exercido por confissões religiosas, mas também por cooperativas de pais, por organizações populares, por associações, etc..

Mas nem sequer consagra o ensino privado das igrejas, porque aquilo que refere é que as igrejas podem manter estabelecimentos de ensino «para os seus fins específicos». Ora esta formulação «para os seus fins específicos» mostra claramente que se está a pretender não reconhecer às igrejas, ou às confissões religiosas, se preferir, o direito de ensinarem no sentido lato; isto é, uma vez que as convicções religiosas são mundovisões ou cosmovisões, têm o direito, ou devem ter o direito, na minha opinião, de ensinar toda e qualquer matéria; por outro lado, atendendo à interpenetração, à interdisciplinaridade e à pluridisciplinaridade que hoje se verifica entre todos os ramos de conhecimento, torna-se impossível ensinar filosofia, teologia, humanidades ou sociologia sem que se ensinem ao lado ciências puras ou aplicadas; por tudo isto nós entendemos que as igrejas não devem poder manter apenas estabelecimentos de ensino «para os seus fins específicos», que se tem entendido até hoje serem os estabelecimentos que ensinam teologia, que formam os próprios ministros de culto, como os seminários, etc., mas que, na linha da cosmovisão a que me referi, devem efectivamente ter direito a ensinar toda e qualquer matéria, como, aliás, as outras associações a que me referi. Portanto, julgo que fica claro que, dentro da minha perspectiva, esta restrição «para os seus fins específicos» está efectivamente a reduzir o campo do ensino permitido às confissões religiosas.

Finalmente, quanto à laicidade, evidentemente que o meu conceito de laicidade (aliás, aqui parece-me que estou acompanhado pelo Dr. Salgado Zenha por muitas outras pessoas) admite perfeitamente que nas escolas públicas haja as tais aulas de religião de frequência voluntária, ministradas por pessoas indicadas por diversas confissões. Quanto à Igreja Católica, podia invocar a Concordata, mas não o faço. Entendo que realmente o meu conceito se enquadra na verdadeira laicidade, e não no conceito, que eu critiquei, de laicismo escolar. Daí o perigo de se afirmar só, sem mais nada, que «o ensino oficial é laico», porque esta afirmação tem uma conotação que não é a que ninguém aqui, julgo, deseja. Portanto, para mim, o que importa é que, como foi dito pelo meu companheiro José Augusto Seabra e outros, o Estado não veicule, através do ensino, nenhuma ideologia e nenhuma confissão religiosa e, para isso, é necessária o diálogo e a presença simultânea de elementos de diversas confissões. Quanto ao seu último argumento – e com isto acabo, agradecendo, aliás, as suas perguntas – de que a Igreja Católica em Portugal, pelo menos em certas regiões do País, vai ter possibilidade de ter um maior acesso a diversos estabelecimentos, porventura mais longe dos centros urbanos, pois eu digo-lhe que isso se integra exactamente na linha da minha intervenção. O Estado deve tentar assegurar que haja efectivamente pluralismo, mas se há algumas regiões do País mais recônditas, e no País real pode dar-se o facto de nessas regiões haver, por hipótese, exclusivamente católicos, não havendo possibilidade material de outras confissões destacarem para há pessoas da sua confiança, pois aí, a meu ver, teremos de respeitar o País real, embora julgue que tais situações devessem ser sempre situações excepcionais.

O Sr. Presidente: – Mais algum pedido de esclarecimento?

O Sr. Deputado Luís Catarino, mas temos pouco tempo.

O Sr. Luís Catarino (MDP/CDE): – Queria agradecer as respostas, mas não fui esclarecido em relação à primeira pergunta. Eu perguntei simplesmente, e era só isso que eu queria perguntar, se em relação à liberdade religiosa, eu percebi perfeitamente a posição do Sr. Deputado em relação ao ensino e à defesa que ele fez do ensino particular, – mas eu perguntava se a liberdade religiosa, e apenas essa, não estava defendida pelo n.º 3 do artigo 3.º.

O Sr. Pedro Roseta (PPD): – Bom, eu creio que das minhas palavras se infere que não, porque no meu conceito de liberdade religiosa enquadra-se a necessidade de as igrejas terem liberdade de ensinarem todas as matérias ou quase todas; dentro da cosmovisão e da interpenetração de matérias, de que falei, todas as matérias têm de ver como a religião.

O Sr. Presidente: – Estamos a chegar ao fim do nosso tempo. Temos ainda um orador inscrito para o debate na generalidade, mas não haverá tempo para que ele intervenha – é o Sr. Deputado Vital Moreira, de maneira que marcaremos a continuação do debate para amanhã, à hora habitual.

Está encerrada a sessão.

Eram 19 horas e 55 minutos.

13 DE SETEMBRO DE 1975

O primeiro orador inscrito é o Sr. Deputado Vital Moreira. Como não está presente, dou a palavra ao segundo, que é o Sr. Deputado Américo Duarte.

O Sr. Américo Duarte (UDP): – Pensamos que o texto apresentado pela 3.ª Comissão não sai fora da batuta geral dos anteriores textos.

A linha geral deste texto é como dos outros, a demagogia, o de dizer muitas coisas no geral e em abstracto, sem se definir nada de concreto.

E quando a proposta da Comissão põe alguma coisa de concreto, logicamente que é para cortar direitos e liberdades dos trabalhadores.

Não é por acaso que se fala do direito e dever de trabalho como se os trabalhadores não estivessem já fartos de ouvir falar do direito ao trabalho e não soubessem que hoje já haverá perto de 400 000 desempregados que vivem na miséria porque nem subsídio de desemprego possuem.

Vozes: – Muito bem!

O Orador: – Não é por acaso que quando falam das comissões de trabalhadores querem logo regulamentá-las até ao pormenor, querendo impor daqui destas refasteladas cadeiras aos plenários de fábrica, empresa ou herdade o que é que as comissões de trabalhadores devem fazer ou como é que devem ser eleitas.

A Comissão propõe que as comissões de trabalhadores sejam eleitas por votação secreta. Nós perguntamos por que não vão esses senhores pessoalmente propor tais coisas aos plenários de trabalhadores? Por que é que os tão apregoadores da liberdade dos trabalhadores não deixam aos trabalhadores a liberdade para estes decidirem democraticamente como pretendem eleger as suas comissões representativas?

O Sr. Igrejas Caeiro: – Muito bem!

O Orador: – Claro está que essa comissão não se «lembrou» de impor ao Estado Português que este não pode regulamentar o direito à greve, porque só aos trabalhadores compete decidir acerca de quando e como devem utilizar essa arma. É aquele já velho hábito que vem da Constituição de 1933 de regulamentar tudo o que tem interesse para controlar a iniciativa revolucionária dos trabalhadores e deixar os outros pontos em abstracto, para que mais tarde a burguesia no poder possa fazer leis que cortem completamente essa liberdade.

Já os fascistas utilizaram esse método semelhante ao que aqui se pretende utilizar. Por exemplo, a Constituição de 1933 garantia as liberdade individuais, e o povo português sentiu bem na carne as leis que depois os fascistas fizeram, que acabaram com todas as liberdades individuais.

E se nós apresentamos esta questão é porque, como diz o povo, «gato escaldado, de água fria tem medo», e a classe operária e o povo já estão bastante escaldados com as leis que os partidos da coligação burguesa, e que nesta Assembleia são os maioritários, fizeram quando estiveram nos Governos Provisórios.

Agitação na Assembleia.

E até estão bastante escaldados com a lei antigreve que esses partidos fizeram. Aliás, é bom notarmos que os mesmos que há um ano fizeram a lei antigreve são os que têm o descaramento de agora aqui falar do direito à greve.

Uma voz: – Nem todos!

O Orador: – Só que o avanço da luta revolucionária das massas populares pôs essa lei, assim como muitas outras, como a que entregava o Rádio Renascença à entidade patronal, no seu lugar próprio: no caixote do lixo. Assim, também o povo trabalhador despedaçará com a sua luta todas as leis reaccionárias que visem reprimir os trabalhadores. Já é exemplo a luta que vigorosamente se está a iniciar contra a lei que o Conselho da Revolução fez sair há dias. Aliás, os trabalhadores de vários

278 O Momento Constituinte – Os Direitos Sociais na Constituição

órgãos de comunicação social mostraram já ontem que essa lei, como lei antipopular que é, não é para ser cumprida, mas sim destruída.

Vozes: – Muito bem!

O Orador: – Mas no mesmo espírito de «amplas liberdades» que caracteriza os programas políticos de tantos partidos aqui dentro, ao mesmo tempo que se deixa ampla liberdade ao Estado para limitar a greve, dá-se toda a liberdade a toda a espécie de reaccionários de poderem manobrar no campo sindical.

O artigo 11.º constitui um convite em oito pontos à CIA para actuar nos sindicatos, como faz em tantos outros países, e como já tentou mesmo em Portugal, o ano passado, com a sua filial, a Confederação Internacional dos Sindicatos Livres, que veio para cá defender as mesmas teses que hoje aparecem consagradas no projecto da Comissão.

Face à questão sindical, a UDP tem uma posição bem clara: fomentar o livre aparecimento de sindicatos é fomentar a divisão da classe operária e do povo trabalhador, é arranjar um sindicato para cada partido, é, em resumo, a melhor forma de lançar trabalhadores contra trabalhadores. A UDP defende a unicidade sindical ...

Vozes: – Muito bem!

O Orador: –... mas não pela mesma razão que o partido traidor do Dr. Cunhal. De facto, esse partido se defende a unicidade sindical é unicamente para ter mais uma arma para tentar manipular, dominar e acorrentar a classe operária à sua política de traição e compromisso, ...

Vozes: – Apoiado!

O Orador: – ... e, para ter, face à burguesia, um importante argumento numérico nas conversações periódicas para a formação de novos governos. Mas pelo andar que as eleições nos sindicatos levam, e na iminência de perder o controle absoluto da Intersindical, qualquer dia vemos esse partido a deitar fora a unicidade sindical, e à semelhança dos seus colegas europeus, começar a formar a sua central sindical própria para tentar manter as suas posições.

A UDP ao defender a unicidade sindical fá-lo por uma razão simples: a classe operária, o povo trabalhador, não pode, seja lá onde for, ser dividido, ser jogado entre si pela burguesia. A firme unidade da classe operária e do povo trabalhador não se faz com dezenas de sindicatos «livres» ou com várias centrais sindicais. Para vencer, o povo precisa de estar unido. E a unicidade sindical, a central sindical única, o sindicato vertical por indústria ou ramo de actividade, praticando a democracia interna, em que as direcções sejam responsáveis e prestem contas perante a classe, em que as assembleias sindicais estejam abertas à discussão e decisão democráticas, são um factor importante para a unidade da classe operária e do povo trabalhador.

Ao mesmo tempo não percebemos o que raio é isso de tendências dentro de um sindicato. Se calhar é os trabalhadores do «PS» formarem um grupo com opiniões próprias, os do partido de Cunhal outro, cada partido ter um grupinho no sindicato, e depois, sob a capa da tendência, nenhum seguir o programa de luta do sindicato, nenhum respeitar as decisões democráticas das assembleias, enfim, dividir a classe à custa dos interesses dos partidos burgueses. Dessas «liberdades» que só fomentam a desunião, que só dificultam a luta e que só favorecem os patrões, os exploradores capitalistas, está a classe operária bem farta, e a luta diária nas fábricas e nos campos contra o capital é bem prova de que as matemáticas, as contas de dividir dos partidos burgueses nunca dão o resultado certo.

Nós já aqui dissemos, e vamos repetir.

Esta Comissão que fez o parecer esforçou-se para deixar margem de manobra a qualquer Governo para regulamentar depois aquilo que era demasiado escandaloso limitar na Constituição, e disse já aqui que tinham de ser limitadas, por exemplo, no artigo 12.º, a celebração de convenções colectivas de trabalho e as formas de intervenção sindical no estabelecimento das condições de trabalho dos trabalhadores da função pública.

É esta «liberdade» que, como se vê, só vai servir para tentar manter a exploração a que os Srs. Deputados da Comissão querem submeter o povo.

É esta a «liberdade» do falso socialismo que dizem querer.

Mas, ao mesmo tempo que a Comissão abre portas, limpa salas e prepara o terreno para a limitação dos direitos dos trabalhadores, avança na maior concessão de liberdades e facilidades aos grandes capitalistas nacionais e estrangeiros para poderem à vontade explorar o povo português.

É assim que a Comissão entende dever limitar as futuras leis sobre iniciativa privada aos médios industriais, e em que nem se fala do fim dos grandes industriais. Se os pequenos industriais necessitam de ser ajudados e para eles é necessário que o Estado tome medidas especiais, os médios e grandes industriais não podem ser de modo algum protegidos, nem a lei pode prever medidas excepcionais de benefício para eles.

280 *O Momento Constituinte – Os Direitos Sociais na Constituição*

Quanto aos capitalistas estrangeiros, não são eles que vão contribuir para a independência nacional, e basta olharmos para a Plessey, a Applied, a ITT, a Melka, a Timex, são só alguns dos casos em que as empresas estrangeiras mostraram bem como eram as garras do imperialismo e como elas contribuíram para o desemprego em Portugal.

Não é abrindo as portas à ITT, que pôs Pinochet no poder, que se luta pela independência nacional.

Ainda ontem nesta sala se levantaram Deputados a protestar contra o fascismo no Chile. Mas o povo está farto de palavras. O povo português exige actos. E por isso nós perguntamos: se se fala tanto em liberdade e se condena tanto o fascismo em palavras, por que é que os Srs. Deputados se opõem a que expulsemos os imperialistas do nosso país nacionalizando as suas empresas, como por exemplo as da ITT? Será que, apesar das palavras, esses Srs. Deputados esperam que essas empresas imperialistas continuem a levar o povo à miséria e que actuem como braços da CIA, como fizeram no Chile?

De facto, esse artigo 13.º é bem elucidativo da dependência nacional em relação aos imperialismos que os partidos dessa Comissão querem para Portugal.

A posição da UDP, face ao texto proposto pela Comissão é, contrariamente a todos os outros partidos representados nesta Assembleia, a de discordar na generalidade; pelo que votarei contra, aquando da votação.

Uma voz: – Se votasses a favor é que era mau sinal.

O Sr. Presidente: – Para usar da palavra segue-se o Sr. Deputado Vital Moreira.

Pausa.

Aliás, um momento só, se faz favor, pois há pedidos de esclarecimento.

Sr. Deputado Alberto Antunes, faz favor.

O Sr. Alberto Nunes (PS): – O Sr. Deputado Américo Duarte, em mais uma das suas conhecidas intervenções demagógicas, referiu-se ao direito de tendência, criticando-o em termos que não me pareceram muito razoáveis, e queria fazer-lhe algumas perguntas em relação a isso.

A primeira pergunta era se ele estava de acordo com a existência do direito de tendência nos sindicatos, ou não? Caso a resposta seja negativa, eu queria-lhe perguntar como é que ele justifica uma comissão de unidade operária metalúrgica, de que ele fazia parte, no Sindicato dos Operários Metalúrgicos do Distrito de Lisboa?

O Sr. Presidente: – O Sr. Américo Duarte quer responder?

Vozes: – Ele só responde na presença do povo.

O Sr. Presidente: – Peço a atenção!

O Sr. Américo Duarte (UDP): – Eu tenho a dizer que, na realidade, lutava na Comissão de Unidade Operária Metalúrgica, com os meus camaradas operários, pela defesa intransigente da classe operária, porque víamos que a direcção sindical não servia os interesses da classe. Mas também não são os partidos da burguesia, depois representados dentro dos sindicatos, que conseguem unir a classe, antes pelo contrário. A prova disso é, na prática, em Portugal: o que é que os partidos têm feito das classes trabalhadoras, do povo trabalhador em Portugal? O que eles têm posto é tudo «à porrada» uns com os outros. É o que eu tenho dito ali àqueles senhores.

Burburinho.

O Sr. Presidente: – Tem a palavra o Sr. Deputado Vital Moreira.

O Sr. Vital Moreira (PCP): – Sr. Presidente, Srs. Deputados: A discussão constitucional dos direitos económicos, sociais e culturais exige uma consideração da sua origem histórica e do seu significado político. A consagração dos chamados direitos económicos, sociais e culturais é um elemento recente da história constitucional. Tem pouco mais de meio século. As constituições liberais desconheciam tais direitos e percebe-se facilmente porquê. É especialmente com a Primeira Grande Guerra Mundial e com as revoluções que a acompanharam ou que se lhe seguiram que os direitos económicos, sociais e culturais adquirem lugar na Constituição.

Pausa, resultante de um certo barulho motivado por conversas dos Srs. Deputados.

Importa perceber porquê. É que os direitos económicos, sociais e culturais são histórica e fundamentalmente direitos de classe. São direitos que interessam, em primeiro lugar, às classes trabalhadoras, e particularmente à classe operária. A consagração constitucional desses direitos traduz uma longa luta das classes populares contra a burguesia e o Estado burguês. Por isso se compreende que tenham sido constituições nascidas de processos revolucionários as primeiras a consagrar esses direitos. Desde logo, naturalmente, a Declaração dos Direitos do Povo Explorado da Rússia revolucionária, mas também a Constituição Mexicana de 1917 – no seguimento da revolução popular iniciada em 1910 –, a Constituição da República de Weimar apesar do fracasso da revolução alemã de 1918-1919, a Constituição Republicana Espanhola, etc.

A inserção histórica e o significado político dos direitos económicos, sociais e culturais pode, pois, resumir-se nisto: direitos conquistados, através de prolongada luta, pelas massas populares, à burguesia e ao seu Estado. Desde o início, a luta pelos direitos económicos, sociais e culturais está incindivelmente ligada à luta pelo socialismo, à luta pela apropriação colectiva dos meios de produção, à luta pela conquista do poder pelas classes trabalhadoras, à luta pelo cerceamento do poder da burguesia.

Sempre, naturalmente, se procurou desinserir esses direitos do seu real enquadramento histórico e político. Sempre se procurou cortá-los da sua ligação com a luta pelo socialismo, tentando consumi-los ideologicamente sob conceitos como «solidariedade social», «justiça social», «sociabilidade», «fraternidade», etc. Também aqui se manifesta a conhecida capacidade das classes dominantes e da ideologia burguesa para cooptar, para fazer suas (neutralizando-as e invertendo o seu sentido) algumas bandeiras principais da luta popular.

Já noutra ocasião chamei aqui a atenção para um exemplo típico: a maneira como a ideologia burguesa conseguiu apropriar-se do conceito de democracia pondo-o ao serviço do seu domínio de classe. Outro exemplo típico temo-lo claro entre nós quando se vê partidos como o CDS e o PPD a reclamarem-se do socialismo.

O presente debate na generalidade do articulado proposto pela Comissão sobre os direitos e deveres económicos, sociais e culturais tem ele também mostrado a tentativa por parte de certos partidos para os neutralizarem, para lhes retirar a sua conotação de classe, para os desinserir da luta pelo socialismo. Assim vimos o CDS, na sua declaração de voto, a lamentar, em nome do, cito, «socialismo em liberdade», as «restrições» à propriedade privada e à iniciativa económica privada, bem como à escola privada.

Mas vimos especialmente o PPD atirar-se com toda a força contra várias disposições do articulado em apreciação. E atirar-se com os métodos de argumentação ideologicamente terrorista a que já nos habituou nesta Assembleia.

Risos.

Vimos um deputado do PPD acusar mentirosamente um artigo de ser a cópia de um artigo da Constituição Soviética, que apelidou de esta-

Debate na Generalidade 283

linista. Vimos outro deputado do PPD acusar o articulado de «partidarismo ideológico», ou de estar hipotecado à «ideologia marxista». Estou a citar ...

Sr. Presidente, Srs. Deputados: Cabe aqui um parêntesis para algumas reflexões sobre um curioso fenómeno que se vem manifestando nesta Assembleia. De facto, recorrentemente se tem utilizado como argumento contra um ou outro projecto de disposição a acusação de serem ideologicamente marxistas. Contra isso têm-se reclamado ora a neutralidade ideológica da Constituição, ora o seu pluralismo ideológico. Não se chega bem a perceber, porque nenhum dos Srs. Deputados explicou, o que seria cada uma desta coisas. Mas adiante. Importa referir apenas duas ou três notas:

1) Os que argumentam contra a carga ideológica marxista da Constituição apenas pretendem substituir-lhe uma ideologia antimarxista;

2) Os que argumentam contra a hipotética carga ideológica marxista da Constituição – chegando a ameaçar, como ontem aqui ouvimos, ir denunciar ao «povo», subentendem-se as aspas, que outros partidos estão a tentar fazer uma Constituição marxista – procuram pura e simplesmente, no velho estilo já conhecido, utilizarem em seu favor o reflexo antimarxista;

3) Os que mais têm falado em marxismo – muitas vezes acompanhado das respectivas citações dos clássicos – podem dividir-se em duas categorias: por um lado aqueles que vêem marxismo em tudo o que vá contra os seus interesses partidários; por outro lado aqueles que julgam que é citando Marx e gritando «sou marxista» que se passa efectivamente a sê-lo. (O que, de resto, não impede que – tal como ontem se manifestou na comovente e pluralista intervenção do Deputado José Luís Nunes – acabem por se encontrar a aplaudir-se mutuamente e reciprocamente);

4) A questão da ideologia marxista tem sido aqui utilizada fundamentalmente para tentar escamotear os verdadeiros problemas em discussão. É o que se tem manifestado também neste debate sobre o articulado proposto para os direitos económicos, sociais e culturais.

Sr. Presidente, Srs. Deputados: De facto, posta de lado esta cortina de fumo – o que é que está realmente em causa? Vejamos: Ataca-se o artigo 1.º da Comissão – acusa-se de dogmático, mecanicista, economicista, e até estalinista; ataca-se a utilização da expressão «classes trabalhadoras» em vários artigos; ataca-se a possibilidade constitucional do confisco em caso de sabotagem económica; ataca-se a proibição constitucional da co-gestão; ataca-se o princípio da publicidade do ensino.

Quer dizer: Pretende-se retirar aos direitos económicos, sociais e culturais qualquer ligação com a luta pelo socialismo, com a luta das massas trabalhadoras. O ataque ao artigo 1.º, independentemente da sua redacção concreta, não resulta da sua proclamada conotação marxista – resulta, isso sim, do facto de esse artigo afirmar claramente que a luta pelos direitos económicos e sociais está incindivelmente ligada à luta pelo socialismo. O ataque contra a utilização da expressão «classes trabalhadoras» não resulta da sua proclamada conotação marxista – resulta, sim, do facto de essa expressão apontar claramente para a ligação desses direitos com a luta das massas trabalhadoras.

O que se ataca não é aquilo que se chama «partidarização ideológica» da Constituição. O que se ataca é a concepção política dos direitos económicos, sociais e culturais enquanto direitos de classe, enquanto direitos fundamentalmente vinculados às massas trabalhadoras. O que se pretende é espelhar na Constituição uma concepção dos direitos económicos, sociais e culturais, como direitos desvinculados da luta de classes e da construção da sociedade socialista. Por isso mesmo se insiste em utilizar o conceito de «solidariedade social», donde arrancariam os direitos económicos, sociais e culturais. Ora, os direitos económicos, sociais e culturais não nasceram, nem se realizam por essa irrealidade que seria a solidariedade social entre classes antagónicas. Não é pela solidariedade social que as classes trabalhadoras vêem «reconhecido» pelo capital o seu direito ao trabalho; não foi pela solidariedade social que o patronato «reconhece» aos trabalhadores o direito à greve; não foi pela solidariedade social que os trabalhadores obtiveram da burguesia e do Estado burguês o reconhecimento da liberdade sindical; não será pela solidariedade social que as massas trabalhadoras conquistarão o direito à saúde, o direito ao ensino, o direito à habitação, etc.

Sr. Presidente e Srs. Deputados: Tal como o socialismo, também os direitos económico-sociais e culturais não se efectivam senão por e para as massas trabalhadoras; tal como o socialismo, também os direitos económico-sociais e culturais não se alcançam senão contra os interesses das classes dominantes.

Tal como noutros campos do texto constitucional também aqui o que está em causa não é estritamente uma luta entre ideologias. É, no fundo, uma luta entre interesses e concepções de classes antagónicas.

Debate na Generalidade 285

É isso que não pode ser esquecido na elaboração de uma Constituição que começou por afirmar, no seu artigo 1.°, o objectivo da construção de uma sociedade sem classes. E a sociedade sem classes não se constrói certamente com as classes interessadas em manter os seus interesses de classe dominante. Nem, portanto, com os partidos que representam esses interesses.

Sr. Presidente, Srs. Deputados: Em Portugal, ou em qualquer outro sítio, as classes que retiram do capitalismo os seus privilégios não estão nem podem estar interessadas no socialismo. Em Portugal, ou qualquer outro sítio, os partidos em que essas classes se organizam politicamente não são nem podem ser socialistas.

Tenho dito.

Aplausos.

O Sr. Presidente: – Alguém deseja usar da palavra para pedir esclarecimentos?

Pausa.

Tem a palavra o Sr. Deputado Mário Pinto.

O Sr. Mário Pinto (PPD): – Sr. Deputado: Francamente, não dou grande importância às declarações que produziu e que não me surpreenderam, a não ser num pequeno ponto, e mais concretamente a respeito de um adjectivo. Eu vou ler a segunda parte do artigo 118.° da Constituição russa, soviética, mais precisamente, e dado que eu não disse que o artigo 1.° do projecto da Comissão era a cópia literal deste artigo da Constituição soviética, os Srs. Deputados poderão verificar por si e o Sr. Deputado Vital Moreira poderá explicar, se for capaz, onde é que efectivamente não está a cópia. Vou tentar ler, traduzindo de uma versão francesa: «O direito ao trabalho está assegurado pela organização socialista da economia nacional, pelo crescimento constante das forças produtivas da sociedade soviética, pela eliminação da possibilidade das crises económicas e pela supressão do desemprego».

Exceptuando, portanto, a parte que deixou cair, e não é pouco significativa, da eliminação da possibilidade de crises económicas e da supressão do desemprego, eu pergunto onde é que não está a cópia.

O Sr. Vital Moreira (PCP): – Sr. Deputado ...

O Sr. Mário Pinto (PPD): – Onde está a mentira?

O Sr. Vital Moreira (PCP): – Efectivamente, não foi o Sr. Deputado que disse que este artigo 1.° era a cópia do artigo da Constituição soviética ou, nas palavras do Sr. Deputado, da Constituição estalinista. Mantenho que foi efectivamente o Sr. Deputado Furtado Fernandes, na declaração de voto que está transcrita no Diário da Assembleia Constituinte, ou pelo menos na cópia que me foi transmitida dessa declaração. E, de facto, para ver a mentira – mantenho, Sr. Deputado, a mentira – ou o assunto da referência à Constituição que chamou estalinista, devo agora repetir, depois do Sr. Deputado ter traduzido, aparentemente com algum esforço, a tradução francesa desse artigo ...

Uma voz: – Isto é que é um grosseirão!

Vozes: ... É um malcriado!

Risos.

O Orador: – ... devo ler o artigo 1.º da proposta da Comissão. As pessoas que estão a ouvir certamente tirarão as suas devidas conclusões:

Os direitos económicos, sociais e culturais serão efectivados pela extensão da propriedade social dos meios de produção e pela planificação do desenvolvimento económico, visando o crescimento das forças produtivas.

Cada um que tire as respectivas conclusões, mas queria acrescentar uma coisa, Sr. Deputado: houve aqui há tempos um Deputado do PPD que, por se falar num artigo aqui aprovado que os cidadãos têm direitos e deveres, conseguiu descobrir que uma fórmula semelhante a essa se encontra no programa do Partido Nacional-Socialista Alemão.

Teremos de concluir qualquer dia que a Constituição Portuguesa está a plagiar a Constituição do Mali, do Bahrein ou das Ilhas de Salomão, por dizer, por exemplo, que entre os órgãos de soberania se encontra o Chefe do Estado, a Assembleia dos Deputados e o Governo.

Risos.

O Sr. Presidente: – Tem a palavra o Sr. Deputado Furtado Fernandes.

O Sr. Furtado Fernandes (PPD): – Ora, em primeiro lugar, queria esclarecer o Sr. Deputado que, quando li a declaração de voto, não o fiz apenas em meu nome pessoal. Eu li essa declaração de voto em meu nome, é certo, mas também em nome dos meus camaradas representantes do PPD na Comissão, nomeadamente Mário Pinto e Martelo de Oliveira.

Risos.

Este, um primeiro ponto.

Uma voz: – Camarada!?

O Orador:- Sim, porque nós também utilizamos esse termo. O termo «camaradas» não é monopólio do Partido Comunista.

Risos.

Segunda questão, aliás a primeira foi apenas um mero esclarecimento.

Nós, ao preferirmos a expressão «classes mais desfavorecidas» em lugar de «classes trabalhadoras», justificamos, e fui eu que fiz essa justificação. É que o termo «classes trabalhadoras» foi passível aqui nesta Assembleia de várias interpretações. Certamente que as correntes partidárias têm o direito de dar aos termos a significação que julgam mais conveniente. Nós não contestamos isso. E é exactamente por não contestarmos isso que apresentamos a fórmula «classes mais desfavorecidas», que aliás, aparece incluída no Programa do Movimento das Forças Armadas. Efectivamente entendemos que existem muitos pequenos empresários, nomeadamente do comércio e agricultura, que necessitam também dos direitos económicos, sociais e culturais. Portanto, esses direitos devem, de facto, primacialmente dirigir-se a esses estratos da população, que são, de facto, desfavorecidos. Não pretendemos, como é evidente, esses direitos para o grande capital, para os privilegiados deste país, que em nada precisam desses direitos. E mais, as classes mais desfavorecidas têm que obter esses direitos à custa exactamente desses estratos privilegiados. Eu perguntava ao Sr. Deputado Vital Moreira se precisamente tomou em conta isto que agora estou a dizer, que, aliás, não faço mais do que repetir, dado que já o disse na minha intervenção no debate na generalidade.

O Sr. Presidente: – O Sr. Deputado Vital Moreira quer responder?

Pausa.

Tenha a bondade.

O Sr. Vital Moreira (PCP): – Apesar de tudo, foi-me feita uma pergunta. Apesar de eu não ter feito qualquer pedido de esclarecimento ao Sr. Deputado Furtado Fernandes, ele acabou por me dar um esclarecimento e pedir-me um.

Risos.

O Sr. Presidente: – Exacto.

O Orador:- Devo dizer, em primeiro lugar, que, de facto, não pedi qualquer esclarecimento ao Sr. Deputado.

Em segundo lugar, devo dizer que foi ele que leu a declaração em que se diz textualmente:

288 *O Momento Constituinte – Os Direitos Sociais na Constituição*

Acresce que algumas vezes essas formulações marxistas se mostravam sem qualquer cabimento expositivo ou programático e apresentavam alcance meramente dogmático, como é o caso do artigo 1.º do projecto apresentado, visivelmente copiado da Constituição estalinista russa (artigo 118.º).

Eu mantenho que isto é uma mentira. Eu mantenho ainda que é um exemplo típico de terrorismo ideológico do tipo das bancadas do PPD.

Uma voz: – Que engraçado!

O Orador: – Quanto à pergunta que o Sr. Deputado nos fez, eu apenas me limito a perguntar isto: Porque é que o Sr. Deputado do PPD, argumentando que tem uma interpretação própria para a expressão «classes trabalhadoras», apesar de tudo se mantém tão renitente em aceitar a expressão? Eu não pus em causa a interpretação que o Sr. Deputado dá à expressão «classes trabalhadoras». Pode tirar qualquer interpretação que quiser das expressões que fiquem na Constituição. Até pode, onde se fala em branco, ler lá preto. Isso é com o Sr. Deputado.

Agora se o Sr. Deputado admite que a expressão «classes trabalhadoras» tem a interpretação que lhe convém, a que propósito é que vem contestar a utilização da expressão, de resto já aprovada pela Constituinte no artigo 2.º da Constituição?

Aplausos.

O Sr. Presidente: – Sr. Deputado Freitas do Amaral.

O Sr. Freitas do Amaral (CDS): – Sr. Presidente: Era para prestar um esclarecimento muito breve acerca de uma referência que o Sr. Deputado fez ao CDS.

O Sr. Vital Moreira (PCP): – Não tem nada que fazer.

O Orador: – Eu queria apenas pedir a palavra para prestar um esclarecimento, não era para pedir. Suponho que é permitido. O esclarecimento que eu queria prestar é o seguinte: é que, ao contrário do que o Sr. Deputado disse, o CDS não é, nem se considera, nem pretende ser considerado como um partido socialista.

Risos.

E a referência que o Sr. Deputado fez à expressão «socialismo em liberdade», utilizada na nossa declaração da voto, não diz respeito manifestamente à proposta política do CDS, mas sim no contexto em que foi utilizada e que é muito claro para quem saiba ler o projecto político defendido pelos partidos que obtiveram a vitória nas eleições deste País.

O Sr. Presidente: – Tem a palavra o Sr. Deputado Vital Moreira.

O Sr. Vital Moreira (PCP): – Bom, creio que o Sr. Deputado Freitas do Amaral não deu novidade a ninguém ao dizer que o CDS não é, nem pretende ser, um partido socialista. E também creio que alguém terá ficado tranquilizado ao dizer que o socialismo em liberdade não é uma proposta do seu programa. Já sabia.

Risos.

O Sr. Presidente: – Tem a palavra o Sr. Deputado Amândio de Azevedo.

O Sr. Amândio de Azevedo (PPD): – Sr. Presidente, Srs. Deputados: Ontem esta Assembleia aplaudiu vibrantemente as palavras de um Deputado que fez apelo para um clima de compreensão e de tentativa de entendimento entre todos os que se encontram nesta Sala. Infelizmente, acaba de ser hoje francamente violada essa atmosfera que se pretendeu aqui criar.

Podem, evidentemente, as pessoas estar em discordância, podem enganar-se, mas o que não parece que contribua para esse clima é que se façam afirmações que são altamente ofensivas da honra das pessoas. Por mim, considero que é ofender a honra de alguém dizer que se fez mentirosamente uma determinada afirmação.

A minha pergunta ao Sr. Deputado Vital Moreira é a seguinte: Quais são as razões em que se apoia para afirmar, independentemente de ser exacta ou não ser exacta a afirmação da declaração de vencido de voto do PPD, que essa declaração, no caso de não corresponder à verdade, o que me parece que não é líquido, foi feita deliberadamente com a consciência de que se estava a faltar à verdade. Eu creio que ao fazerem-se estas afirmações sem esse fundamento é que se está a incidir efectivamente no tal terrorismo a que o Sr. Deputado há pouco fez referência.

O Sr. Presidente: – O Sr. Deputado Vital Moreira, faça favor.

O Sr. Vital Moreira (PCP): – Bom, Srs. Deputados, quanto ao chamado clima de entendimento, cada um faz as caldeiradas que quiser. E cada um toma as posições que efectivamente entende que são as justas. Isto quanto à observação do Sr. Deputado.

Quanto à pergunta, arranca fundamentalmente do seguinte: eu faço justiça a qualquer Deputado nesta Assembleia que, quando intervém, tem em conta o significado político da sua intervenção. E, como não me parece que foi de ânimo leve que na declaração de voto do PPD se disse que o artigo 1.º da Comissão era uma cópia, praticamente uma cópia, de

290 *O Momento Constituinte – Os Direitos Sociais na Constituição*

um artigo da Constituição estalinista (sic), eu entendo que de facto não tenho outra conclusão senão a de que essa afirmação foi politicamente pesada. E como não corresponde à verdade, só a posso tomar como mentirosa, o que reafirmo.

O Sr. Presidente: – Tem a palavra o Sr. Deputado Casimiro Cobra.

O Sr. Casimiro Cobra (PPD): – Se bem percebi, e se errei o Sr. Deputado depois esclarece-me, disse o Sr. Deputado que a burguesia se apropria da linguagem e terminologia das reivindicações operárias. Pergunto: Será por isso que o Sr. Deputado fala a linguagem da classe operária?

Risos.

Segunda pergunta: Não será que o Sr. Deputado quer passar directamente da burguesia da velha sociedade para a nova burguesia burocrática?

O Sr. Vital Moreira (PCP): – Já uma vez respondi ao Sr. Deputado Casimiro Cobra que propriamente não era aqui o lugar para dar lições de teoria política. Entretanto, se o Sr. Deputado tem alguns problemas de consciência de classe, não serei eu propriamente a pessoa indicada para lhos curar.

Risos.

O Sr. Presidente: – Tem a palavra o Sr. Deputado Mário Pinto. Já tinha pedido esclarecimentos.

O Sr. Mário Pinto (PPD): – Peço a palavra para fazer um protesto, Sr. Presidente. Suponho que tenho direito a ele, ao abrigo do Regimento.

O Sr. Presidente: – Tenha a bondade.

O Sr. Mário Pinto (PPD): – Muito obrigado.

Depois da declaração do Sr. Deputado Vital Moreira em resposta ao meu pedido de esclarecimento, ficou evidenciada a sua irresponsabilidade.

Risos.

Burburinho.

Consequentemente, o meu protesto não vai ter nenhum alcance propriamente moral dirigido à pessoa do Sr. Deputado Vital Moreira, mas vai ter com certeza o sentido de deixar bem claro perante os Srs. Deputados desta Assembleia que, efectivamente, aquilo que consta do texto de declaração de voto do Partido Popular Democrático é nada mais do que a verdade. Eu vou reler, para que fique bem claro. Diz-se na declaração de voto:

Debate na Generalidade   291

Acresce que algumas vezes essas formulações marxistas se mostravam sem qualquer cabimento ou dispositivo programático e apresentavam um alcance meramente dogmático. Esta afirmação será devidamente, tanto quanto pudermos e formos capazes, justificada na altura da discussão, na especialidade, do artigo 1.º Continuando: «... sem qualquer cabimento, como é o caso do artigo 1.º do projecto apresentado ...» E então termina-se a frase afirmando: « ... visivelmente copiado da Constituição estalinista Russa (artigo 118.º)». «Visivelmente copiado».

E agora confrontem os Srs. Deputados a Constituição estalinista Russa, soviética. Diz que «o direito ao trabalho é assegurado pela organização socialista da economia nacional e pelo crescimento constante das forças produtivas». O nosso artigo 1.º do projecto diz que «os direitos económicos, sociais e culturais serão efectivados pela extensão da propriedade social dos meios de produção, pela planificação do desenvolvimento económico, que é, evidentemente, a organização socialista da economia, visando o crescimento das forças produtivas». Ora bem, visivelmente copiado, sem qualquer espécie de dúvidas, tanto mais que, ainda por cima, este artigo 1.º do projecto da Comissão não é mais do que o aproveitamento do n.º 3 do artigo – não me lembro agora o número no projecto do Partido Comunista Português – que tão mais visivelmente copiado é da Constituição estalinista Soviética, que, inclusivamente, também se restringe, tal como nesta Constituição, à fundamentação do direito ao trabalho e não de todos os direitos económicos e sociais.

O Sr. Presidente: – Bem! Nós tínhamos estabelecido a regra de não abrir oportunidade a diálogo através destes pedidos de esclarecimentos. De maneira que agradecia ao Sr. Deputado Vital Moreira que, da maneira mais breve possível, e definitivamente, pela última vez, fizesse o seu pedido de esclarecimento.

O Sr. Vital Moreira (PCP): – Sr. Presidente e Srs. Deputados: Não é propriamente para um protesto, é para me regozijar pelo afundamento em que acabou por cair o Sr. Deputado.

O Sr. Presidente: – O Sr. Deputado Pedro Roseta tem a palavra.

O Sr. Pedro Roseta (PPD): – Sr. Presidente e Srs. Deputados: Eu tinha dois pedidos de esclarecimento, muito curtos, a fazer ao orador que subiu à Tribuna mas, uma vez que já vai sendo hábito, V. Ex.ª terá de me dar licença para fazer um comentário: é que, efectivamente, muitas vezes temos ouvido aqui qualificações, comentários, mesmo em pedidos de esclarecimento, por parte deste Sr. Deputado; até qualificando outras pessoas de «indigentes», «pusilânimes» «mentirosos», «ignorantes» – como ainda agora aconteceu em relação ao meu companheiro Casimiro Cobra –, etc.

Bom, eu deixo à consideração dos presentes nesta Assembleia saber se, junto com os seus tremendos juízos apodícticos e categóricos, é ele ou não quem faz terrorismo ideológico.

Mas, por mim, vou antes para a interpretação do conhecido Jacques Lacan, discípulo de Freud, que afirma: Parler c'est jouir.

Mas chamo a atenção do Sr. Deputado que o mesmo Lacan afirma, mais adiante, que: Lá où ça parle, ça jouit et ça sait rien.

Protestos da Assembleia.

E o povo português diz também que «quem muito fala pouco acerta» ...

O Sr. Presidente: – Eu pedia ao Sr. Deputado o favor de formular o seu pedido de esclarecimento.

O Sr. Pedro Roseta (PPD): – Ora ... Eu queria só concluir dizendo que não esqueçamos o que diz o povo: «que quem muito fala pouco acerta.»

Ora, eu queria perguntar ao Sr. Deputado se entende que – isto é até uma pergunta de carácter histórico – a consagração dos direitos económicos, sociais e culturais na Constituição alemã de Weimar, que citou, foi ou não resultado da longa luta dos sociais-democratas alemães na segunda metade do século passado e nos primeiros anos deste século e da sua actuação concreta e das votações na Câmara Constituinte da República Alemã.

Em segundo lugar, face aos exemplos históricos que estão patentes no mundo, se o Sr. Deputado julga que a sociedade sem classes se constrói de acordo com os interesses e as manipulações de uma classe burocrática, ávida de poder, sob o seu comando e sob o seu terrorismo ideológico, e não só!

O Sr. Presidente: – O Sr. Deputado Vital Moreira pode responder.

O Sr. Vital Moreira (PCP): – É verdade, Sr. Deputado, quem muito fala pouco acerta e o Sr. Deputado falou demasiado.

Risos.

Uma voz: – Boa piada!

O Orador: – A primeira pergunta: de facto a consagração dos direitos económico-sociais na Constituição de Weimar é o resultado da longa luta

Debate na Generalidade

da classe operária alemã por esses direitos. E eu falei, além dessa consagração, do fracasso e da derrota da Revolução Alemã, de 1918-1919. Esse fracasso deve-se à traição da social-democracia.

Quanto à construção do socialismo através da classe burocrática, pois o Sr. Deputado estará em muito melhores condições para me dizer isso, porque pertence a uma classe burocrática, não à procura de poder, mais sim que tem efectivamente o poder.

Risos.

O Sr. Pedro Roseta (PPD): – Nunca dei por isso!

O Sr. Presidente: – Tem a palavra o Sr. Deputado José Luís Nunes.

O Sr. José Luís Nunes (PS): – Sr. Presidente, é só para apresentar, sem espírito polémico e com toda a serenidade, um protesto. O protesto baseia-se no seguinte: estamos aqui assim a dar um exemplo de democracia formal e nós discutimos aqui muitas vezes que a democracia formal, que é parlamentarismo, e é isto que se está a passar. O Partido Socialista protesta contra este método de trabalho e propõe que passemos a fazer trabalho produtivo.

Aplausos.

O Sr. Presidente: – Não temos mais oradores inscritos. Por consequência podemos dar por encerrado o debate na generalidade e proceder à votação do texto apresentado pela 3.ª Comissão, na generalidade.

Submetido à votação, foi aprovado, com 3 votos contra e 2 abstenções.

O Sr. Presidente: – Alguém deseja usar da palavra para declaração de voto?

Pausa.

Suspendemos a sessão e retomá-la-emos para iniciarmos o debate na especialidade.

Eram 17 horas e 30 minutos. (13 DE SETEMBRO DE 1975)

DEBATES NA ESPECIALIDADE

Debate sobre o Direito à Segurança Social

2 DE OUTUBRO DE 1975

O Sr. Presidente: – Ora, o n.º 3 do artigo 14.º tinha baixado à Comissão, por deliberação da Assembleia, de maneira que vamos agora entrar na apreciação do artigo 15.º e das respectivas propostas que estiverem na Mesa.

Vai ser lido o artigo 15.º e a seguir as propostas.

O Sr. Secretário (António Arnaut): – Passo a ler o artigo 15.º:

ARTIGO 15.º

(Segurança social)

1 – Todos os cidadãos têm direito à segurança social.

2 – Compete ao Estado organizar, coordenar e subsidiar um sistema de segurança social unificado e descentralizado, de acordo e com a participação das associações sindicais e outras organizações das classes trabalhadoras.

3 – A organização do sistema de segurança social não prejudicará a existência de instituições privadas, não lucrativas, de solidariedade social, que serão permitidas, regulamentadas por lei e sujeitas à fiscalização do Estado.

4 – Compete ao sistema de segurança social proteger todos os cidadãos na doença, velhice, invalidez, viuvez, orfandade, desemprego e contra todos os outros riscos de perda ou diminuição de meios de subsistência ou capacidade para o trabalho.

5 – O sistema de segurança social actuará através de assistência médica, medicamentosa e hospitalar, bem como pela atribuição de pensões, subsídios, abonos e outras formas de prestações diferenciadas que a lei determinar.

Quanto às propostas que estão na Mesa, temos uma proposta do Sr. Deputado Mário Pinto, do PPD, cujo teor é o seguinte:

Proposta de emenda

Pelo Grupo Parlamentar do PPD, proponho a seguinte redacção para a parte final do n.º 2 do artigo 15.º do projecto da 3.ª Comissão, a partir da palavra «participação»:

... participação das organizações das classes trabalhadoras e dos utentes.

Do mesmo Deputado, e também quanto ao n.º 2, há ainda a seguinte proposta:

Proposta de emenda

Pelo Grupo Parlamentar do PPD, proponho que a palavra «compete», que inicia o texto do n.º 2 do artigo 15.º do projecto da 3.ª Comissão, seja substituída pela palavra «incumbe».

Salvo o devido respeito, melhor seria que apresentasse apenas uma proposta quanto a este número; e não duas. Uma proposta de substituição seria mais correcto, seria mais fácil a sua apreciação e votação. É apenas uma sugestão.

Quanto ao n.º 4, há duas propostas do mesmo Deputado, do seguinte teor:

Proposta de emenda

Pelo Grupo Parlamentar do PPD, proponho que a primeira palavra do n.º 4 do artigo 15.º do projecto da Comissão, isto é, a palavra «compete», seja substituída pela palavra «incumbe».

Proposta de emenda

Pelo Grupo Parlamentar do PPD, proponho que a palavra «perda», constante do texto do n.º 4 do artigo 15.º do projecto da 3.ª Comissão, seja substituída pela palavra «falta».

Também quanto ao n.º 4, há uma proposta de aditamento do Sr. Deputado Oliveira Dias, do CDS, do seguinte teor:

Proposta de aditamento

No final do texto da Comissão:

Mediante a atribuição de pensões, subsídios, abonos e outras prestações diferenciadas que a lei determinar.

Quanto ao n.º 5, dos Deputados Miller Guerra e Júlio Pereira Reis, do Partido Socialista, uma proposta do seguinte teor:

Proposta de eliminação

Propõe-se a eliminação do n.º 5 do artigo 15.º

Nova proposta relativa ao n.º 5, do Sr. Deputado Oliveira Dias, do seguinte teor:

Proposta de eliminação

Propõe-se a eliminação do n.º 5 do texto da Comissão.

E nada mais quanto a este artigo.

O Sr. Presidente: – Sobre o n.º 1 não há, portanto, nenhumas propostas na Mesa. Temos apenas o texto apresentado pela Comissão, que está em apreciação.

Alguém pede a palavra sobre o n.º 1?

Pausa.

Vamos proceder à sua votação, se ninguém pede a palavra.

Pausa.

Não havia propostas nenhumas e nem ninguém tinha pedido a palavra.

Pediu, porém, agora a palavra o Sr. Avelino Gonçalves sobre o n.º 1. Tenha a bondade.

O Sr. Avelino Gonçalves (PCP): – Peço desculpa, Sr. Presidente, se realmente me descuidei na ligeireza a pedir-lhe a palavra.

Obrigado.

Por outro lado, não era apenas sobre o n.º 1 que desejava falar. Era sobre o sentido, a utilidade que tem uma disposição destas na Constituição. E porque acredito que de facto continuam a ser úteis, apesar de todos os receios, apesar do melodrama, continuam a ser úteis os trabalhos da Assembleia; por isso passo a ler.

Sr. Presidente, Srs. Deputados: A matéria que é objecto deste artigo do texto proposto pela 3.ª Comissão é de extrema importância para todos os trabalhadores.

Se é verdade que a vida humana não se esgota nos seus aspectos económicos, a verdade é que as carências económicas marcam toda a vida de cada trabalhador. A insegurança perante a doença, a invalidez, o desemprego, são muito frequentemente motivo da sujeição e da alienação de amplas massas trabalhadoras, arredadas da fruição de muito daquilo que produzem, quando não completamente marginalizadas relativamente a uma sociedade de que são, afinal, o imprescindível suporte na produção.

O conjunto de garantias e direitos que o texto proposto consigna está em consonância com o desenvolvimento do carácter social da produção,

300   *O Momento Constituinte – Os Direitos Sociais na Constituição*

é coerente com a objectiva solidariedade que une todos os homens e, nomeadamente, as massas trabalhadoras.

Mas se é verdade que o que se dispõe está condenado com a realidade social moderna, é também certo que a extensão dos direitos aqui estabelecidos está a léguas de distância da prática portuguesa actual no que respeita a segurança social e muito, muito longe, das possibilidades reais imediatas da nossa economia.

Hoje, o que existe no plano de segurança social é incipiente e insuficiente e deixa marginalizados larguíssimos sectores da população.

Quantos trabalhadores desempregados sem receber qualquer subsídio! Quantos trabalhadores doentes sem adequada assistência médica e hospitalar! Quantos trabalhadores à beira da invalidez se arrastam ainda para o trabalho por não terem garantida uma justa reforma!

Lembro aqui o exemplo de pescadores de Matosinhos, que, depois de dezenas de anos de aturado trabalho, se vêem remetidos para uma situação de miséria, recebendo, como por esmola, uma pensão social de 500$, que os condena à fome.

Mas se a situação é esta, que uns simples exemplos nos permitem avaliar, é certo também que é possível avançar com rapidez na construção de um sistema de segurança social adequado às necessidades.

Ganha aqui de novo actualidade a discussão que foi feita a propósito do artigo 1.º do texto proposto pela Comissão para este título e que afirmava serem suporte dos direitos económicos, sociais e culturais a extensão da propriedade social dos meios de produção e a planificação do desenvolvimento económico.

Porque, Sr. Presidente e Srs. Deputados, é necessário que os direitos garantidos neste artigo proposto sejam traduzidos na prática. É isso que interessa aos trabalhadores. E para tanto é necessário que se garantam as indispensáveis condições económicas, o que só será feito através da liquidação do poder político capitalista, através da criação de um Estado verdadeiramente democrático a caminho do socialismo.

A votação que vamos fazer, pela nossa parte, Deputados do PCP, de um artigo que nos parece consigna em termos justos uma série de direitos que há que garantir, na realidade, aos trabalhadores representa ao mesmo tempo a nossa confiança no futuro da Revolução portuguesa, a nossa certeza de que, apesar de todas as vitórias provisórias da reacção e das forças contra-revolucionárias, a vitória definitiva para que os trabalhadores avançam será real, é uma perspectiva real e está ao nosso alcance.

O Sr. Presidente: – Portanto, continua em apreciação o n.º 1.

Pausa.

Pediu a palavra o Sr. Deputado Casimiro Cobra. Faça favor.

O Sr. Casimiro Cobra (PPD): – Sr. Presidente, Srs. Deputadas: Ao irmos discutir este artigo 15.º, respeitante à segurança social, que reconhece os direitos de todos os cidadãos à segurança social, queremos manifestar o nosso regozijo e as nossas preocupações.

Regozijo, porque a segurança social é um direito essencial a qualquer povo e característica fundamental de uma sociedade socialista.

Preocupações, porque sabemos que muitos portugueses em idade avançada não estão abrangidos por qualquer benefício de segurança social. Queríamos aqui lembrar, em especial, as muitas centenas, se não milhares, de trabalhadores agrícolas que, tendo dado o seu esforço em benefício do capitalismo agrário durante toda uma vida, desde a infância até à velhice, para não terem de os indemnizar pelo despedimento sem justa causa, e assim lhes calarem a boca, alguns latifundiários afastavam--nos dos seus postos de trabalho, quando isso lhes convinha, a troco de miseráveis subsídios, a que magnanimamente chamavam «reforma».

Com o avanço da reforma agrária esses latifundiários lavam as mãos das suas responsabilidades e dizem a esses pobres mas dignos trabalhadores que «agora» vão pedir a «reforma» aos novos patrões.

Aqui solicitamos aos Ministérios dos Assuntos Sociais e da Agricultura para que assumam as responsabilidades colectivas de todos nós, num gesto não só de elementar justiça social como também de mínima recompensa para quem durante anos foi sujeito à exploração desenfreada do capitalismo agrário.

Os grandes possidentes dos latifúndios nunca se lembraram das condições sociais em que viviam os seus trabalhadores, preocupando-se antes em gastar os seus lucros em fins ofensivos da dignidade desses trabalhadores, mas são agora rápidos em exigir ao Governo que lhes resolva os seus problemas pessoais e familiares derivados da reforma agrária, e será então bom lembrar-lhes que «não faças aos outros o que não queres que te façam a ti».

O Sr. Pedro Roseta (PPD): – Muito bem!

O Orador: – Como defensor de um socialismo humanista não posso concordar com quaisquer represálias atentatórias da pessoa humana, mesmo contra pessoas que nunca mostraram ser dignas de ser tratadas como tal, mas não podia aqui calar a minha voz para denunciar uma das muitas e variadas formas da exploração capitalista a que os trabalhadores agrícolas foram sujeitos pelo fascismo e solicitar ao esperançoso VI Governo para que rapidamente resolva este grave problema no âmbito da execução da reforma agrária, e talvez ainda não seja tarde para fazer a justiça que o fascismo sempre negou a esses nossos irmãos, que decerto já não virão a beneficiar da plenitude da sociedade socialista que nos empenhamos em construir.

Vozes: – Muito bem!

Aplausos.

O Sr. Presidente: – Tem a palavra o Sr. Deputado Joaquim Velez.

O Sr. Joaquim Velez (PCP): – Sr. Presidente, Srs. Deputados: Como operário agrícola não me posso deixar de congratular com este artigo que vai ficar expresso na nossa Constituição, porque, como é do conhecimento geral, têm sido sempre, e são ainda neste momento, as maiores vítimas de exploração, de opressão e de humilhação, no nosso país, os operários agrícolas, as mulheres agrícolas, os filhos dos operários agrícolas, os pais dos operários agrícolas.

A segurança garantida na nossa Constituição para os operários agrícolas é fundamental para a melhoria das suas condições de vida. São os operários agrícolas que recebem uma miséria de assistência, subsídios que nesta altura são de 600$ e 900$ por mês, mas que, descontando os 80$ para a caixa, ficam apenas em 500$ ou 800$ por mês para comer. Por isso os seus filhos, os nossos filhos, andam descalços, passam fome, não têm creche, não têm educação mais conveniente. E a garantia de segurança social vai permitir aos operários melhorar as suas condições de vida. As nossas mulheres, as nossas mães e as nossas irmãs não têm assistência no parto, não têm assistência, portanto, na maternidade. As nossas mulheres, como tem acontecido em muitos casos, têm tido os nossos filhos, inclusivamente, no rio e no trabalho.

Para as nossas mulheres e para os nossos filhos temos, por exemplo, no distrito de Portalegre, um médico para três mil habitantes. Os nossos pais outro tanto. Nós que não temos possibilidade de os ter na nossa casa, de os alimentar e vestir, eles ficam entregues, portanto, ao abandono, como acontece, por exemplo, com a minha mãe, com a minha sogra e com os pais dos meus camaradas trabalhadores do campo.

(...)

Debates na Especialidade 303

O Sr. Presidente: – Segue-se no uso da palavra o Sr. Deputado Eugénio Domingues, a quem faço um apelo no sentido de se cingir à discussão do artigo que está em apreciação.

O Sr. Eugénio Domingues (PCP): – Sr. Presidente, Srs. Deputados: Sob o ponto de vista de importância de matérias já discutidas e aprovadas nesta Assembleia, a segurança social é de transcendente interesse para o povo, e em especial para as classes trabalhadoras, e, por isso, me vou ocupar do assunto, tecendo breves considerações:

Todos sabemos, particularmente os trabalhadores, como era o sistema de segurança social no regime fascista, pois isso era um problema que não preocupava a sociedade capitalista- muito mais interessada nos proventos que tirava da sua desenfreada exploração e da qual os trabalhadores foram as grandes vítimas.

Não me vou ocupar detalhadamente do problema da segurança social – que, infelizmente, ainda existe na nossa terra –, mas sim propriamente, e como exemplo, da empresa em que trabalho.

Sou operário metalúrgico numa grande empresa de transportes da capital, onde os métodos de trabalho (e falo do meu sector) são os mais primitivos que se possa imaginar, comparando com outros que me têm sido dados observar.

Desde as instalações, que não oferecem um mínimo de condições de trabalho para quem tanto delas precisa, e para que se faça uma ideia do que acabo de dizer, basta só citar que em época de Inverno os trabalhadores se vêem quantas vezes obrigados a trabalhar à chuva; passando pela salubridade e terminando no sistema de trabalho, mais concretamente no que diz respeito a apetrechos, tudo é primitivo, não oferecendo aos trabalhadores a mais pequena parcela de segurança, de que tanto carecem, e a que tanto têm direito. Por isso, o número de acidentes de trabalho sobe a um ritmo vertiginoso.

E como se tudo isto não bastasse para retratar esta situação, quero somente fazer referência à forma como esses acidentados são observados e tratados, ficando quantas vezes marcados fisicamente – fruto do desvelo a que são votados.

Há outro aspecto que queria focar relativamente às pensões de velhice, invalidez, etc. É lamentável que um trabalhador, chegado o momento de ser reformado nas circunstâncias que acima referi, veja multiplicar os seus problemas, dado que a pensão que lhe é atribuída é muito inferior

304   O Momento Constituinte – Os Direitos Sociais na Constituição

ao vencimento que auferia, vencimento esse que não lhe chegava para fazer face ao constante agravamento do custo de vida.

Por isso, não é raro um trabalhador que, chegado a essa situação, não tenha de, à custa de penosos sacrifícios, ter de ir vender a sua débil força de trabalho a outrem para garantir a sua subsistência e a dos seus. Se estamos interessados em construir uma sociedade socialista, todas estas anomalias têm de ser banidas da nossa terra.

Por tudo isto, Sr. Presidente e Srs. Deputados, nós, trabalhadores, regozijar-nos-emos se, após terminado o debate sobre esta matéria, ficarem consignadas na Constituição que estamos a elaborar medidas que ponham termo a estas injustiças, e com a consciência de que contribuímos para o bem-estar social dos trabalhadores portugueses.

Tenho dito.

Aplausos.

O Sr. Presidente: – Volto a informar que sobre o n.º 1 da proposta da Comissão não temos propostas de alteração na Mesa.

Visto não termos mais oradores inscritos, vamos votar o n.º 1.

Submetido à votação, foi aprovado por unanimidade.

O Sr. Presidente: – Passamos à apreciação do n.º 2, sobre o qual há duas propostas.

O Sr. Secretário (António Arnaut): – Quanto ao n.º 2, há duas propostas do Sr. Deputado Mário Pinto, do PPD. Uma visa substituir no início do texto a palavra «compete» pela palavra «incumbe». A outra visa substituir a última expressão do texto, a partir da palavra «participação», pela seguinte expressão: «participação das organizações da classe trabalhadora e dos utentes». E permitia-me sugerir, mais uma vez, para evitarmos três votações, uma de cada proposta e a terceira do próprio texto, que, depois de emendado, tem de ser votado. Permitia-me sugerir ao Sr. Deputado Mário Pinto que apresentasse uma proposta conjunta de substituição, que implicaria apenas uma votação.

Se está de acordo, eu leria a proposta de substituição tal qual como resulta da conjugação das duas propostas.

Pausa.

Vejo que não está de acordo, e lá tem as suas razões. Mas é uma questão de método. Não sei se o Regimento permite, sobre o mesmo texto, apresentar assim tantas propostas.

De qualquer modo, vou lê-las.

Foram lidas de novo.

O Sr. Presidente: – Portanto, o Sr. Deputado não está de acordo, está no seu direito, e por consequência vamos discutir as propostas em separado.

Está em apreciação a primeira proposta.

Tem a palavra o Sr. Deputado Mário Pinto.

O Sr. Mário Pinto (PPD): – Sr. Presidente, Srs. Deputados: Devo dizer que não é por má vontade ou falta de desejo de querer colaborar com a Mesa que realmente não concordo com a fusão das duas propostas.

Aliás, ao fazê-lo vou ao encontro da solicitação que, por mais de uma vez, o Sr. Secretário fez, no sentido de se distinguirem as propostas quando são múltiplas, relativamente a uma determinada disposição. Por outro lado, há razões diferentes que podem ser aduzidas para justificar cada uma das duas modificações propostas e pode acontecer que num caso dê razão à modificação, noutro não.

Dito isto, direi que, relativamente à primeira proposta, a intervenção que lhe subjaz é a seguinte: pensa-se que não está em causa a atribuição de uma competência, mas antes o estabelecimento de uma atribuição ao Estado. Creio que, efectivamente, a competência, nesta matéria, caberá ou ao Ministério correspondente ou a qualquer outro órgão. Isso será com certeza estabelecido na lei ordinária. É só esta a preocupação, porventura modesta, mas em todo o caso suficiente para merecer a consideração da Assembleia.

O Sr. Presidente: – Portanto, a primeira proposta foi justificada pelo respectivo autor.

Está em apreciação.

Pausa.

Se ninguém deseja usar da palavra, vamos votar a proposta.

Submetida à votação, foi rejeitada, com 66 votos a favor, sendo os restantes abstenções.

O Sr. Presidente: – Vamos agora apreciar a segunda proposta, que já foi lida segunda vez.

Está em apreciação.

Tem a palavra o Sr. Deputado Mário Pinto.

O Sr. Mário Pinto (PPD): – Creio que devo uma palavra de justificação à Assembleia, e é a seguinte: o principal desta proposta é o acrescentamento da expressão «e dos utentes». Já na Comissão foi dito que não apenas os trabalhadores eram beneficiários ou utentes da segurança social, mas também muitos outros cidadãos que não eram trabalhadores, ou porque já o foram ou porque ainda não o são, designadamente os

306 *O Momento Constituinte – Os Direitos Sociais na Constituição*

jovens e as crianças, ou porque nunca o puderam ser, designadamente as pessoas diminuídas físicas e mentais que não têm possibilidades de exercer qualquer actividade laboral. De resto, esta expressão corresponde, segundo os teóricos e os conhecedores da matéria, à terminologia corrente de nível técnico. Portanto, é esta a principal razão da proposta.

Simultaneamente, eliminou-se a expressão «associações sindicais», não porque se seja contra a participação das associações sindicais na gestão da segurança social, mas porque se entende que, ao falar-se de organizações das classes trabalhadoras não podia deixar-se de compreender aí, e desde logo, com lugar de destaque, as associações sindicais.

O Sr. Presidente: – O Sr. Deputado José Luís Nunes.

O Sr. José Luís Nunes (PS): – Eu gostaria que os Srs. Deputados meditassem bem num ponto. Nós consideramos necessário privilegiar as associações sindicais. E consideramos necessário privilegiar as organizações sindicais porque, de entre as outras organizações das classes trabalhadoras, são, efectivamente, aquelas que estão mais disciplinadas e mais organizadas. E, desta forma, dá-se já uma directriz ao legislador no sentido de escolher as organizações das classes trabalhadoras com quem vai falar. E pela primeira vez se reconhece a obrigatoriedade de o legislador reconhecer a participação aos sindicatos.

Quanto a outras organizações das classes trabalhadoras, pois a lei geral dirá como a coisa vai ser feita.

Mas eu acho que devemos privilegiar as organizações sindicais.

Quanto às organizações de utentes, é evidente que não haverá, ou será difícil considerar a hipótese de utentes que não estejam filiados nas organizações sindicais. E das duas uma: ou pensamos na hipótese de trabalhadores não sindicalizados, e os trabalhadores que ainda não se sindicalizaram também não se vão organizar autonomamente para administrarem as Caixas de Previdência, ou pensamos na hipótese dos jovens e das crianças, que não me parece também que estejam abrangidos por este facto. Ou pensamos na hipótese dos reformados, e acho que seria de mais pedir aos reformados que, efectivamente, participassem na gestão das empresas, até porque os reformados participarão indirectamente, através dos sindicatos em que estiveram integrados. Portanto, nós mantemos e batemo-nos pela consagração da proposta da Comissão.

O Sr. Presidente: – Continua em apreciação.

O Sr. Deputado Sousa Pereira.

O Sr. Sousa Pereira (MDP/CDE): – É só uma pequena nota, em relação à orientação do nosso voto, em relação à proposta do PPD. Já na Comissão tivemos oportunidade de dizer que o nosso entendimento de trabalhadores não era rigorosamente o mesmo que aquele que foi aqui definido pelo Sr. Deputado Mário Pinto.

Nós entendemos que estão nessa classe todos aqueles que, por razões alheias à sua vontade, estão impedidos de trabalhar, tal como os jovens, tal como os inválidos, tal como os desempregados, tal como as viúvas, e os órfãos, etc. Portanto, é evidente para nós que trabalhadores engloba isso. Mas, mais importante que esse aspecto, é este: que, na realidade, a proposta da Comissão não é restritiva, não diz só apenas este tipo de organização que orienta e coordena as actividades da segurança social. O que nos parece mal é, efectivamente, na proposta do PPD, ver dissolvidas, no termo mais geral, as organizações sindicais. Na verdade, nós entendemos que as organizações sindicais devem ter participação decisiva em tudo o que se relaciona com a segurança social. Neste sentido, parece-nos corresponder melhor a estas ideias que expusemos a proposta da Comissão, e nesse sentido votaremos contra a proposta do PPD, proposta de alteração, e votaremos a favor da proposta da Comissão, com a qual nos congratulamos.

O Sr. Presidente: – Continua em apreciação.

Pausa.

Vamos, portanto, proceder à votação desta proposta que acaba de ser discutida.

Submetida à votação, foi rejeitada, com 51 votos a favor e os restantes votos contra.

O Sr. Presidente: – Vamos agora pôr à votação o texto do artigo, tal como foi proposto pela Comissão.

Submetido à votação, foi aprovado por unanimidade.

O Sr. Presidente: – Sobre o n.º 3, não temos propostas na Mesa. Portanto, o que está em apreciação é o texto da Comissão.

Alguém deseja usar da palavra?

Vamos proceder à votação do n.º 3 proposto pela Comissão.

Submetido à votação, foi aprovado por unanimidade.

O Sr. Presidente: – Sobre o n.º 4, há propostas, que vão ser lidas novamente.

Foram lidas de novo.

O Sr. – Presidente: – Tem a palavra o Sr. Deputado Mário Pinto.

O Sr. Mário Pinto (PPD): – Valem aqui as razões que há pouco produzi, aqui até muito mais pertinentemente, porque não se trata de estabelecer qualquer competência, até porque não se refere em nenhum aspecto a órgão ou entidade, porque o sujeito da afirmação é o sistema de segurança social. Portanto, não vou repetir. São já conhecidas as razões.

O Sr. Presidente: – Alguém mais deseja usar da palavra.

Pausa.

Então pomos à votação esta proposta.

Submetida à votação, foi rejeitada, com 71 votos a favor, sendo os restantes abstenções.

O Sr. Presidente: – Passamos à segunda proposta. Vamos recordar.

O Sr. Secretário (Mata Nunes de Almeida): – A segunda proposta é também assinada pelo Sr. Deputado Mário Pinto, do Partido Popular Democrático, em que propõe a substituição da palavra «perda» por «falta». Isto no n.º 4 do artigo 15.º.

O Sr. Presidente: – Tem a palavra o Sr. Deputado Mário Pinto.

O Sr. Mário Pinto (PPD): – Em rigor não seria necessária uma explicação, mas creio que de toda a maneira a devo. É que pode acontecer que haja situações de falta de meios de subsistência que não possam qualificar-se como de uma perda. Será nos casos em que a pessoa nunca teve meios de subsistência. Essas situações não poderiam nem incluir-se nos casos de perda nem nos casos de diminuição. Portanto, creio que será mais correcto dizer-se: nos casos de falta ou de diminuição de meios de subsistência.

Quero crer que é bem clara a minha intenção e que nem complexos de superioridade nem complexos de inferioridade possam ter interferência no juízo que esta proposta possa merecer.

O Sr. Presidente: – Está em apreciação a proposta.

Tem a palavra o Sr. Deputado José Luís Nunes.

O Sr. José Luís Nunes (PS): – É só para dizer que não vemos inconveniente nenhum em substituir a palavra «perda» por «falta».

O Sr. Presidente: – Vai então ser posta à votação a proposta.

Submetida à votação, foi aprovada por unanimidade.

O Sr. Presidente: Vamos agora ver como fica emendado o texto deste n.º 4.

O Sr. Secretário (António Arnaut): – Fica da seguinte forma:

«Compete ao sistema de segurança social proteger todos os cidadãos na doença, velhice, invalidez, viuvez, orfanato, desemprego e contra todos os outros riscos de falta ou diminuição de meios de subsistência ou capacidade para o trabalho».

O Sr. Presidente: – Este é o texto que ficará a vigorar e que vai ser votado.

Submetido à votação, foi aprovado por unanimidade com a emenda oportunamente aprovada.

O Sr. Presidente: – Há uma proposta de aditamento ao n.º 4.

Vai ser lida.

Foi lida de novo.

O Sr. Presidente: – Está em apreciação esta proposta de aditamento ao texto já votado.

Tem a palavra o Sr. Deputado Oliveira Dias.

O Sr. Oliveira Dias (CDS): – Sr. Presidente, Srs. Deputados: Entendeu a Comissão que deveria incluir no texto deste artigo a especificação de que o sistema de segurança social deve cumprir as funções que lhe são atribuídas mediante a atribuição de pensões, subsídios ou outras formas de prestação diferenciadas e adequadas aos casos. Estou perfeitamente de acordo com isso, simplesmente esta minha proposta tem que ver com o contexto do n.º 5, para o qual, a seguir, eu tenho uma proposta de eliminação.

Se o Sr. Presidente me desse licença, eu explicava que pretenderia no seu lugar adequado, para esta especificação, um aditamento ao n.º 4 e que o n.º 5 poderia assim ser eliminado, sem qualquer prejuízo daquilo que é útil e sem que fique na nossa Constituição uma expressão que vemos no texto da Comissão, segundo a qual o sistema de segurança social actuaria através de assistência médica, medicamentosa e hospitalar. Não terá sido essa a intenção, mas esta formulação poderia levar ao entendimento de que se consagra constitucionalmente a duplicação de serviços de saúde e serviços hospitalares, uns a cargo do Estado, outros a cargo da segurança social, o que manifestamente nos desagrada.

O Sr. Presidente: – Tem a palavra o Sr. Deputado José Luís Nunes.

O Sr. José Luís Nunes (PS):- Ora nós propusemos a eliminação do n.º 5 do artigo 15.º

310   *O Momento Constituinte – Os Direitos Sociais na Constituição*

Quanto à referência à atribuição de subsídios, eu devo dizer ao Sr. Deputado que a considero desnecessária pelo seguinte: porque no n.º 2 já aprovado se fala: «ao Estado compete organizar, coordenar e subsidiar». Portanto, a expressão deste n.º 2, que no fundo se refere a todo o sistema de segurança social, leva-nos pura e simplesmente a omitir o n.º 5 e qualquer referência desse tipo, que é inútil, porque será meramente enunciativa e nunca exaustiva. Portanto, dentro dessa base, nós já propusemos a eliminação do n.º 5 e coerentemente vamos votar contra a emenda proposta.

O Sr. Presidente: – Continua em apreciação a proposta de aditamento.

Tem a palavra o Sr. Deputado Coelho dos Santos.

O Sr. Coelho dos Santos (PPD): – Sr. Presidente, Srs. Deputados: Ao ouvir relacionar o aditamento ao n.º 4 com a possível eliminação do n.º 5, eu desejava ser melhor esclarecido, porquanto, por um lado, não dou, não posso dar, a interpretação que dá ao n.º 2 o Sr. Deputado José Luís Nunes. Suponho que quando se refere, no n.º 2, que «ao Estado compete subsidiar», se pretende tão-só referir que, para além das receitas próprias do sistema de previdência que tem funcionado alheio ao poder central, pois, tal como acontece na segurança social na maior parte dos países, o Estado também subsidiará o sistema de previdência; portanto isto não terá relação com os subsídios que, porventura, o sistema de segurança social venha a estabelecer. Este um primeiro ponto. De resto, eu noto que algumas das actuais prestações da Previdência não ficaram, quanto a mim, acauteladas no n.º 4. Bem sei que numa Constituição não se pode fazer uma formulação exaustiva. Mas, de qualquer forma, temos, por exemplo, o subsídio por morte, que não está no n.º 4, temos o subsídio de casamento e de nascimento. Todos estes subsídios, que já estão instituídos no nosso sistema de previdência, só ficarão devidamente acautelados através do n.º 4. É claro que eu concordo com uma referência, que foi aqui feita no n.º 5, à assistência médico-medicamentosa e hospitalar. Eu também não estou de acordo com este tipo de formulação. Eu diria na doença, porque temos a assistência médica, paramédica e, dentro da hospitalar, temos as próprias intervenções cirúrgicas. De qualquer forma, no n.º 5 teria talvez um âmbito mais perceptível dizer-se «assistência na doença», sem referir que era assistência médica, assistência hospitalar. Mas, quanto aos subsídios e quanto a outras prestações

Debates na Especialidade 311

que a lei venha a determinar, parece-me, salvo uma melhor explicitação que me convença do contrário, que elas devem ficar na Constituição.

O Sr. Presidente: – Tem a palavra o Sr. Deputado Oliveira Dias.

O Sr. Oliveira Dias (CDS): – Sr. Presidente, Srs. Deputados:. Efectivamente, eu estou de acordo com o Sr. Deputado José Luís Nunes quanto ao facto de não ser indispensável esta enunciação. Mas não, enfim, interpretando-a como um desenvolvimento do n.º 2; ela seria, de qualquer maneira, um desenvolvimento ao n.º 4.

Por outro lado, é certo que no texto da Comissão se faz referência a determinadas situações em que o sistema de segurança social terá de funcionar: a doença, a velhice, a invalidez, a viuvez; a orfandade e o desemprego.

É bastante descritivo, bastante discriminativo, e ocorre-nos o risco de discriminar desfavoravelmente, em relação aos outros riscos que não refere, aqueles de que falou o Sr. Deputado Coelho dos Santos, e, por exemplo, também as doenças profissionais, os acidentes de trabalho. Portanto, eu manteria a minha proposta de aditamento.

O Sr. Presidente: – Portanto, está em apreciação esta proposta de aditamento.

Pausa.

Se mais nenhum Sr. Deputado deseja usar da palavra, vamos passar à votação.

Submetida à votação, a proposta foi rejeitada, com 13 votos a favor e 20 abstenções.

O Sr. Presidente: – Há duas propostas no mesmo sentido, duas propostas de eliminação do n.º 5.

Alguém deseja usar da palavra?

Pausa.

O Sr. Deputado José Luís Nunes. Estamos quase no limite do tempo.

O Sr. José Luís Nunes (PS): – Só muito brevemente, porque estamos em cima da hora, para dizer o seguinte: é evidente que o sistema de segurança social actuará sobre esta e outras formas. Simplesmente isso faz parte da sua definição, da sua natureza. Portanto, nós não devemos explicitar as formas, porque dificilmente seremos exaustivos. O motivo por que pedimos a eliminação é esse.

O Sr. Presidente: – Tem a palavra o Sr. Deputado Oliveira Dias.

O Sr. Oliveira Dias (CDS): – Sr. Presidente, Srs. Deputados: Eu, apesar de não ter sido aprovada a minha proposta de eliminação, manteria igualmente a proposta de eliminação deste artigo.

O Sr. Presidente: – Portanto, vamos votar formalmente.

O Sr. Coelho dos Santos (PPD): – Estava a pedir à palavra, Sr. Presidente.

O Sr. Presidente: – Faça favor.

O Sr. Coelho dos Santos (PPD): – Eu continuo a insistir, e não é por teimosia, que será um erro esta eliminação. Se no n.º 4 se fez uma descrição exaustiva das prestações, inclusivamente, quando podia falar-se em sobrevivência, fala-se em viuvez e em orfandade, até se foi Mais longe do que a formulação que é feita pelas leis actuais, quer pela Lei n.º 2115, quer pelo Decreto n.º 45 266. É que é absolutamente necessário prolongar o título de prestações. For isso, não se me afigura razoável este corte.

O Sr. Presidente: – Continua em apreciação.

Pausa.

O Sr. Deputado Mário Pinto.

O Sr. Mário Pinto (PPD): – Sr. Presidente, Srs. Deputados: Respeito muito a opinião do meu camarada Coelho dos Santos, que, aliás, reputo uma pessoa muito bem informada nesta matéria, com longa experiência e daquela experiência que é valiosa, porque é a experiência de um militante empenhado existencialmente nas questões, e não apenas no teórico ou no do estudioso. Mas a posição que vamos tomar vai ser a favor da proposta de eliminação do n.º 5, pela seguinte razão: consideramos muito importante referir os riscos que vão ser cobertos pelo sistema de segurança social. É óbvio que, a esse respeito, se poderá discutir se a enunciação que aqui está feita é tecnicamente a melhor e nomeadamente no que se refere à viuvez e à orfandade. Mas também está muito claro no n.º 4 que, além dos riscos caracterizados rigorosamente, se faz depois uma referência a todos os outros em que ocorra falta ou diminuição dos meios de subsistência ou capacidade para o trabalho. Não há aqui nenhuma enumeração exaustiva ou restritiva.

Já não vemos utilidade em que se diga que a cobertura desses riscos deve ser feita através da atribuição de pensões, subsídios e abonos ou outras formas de prestações diferenciadas que a lei determinar.

É óbvio que isto não tem qualquer alcance prático. É óbvio que, em qualquer circunstância, é sempre o sistema de segurança social que terá de cobrir os riscos referidos ou terá de fazer através de atribuições como o que consta do n.º 5.

O Sr. Presidente: – Eu chamaria a atenção de V. Ex.ª para o facto de estarmos com a hora ultrapassada, mas, se a Assembleia não se opõe, prosseguiremos a discussão ou pelo menos ouviremos o Sr. Deputado Coelho dos Santos.

Pausa.

Ninguém se opõe, portanto dou a palavra ao Sr. Deputado Coelho dos Santos.

O Sr. Coelho dos Santos (PPD): – Era só um minuto, para uma segunda intervenção. Embora também respeite muito a opinião do Sr. Deputado Mário Pinto, a verdade é que mantenho, até porque não concordo com a interpretação que o Sr. Deputado Mário Pinto deu. De facto, quando se diz no n.º 4 que haverá prestações, não sei se é esta a expressão, sempre que haja diminuição do rendimento dos trabalhadores, isto não dá cobertura a certas prestações que eu referi. Digo, por exemplo, quando se tem um filho, quando há um casamento, em que há uma maior despesa, não há uma diminuição de rendimento dos trabalhadores.

O Sr. Presidente: – O Sr. Deputado Oliveira Dias.

O Sr. Oliveira Dias (CDS): – É só um apontamento para dizer que o que é grave, a meu ver, nesse artigo não é a enumeração ou não enumeração da forma de prestação. É que está em causa a hipótese de consagrarmos constitucionalmente a existência de dois serviços, duas redes hospitalares paralelas neste país, e relativamente a isso é que a nossa posição é frontalmente contra.

O Sr. Presidente: – Vamos votar esta proposta. Pedia, por um momentinho, o favor de não se retirarem.

Submetida à votação, a proposta foi aprovada, com 5 votos contra e 18 abstenções.

O Sr. Presidente: – Foi, portanto, aprovada a proposta de eliminação do n.º 5.

Marcamos sessão para amanhã, à hora regimental. Está encerrada a sessão.

Eram 20 horas e 5 minutos.

3 DE OUTUBRO DE 1975

O Sr. Presidente: – Tem a palavra o Sr. Deputado José Niza.

O Sr. José Niza (PS):

Declaração de voto

Sr. Presidente, Srs. Deputados: Esta Assembleia Constituinte aprovou ontem o reconhecimento, a todos os cidadãos, do direito à segurança social. O Partido Socialista e o seu Grupo Parlamentar congratulam-se com o facto, pois foi colocada mais uma pedra dos alicerces da sociedade socialista que desejamos.

Há, no entanto, que pôr em evidência as implicações inerentes à medida que acaba de aprovar-se, tendo em conta a sua amplitude social e económica.

1 – Em primeiro lugar – e dentro de uma perspectiva socialista – há que acentuar que se trata não só do reconhecimento de um direito, mas da verdadeira socialização de uma responsabilidade; é que, ao falar de socialização da responsabilidade, o PS quer com isso significar que os diversos meios que garantirão materialmente a concretização das valências da segurança social terão de ter como proveniência não os descontos dos trabalhadores portugueses – que assim continuariam a ser explorados – mas o contributo de toda a comunidade – através de um imposto sobre rendimento –, que por esses será responsável.

Isto é, ao contrário do que outros meios defendem quando, através do reconhecimento de um direito, apenas pretendem um investimento que lhes proporcione um melhor rendimento da exploração do trabalho, o PS entende que se trata de uma verdadeira socialização da responsabilidade comunitária.

2 – Em segundo lugar – e na sequência do que acabo de afirmar – o reconhecimento do direito à segurança social só terá sentido e poderá ser garantido se se sintonizar com toda a articulação dos componentes económicos, sociais e culturais que caracterizam uma sociedade socialista, isto é, se não for um acto isolado.

3 – Finalmente, o direito à segurança social representa uma das grandes conquistas das classes trabalhadoras e, também, de todos os que, por razões de idade, doença, invalidez, família, etc., deverão ter os seus direitos assegurados.

Importará, finalmente, clarificar dois conceitos.

Debates na Especialidade 315

O primeiro é o de que, na fase de transição para o socialismo, os meios materiais que hão-de garantir o funcionamento da segurança social terão de ser conseguidos à custa de um imposto sobre rendimento, a considerar pela futura reforma fiscal, e não, como agora acontece com a Previdência, com um desconto de 23,5 % sobre os salários dos trabalhadores, isto é, de um desconto sobre o rendimento do trabalho.

O segundo conceito é o de que o PS considera ultrapassada a noção tradicional (e ainda actual) que corresponde à ideia de um desconto monetário corresponder a um benefício também monetário.

Pensamos que, para além das prestações financeiras ou monetárias, tais como pensões, subsídios, abonos, etc., outros meios terão de criarse de modo que a segurança social tenha uma capacidade de resposta permanente e universal em relação às necessidades da comunidade. Refiro-me a todo um conjunto de instituições que garantam um efectivo apoio às necessidades e aos direitos das crianças, dos jovens, dos velhos, dos diminuídos, etc., isto é, à criação de creches, infantários, instituições para a terceira idade, centros de recuperação, etc.

Sr. Presidente e Srs. Deputados: Acabamos de tomar uma resolução histórica.

Se a unanimidade verificada significa um acto de solidariedade social, significa também que, talvez, por detrás do manto diáfano da fantasia se esconde a nudez forte da verdade.

Por fantasia, entendo eu todos os fenómenos que, sob a aparência do manto da justiça social, não mais pretendem que esconder a dura realidade que é a eterna descoberta de novas formas de exploração do homem.

Por nudez forte da verdade, quero eu significar, inequivocamente, que a sociedade socialista terá de ser construída pelos trabalhadores, aos quais Bertolt Brecht dizia: «Devem desconfiar de tudo, até do mais pequeno pormenor, mesmo que, aparentemente, seja simples.»

Vozes: – Muito bem!

Aplausos.

O Sr. Presidente: – Tem a palavra o Sr. Deputado Martelo de Oliveira.

O Sr. Martelo de Oliveira (PPD): – Sr. Presidente: É para fazer uma declaração de voto, também, em relação à segurança social.

O Partido Popular Democrático congratula-se com o que ontem acabámos de aprovar, em matéria de segurança social.

Ontem, alguns Deputados fizeram considerações sobre o artigo. Mais importante, entendemos nós, do que criticar o que se fez de mal no antigo regime, há que nos congratularmos com o que ontem aprovámos e ontem reconhecemos para a nova sociedade democrática portuguesa e socialista, que desejamos construir. E eu, sem menosprezo pelos outros Deputados aqui presentes, sinto-me com autoridade para me congratular com o que aprovámos, pois que nas tipificações que fizemos no artigo se incluem as viúvas e os órfãos. É um reconhecimento que acabamos de fazer das pessoas que neste país talvez tenham sido mais vítimas e talvez tenham sido mais exploradas no tempo do fascismo. É um reconhecimento da sociedade activa portuguesa por aqueles que, involuntariamente, deixaram de ter rendimentos. É um reconhecimento da sociedade activa portuguesa por todos aqueles que, depois de terem dado todo o seu esforço à sociedade, foram marginalizados e atirados para o cesto do lixo. Eu, como órfão, pois fiquei órfão aos 7 anos, como já disse nesta Câmara, fui atirado e, em boa hora, fui para uma instituição que, felizmente, fez de mim alguma coisa, mas a melhor pedagogia que se pode dar à juventude e às crianças é o lar. E nós, ao consagrarmos a segurança social para todos os portugueses, estamos a proporcionar à juventude que fica órfã neste país os mesmos direitos e as possibilidades de se realizarem da mesma forma e da mesma maneira daqueles que têm pais vivos para olharem pela sua subsistência. E evitamos os asilos, que, por muito bons que sejam, não são efectivamente os verdadeiros educadores da sociedade. Portanto, eu congratulo-me e o Partido Popular Democrático congratula-se também com o que acabam de consagrar e com o importante passo que demos na construção do socialismo.

Aplausos.

Debate sobre o Direito à Protecção na Saúde

3 DE OUTUBRO DE 1975

O Sr. Presidente: – Vai entrar em discussão o artigo 16.º e as respectivas propostas, que vão ser lidas.

O Sr. Secretário (Maia Nunes de Almeida): O artigo 16.º é o seguinte:

ARTIGO 16.º

(Saúde)

1 – Todos os cidadãos têm direito à saúde e o dever de a defender e promover.

2 – O Estado, apoiado nas organizações populares, garante este direito através da melhoria das condições económicas, sociais e culturais das classes trabalhadoras e da criação de um serviço nacional de saúde, geral, universal e gratuito.

3 – Este direito é realizado pela criação das condições económicas, sociais e culturais que garantam a protecção da infância, da juventude e da velhice, pela melhoria sistemática das condições de vida e de trabalho, pela criação de um sistema de saúde eficiente ao serviço do povo, por uma política social orientada para a satisfação de todas as legítimas necessidades, pela promoção da cultura física e desporto escolar e popular, e ainda pela promoção da educação sanitária do povo.

4 – Constituem obrigações prioritárias do Estado:

a) Garantir o acesso de todos os cidadãos, independentemente da sua condição económica, aos cuidados da medicina preventiva, curativa e de reabilitação;

b) Assegurar uma racional e eficiente cobertura médica e hospitalar de todo o País;

c) Disciplinar e controlar as formas empresariais e privadas da medicina, articulando-as com o Serviço Nacional de Saúde;

318 *O Momento Constituinte – Os Direitos Sociais na Constituição*

d) Controlar progressivamente o fabrico, a propaganda, a comercialização e o preço dos produtos químico-farmacêuticos, até à nacionalização desses sectores.

5 – O Estado deve orientar a sua acção no campo da saúde no sentido de ser atingida a socialização da medicina.

O Sr. Secretário (António Arnaut): – São numerosas as propostas que temos sobre o artigo em discussão.

Elas serão lidas na devida oportunidade, e já se encontram distribuídas, por fotocópia, aos representantes dos grupos parlamentares.

Quanto ao n.º 1 temos duas propostas.

A primeira, de emenda subscrita pelos Deputados socialistas Miller Guerra e Júlio Pereira dos Reis, do seguinte teor:

Proposta de emenda

Propõe-se no n.º 1 a substituição da frase «Direito à saúde» por «Direito à protecção da saúde».

Outra de aditamento dos Deputados Vítor Sá Machado e mais dois colegas cujos nomes não posso identificar, pelo que peço desculpa, em virtude de as assinaturas serem ilegíveis, do seguinte teor:

Proposta de aditamento

Entre as palavras «cidadãos» e «têm direito», no texto da Comissão, propõe-se o aditamento de:

Sem qualquer discriminação.

O Sr. Presidente: – Estão em discussão as propostas que acabam de ser lidas.

Tem a palavra o Sr. Deputado Miller Guerra.

O Sr. Miller Guerra (PS): – Sr. Presidente, Srs. Deputados: Mercê de causas e circunstâncias de variada ordem, umas históricas, outras procedentes do regime político transacto, outras já dimanadas do regime actual, aglomeraram-se insuficiências graves no campo da saúde.

Podem compendiar-se em poucas palavras os erros e desconcertos principais neste capítulo da administração pública. São os seguintes:

1.º Falta quase completa de uma política da saúde que subordine as acções parciais e isoladas a um pensamento ordenado, coerente e adaptado às necessidades médico-sociais;

2.º Anacronismo da organização administrativa e gestionária;

3.º Péssima repartição dos recursos humanos (médicos, enfermeiros, farmacêuticos, técnicos, administradores) pelo território nacional, de tal modo que se concentram nas zonas urbanas e industriais da orla costeira, escasseando ou faltando de todo nas zonas do interior;

4.º Aumento dos doentes com enfermidades súbitas e graves, especialmente de origem traumática (tipo acidentes de estrada), de doenças crónicas de origem cardiovascular e outras, designadamente as doenças nervosas e mentais;

5.º Procura cada vez maior de serviços médicos, proveniente da menor tolerância ao sofrimento e à enfermidade, o que determina, por sua vez, dois fenómenos próprios da civilização e da cultura: a valorização da doença e o aumento das necessidades médicas;

6.º Desactualização do curso de Medicina e das estruturas hospitalo-universitárias; ausência quase completa de educação de médicos pós-graduados, assim como lacunas graves no ensino da enfermagem e das profissões paramédicas;

7.º Irregularidade e incerteza das carreiras médicas hospitalar e de saúde pública e falta de articulação com a carreira docente universitária;

8.º Dispersão dos doentes, dos médicos, dos meios técnicos e financeiros por variadíssimos locais e serviços, quase todos incapazes de prestar assistência satisfatória (hospitais, serviços médico-sociais das caixas de previdência, casas de saúde, empresas, associações, consultórios privados, etc.). Isto resulta dos serviços estarem divididos em três sectores paralelos e, o que é pior, concorrentes entre si: um sector estadual, que grosseiramente se pode designar por rede hospitalar, um para-estadual, a Previdência, e outro privado, a medicina livre ou liberal.

Se qualquer destes serviços prestasse a assistência que lhe competia prestar, os doentes não precisavam de recorrer ao sector privado, como tantas vezes sucede.

Os da província seriam tratados no centro de saúde ou no hospital local e não viriam em massa convergir nos hospitais dos grandes centros urbanos, que estão constantemente superlotados. Mas as insuficiências técnicas locais, juntas com a falta de confiança, repito, juntas com a falta de confiança, que as populações têm nos serviços médicos das suas terras, provocam o seu deslocamento ao Porto, a Coimbra e, sobretudo, a Lisboa, em busca da cura ou do alívio para os seus padecimentos.

Assim se gerou, agravando-se dia a dia, o estado em que há longos anos nos encontramos, como seria de prever.

É claro que o maior peso cai nas classes trabalhadoras rurais e nos bairros periféricos das zonas industriais, porque não têm posses nem

320   *O Momento Constituinte – Os Direitos Sociais na Constituição*

possuem meios de compensar as deficiências dos serviços colectivos, recorrendo à medicina privada. Paradoxalmente, a medicina privada prospera, contra o que se diz, à medida que se efectua a extensão dos serviços médico-sociais das caixas de previdência. A razão é simples: como a medicina praticada nas caixas é o que todos sabemos, os doentes procuram a clínica livre, embora à custa de sacrifícios financeiros. A Previdência, tratando mal os seus beneficiários; defrauda-os nos seus direitos, levando-os a pagar na medicina privada a assistência que se obrigara a prestar-lhes gratuitamente.

9.º Predomínio esmagador da medicina curativa sobre a medicina preventiva, recuperadora, e, sobretudo, sobre os meios de promoção da saúde (cultura, alimentação, habitação, trabalho, transportes, etc.);

10.º Finalmente, imperfeita participação dos trabalhadores da saúde e dos utentes dos respectivos serviços na gestão local e central.

Decorrem desta sucinta caracterização as seguintes medidas que conduzem à socialização da medicina, isto é, a colocar os serviços médicos ao alcance de toda a população em condições de igualdade, designadamente das classes trabalhadoras.

As diversas entidades e serviços que dispensam a assistência médico--sanitária à população devem ser integrados num único serviço – o Serviço Nacional de Saúde –, cuja finalidade é prestar gratuitamente a todo o cidadão, sem distinções de classe, categoria ou posição social, os cuidados médicos de que carece.

Para lograr este desiderato torna-se necessário fundir a previdência social com a saúde, acabando gradualmente com a medicina privada, ou livre, em particular com a de carácter empresarial.

A medicina privada tenderá naturalmente para a extinção, no caso de a eficiência do Serviço Nacional de Saúde a tornar dispensável.

A saúde é um conceito muito mais lato do que a simples ausência de doença ou enfermidade. A sua conservação e restabelecimento dependem de um extenso leque de condições, tais como o grau de cultura, a alimentação, a habitação, a higiene do trabalho, o meio ambiente, etc.

Os problemas sanitários não se resolvem aplicando medidas estritamente médicas – estas de pouco ou nada são capazes no caso de as estruturas sócio-económicas persistirem fiéis ao modelo capitalista.

Só pode haver verdadeira igualdade de acesso aos serviços médicos na sociedade socialista. Porém, como a saúde é um bem de valor ines-

Debates na Especialidade

timável, a socialização da medicina deve preceder, ou acompanhar de perto, a socialização geral.

Foi à luz destas considerações, Sr. Presidente e Srs. Deputados, que o PS elaborou as propostas de alteração do artigo 16.º.

Aplausos.

O Sr. Presidente: – Como mais ninguém pediu a palavra, vai votar--se a proposta de emenda do Partido Socialista.

Pausa.

O Sr. Secretário (António Arnaut): – Com autorização do Sr. Presidente vou recordar a proposta. A proposta visa a substituição da frase «direito à saúde», por «direito à protecção da saúde».

O Sr. Presidente: – Vamos então, agora, proceder à votação.

Submetida à votação, foi aprovada, com 2 votos contra e 17 abstenções.

O Sr. Presidente: – Tem a palavra o Sr. Deputado Sousa Pereira para declaração de voto.

O Sr. Sousa Pereira (MDP/CDE): – Votámos contra a proposta de alteração, porquanto nos parece que o seu conteúdo é restritivo do teor da formulação inserta na proposta da Comissão. Os fins que se pretendem atingir parece-nos que estão amplamente conseguidos quando se diz no texto da Comissão «o dever de a defender e promover». Suponho que a promoção da saúde atinja o objectivo que o Sr. Deputado Miller Guerra pretendia atingir com a sua alteração.

O Sr. Presidente: – Tem a palavra o Sr. Deputado Miller Guerra.

O Sr. Miller Guerra (PS): – Agradeço as objecções que fez o Sr. Deputado Sousa Pereira através da declaração de voto, e sugerindo-me esta outra declaração de voto.

É que, diz-se, nós emendamos...

O Sr. Presidente: – O Sr. Deputado desculpe, más só para declaração de voto é que V. Ex.ª tem a palavra.

O Orador: – Disse que era declaração de voto.

O Sr. Presidente: – Não ouço!

O Orador: – Disse que era para declaração de voto.

O Sr. Presidente: – Pode ter dito e não ser.

Parece que pela maneira como estava a expor não era uma declaração de voto.

O Orador: – Vai ser, então!

O Sr. Presidente: – Faz favor de continuar.

O Orador: – Nós introduzimos esta modificação do «direito à protecção da saúde» porque é mais correcta do que «direito à saúde». «Direito à saúde» não se pode garantir, ninguém o pode garantir. A saúde é um bem inatingível ou pelo menos não é um bem atingível. Portanto, é mais correcto e, aliás; outras Constituições que eu tive ocasião de consultar e já conhecia há muito tempo – e cito a Constituição Francesa e a Constituição Soviética – nenhuma delas fala em «direito à saúde», porque de facto é incorrecto falar em «direito à saúde», mas sim direito à assistência médica, aos serviços médicos, aos cuidados médicos, etc.

Foi o que nós dissemos. Por outro lado, o dever de defender e promover está aqui considerado neste articulado.

O Sr. Secretário (António Arnaut): – Há, finalmente, quanto a este n.º 1, uma proposta de aditamento do CDS, que visa introduzir a seguinte expressão entre a palavra «cidadãos» e as palavras «têm direito»: «sem qualquer discriminação».

O texto ficaria, pois:

Todos os cidadãos, sem qualquer discriminação, têm direito à protecção da saúde e o dever de a defender e promover.

O Sr. Presidente: – Tem a palavra o. Sr. Deputado Sá Machado.

O Sr. Sá Machado (CDS): – Este, nitidamente, não necessita, efectivamente, de maior explicitação, é bastante claro. Queria apenas dizer que, pela sua natureza, o direito à saúde, o direito à protecção de saúde é porventura o que menos se compadece com qualquer tipo de discriminação ou privilégio de pessoas, sectores ou classes sociais. Por isso se afirma e se propõe mais adiante que o Serviço Nacional de Saúde tem carácter geral, universal e gratuito.

(O orador não reviu.)

O Sr. Presidente: – Mais ninguém pede a palavra?

Pausa.

Vai ser posta à votação esta proposta.

Tem a palavra o Sr. Deputado Vital Moreira.

O Sr. Vital Moreira (PCP): – Para dizer as razões porque vamos votar contra esta proposta de emenda.

Em primeiro lugar, por uma questão de lógica sistemática, na medida em que nos direitos aprovados até agora não tem sido aprovado este inciso.

Em segundo lugar, porque na sua parte útil, ele já está atingido pelo princípio da igualdade dos cidadãos. E em terceiro lugar, pela sua parte

Debates na Especialidade 323

inútil naquilo em que ela pode, porventura, proibir discriminações positivas que, apesar de tudo, o princípio da igualdade pode admitir. Por isso mesmo vamos votar contra.

O Sr. Presidente: – Vai ser posta à votação esta proposta.

Submetida à votação, foi rejeitada, com 7 votos a favor e 51 abstenções.

O Sr. Presidente: – Vai-se votar o texto emendado.

Submetido à votação, foi aprovado por unanimidade.

O Sr. Secretário (António Arnaut): – O texto aprovado é o seguinte: Todos os cidadãos têm o direito à protecção da saúde e o dever de a defender e promover.

O Sr. Presidente: – Propostas relativamente ao n.º 2. A primeira é a dos Deputados socialistas, Miller Guerra e Júlio Pereira dos Reis, e é de eliminação deste n.º 2. Tem prioridade na discussão e votação. Tem a palavra o Sr. Deputado Miller Guerra.

O Sr. Miller Guerra (PS): – A justificação é simples, é que nos pareceu redundante o conteúdo deste parágrafo e resolvemos eliminá-lo, deixando com algumas modificações o seguinte.

O Sr. Presidente: – Tem a palavra o Sr. Deputado Sousa Pereira.

O Sr. Sousa Pereira (MDP/CDE): – Sr. Presidente, Srs. Deputados: Na verdade, nós também entendemos que havia, efectivamente, uma repetição parcial no conteúdo dos n.ºs 2 e 3 deste artigo. Simplesmente, pensamos que a solução que, em nosso entender, deve ser adoptada, não será aquela proposta pelo Partido Socialista.

Realmente, verifica-se o seguinte:

O n.º 2 contém dois planos. O primeiro plano, define os agentes que promoverão ou, que garantirão o direito dos cidadãos à saúde.

A outra parte, é os meios. É aquela que se refere aos meios.

Na verdade, nós pensamos que se devem manter estes dois aspectos no texto final e por isso propomos a proposta que já está na Mesa e que pedia que fosse lida para consideração dos Deputados do Partido So-cialista.

Suponho que a nossa proposta vem ao encontro das nossas preocupações.

Dizia eu, propõe-se que no artigo 2.º se mantenha de facto:

O Estado apoiado pelas organizações populares, garante a criação de um serviço nacional de saúde geral, universal e gratuito.

324 *O Momento Constituinte – Os Direitos Sociais na Constituição*

A seguir, no ponto n.º 3, propomos que se mantenha com ligeiras alterações, mas é só uma questão de pormenores.

Na realidade, propomos, o que também não será intenção do Partido Socialista, eliminar a definição da garantia deste direito.

Por outro lado, isto, para nós, parece-nos muito importante e corresponde de resto a uma preocupação que resultou, como conclusão, das normas democráticas que o Movimento Democrático Português promoveu no ano passado, na qual eu posso dizer que diz realmente isto:

Ausência na população e nos próprios profissionais de uma consciência dos, problemas da saúde, concluídas geralmente com a prática da medicina. Deste facto resulta uma ausência das forças de expressão política progressivas como contribuição para a solução dos problemas de saúde. Necessidade de criação de uma nova consciência política dos problemas de saúde, não só ao nível da população, mas também, de maneira importante, ao nível dos profissionais de estruturas sanitárias, com realce para os médicos. Nós pensamos que eliminar o artigo correspondia a eliminar uma parte muito positiva que é a mobilização popular em torno deste problema. Na verdade, não concebemos que se atinja, finalmente, os objectivos que aqui são propostos no n.º 1, se não conseguirmos mobilizar a população para este problema. Pensamos, sim, que o problema da saúde é mais que um problema de medicina, é mais que um problema da protecção dessa saúde, é um problema de mobilização popular na realização de condições materiais que protejam verdadeiramente os cidadãos.

É isto que queríamos dizer.

O Sr. Secretário (António Arnaut): – O Sr. Deputado Sousa Pereira solicitou a leitura da sua proposta, relativamente ao n.º 2 e tem plena razão.

Vou ler essa proposta, assim como mais duas apresentadas quanto ao texto em discussão, porque interessa conhecê-las antes de iniciar a votação.

Há uma proposta de substituição do Deputado Américo dos Reis Duarte, do seguinte teor:

Proposta de substituição do n.º 2

A UDP propõe que seja retirada desta alínea a expressão «apoiado nas organizações populares», e que seja acrescentado no final da alínea o seguinte: «O Estado apoiará todas as decisões tomadas pelos órgãos de vontade popular.»

Debates na Especialidade 325

O texto, modificado segundo a proposta do Sr. Deputado Américo Duarte, é, salvo erro, o seguinte, para o qual peço a sua atenção:

O Estado garante este direito através da melhoria das condições económicas, sociais e culturais das classes trabalhadoras e da criação de um serviço nacional de saúde geral, universal e gratuito. O Estado apoiará todas as decisões tomadas pelos órgãos da vontade popular.

Há uma proposta de emenda, do Deputado Furtado Fernandes, do PPD, do seguinte teor:

Proposta de emenda do n.º 2

Em nome do Grupo Parlamentar do Partido Popular Democrático, proponho a substituição da expressão «classes trabalhadoras» por «classes mais desfavorecidas».

E há, finalmente, a proposta de emenda do Sr. Deputado Sousa Pereira, que passo a ler:

Proposta de emenda do n.º 2

2. O Estado, apoiado nas organizações populares, procederá à criação de um serviço nacional de saúde, geral, universal e gratuito.

A proposta em discussão, como o Sr. Presidente anunciou, é a eliminação deste n.º 2, apresentada pelos Deputados socialistas Miller Guerra e Júlio Pereira dos Reis.

O Sr. Presidente: – Tem a palavra o Sr. Deputado Miller Guerra.

O Sr. Miller Guerra (PS): – Pedia o favor à Mesa de ler a nossa proposta de substituição do n.º 3 do artigo 16.º.

O Sr. Secretário (António Arnaut): – Vou já ler essa proposta. Peço desculpa de o não ter feito, como anunciei de início. Temos muitas propostas relativamente aos vários números do artigo e tornava-se talvez fastidioso lê-las, tanto mais que, como já disse também, elas foram distribuídas por fotocópias aos diversos grupos parlamentares e grupos de deputados.

A proposta dos Deputados socialistas quanto ao n.º 3, e que se encontra para ler, é a seguinte:

Proposta de substituição

Propõe-se a substituição do n.º 3 do artigo 16.º pela seguinte redacção:

Este direito é realizado pela criação de condições económicas, sociais e culturais que garantam a protecção da infância, da juventude e da velhice, pela melhoria sistemática das condições de vida e de trabalho,

326   *O Momento Constituinte – Os Direitos Sociais na Constituição*

pela criação de um sistema nacional de saúde universal, geral e gratuito, bem como pela promoção da cultura física e desportiva, escolar e popular, e ainda pelo desenvolvimento da educação sanitária do povo.

O Sr. Presidente: – Tem a palavra o Sr. Deputado Mário Pinto.

O Sr. Mário Pinto (PPD): – Sr. Presidente e Srs. Deputados: O Grupo Parlamentar do Partido Popular Democrático chegou, no estudo que fez acerca desta matéria, às mesmas conclusões, aparentemente, que levaram o Sr. Deputado Miller Guerra, com o seu colega, a propor as alterações para os n.ºs 2 e 3 do artigo em discussão.

Por essa razão, nós iremos votar ambas as propostas apresentadas em nome do Grupo de Deputados do Partido Socialista, apesar de termos pendente na Mesa uma proposta de alteração ao n.º 2.

O Sr. Presidente: – Tem a palavra o Sr. Deputado Sousa Pereira.

O Sr. Sousa Pereira (MDP/CDE): – Era para fazer uma interrogação ao Sr. Deputado Mário Pinto. Se o Sr. Presidente me dá licença e o Sr. Deputado me quiser responder, eu agradecia. Era para perguntar o seguinte: na verdade, com as propostas que estão na Mesa, do Partido Socialista, é eliminada, entre outras coisas, a consagração do apoio que as organizações populares deverão dar ao Estado neste aspecto da promoção da saúde. Eu pergunto ao Sr. Deputado Mário Pinto se entendeu que a eliminação deste aspecto do problema é ou não importante, e, se entendeu que o é, eu perguntava qual a razão por que não apoia a nossa proposta de alteração, que, de resto, completa a vossa.

O Sr. Presidente: – Tem a palavra o Sr. Deputado Mário Pinto, se quiser responder.

O Sr. Mário Pinto (PPD): – Na minha opinião, o Partido Popular Democrático considera com a maior importância a colaboração que as organizações populares possam dar no planeamento e execução de toda a política social, neste aspecto como em muitos outros.

Quero crer que não está na intenção da proposta que foi apresentada e não está na intenção do nosso voto favorável excluir o apoio que essas organizações populares possam dar na matéria. Penso que isso resultará necessariamente da organização político-administrativa que vai ser, com certeza, consagrada na parte adequada da Constituição e que resultará ainda da dinâmica natural de todas as organizações populares. Com certeza que o Estado não vai recusar o apoio e a cooperação dessas organizações. De qualquer modo, não está na nossa intenção, ao aprovarmos a proposta do Partido Socialista, que se entende que excluímos ou proibimos ou menosprezamos essa cooperação.

O Sr. Presidente: – Tem a palavra o Sr. Avelino Gonçalves.

O Sr. Avelino Gonçalves (PCP): – Sr. Presidente, Srs. Deputados: Era para esclarecermos a nossa posição relativamente à votação da proposta de eliminação apresentada por Deputados do PS.

Votaremos contra essa proposta por razões que se aproximam das que já aqui foram aduzidas pelo MDP/CDE, porque entendemos que a referência, quer às organizações populares, quer à necessária ligação entre a actividade das organizações populares e o papel do Estado relativamente a muitas outras coisas, é fundamental e deve ser feita, quer porque entendemos que há que deixar claro que a melhoria das condições de saúde da população portuguesa passa por uma melhoria das condições de vida, do ponto de vista económico, social e cultural das classes trabalhadoras.

Votaremos, pois, contra a proposta de eliminação, e, por maioria de razão, agora, após o esclarecimento dado pelo Sr. Deputado Mário Pinto, através da qual, portanto, se compreende que para o PPD votar a eliminação deste número do artigo em discussão é, de certo modo, pré-resolver questões que para nós são claras já, e acerca das quais temos uma posição bastante diferente da do PPD.

O Sr. Presidente: – Tem a palavra o Sr. Deputado Américo Duarte.

O Sr. Américo Duarte (UDP): – A UDP votará contra uma e outra proposta, mesmo a do MDP/ CDE.

Vozes: – Muito bem!

As restrições da liberdade do povo que o Governo começa a querer impor aparecem desde o início, a torto e a direito, nas propostas apresentadas pela Comissão.

Vozes: – Muito bem!

O Orador: – Neste artigo mais uma vez se vê isso. Hoje, todos os partidos burgueses são obrigados a reconhecer a existência dos órgãos de vontade popular. Daí que tentem pô-los a reboque, ao serviço e à disposição do aparelho de Estado burguês, como este artigo sugere.

Enquanto não for a classe operária, os camponeses e o povo trabalhador a estarem no poder, os órgãos de vontade popular não podem servir nem servirão de apoio ao Estado dos patrões.

Uma voz: – Muito bem!

328 *O Momento Constituinte – Os Direitos Sociais na Constituição*

O Orador: – O povo trabalhador tem de ter toda a liberdade. Hoje a burguesia reaccionária começa a atacar essas liberdades para poder manter o seu sistema de opressão e exploração.

Vozes: – Muito bem!

O Orador: – Ao contrário do que todos os burgueses pensam, não serão os órgãos de vontade popular que servirão de apoio ao Estado, porque será o Estado que será obrigado a vergar-se a todas as decisões tomadas por esses órgãos, porque são eles a expressão viva da vontade popular, e não umas eleições burguesas que dependem do dinheiro gasto em propaganda, da demagogia dos doutores secretários-gerais e das promessas falsas.

Vozes: – Muito bem!

Uma voz: – É de homem! Em Portimão disseste o mesmo.

Outra voz: – Quem te pagou a passagem?

Vozes: – Ah, grande Américo!

O Sr. Presidente: – Mais ninguém está inscrito, vai proceder-se à votação da proposta de eliminação.

Submetida à votação, foi aprovada, com 19 votos contra e 1 abstenção.

O Sr. Presidente: – Tem a palavra o Sr. Deputado Sousa Pereira, para uma declaração de voto.

O Sr. Sousa Pereira (MDP/CDE): – O MDP votou contra por duas razões, que invocou na sua intervenção, e lamenta, realmente, que tenha deixado de ficar consignado constitucionalmente um elemento fundamental de pressão para resolver os problemas da saúde em Portugal. Por outro lado, considera demagógica a razão invocada pelo Sr. Deputado Mário Pinto, do PPD, porquanto também já nesta Assembleia se aprovou, e segundo essa argumentação seria desnecessário, números como estes: «compete ao Estado organizar, coordenar e subsidiar um sistema de segurança social unificado e centralizado de acordo com a participação das associações sindicais e outras organizações das classes trabalhadores e dos utentes», como foi proposto pelo PPD. Pergunta-se: que lógica existe em aprovar uma e em reprovar a outra?

O Sr. Presidente: – Tem a palavra o Sr. Deputado Vital Moreira.

O Sr. Vital Moreira (PCP): – Pelas razões que o meu camarada Avelino Gonçalves apontou, votámos contra a proposta de eliminação. O Grupo de Deputados do PCP não quer deixar também de manifestar a sua preocupação perante o facto de normas da Comissão, que considerávamos satisfatórias, estarem a ser eliminadas, isto é, formulações que

Debates na Especialidade 329

estão a ser substituídas por outras ou eliminadas, ou substituídas por outras mais recuadas.

O Sr. Presidente: – Tem a palavra o Sr. Deputado Casimiro Cobra.

O Sr. Casimiro Cobra (PPD): – Abstive-me porque, independentemente da orgânica das próprias organizações populares, entendo que, efectivamente, deviam participar nessa auscultação e nesse apoio.

O Sr. Secretário (António Arnaut): – As outras propostas apresentadas para substituição do texto do n.º 2 estão, naturalmente, prejudicadas.

Vou ler de novo a proposta do PS relativa ao n.º 3 e subscrita pelos Srs. Deputados Miller Guerra e Júlio Pereira Reis.

Foi lida de novo.

O Sr. Secretário: – Vou agora ler a proposta referente ao mesmo número apresentada pelo Sr. Deputado Sousa Pereira, do MDP/CDE:

Proposta de substituição

O Grupo de Deputados do MDP/CDE propõe a substituição das palavras «Este direito é ...» por «O direito à saúde é ... ».

O Sr. Presidente: – Tem a palavra o Sr. Deputado Sousa Pereira.

O Sr. Sousa Pereira (MDP/CDE): – Sr. Presidente, Srs. Deputados: Era apenas para dizer que o MDP retira a sua proposta. Na verdade, a proposta era de razão formal, que agora deixa de ter razão de existir perante a eliminação do n.º 2.

O Sr. Presidente: – Está em discussão a proposta do Partido Socialista.

Pausa.

Ninguém pede a palavra?

Pausa.

Então vamos proceder à votação.

Pausa.

Tem a palavra o Sr. Deputado José Catarino.

O Sr. Luís Catarino (MDP/CDE): – Luís, Sr. Presidente, Luís.

O Sr. Presidente: – Desculpe, Luís Catarino!

O Sr. Luís Catarino (MDP/CDE): – O MDP/CDE já fez, ainda que lateralmente, comentários acerca da proposta do Sr. Deputado Miller Guerra, relativamente a este n.º 3 do artigo 16.º.

Todavia, na sequência de um reparo que fez o meu colega Sousa Pereira, nós agradecíamos ser esclarecidos, ou eu agradecia ser esclarecido, sobre o que é que terá determinado e qual o sentido que estará presente ou subjacente a esse facto, a eliminação da expressão «ao serviço do povo»; que parece ao MDP que era uma expressão rica de sentido e que vinha na proposta da Comissão, onde se diz «pela criação de um sistema de saúde eficiente ao serviço do povo».

Nós já vimos, com preocupação, que na votação anterior foi eliminada a referência a organizações populares. Estamos sentindo igual ansiedade relativamente à eventual eliminação desta expressão.

O Sr. Presidente: – Ora, antes de prosseguirmos a discussão, queria avisar os Srs. Deputados, antes que este hemiciclo se despovoe, que amanhã a sessão começa às 14 horas.

Tem a palavra o Sr. Deputado Miller Guerra.

O Sr. Miller Guerra (PS): – É para responder à objecção do Sr. Deputado Luís Catarino, que estranha ter-se eliminado «ao serviço do povo, mas está aqui consignado o seguinte: «pela criação de um sistema nacional de saúde universal, geral e gratuito». Como o Sr. Deputado sabe, «universal», quer dizer tecnicamente que é para todos; «geral quer dizer para todos os serviços médicos.

Noutras condições, não parecia necessário sublinhar o «povo».

O Sr. Presidente: – Tem a palavra o Sr. Deputado Sousa Pereira.

O Sr. Sousa Pereira (MDP/CDE): – Já tivemos ocasião de dizer, várias vezes, nesta Assembleia que esta Constituição – Constituição de transição – tinha de ter um valor apologético, um valor que definisse o seu sentido de orientação rumo ao socialismo.

Na verdade, nós entendemos perfeitamente o significado das palavras «geral» e «universal». Mas, mesmo a todo o território, o Serviço Nacional de Saúde pode ter intenções que, efectivamente, não sejam aquelas que nós não desejaríamos ver aqui consignadas. Parece-me que, por outro lado, não haveria qualquer mal em, mesmo assim, reforçar esta expressão. Por isso mesmo, proporíamos que à proposta do Partido Socialista, e nós entendemos que as palavras que acima estavam ditas tinham de ser retiradas para baixo, mesmo assim, propomos que à proposta do Partido Socialista, e este Partido verá da viabilidade de aceitar ou não esta sugestão, fosse dada a seguinte redacção: «Criação de um sistema nacional de saúde universal, geral, gratuito e ao serviço do povo, etc.»

O Sr. Presidente: – O Sr. Deputado proponente quer, porventura, usar da palavra?

Pausa.

Tem a palavra o Sr. Deputado Miller Guerra.

O Sr. Miller Guerra (PS): – Já que V. Ex.ª me chamou à colação, eu vou repetir aquilo que disse: «universal e geral» não necessita de uma determinação «povo», porque universal é para todos. Agora, de facto, eu compreendo que teria mais força pôr «povo», mas não alterava em nada, porque o sistema nacional de saúde é verdadeiramente um sistema nacional, um sistema que engloba toda a população. Parece, portanto, redundante acrescentar «povo».

O Sr. Presidente: – Vai proceder-se à votação desta proposta.

Submetida à votação, foi aprovada, com 2 votos contra.

O Sr. Secretário (António Arnaut): – A proposta foi aprovada porque houve apenas duas abstenções. Perdão, eu quis dizer que houve apenas dois votos contra e nenhuma abstenção, naturalmente.

O Sr. Presidente: – Tem a palavra o Sr. Deputado Mário Pinto.

O Sr. Mário Pinto (PPD): – Sr. Presidente, Srs. Deputados: Uma curtíssima declaração de voto. O voto do Partido Popular Democrático foi solidário para a proposta de eliminação do n.º 2 e esta redacção proposta para o n.º 3. Aproveito a oportunidade para dizer que as referências que mais uma vez o Sr. Deputado Avelino Gonçalves e o Sr. Deputado Sousa Pereira quiseram fazer ao Partido Popular Democrático manifestam um particular gosto daqueles Srs. Deputados relativamente a ataques ao nosso Partido. Já uma vez aqui disse e repito que se isso lhes dá muito gosto poderão continuar a fazê-lo, na certeza de que lhes sobeja o direito, mas lhes falta a razão.

Aplausos.

O Sr. Secretário (António Arnaut): – Como se recordam, há ainda uma proposta de aditamento, mas o Sr. Américo Duarte quer pedir a palavra. O Sr. Presidente, é que dirá.

O Sr. Presidente: – Tem a palavra o Sr. Deputado Américo Duarte.

O Sr. Américo Duarte (UDP): – Ao ser votado este artigo é bom ter presente o que é a mortalidade infantil em Portugal e o que são as condições de vida do povo trabalhador.

Em cada 1000 crianças que nascem em Portugal 40 morrem antes de 1 ano de idade. A média é das mais elevadas da Europa.

As causas desta situação – alimentação deficiente, poucos recursos de assistência, falta de assistência médica durante a gravidez, falta de médicos em zonas rurais, falta de água, inexistência de esgotos, falta de vacinação – não são desconhecidas de ninguém.

São é ignoradas por muitos, pela larga maioria que costuma aqui aprovar propostas.

De nada serve este artigo se não se apontar desde já para a resolução destes problemas.

As condições de vida do povo português estão também intimamente ligadas com este artigo.

Em Portugal 60% da população não tem água ao domicílio. Em Portugal 83% da população não tem esgotos. Em Portugal 61% das habitações não têm recolhas de lixo. Em Portugal 80% das habitações não têm as mínimas condições para uma vida saudável.

Salazar, Caetano e os seus Ministros conheciam estes dados, mas não lhes ligavam. O Governo hoje conhece estas situações, mas parece ignorá-las.

Os partidos burgueses fazem promessas e nada cumprem.

É cada trabalhador, cada explorado, que tem de ver que na sua situação vivem milhões de outros trabalhadores. São os trabalhadores que têm de avançar para a resolução destes problemas.

O sector da construção civil é um dos que tem maior número de desempregados. Que se formem comissões de desempregados e entrem em contacto com as comissões de moradores e que estas exijam às autarquias locais os meios materiais de solucionar este problema, em conjunto com as comissões de desempregados.

Estes problemas estão todos ligados, e não se pode falar em melhorar as condições de vida sem se avançar na sua resolução.

Vozes: – Muito bem!

O Sr. Secretário (António Arnaut): – Como estava dizendo, há uma proposta de aditamento dos Deputados do CDS – Oliveira Dias e Vítor de Sá Machado.

Com vénia do Sr. Presidente, pergunto aos proponentes se desejam manter a proposta, visto que ela é de aditamento ao texto da Comissão e foi aprovada, em substituição, a proposta do Partido Socialista.

O Sr. Vítor de Sá Machado (CDS): – Sim, Sr. Presidente. Nós pretendemos manter esta proposta, como aditamento ao novo texto votado e da proposta do Partido Socialista.

O Sr. Secretário (António Arnaut): – Então, o Sr. Deputado proponente, esclareceu que deseja manter esta proposta de aditamento que vou ler:

Proposta de aditamento ao n.º 3

O Serviço Nacional de Saúde é financiado por verbas do Orçamento Geral do Estado. A respectiva gestão obedecerá aos princípios da centralização normativa e descentralização na execução, mediante a participação, nesta, dos utentes e dos grupos sociais em que se integrem, devidamente representados nos termos a definir pela lei.

Tem a palavra o Sr. Deputado Sousa Pereira.

O Sr. Sousa Pereira (MDP/CDE): – Tenho o direito de resposta, já levantei várias vezes o braço, mas a Mesa não viu.

Era para responder ao Sr. Deputado Mário Pinto, da referência pessoal, e apenas essa, que fez à minha intervenção.

Queria dizer que as minhas intervenções aqui nunca o são a nível pessoal. Portanto, não é o Deputado Sousa Pereira, mas o partido que eu aqui represento, que tem posições perfeitamente demarcadas em relação ao partido que o Sr. Deputado Mário Pinto representa. Em relação aos direitos que aqui tenho de expressar as minhas ideias e as minhas razões, pois ele não me será conferido pela declaração do Sr. Deputado Mário Pinto. Quanto às razões que ele diz que me faltam, também não será o Partido Popular Democrático, nem o seu Sr. Deputado Mário Pinto a julgá-las, mas as pessoas que analisarem calmamente a forma como o PPD tem votado contra as aspirações populares e a forma como o MDP tem votado pelas aspirações populares.

Agitação na Assembleia.

Vozes: – Não apoiado!

O Sr. Presidente: – Tem a palavra o Sr. Deputado Mário Pinto.

O Sr. Mário Pinto (PPD): – Sr. Presidente: Eu fiz uma declaração de voto, não discuto, se bem, se mal. O Sr. Deputado Sousa Pereira entendeu que devia usar da palavra em função disso. Creio que tenho o mesmo direito, e talvez se eternize, rogando este mesmo direito de resposta. Só quero dizer ao Sr. Deputado uma coisa.

Não contesto que ele fale em nome do seu partido. Isso para mim é-me indiferente, mas aproveito a oportunidade para lhe dizer o seguinte: além de manter o que disse, quero salientar mais uma vez que escusa o Sr. Deputado Sousa Pereira ou o seu partido de querer marcar distâncias relativamente ao Partido Popular Democrático, porque, além do mais, os satélites não mantêm distâncias de quem quer que seja.

Risos.

334　　*O Momento Constituinte – Os Direitos Sociais na Constituição*

Em segundo lugar, o Partido Popular Democrático tem marcado, muito claramente, as distâncias relativamente ao MDP. O povo sabe-o muito bem. Soube-o quando foi das eleições, e reconheceu-o pelo voto, soube-o posteriormente e tem reconhecido pelas suas manifestações, e há-de reconhecê-lo posteriormente, pelo voto. O futuro o dirá.

É ridícula a preocupação que o Sr. Deputado Sousa Pereira manifesta em seu nome, ou em nome do seu partido, relativamente a quaisquer distâncias do Partido Popular Democrático. É a única palavra que eu acho adequada para não ir mais longe: «ridículo».

Vozes: – Muito bem!

Aplausos.

O Sr. Vital Moreira (PCP): – Para provocador não está mal ...

O Sr. Presidente: – Tem a palavra o Sr. Deputado Sousa Pereira.

O Sr. Sousa Pereira (MDP/CDE): – Invoco mais uma vez o meu direito de resposta.

Apupos. Vozes dispersas impossíveis de registar.

O Orador: – Quero aqui declarar que considero provocação da pior espécie, mas que não me admira as referências feitas ao meu partido ...

Uma voz: – Já não existe, pá!

O Orador: – ... é evidente, mas muito evidente, que a sectarização de que nos acusa não nos importa muito, importa-nos e deveria, com certeza, o Partido Popular Democrático importar-se com a sua aproximação à direita e relativamente aos contra-revolucionários.

Aplausos. Apupos.

O Sr. Presidente: – Tem a palavra o Sr. Deputado José Luís Nunes.

O Sr. José Luís Nunes (PS): – Sr. Presidente, era para invocar o Regimento. Esta Assembleia não pode continuar a assistir a um jogo clássico de ping-pong, em que as pessoas devolvem a bola umas para as outras.

Em primeiro lugar, o uso do direito de resposta é um direito individual que, evidentemente, compete ao visado e ao bom senso do visado em responder ou não responder.

Segundo, o Regimento não o permite nos termos em que está a ser utilizado.

Em terceiro lugar, o principal e aquilo que nos interessa é fazer a Constituição.

Vozes: – Apoiado!

O Sr. Presidente: – A Mesa está de acordo com as palavras do Sr. José Luís Nunes, mas não tem culpa nenhuma daquilo que se tem passado hoje neste hemiciclo. Tem a palavra o Sr. Deputado Vital Moreira.

O Sr. Vital Moreira (PCP): – Ainda sobre este assunto, Sr. Presidente, quero apoiar as palavras do deputado José Luís Nunes, dizendo que elas se aplicam a todos, inclusive o Deputado José Luís Nunes (risos) e dizer que a Mesa de facto não pode enjeitar as responsabilidades que tem tido hoje e noutras sessões. Particularmente neste caso a Mesa não devia ter concedido naturalmente o direito de resposta uma vez que nenhum deputado tinha sido atingido pessoalmente.

Vozcs: – Apoiado!

O Sr. Presidente: – Está em discussão a proposta do CDS.

O Sr. José Luís Nunes (PS): – Peço a palavra, Sr. Presidente.

O Sr. Presidente: – Tem a palavra.

O Sr. José Luís Nunes (PS): – Ora, sobre a proposta do CDS, nós vamos abster-nos. E vamos abster-nos não porque não consideremos que muitos dos princípios que aqui estão consagrados não sejam importantes e necessários. Simplesmente não dispomos, neste momento, da necessária capacidade de tirar as necessárias consequências e de integração deste nos preceitos constitucionais. Portanto, pareceu-nos mais correcta a posição de abstenção.

O Sr. Presidente: – Mais ninguém pede a palavra?

Pausa.

Vai proceder-se à votação.

Submetida à votação não foi aprovada, tendo obtido 18 votos contra e 9 a favor.

O Sr. Secretário (António Arnaut): – Temos agora as propostas respeitantes ao n.º 4 do artigo em discussão. Proposta dos deputados socialistas Miller Guerra e Júlio Pereira dos Reis do seguinte teor:

Proposta de substituição

Propõe-se a substituição do corpo do n.º 4 do artigo 16.º pela seguinte redacção: «Compete ao Estado:»

Outras propostas:

De emenda do Deputado Vital Moreira (PCP), respeitante à alínea a):

a) Garantir o acesso de todos, em especial das classes trabalhadoras, aos cuidados da medicina preventiva, curativa e de reabilitação.

336 *O Momento Constituinte – Os Direitos Sociais na Constituição*

Proposta de eliminação da alínea b) dos Deputados socialistas já citados do seguinte teor:

Propõe-se a eliminação da alínea b) do n.º 4 do artigo 16.º

Proposta de aditamento da alínea c) do Deputado Américo dos Reis Duarte.

A UDP propõe que seja acrescentado a esta alínea o seguinte: com vista a poder acabar com elas.

Risos.

Proposta de substituição da alínea d) dos Deputados socialistas Miller Guerra, Júlio Pereira dos Reis e Amílcar Pinho:

Propõe-se a substituição da alínea d) do n.º 4 do artigo 16.º pela seguinte redacção:

Disciplinar e controlar a produção, a comercialização e o uso dos produtos químicos, biológicos e farmacêuticos.

Proposta de substituição da alínea d), do Deputado Américo dos Reis Duarte, com a seguinte redacção:

Proposta de substituição da alínea d)

O acesso aos medicamentos é gratuito e os laboratórios farmacêuticos serão nacionalizados.

Ainda quanto à alínea d), do Deputado Vital Moreira.

Até à nacionalização desses sectores.

Ainda quanto à alínea d), do Deputado social-democrata Teodoro da Silva. Proposta de aditamento à proposta de substituição do PS da alínea d) do artigo 16.º:

Proposta de aditamento à proposta de substituição do PS da alínea d) do n.º 4 do artigo 16.º:

E outros meios para diagnóstico e tratamento.

Ficando: disciplinar e controlar a produção e comercialização dos produtos químicos, biológicos, farmacêuticos e outros meios para diagnóstico e tratamento.

Quanto à alínea e) (nova), os Deputados socialistas Miller Guerra, Júlio Pereira dos Reis e Amílcar Pinho propõem a seguinte redacção:

Orientar a sua acção, no campo da saúde, visando a socialização da medicina e dos sectores médico-medicamentosos.

Finalmente, e quanto à alínea f) (nova), o Deputado comunista Vital Moreira propõe a seguinte redacção:

Apoiar todas as iniciativas das organizações populares que visem promover os objectivos referidos no presente artigo.

Voltarei a ler estas propostas na devida oportunidade. A primeira refere-se ao corpo do número, dos Deputados socialistas já referidos, e visa substituir a expressão «constituem obrigações prioritárias do Estado» por «compete ao Estado».

O Sr. Presidente: – Tem a palavra o Sr. Deputado Vital Moreira.

O Sr. Vital Moreira (PCP): – Sr. Presidente, Srs. Deputados: Parece-nos que a proposta de alteração significa um amolecimento em relação à fórmula que vem da Comissão. De facto, o que vem da Comissão, «constituem obrigações prioritárias do Estado», pretender que seja substituído por «compete ao Estado», que, na sua significação, significa apenas a atribuição de uma competência, não nos parece que seja razoável sequer. Admitiria que, a exemplo do que já se fez noutras disposições, se substituísse esta expressão por «incumbe prioritariamente ao Estado», ou semelhante. Não me parece que a substituição pela simples palavra «compete» tenha algum sentido, a não ser efectivamente tirar o sentido que a expressão da Comissão tem. Significa, sem dúvida, um enfraquecimento, um amolecimento grave da proposta que vem da Comissão.

O Sr. Presidente: – Tem a palavra o Sr. Deputado Luís Catarino.

O Sr. Luís Catarino (MDP/CDE): – O MDP também entende que é uma desvirtuação, digamos, da força do texto que vinha da Comissão. Esta preocupação do MDP insere-se, exactamente, na linha das suas preocupações já manifestadas anteriormente, relativamente aos outros números. Parece que, efectivamente, toda a força, até programática, que era apontada pelo texto da força é perdida, e é perdida completamente, independentemente até, de um mau rigor formal, através da redacção proposta.

O Sr. Presidente: – Tem a palavra o Sr. Deputado Mário Pinto.

O Sr. Mário Pinto (PPD): – Eu não quero, efectivamente, Sr. Presidente e Srs. Deputados, não desejo alimentar a guerrilha a das «incumbes» contra os «competes», o Partido Popular Democrático entende que, em lugares como este, a palavra tecnicamente correcta é «incumbe» e não «compete». Espero que a Comissão de Redacção, sem prejudicar o conteúdo essencial dos preceitos, escolha a melhor terminologia. Relativamente ao problema de conservar ou não a referência a «prioridades», trata-se obviamente de uma questão com alcance técnico no domínio da política de saúde, não nos oporíamos a que se preservasse o advérbio se, efectivamente, fosse feita uma proposta nesse sentido. A sugestão do

Sr. Deputado Vital Moreira com a fórmula «incumbe prioritariamente ao Estado» merecia a nossa aprovação prioritária.

O Sr. Presidente: – Tem a palavra o Sr. Deputado José Luís Nunes.

O Sr. José Luís Nunes (PS): – Nós temo-nos preocupado em, desde já, fazer uma uniformização terminológica e, como temos utilizado o «compete», parece que é necessário continuarmos a utilizar o «compete».

Quanto ao «prioritariamente ao Estado», nós não vemos inconveniente nenhum em que fique aqui «compete prioritariamente ao Estado», mas desde o momento em que se diz «compete ao Estado» e se enunciam quatro coisas, e já sé sabe que há outras coisas que competem ao Estado nesse campo, está-se a ver, é redundante que estas coisas são prioritárias, senão não eram aqui enunciadas. De qualquer forma, atendendo à sugestão dos grupos parlamentares aqui presentes, nós alteramos a nossa proposta e ficaria «compete prioritariamente ao Estado».

Quanto ao «incumbe», como já para trás temos usado a terminologia «compete», pareceu-me que, desde que isso foi dito, temos de uniformizar mesmo a terminologia tanto quanto possível.

Portanto, ficaria «compete prioritariamente ao Estado».

O Sr. Presidente: – Tem a palavra o Sr. Deputado Mário Pinto.

O Sr. Mário Pinto (PPD): – Não quero demorar os trabalhos.

Para mim, é mais importante a correcção da terminologia do que manter a uniformidade de um erro.

Uma voz: – Muito bem!

O Orador: – De modo que, se houver duas propostas, uma com «incumbe» e outra com «compete», nós votaremos «incumbe».

O Sr. Presidente: – Tem a palavra o Sr. Deputado Vital Moreira.

O Sr. Vital Moreira (PCP): – Há aqui dois problemas. Um aparentemente terminológico, que é a transformação para «incumbe», e o outro que é manter, ou não, a expressão «prioritariamente».

Talvez uma solução fosse votar-se separadamente uma e outra das questões.

O Sr. Secretário (Maia Nunes de Almeida): – De qualquer maneira, parece-me que a proposta para a transformação para «incumbe» ainda não está na Mesa.

Pausa.

Talvez alguém dos grupos parlamentares queira apresentar essa proposta, na medida em que não está.

Pausa.

Já agora pedia-se ao Sr. Deputado José Luís Nunes se fica, na verdade, «compete prioritariamente ao Estado» na sua proposta.

O Sr. José Luís Nunes (PS): – Não vemos inconveniente.

O Sr. Presidente: – Tem a palavra o Sr. Deputado Vital Moreira.

O Sr. Vital Moreira (PCP): – Nós mantemos aí na proposta da Comissão:

São obrigações prioritárias ou prioritariamente são obrigações do Estado ...

Há três propostas, portanto.

O Sr. Presidente: – Como mais ninguém pede a palavra, vai-se votar a primeira proposta. Do Partido Socialista, bem entendido.

Submetida à votação, foi aprovada com 19 votos contra e os restantes a favor.

O Sr. Presidente: – Tem a palavra o Sr. Deputado Mário Pinto. Creio que está em primeiro lugar.

O Sr. Mário Pinto (PPD): – Sr. Presidente, queria esclarecer-me acerca do que foi votado. Foi acerca da palavra «compete»? Queria que a Mesa me esclarecesse acerca do que estava em causa nesta votação. Há aqui dúvidas no meu Grupo acerca do que estava em causa nesta votação.

O Sr. Secretário (Maia Nunes de Almeida): – A votação em relação à proposta, como o Sr. Presidente acabou de dizer, do Partido Socialista tinha o seguinte texto:

Compete prioritariamente ao Estado ...

O Sr. Mário Pinto (PPD): – Portanto, era na sua totalidade. Então, nessa altura, quero afirmar que a nossa votação está conforme a nossa vontade.

O Sr. Presidente: – Tem a palavra o Sr. Deputado Vital Moreira.

O Sr. Vital Moreira (PCP): – Era apenas para dizer que julgávamos estar em discussão e em votação, apenas, a primeira questão: saber se ficava «incumbe» ou «compete». Naturalmente votámos «prioritariamente» e, neste sentido, as nossas votações em relação à proposta do PS devem ser tomadas como uma abstenção.

O Sr. Secretário (Maia Nunes de Almeida): – Rectificamos assim a votação da proposta, passando a ser 19 abstenções e os restantes votos a favor.

O Sr. Presidente: – Tem a palavra o Sr. Deputado Luís Catarino.

340 *O Momento Constituinte – Os Direitos Sociais na Constituição*

O Sr. Luís Catarino (MDP/CDE): – O Sr. Secretário já deu conta da nossa preocupação. É que há a acrescentar também os nossos votos contra. Os nossos votos foram contra.

O Sr. Secretário (Maia Nunes de Almeida): – É que eu realmente passei dos votos contra para as abstenções. Foi uma falha minha. De qualquer maneira, e rectificando por último, são, na verdade, 19 abstenções, 1 voto contra e os restantes a favor.

O Sr. Luís Catarino (MDP/CDE): – 2 votos contra, Sr. Secretário.

O Sr. Secretário (Maia Nunes de Almeida): – Então, pronto, são 3 contra, pois o Deputado da UDP também votou nesse sentido.

Risos.

A proposta que está a seguir é sobre a alínea a).

Foi lida de novo.

O Sr. Presidente: – Está em discussão a proposta do Deputado Sr. Vital Moreira. Tem a palavra o Sr. Deputado Vital Moreira.

O Sr. Vital Moreira (PCP): – Ao votarmos contra a eliminação do n.º 2, afirmamos que uma das razões que nos levava a fazê-lo era o facto de se eliminar uma defesa às classes trabalhadoras. A proposta de emenda que agora fazemos, sem retirar o sentido à expressão «garantir a todos o direito a esses cuidados da Medicina», a apontar para a necessidade de atenção especial dada à sua condição de desprotecção às classes trabalhadoras. É este o sentido da emenda.

O Sr. Presidente: – Se mais ninguém usa da palavra, vai-se proceder à votação da proposta do Sr. Vital Moreira.

Submetida à votação, foi rejeitada, com 20 votos a favor e 1 abstenção.

O Sr. Presidente: – Tem a palavra o Sr. Deputado Luís Catarino.

O Sr. Luís Catarino (MDP/CDE): – O MDP votou a favor da proposta pela razão indicada pelo Partido Comunista Português e mais por outra. É que seria de alguma maneira um meio de recuperar aquilo que me parece que foi perdido relativamente à eliminação ao serviço do povo do n.º 3 anterior.

O Sr. Presidente: – Tem a palavra o Sr. Deputado Vital Moreira.

O Sr. Vital Moreira (PCP): – Sr. Presidente: Manifestando a nossa surpresa pelo resultado da votação, particularmente pela votação do Partido Socialista, não podemos deixar de notar que, afinal, a proposta de eliminação do n.º 2 não era apenas uma questão técnica. Visava, efectivamente, eliminar a referência «a classe trabalhadora».

O Sr. Presidente: – Tem a palavra o Sr. Deputado José Luís Nunes.

O Sr. José Luís Nunes (PS): – Em declaração de voto, diremos somente o seguinte: que garantir o acesso de todos os cidadãos, em especial das classes trabalhadoras, é menos lato do que está aqui assim: «garantir o acesso a todos os cidadãos, independentemente da sua condição económica». Pode haver trabalhadores ricos e até de uma aristocracia operária.

Vozes: – Muito bem!

O Sr. Presidente: – Tem a palavra o Sr. Deputado Mário Pinto.

O Sr. Mário Pinto (PPD): – Sr. Presidente, Srs. Deputados: O nosso voto fundamentou-se na razão que invocámos, no sentido de que o bem da saúde é um bem universal, que deve ser concedido a todas as pessoas, independentemente da sua classe ou situação.

Nesta medida, é evidente que o Estado não poderá descurar ou proporcionar este bem às classes trabalhadoras. Em segundo lugar, quero assinalar mais uma vez que existem categorias ou estratos de pessoas que não são trabalhadoras, porque, naturalmente, podem estar impedidas de o ser, designadamente as pessoas diminuídas física ou mentalmente, que, porventura, poderiam ter, a fazer-se qualquer referência ou a dar-se qualquer privilégio, essas sim, aqui uma referência ou um privilégio. Portanto, somos contra qualquer espécie de discriminação e é, nessa medida, que fizemos o nosso voto.

O Sr. Presidente: – Mais ninguém pede a palavra?

Pausa.

Vai proceder-se à votação do texto da Comissão.

Submetido à votação, foi aprovado por unanimidade.

O Sr. Secretário (Maia Nunes de Almeida): Está na Mesa uma proposta de eliminação da alínea b) do mesmo n.º 4, assinada pelos Deputados do Partido Socialista Miller Guerra e Júlio Pereira dos Reis.

O Sr. Presidente: – Algum dos Srs. Deputados pretende usar da palavra?

Tem a palavra o Sr. Deputado Sousa Pereira.

O Sr. Sousa Pereira (MDP/CDE): – Sr. Presidente, Srs. Deputados: Se me desse licença eu faria uma pergunta aos proponentes.

Desejaria uma justificação, mesmo que breve, da razão desta eliminação.

Eu queria acrescentar apenas que, há bocado, uma das deficiências que eu apontava ao nosso sistema foi uma má cobertura regional hospi-

342   *O Momento Constituinte – Os Direitos Sociais na Constituição*

talar e parece-me que a supressão desta alínea vem contrariar a resolução desta deficiência, que o Sr. Deputado Miller Guerra manifestou.

O Sr. Presidente: – Tem a palavra o Sr. Deputado Avelino Gonçalves.

O Sr. Avelino Gonçalves (PCP): – Sr. Presidente, Srs. Deputados: Era para declarar que pela nossa parte nos opomos à proposta de eliminação. Parece-nos razoável pensarmos que esta proposta de eliminação, relacionadamente com a exclusão do corpo do artigo, referente a prioridades das tarefas que incumbem ao Estado quanto à saúde. Uma vez que se mantém o corpo do artigo referente a essas prioridades, queremos que entre elas se conte esta que a alínea b) contempla.

O Sr. Presidente: – Tem a palavra o Sr. Deputado Miller Guerra.

O Sr. Miller Guerra (PS): – Aparentemente, os Srs. Deputados, e particularmente o Sr. Deputado Sousa Pereira, tem razão. Realmente o que avulta no serviço de saúde não é talvez o mais importante, são os serviços de medicina curativa, dos quais a rede hospitalar, que é o mais importante e o mais conhecido. Mas a rede hospitalar, nas palavras aqui do texto, a cobertura médica e hospitalar de todo o país é apenas um dos aspectos do desiderato e um dos aspectos do serviço nacional de saúde.

Desde que se diga que há um serviço nacional de saúde que é universal e que é geral, é desnecessário estar a falar em cobertura médica e hospitalar, visto que é uma e a mesma coisa.

O Sr. Presidente: – Tem a palavra o Sr. Deputado Vital Moreira.

O Sr. Vital Moreira (PCP): – Sr. Presidente, a explicação do Deputado Miller Guerra pode ter algum fundamento, isto pode ser uma particularização do serviço de saúde.

Simplesmente este argumento tem aqui tido tão pouca importância, e em muitos casos com razão, que não devemos atribuir-lhe qualquer valimento.

Se é uma particularização, é uma particularização importante, e eu, que estive atento à intervenção de alguns Deputados sobre o sistema de saúde existente e sobre as condições de saúde existentes, devo lembrar que um dos pontos que foi apontado foi a concentração de equipamentos e de médicos em determinadas cidades do País, foi o próprio Deputado Miller Guerra que apontou isso. Creio que até por isso esta disposição se deve manter como particularização privilegiada do serviço nacional de saúde.

O Sr. Presidente: – Tem a palavra o Sr. Deputado Sousa Pereira.

O Sr. Sousa Pereira (MDP/CDE): – Nós votaremos contra esta proposta de eliminação. E votaremos contra esta proposta de eliminação pelos motivos que já foram aqui invocados e a que nós já nos referimos numa das intervenções anteriores. Não entendemos que o Serviço Nacional de Saúde se restrinja apenas à cobertura médica e à cobertura hospitalar. É muito mais do que isso, mas agora não está em causa esse aspecto. Eu recordo-me, não sou especialista da matéria, mas recordo-me das discussões que tivemos em volta deste assunto na Comissão. E mais importante parece-me aqui a criação e a cobertura, parece-me ser outra ideia que está aqui expressa e que foi esquecida na intervenção do Sr. Deputado Miller Guerra, que é assegurar uma racional e eficiente cobertura. Isso mesmo, e foi lá referido várias vezes na Comissão, que se verifica em determinadas zonas do país, haver hospitais praticamente vazios ou por falta de médicos ou até por falta de equipamento e haver nas zonas referidas de concentração hospitalar e médica deficiências graves que perturbam realmente o exercício e o livre direito à protecção da saúde. Nós queremos aqui chamar a atenção deste aspecto que nos parece importante. Não só está aqui expressa a ideia de cobertura, mas também está expressa a ideia da sua eficiência e nacional aproveitamento. Era aqui que queríamos chamar a atenção e parece-nos que na verdade isto não esgota de maneira nenhuma o conteúdo de uma coisa que consideramos muito mais importante que o Serviço Nacional de Saúde.

O Sr. Presidente: – Tem a palavra o Sr. Deputado Coelho dos Santos.

O Sr. Coelho dos Santos (PPD): – Sr. Presidente, Srs. Deputados: Eu, e esta intervenção é a título meramente pessoal, também tenho sérias dúvidas sobre a eliminação deste número. E porque as tenho eu vou pedir ao Sr. Deputado que apresentou a proposta de eliminação que me esclareça sobre o seguinte: no n.º 2 há realmente uma referência a um Serviço Nacional de Saúde, geral, universal e gratuito. Esta universalidade pode ser uma universalidade de pessoa ou geográfica.

Ora, parece que se impõe efectivamente a correcção das assimetrias no campo da saúde.

E se assim é, eu pessoalmente estou convencido de que a alínea h) do n.º 4 seria mais concisa quanto a uma actuação nesse campo.

Agradecia uma melhor explicitação.

O Sr. Presidente: – Tem a palavra o Sr. Deputado Miller Guerra.

O Sr. Miller Guerra (PS): – Eu não quero prolongar esta discussão e embora mantenha argumentação e seria ainda mais lata mas que não exponho. E retiro a proposta visto que isso estará de acordo com uma boa parte dos Srs. Deputados. Ficam muito satisfeitos, julgando que se trata de uma alta modificação, ficando assegurada nacionalização eficiente. E isto, volto a dizer, é a essência do Serviço Nacional de Saúde. Desde que há um Serviço Nacional de Saúde, isto implicitamente está cumprido.

Mas eu retiro a proposta.

O Sr. Presidente: – Ninguém mais pede a palavra?

Pausa.

Vai votar-se o texto da Comissão.

Submetido à votação, foi aprovado por unanimidade.

O Sr. Secretário (Maia Nunes de Almeida): – Sobre a alínea c) há uma proposta de aditamento do Sr. Deputado Américo Duarte, da UDP, em que propõe que a seguir ao texto da alínea seja acrescentado o seguinte: «com vista a poder acabar com elas».

Risos.

Pelo que se votará primeiro o texto da Comissão.

O Sr. Presidente: – Se ninguém mais pede a palavra, vai votar-se.

O Sr. José Luís Nunes (PS): – Peço imensa desculpa a V. Ex.ª, mas não foi lida nesta altura uma proposta do PS completamente nova em relação a este texto. Foi só lido o aditamento do Sr. Deputado Américo Duarte. Para que os Srs. Deputados possam determinar era conveniente que fosse lida também a nossa proposta, e não só a proposta do Sr. Deputado Américo Duarte.

O Sr. Secretário (Maia Nunes de Almeida): Queira desculpar, Sr. José Luís Nunes, mas na verdade a proposta não se encontra na Mesa, pelo que me parece que a culpa não será da Mesa.

O Sr. José Luís Nunes (PS): – Desculpe, foi engano.

O Sr. Presidente: – Tem a palavra o Sr. Deputado Mário Pinto.

O Sr. Mário Pinto (PPD): – Sr. Presidente, Srs. Deputados: Com certeza é minha deficiência, mas não consegui alcançar o sentido do aditamento, e até suspeito de que possa haver confusão. Agradecia que a Mesa fizesse uma análise da proposta de aditamento e considerasse a que alínea se refere e a que texto se refere.

O Sr. Secretário (Maia Nunes de Almeida): – De qualquer maneira, quem poderia responder a isso seria o Sr. Deputado Américo Duarte. Mas, mesmo assim, parece-me, quanto a mim, terá um certo cabimento, em relação, claro, à alínea c) – «Disciplinar e controlar as formas empresariais» –, pelo que eu penso que será relacionado com vista a poder acabar com elas, penso eu.

O Sr. Presidente: – Tem a palavra o Sr. Deputado Mário Pinto.

O Sr. Mário Pinto (PPD): – Sr. Presidente, Srs. Deputados: Se o que está em causa é a alínea c), tanto quanto sei ela ainda não foi votada, logo não pode haver votação de qualquer proposta de aditamento.

O Sr. Presidente: – Se ninguém mais pede a palavra, vamos votar o texto da Comissão.

Pausa.

Submetido à votação, o texto foi aprovado por unanimidade.

O Sr. Presidente: – Vai-se agora proceder à análise do aditamento. Ninguém quer usar da palavra?

Pausa.

Tem a palavra o Sr. Deputado Américo Duarte.

O Sr. Américo Duarte (UDP): – A medicina privada tem que acabar. Há médicos que levam contos de réis por uma consulta. Há médicos que numa consulta tiram quase o ordenado de um trabalhador.

Vozes: – Muito bem!

O Orador: – Há médicos que para fazerem uma operação levam o que o trabalhador ganha durante um ano.

Uma voz: – Muito bem!

O Orador: – Há médicos que ganham nos hospitais – eu dispenso que a burguesia me diga «muito bem!» – (risos) e ainda vão ao consultório encher mais os bolsos.

Vozes: – Muito bem!

O Orador: – Alguns dos ladrões estão a dizer que é muito bem! (Risos.) Na mira do lucro, grande número de médicos fica nas cidades e monta consultórios.

Uma voz: – Muito bem!

O Orador: – Nos campos não há médicos. A única forma de combater esta situação é combater a medicina privada. Não há serviço nacional de saúde que possa ter sucesso enquanto a medicina for predominantemente de tipo privado.

Algumas medidas para combater a medicina privada são:

1 – Acabar com os vários empregos que um mesmo médico tem. Para isso é necessário que se estabeleça um horário médico nacional, que não poderá ser compatível com o exercício da medicina privada.

Vozes: – Muito bem!

O Orador:

2 – Nacionalização das casas de saúde e estabelecimentos termais particulares e integração dos mesmos na rede hospitalar e assistencial oficial.

Vozes: – Muito bem!

O Orador:

3 – Integração no serviço nacional de saúde dos consultórios e laboratórios particulares de análises clínicas, electrocardiogramas, electroencefalogramas (risos), radiologia, medicina física e de reabilitação, próteses, etc., de modo a fazer cessar toda a prática de exploração capitalista de tais serviços de assistência.

Aplausos.

Vozes: – Muito bem!

O Sr. Presidente: – Se ninguém mais pede a palavra, vai proceder-se...

Tem a palavra o Sr. Deputado Vital Moreira.

O Sr. Vital Moreira (PCP): – Sr. Presidente, Srs. Deputados: O fim da medicina privada mercantilizada tem de ser um dos objectivos na construção do socialismo.

Nesse sentido, nós aprovamos a proposta de aditamento do Deputado da UDP, embora seja a sua formulação um tanto, digamos, pouco precisa.

(O orador não reviu.)

Uma voz: – Muito bem!

O Sr. Presidente: – Vai-se proceder à votação.

Submetida à votação a proposta, foi rejeitada, com 21 votos a favor e 71 abstenções.

O Sr. Presidente: – Tem a palavra o Sr. Deputado Sousa Pereira.

O Sr. Sousa Pereira (MDP/CDE): – O MDP votou a favor da proposta do Deputado da UDP porque concorda com ela na sua essência.

Na verdade, estávamos convencidos, que após os efusivos aplausos desta Assembleia a proposta merecesse aprovação unânime da mesma.

Tal não aconteceu.

Provavelmente, o cinismo da burguesia ...

(O orador não reviu.)

Apupos.

Aplausos.

O Sr. Presidente: – Tem a palavra o Sr. Deputado José Luís Nunes.

O Sr. José Luís Nunes (PS): – Votámos contra esta proposta porque é demagógica e não formulada e já se encontra devidamente prescrita em proposta séria e bem formulada, que nós fizemos para a alínea e) do n.º 4 do artigo 16.º.

O Sr. Presidente: – Tem a palavra o Sr. Deputado Mário Pinto.

O Sr. Mário Pinto (PPD): – Sr. Presidente, Srs. Deputados: A nossa abstenção significa que não nos opomos de modo nenhum ao sentido da socialização que neste domínio se torna imprescindível imprimir, mas não nos opomos a esse sentido, mas consideramos que isso resultará de outras disposições constantes deste artigo; consequentemente, nessa medida, não aprovamos esta formulação. Iremos apoiar, no sentido que consideramos correcto da socialização neste domínio, as propostas subsequentes, pendentes na Mesa. É óbvio que esta nossa posição não decorre da nossa qualificação individual ou colectiva, de burgueses ou proletários, como também não aceitamos, obviamente, a declaração do Sr. Sousa Pereira como sendo a de um proletário, que o não é.

Voes: – Muito bem!

Burburinho.

O Sr. Presidente: – Tem a palavra o Sr. Deputado Casimiro Cobra.

O Sr. Casimiro Cobra (PPD): – Era só para dizer, Sr. Presidente, Srs. Deputados, que, em relação à declaração de voto do Sr. Deputado Sousa Pereira, eu acho que, independentemente daquilo que se defende aqui na Assembleia por cada pessoa, o Sr. Deputado Sousa Pereira há pouco defendeu-se dizendo que não havia ataques pessoais. Neste momento houve, ele chamou-nos que era o «cinismo da burguesia». Que somos burgueses, já sabemos que é essa a qualificação que o MDP nos traz. Não somos cínicos, tenha paciência, Sr. Deputado, mas ultrapassou-se e enganou-se, principalmente na sua declaração anterior.

(...)

O Sr. Secretário (Maia Nunes de Almeida): – Sobre a alínea d) existem na Mesa quatro propostas.

A primeira é de substituição, assinada pelos Deputados do Partido Socialista Miller Guerra, Júlio Pereira dos Reis e Amílcar de Pinho.

A segunda proposta é de substituição também e é do Deputado da UDP, Américo dos Reis Duarte.

A terceira proposta é de emenda do Deputado do Partido Comunista Vital Moreira.

A quarta proposta é uma proposta de aditamento do Partido Popular Democrático, assinada pelo Deputado Teodoro da Silva.

Foram lidas de novo.

O Sr. Presidente: – Tem a palavra o Sr. Deputado Teodoro da Silva.

O Sr. Teodoro da Silva (PPD): – Prescindo da palavra Sr. Presidente.

O Sr. Presidente: – Vai pôr-se à votação a proposta, que antes vai ser lida.

Foi lida de novo.

O Sr. Presidente: – Vai votar-se.

Submetida à votação, a proposta foi aprovada, com 2 votos contra.

O Sr. Presidente: – Tem a palavra o Sr. Deputado Vital Moreira.

O Sr. Vital Moreira (PCP): – Sr. Presidente, Srs. Deputados: Nós tínhamos uma proposta de emenda que foi contemplada por esta proposta do Partido Socialista. Entretanto, como esta proposta que acaba de ser aprovada não contém os elementos quer do texto da Comissão quer da proposta do Partido Comunista Português, nós propomos o seguinte aditamento ao texto acabado de aprovar:

Até à nacionalização desses sectores.

O Sr. Presidente: – Tem a palavra o Sr. Deputado José Luís Nunes.

O Sr. José Luís Nunes (PS): – Ora eu desejo dizer que nós retiramos a expressão.

O Sr. Presidente: – Tem a palavra o Sr. Deputado Luís Catarino.

O Sr. Luís Catarino (MDP/CDE): – Muito obrigado, Sr. Presidente. Nós votamos contra a proposta porque parece-me restritivo o sentido da proposta apresentada pelo Partido Socialista.

Uma das nossas preocupações, e supondo que respondendo às preocupações do povo português, é a carga de propaganda a que é sujeito o povo português relativamente a todos os produtos medicamentosos. Esta proibição ou este controle que vinha apontado relativamente a esse ponto grave de ordem social, pelo texto da Comissão, desaparece no texto da proposta do Partido Socialista.

Aguardamos que a Assembleia se pronuncie relativamente à proposta de aditamento agora apresentada ou sugerida pelo Partido Comunista.

O Sr. Presidente: – Tem a palavra o Sr. Deputado José Luís Nunes.

O Sr. José Luís Nunes (PS): – Sr. Presidente, Srs. Deputados: Nós cortamos a nacionalização desse sector porque entendemos que devem ser a medicina e os sectores médicos e medicamentosos socializados.

Portanto, numa preocupação de arrumação, o que é que fizemos? Pura e simplesmente metemos mais uma única alínea, a alínea e), a seguinte redacção, e ficará «compete prioritariamente ao Estado adiantar a sua acção no campo da saúde, visando a socialização da medicina e dos sectores médico ou medicamentosos».

Portanto, está explicado porque tiramos a nacionalização, e por nossa parte não vamos perder mais tempo com isso.

O Sr. Presidente: – Tem a palavra o Sr. Deputado Teodoro da Silva.

O Sr. Teodoro da Silva (PPD): – Sr. Presidente, Srs. Deputados: Eu pedia à Mesa prioridade para o nosso aditamento.

E queria fazer uma breve, curta e simples justificação do aditamento à proposta do PS que foi votada e aprovada.

Efectivamente, nós propomos este aditamento porque entendemos que se deve alargar aos mais modernos e variados meios e processo terapêuticos. E que, por isso, também é necessário prever outros meios que não estão englobados na proposta do Partido Socialista, tais como os mais diversos meios de próteses, agentes físicos, radioterapia, tratamentos termais, etc. Desta maneira parece que fica alargado e mais generalizado o conceito que me parece incorporado na proposta do PS.

O Sr. Secretário (Maia Nunes de Almeida):- Estão ainda na Mesa a proposta de substituição da UDP e de emenda do PCP que, dada a aprovação da proposta de substituição do PS, se considera prejudicada

Entra agora em discussão a proposta de aditamento do Sr. Deputado Teodoro da Silva, do PPD, que propõe o seguinte aditamento:

E outros meios para diagnóstico e tratamento.

Lembramos também que existe uma proposta de aditamento do PCP, em que prevê o seguinte aditamento:

Até à nacionalização desses sectores.

O Sr. Presidente: – Está em discussão a proposta do Sr. Deputado Teodoro da Silva.

Ninguém pede a palavra?

Pausa.

Vai proceder-se à votação.

Submetida à votação, a proposta foi aprovada por unanimidade.

350 O Momento Constituinte – Os Direitos Sociais na Constituição

O Sr. Secretário (Maia Nunes de Almeida): – Está agora em discussão a proposta de aditamento do PCP.

O Sr. Presidente: – Tem a palavra o Sr. Deputado Vital Moreira.

O Sr. Vital Moreira (PCP): – Sr. Presidente: A nossa proposta de aditamento reproduz aquilo que estava na proposta da Comissão; continuamos a considerá-la válida. Entendemos que numa sociedade que se dirige à construção do socialismo, pois terá de ter como um dos seus objectivos a nacionalização do fabrico e da comercialização dos produtos médicos e semelhantes. Nestes termos não são convincentes os argumentos, se tal se podem considerar, adiantados pelo Deputado José Luís Nunes.

O Sr. Presidente: – Se ninguém mais quer usar da palavra, vai proceder-se à votação.

Submetida à votação, a proposta foi rejeitada, com 14 votos a favor.

O Sr. Secretário (Maia Nunes de Almeida): – Quanto à alínea e), temos duas propostas de aditamento.

A primeira proposta, de aditamento a uma nova alínea, é assinada pelos Deputados do PS Miller Guerra, Júlio dos Reis e Amílcar de Pinho.

A segunda proposta, do Partido Comunista Português, é assinada pelo Deputado Vital Moreira.

Foram lidas de novo.

O Sr. Presidente: – Tem a palavra o Sr. Deputado Vital Moreira.

O Sr. Vital Moreira (PCP): – Sr. Presidente, apenas para chamar a atenção da Mesa que a proposta do PS é uma proposta de substituição do texto que está no n.º 5 desse artigo em discussão. A proposta do Partido Comunista Português é que é verdadeiramente uma proposta de aditamento. Em relação à proposta de substituição do PS está na Mesa, também, uma proposta de aditamento do Partido Comunista Português, que pediu à Mesa para ler, deixando agora de lado a proposta do PCP que acabou de ser lida.

O Sr. Secretário (Maia Nunes de Almeida): Perdão, Sr. Deputado. Se fizesse o favor repetia, pois estava de volta dos papéis e não me apercebi do que disse.

O Sr. Vital Moreira (PCP): – Dizia eu que a proposta do Partido Socialista é uma proposta de substituição do n.º 5 elo projecto da Comissão.

A proposta de aditamento que foi lida, do Partido Comunista Português, não tem relação directa com essa matéria. Portanto, nós propúnhamos à Mesa que para já fosse deixada de fora. E, entretanto, há uma

Debate na Generalidade 351

outra proposta de aditamento do PCP que se refere precisamente à matéria da proposta de substituição do PS.

Nós propúnhamos que ela fosse lida para poder ser considerada em conjunto.

Pausa.

O Sr. Secretário (Maia Nunes de Almeida): – Sim, mas para isso é necessário que o Deputado José Luís Nunes a considere como sendo o n.º 5.

O Sr. José Luís Nunes (PS): – Para tentar resolver, o que acontece é o seguinte: nós acrescentamos uma alínea e). Vamos depois propor a eliminação do n.º 5.

Portanto, parece que logicamente se deveria votar primeiro a nossa proposta, como acrescento; depois o aditamento do Sr. Deputado Vital Moreira à nossa proposta, e depois a eliminação do n.º 5.

Se nada disto fosse votado, pois haveria as outras propostas que poderiam merecer o consenso da Assembleia.

É isto que parece mais lógico.

De acordo? Pronto.

O Sr. Secretário (Maia Nunes de Almeida): – Está então em discussão a proposta de uma nova alínea e), do Partido Socialista, com o seguinte texto:

Foi lido de novo.

O Sr. Secretário (Maia Nunes de Almeida): – Está também uma proposta de aditamento a esta mesma alínea, do Partido Comunista Português, com o seguinte texto:

Proposta de aditamento à alínea e)

... visando a eliminação das formas comerciais de medicina.

Pelo Grupo de Deputados do PCP, Vital Moreira.

O Sr. Presidente: – Vamos portanto votar em 1.º lugar o texto do Partido Socialista, necessariamente.

Ninguém quer usar da palavra?

Pausa.

Vai proceder-se, portanto, à votação.

Submetido à votação, foi aprovado por unanimidade.

O Sr. Presidente: – Está agora em discussão um aditamento do Partido Comunista Português.

Tem a palavra o Sr. Deputado, Vital Moreira.

O Sr. Vital Moreira (PCP): – Apenas queria dizer, Sr. Presidente, que a nossa proposta, unicamente visando a eliminação das formas comerciais de medicina, deve ser introduzida a seguir à expressão da proposta agora aprovada «a socialização da medicina».

O Sr. Presidente: – Tem a palavra o Sr. Deputado José Luís Nunes. Parece que tem prioridade.

Pausa.

Afinal é o Sr. Deputado Hilário Teixeira que tem a palavra.

O Sr. Hilário Teixeira (PCP): – Sr. Presidente, Srs. Deputados: Era só para tecer algumas considerações acerca deste aditamento, proposto pelo Partido Comunista Português, sobre a proibição das formas comerciais de medicina.

Como já sabemos, Sr. Presidente, Srs. Deputados, na organização social capitalista, em que a classe trabalhadora produz a mais-valia e a classe burguesa explora e consome, devemos notar alguns aspectos característicos fundamentais no que respeita à problemática da saúde. Assim, em primeiro lugar, a organização da produção capitalista, na sua corrida aos lucros especulativos de classe, mantém-se inteiramente indiferente às consequências nefastas do seu sistema de produção e exploração, tendo o estado de saúde das populações, da degradação do ambiente e desequilíbrio ecológico.

Em segundo lugar, a classe burguesa exploradora consome a melhor quantidade e qualidade de serviço que a tecnologia da saúde é capaz de produzir e fornecer.

Em terceiro lugar, para manter o ciclo de reprodução do sistema, organiza a classe eminente do sistema capitalista o fornecimento de cuidados médicos, especialmente curativos, destinados às classes trabalhadoras de modo a manterem um mercado de trabalho explorável, bem como a obter a mobilização política e sindical dessas mesmas massas trabalhadoras. A consciência de classe e consequente luta política das massas trabalhadoras recusa, porém, um conceito de saúde que sirva apenas a uma produção e fornecimento de cuidados curativos que tenham por finalidade o simples repor em estado de produzir os indivíduos afectados pela doença.

As massas trabalhadoras, para além da satisfação concreta do direito de tratamento e reabilitação da doença, exigem condições sociais e de organização da produção económica, de modo a evitar a doença, e a que se criem as possibilidades objectivas do real desenvolvimento de todas as potencialidades de realização humana dos indivíduos, sem qualquer discriminação.

Esse objectivo, como é evidente, só poderá ser alcançado através do controle da produção e da organização jurídico-política da sociedade por parte das classes trabalhadoras.

Na realidade, o Conselho de Saúde ultrapassa largamente o que a prática médica, tanto no campo da prevenção como no da cura e recuperação, pode dar a uma sociedade.

A saúde humana da organização desta sociedade, porque defende as condições de vida criadas para todos os cidadãos, abrange um leque de realização que visa o homem integralmente considerado, desde a sua cultura e do seu equilíbrio emotivo até às infra-estruturas materiais de vida em comum, como técnicas urbanísticas ou redes de esgotos, por exemplo. É necessário atender que não é a um Serviço Nacional de Saúde que podem pedir responsabilidades pelas carências globais de saúde que resultam da exploração do homem, numa sociedade para a qual esse homem não é mais do que um produtor de lucros.

Entretanto, na actual fase da estratégia e do processo de democratização, há que extrair as possibilidades oferecidas por esse mesmo processo e lutar pela criação de um Serviço Nacional de Saúde que ponha ao serviço do povo uma organização de prestação de cuidados de saúde da qual todos os portugueses possam beneficiar por direito próprio e em cuja organização, planificação e gestão as massas trabalhadoras intervenham de modo decisivo e efectivo.

Como é óbvio, não deverão ser as massas trabalhadoras já desfavorecidas e exploradas que deverão pagar a produção de cuidados médicos, de que carecem e têm direito. E esse custo deve ser suportado pelos estratos sociais detentores de maiores rendimentos, pois que os mesmos resultam, em última análise, da mais-valia e lucro produzidos pelas classes trabalhadoras. Daí que nós, realmente, tenhamos certo empenho em que essa proposta que o Partido Comunista Português propõe de eliminação das formas comerciais de medicina seja, portanto, tido em conta pelos Srs. Deputados.

O Sr. Presidente: – Tem a palavra o Sr. Deputado José Luís Nunes.

O Sr. José Luís Nunes (PS): – Muito singelamente para explicar porque é que vamos votar contra. Em primeiro lugar, porque não existe socialização da medicina onde existam formas comerciais da medicina. Em segundo lugar, porque a expressão formas comerciais é singularmente restritiva, porque há medicina também de carácter empresarial. Em terceiro lugar, porque naqueles pontos em que efectivamente a proposta do PCP aparece incluída é pleonástica, naqueles pontos em que não está incluída é restritiva. Portanto vamos votar contra.

O Sr. Presidente: – Tem a palavra o Sr. Deputado Vital Moreira.

O Sr. Vital Moreira (PCP): – Já aqui chamei várias vezes a atenção nesta Assembleia, Sr. Presidente e Srs. Deputados, para um facto, para o qual temos que estar precavidos: a capacidade de cooptação e transfiguração de certas expressões. Se a expressão, por exemplo, socialismo é capaz de ser cooptada e transfigurada de modo a designar um capitalismo.

O Sr. Pedro Roseta (PPD): – Diz que é socialismo o capitalismo de Estado!

O Orador: – Nós não temos dúvidas também em admitir que a socialização da medicina possa vir a entender-se como sendo compatível com formas comerciais de medicina e por esse motivo, o primeiro argumento do Deputado José Luís Nunes nem é válido, na realidade, este aditamento nossa visa concretizar de forma indubitável o que se entende por socialização da medicina, e o segundo também não tem qualquer validade, na medida em que «formas comerciais de medicina» abrange todas as que ele citou e certamente algumas de que se poderia ter esquecido.

O Sr. Presidente: – Para melhor esclarecimento vai ser lido novamente o aditamento.

O Sr. Secretário (Maia Nunes de Almeida): – O aditamento já foi rectificado pelo Sr. Deputado Vital Moreira, ficando definitivamente com a seguinte redacção:

... bem como a eliminação das formas comerciais da medicina.

Tanto que o texto ficaria da seguinte forma:

Orientar a sua acção no campo da saúde, visando a socialização da medicina e dos sectores médico-medicamentosos, bem como a eliminação das formas comerciais da medicina.

O Sr. Presidente: – Tem a palavra o Sr. Deputado Vital Moreira. Afinal, não.

Como ninguém quer usar da palavra, vai proceder-se à votação.

Submetida à votação, foi rejeitada, com 13 votos a favor e 3 abstenções.

O Sr. Presidente: – Tem a palavra o Sr. Deputado Mário Pinto.

Debates na Especialidade 355

O Sr. Mário Pinto (PPD): – Sr. Presidente, Srs. Deputados: O Partido Popular Democrático votou contra a proposta que acabou de ser votada na medida em que considera que já resulta de todo o articulado, de uma maneira muito clara e unívoca, que nesta matéria política, social, vai ser no sentido da socialização.

Com isso, estamos inequivocamente.

Aproveito a oportunidade para dizer que não aceitamos qualquer espécie de dogmatização neste domínio como em tantos outros e, pelo contrário, propugnamos que a socialização aqui, como noutros domínios, tenha que ser sempre e necessariamente concretizada em termos de decisão do povo português.

O Sr. Presidente: – Tem a palavra o Sr. Deputado Vital Moreira.

O Sr. Vital Moreira (PCP): – Sr. Presidente, Srs. Deputados: Não é de admirar o facto da votação do Partido Popular Democrática e porventura de outros partidos. E a declaração que acaba de ser feita apenas testemunha e confirma o argumento por mim utilizado de que a socialização da medicina não tem um sentido unívoco e que pode inclusivamente admitir formas comerciais e capitalistas da medicina na interpretação de certos sectores.

E porque pretendíamos que esse entendimento não pudesse ser válido é que o nosso aditamento era dirigido ao Partido Socialista.

O Sr. Presidente: – Tem a palavra o Sr. Deputado José Luís Nunes.

O Sr. José Luís Nunes (PS): – Uma declaração de voto.

Votamos contra esta eliminação ou esta proposta de aditamento por vários motivos. Entre os quais avultam experiências práticas da socialização da medicina.

É preciso lembrar aos Srs. Deputados, e esse motivo pesou na nossa decisão de voto, que na União Soviética, na Hungria, na Checoslováquia, na Polónia, existe medicina privada.

O Sr. Presidente: – Tem a palavra o Sr. Deputado Casimiro Cobra.

O Sr. Casimiro Cobra (PPD): – Sr. Presidente, Srs. Deputados: É para dizer que votamos contra, porque, para mim e para o Partido Popular Democrático, a socialização é tida pelo socialismo humanista que na prática dos actos encontraremos. De certeza que não é capitalismo de Estado, nem qualquer espécie de capitalismo, ainda existente neste País.

O Sr. Secretário (Maia Nunes de Almeida): Existe agora na Mesa, e em relação ainda ao n.º 4, mais uma proposta de aditamento de uma nova alínea, que seria então a alínea f).

Foi lida de novo.

O Sr. Presidente: – Ninguém quer usar da palavra sobre esta alteração?

Tem a palavra o Sr. Deputado Vital Moreira.

O Sr. Vital Moreira (PCP): – Sr. Presidente, quando foi proposta e votada a eliminação do n.º 2 do artigo em discussão, argumentou-se com razões técnicas de repetição com o número seguinte. Argumentámos nós para votar contra essa eliminação que, entre outras coisas, eliminava a referência, o papel, a participação e iniciativas das organizações populares. É isso que precisamente pretendemos repor, e exactamente para recuperar aquilo que aparentemente se eliminou sem querer por parte da proposta do PS.

O Sr. Presidente: – Tem a palavra o Sr. Deputado José Luís Nunes.

O Sr. José Luís Nunes (PS): – É simplesmente para dizer o seguinte:

Nós achamos muito bem que o Estado apoie as iniciativas das organizações populares. Nós, o que não concordamos é que isso seja o princípio constitucional, pelo seguinte:

É que este sistema é um sistema particularmente delicado para se consagrar como princípio constitucional o apoio das organizações populares. Isto é de uma delicadeza, a saúde, muitíssimo grande. Portanto, nós entendemos, dentro de uma visão que achamos absolutamente progressista, que o Estado poderá e deverá fazer isso, mas naqueles momentos e naquelas circunstâncias que a sua política impuser, e não como princípio constitucional. É por isso que votamos contra.

O Sr. Presidente: – Tem a palavra o Sr. Deputado Casimiro Cobra.

O Sr. Casimiro Cobra (PPD): – É para esclarecimento, Sr. Deputado Vital Moreira. Eu abstive-me no artigo 16.º em relação a uma proposta idêntica.

Gostaria que me explica-se qual é o tipo de participação neste capítulo que me parece que não será idêntico ao do artigo 16.º Gostaria de saber que tipo de organizações populares de base, comissões de trabalhadores ou qual outra forma; gostaria que me explicasse.

O Sr. Vital Moreira (PCP): – Evidentemente que não estamos aqui em matéria de definição de comissões populares de base. As organizações populares de base competem a um capítulo especial da constituição, qualquer que elas sejam, e certamente que caberão nas comissões de trabalhadores, as comissões de moradores e outros tipos de organizações. As iniciativas que elas tiveram neste campo, e usando objectivos previstos neste artigo no sentido de a defender, de garantir o direito à protecção da saúde e o seu dever, pois nós entendemos que o Estado deve apoiar isso.

Devo aproveitar para responder ao argumento do Deputado José Luís Nunes no sentido de que esse argumento provaria de mais.

Provaria que, por exemplo, no artigo 2.º do artigo ontem aprovado sobre a segurança social não fizéssemos qualquer referência às organizações das classes trabalhadoras.

O Sr. Presidente: – Tem a palavra o Sr. Deputado Barbosa de Melo.

O Sr. Barbosa de Melo (PPD): – O Partido Popular Democrático não vem apoiar esta proposta e por esta razão: As organizações populares, ainda que devam, e talvez devam em alguns aspectos, ser reputados na Constituição, devem sê-lo num capítulo próprio, suponho que há-de ser o do poder local ou coisa similar. Admitindo que a propósito de qualquer tema constitucional se deva fazer referência a está parte organizativa do Estado seria cair numa via técnica na formulação do texto constitucional. Por esta razão fundamentalmente o Partido Popular Democrático vai votar contra esta proposta.

O Sr. Presidente: – Como ninguém mais usa da palavra, vai proceder-se à votação.

Submetida à votação, a proposta foi rejeitada com 12 votos a favor.

O Sr. Presidente: – Tem a palavra o Sr. Deputado Vital Moreira para uma declaração de voto, necessariamente.

O Sr. Vital Moreira (PCP): – Para uma pergunta à Mesa, Sr. Presidente. Se terminou a discussão e votação deste artigo, ou se há ainda propostas de alteração.

O Sr. Presidente: – Mas não hoje.

O Sr. Secretário (Maia Nunes de Almeida): – Sim, deste artigo ainda há: que é a eliminação do n.º 5 e proposta de substituição também deste n.º 5.

O Sr. Presidente: – Srs. Deputados está encerrada a sessão. Amanhã às 14 horas. Não esquecer.

Eram 20 horas e 40 minutos.

358   *O Momento Constituinte – Os Direitos Sociais na Constituição*

4 DE OUTUBRO DE 1975

Está em discussão o artigo 16.º, n.º 5. Vai ser lido.

Foi lido. É o seguinte:

5 – O Estado deve orientar a sua acção no campo da saúde no sentido de ser atingida a socialização da medicina.

O Sr. Presidente: – Há propostas a considerar, que vão ser lidas.

O Sr. Secretário (Maia Nunes de Almeida): Existem duas propostas, uma de eliminação e uma de substituição.

A primeira é assinada pelos Srs. Deputados Miller Guerra e Júlio Reis, do Partido Socialista, que prevê a eliminação do n.º 5 do artigo 16.º

E a proposta de substituição é do Sr. Deputado da UDP, Américo dos Reis Duarte, com o seguinte teor:

Foi lida. É a seguinte:

Proposta de substituição do ponto 5

O Estado deve orientar o exercício da medicina num sentido preventivo e social, tendo em vista o desaparecimento da medicina privada.

O Sr. Secretário (Maia Nunes de Almeida): – Está, pois, em discussão, como manda o Regimento, a proposta de eliminação apresentada pelos Deputados do PS.

O Sr. Presidente: – Tem a palavra o Sr. Deputado José Luís Nunes.

O Sr. José Luís Nunes (PS): – Muito brevemente, Sr. Presidente e Srs. Deputados, só para recordar que o que aqui está já foi votado ontem em forma de alínea e). Portanto, este n.º 5 é redundante.

O Sr. Presidente: – Mais ninguém pede a palavra?

Pausa.

Vamos votar.

Submetida à votação, a proposta foi aprovada, com 1 voto contra.

O Sr. Presidente: – A proposta de substituição está prejudicada pela proposta de eliminação.

Debates sobre os Direitos à Educação e Ensino[1]

Apresentação do relatório	133
Discussão na generalidade	148
Liberdade de aprender e ensinar	266
Educação e cultura	274
Ensino	299
Ensino público e particular	321

LIBERDADE DE APRENDER E ENSINAR[2]

3 DE SETEMBRO DE 1975

Vamos proceder à leitura do artigo 29.º
Foi lido. É o seguinte:

ARTIGO 29.º
É garantida a liberdade de aprender e ensinar.

O Sr. Presidente: – Vamos também ler uma proposta a seu respeito do Sr. Deputado José Augusto Seabra, do PPD. É uma proposta de substituição.

---

[1] Dada a enorme extensão dos debates na especialidade sobre os direitos e deveres culturais (mais de 90 mil palavras), que incluem o direito à educação e ao ensino, decidimos incluir aqui apenas as discussões por nós consideradas mais significativas.

[2] Este artigo consta do Título II, sobre direitos liberdades e garantias, mas foi incluído nesta recolha dos debates por estar directamente relacionado com a matéria em apreço.

Foi lida. É a seguinte:

Proponho que o artigo 29.º passe a ser assim redigido:

São garantidos o direito e a liberdade de aprender e ensinar.

O Sr. Presidente: – Tem a palavra o Sr. Deputado José Augusto Seabra.

O Sr. José Augusto Seabra (PPD): – Sr. Presidente, Srs. Deputados: A modificação que eu introduzi, através de uma proposta, visa dar uma maior garantia, não só à liberdade, mas ao direito de aprender e ensinar. É que não basta querer a liberdade de aprender e ensinar, é também preciso que seja reconhecido o direito de cada qual poder aprender e poder ensinar.

Esse direito não se traduz apenas numa potencialidade formal, mas numa concretização dos meios aptos a permitirem, sobretudo àqueles que no nosso povo têm estado afastados da cultura, o acesso a todas as formas de conhecimento, a todas as formas de criação.

Acresce que se pode verificar por vezes que a liberdade de aprender e a liberdade de ensinar sejam coarctadas através do exercício de certos poderes do Estado. Para já não falar através de monopólios que dependam essencialmente de grupos culturais e sociais e até, evidentemente, de classes.

Eu queria, por exemplo, citar aqui um caso muito recente, em que a liberdade de aprender já está limitada no nosso país.

Essa liberdade por que nós lutámos cá dentro e lá fora.

O Ministério da Educação, da Investigação e da Cultura, creio que é assim que se chama agora, publicou recentemente um comunicado em que diz que não poderá dar o parecer favorável à frequência de cursos no estrangeiro, por certas razões, entre elas o facto de faltar ainda uma planificação das nossas necessidades. De tal modo que, alegando alguns candidatos a estudo no estrangeiro que não há cursos correspondentes em Portugal, o Ministério não é capaz de poder dar uma resposta, porque não sabe se, efectivamente, esses domínios interessam ou não ao povo português.

Mais. Alega-se que a saída para o estrangeiro acarreta um «prolongado afastamento das realidades sócio-políticas nacionais, o que representa uma importante lacuna para a posterior adaptação à nossa sociedade».

Srs. Deputados, Sr. Presidente: Que longe nós estamos de António Sérgio, que quando propunha uma Junta para promover os estudos no estrangeiro estava a permitir que se tivesse, talvez, evitado a implantação do fascismo no nosso país. Que longe estamos, efectivamente, dessa abertura ao mundo contemporâneo, em todos os aspectos em que hoje se está a verificar uma renovação no domínio científico, no domínio literário e no domínio artístico.

Posso dar um testemunho. Beneficiei indirectamente – foi o único benefício que tirei do meu exílio – do acesso a certos domínios que ainda hoje em Portugal, no plano, por exemplo, da linguística e da semiologia, não têm no nosso ensino um tratamento moderno, um tratamento aberto ao presente e ao futuro.

Por que é que se vem agora impedir, sob o pretexto de que ainda não há um planeamento, certos investigadores, certos dos nossos pintores, eventualmente certos dos nossos músicos, de irem ao estrangeiro buscar aquilo que nós, devido ao nosso subdesenvolvimento, ainda não lhes podemos dar?

Se nós não consagrarmos, ao lado da liberdade de aprender, o direito de aprender, que inclui, evidentemente, o direito de poder aprender em Portugal e no estrangeiro (porque a cultura não tem lugar, a cultura é universal), se nós não reconhecermos, de uma maneira clara, esse direito, estaremos a permitir, talvez, que um qualquer poder que se arrogue o monopólio da orientação, do dirigismo cultural no nosso país; venha a exercer a sua implacável lei sobre todos aqueles que aspiram à liberdade de aprender e, evidentemente, à liberdade de ensinar.

Aplausos.

O Sr. Presidente: – O Sr. Deputado Manuel Moura.

O Sr. Manuel Moura (PS): – Sr. Presidente: Era só um pedido de esclarecimento ao orador. Eu queria perguntar ao Sr. Deputado José Seabra se entende que, portanto, esta liberdade que está aqui consagrada é para si o exercício de uma liberdade? Se isso não se pressupõe já, portanto, da liberdade de existir alguma coisa, que talvez um direito?

O Sr. José Augusto Seabra: – Evidentemente! Mas eu quero ainda acrescentar um outro argumento. É que toda a gente sabe que em certos países, particularmente em países laicos, tem havido uma utilização da expressão «liberdade de ensinar» (por exemplo, o enseignement libre, em França) que tende a introduzir, efectivamente, uma defesa de privilégios por parte, até, de certas conversões religiosas, como poderá acontecer, também, no caso de certas opções ideológicas. Por isso, se nós, além do

362 *O Momento Constituinte – Os Direitos Sociais na Constituição*

termo «liberdade de aprender e de ensinar», incluirmos o termo «direito», estamos, efectivamente, a defender também uma igualdade de todos os cidadãos no acesso ao ensino. Uma igualdade, pelo menos, potencial, porque, evidentemente, as condições económico-sociais que existem ainda não permitem essa igualdade, e ela não existe hoje, propriamente, em nenhum país, o que existe é uma tendência para essa igualdade. Portanto, nós teremos também que consagrar o direito, por exemplo, dos analfabetos a terem acesso à alfabetização, o direito dos trabalhadores a poderem ter acesso não só ao ensino primário e secundário, mas à Universidade. Teremos, portanto, através dessa formulação, não apenas um reconhecimento de uma liberdade, mas também um reconhecimento de um direito, que tenderá a concretizar-se cada vez mais.

O Si. Presidente: – O Sr. Deputado Vital Moreira pediu a palavra para esclarecimentos.

O Sr. Vital Moreira: – Dois pedidos de esclarecimento ao Sr. Deputado Seabra. O primeiro é o seguinte:

O Sr. Deputado considera que um decreto do Governo que estabeleça normas gerais, estabelecendo condições para a concessão de bolsas de estudo, para estudos no estrangeiro, considera que isso seria inconstitucional à base deste artigo, se fosse aprovado?

Segunda pergunta:

Pareceu-me deduzir das palavras do Sr. Deputado, nomeadamente da proposta de alteração ou de substituição, que considera que não basta ter a liberdade para ter o direito. É isso que o Sr. Deputado pensa?

O Sr. José Augusto Seabra: – Quanto à necessidade de um planeamento no que diz respeito ao ensino, no que diz respeito à investigação, eu reconheço-a efectivamente, e essa necessidade impõe-se num país que tem certas prioridades fundamentais. Mas o que eu quis acautelar, através do reconhecimento constitucional de um direito, foi a utilização dessa forma de planeamento para impedir quem quer que seja de se deslocar ao estrangeiro com meios próprios ou fornecidos pelo Estado Português ou até pelo Estado que o convida. O que eu quis foi, portanto, evitar que o planeamento se transformasse em cerceamento da liberdade e do direito de aprender e, eventualmente, de ensinar, porque pode haver professores portugueses que também tenham necessidade, até pedagógica, de irem ensinar no estrangeiro. Agora o que eu não compreendo é que se venha alegar a falta de planeamento para impedir, efectivamente, alguém de ir especializar-se no estrangeiro. Porque é o que é alegado, nesse comunicado: apela falta, ainda, de uma planificação das nossas necessidades».

Não se pode vir invocar o facto de não haver ainda um planeamento para impedir alguém que talvez esteja em avanço, em certo domínio, de poder permitir, até, que no futuro esse planeamento se traduza na prática.

No que diz respeito à segunda pergunta, evidentemente que a liberdade inclui o direito, e eu creio que o Sr. Deputado o sabe, pois já defendeu aqui várias vezes que o exercício de uma liberdade implica que essa liberdade seja a concretização de um direito, porque se não, nem é uma liberdade, nem é um direito.

Eu não entrei nesse problema, que deixo, efectivamente, à competência jurídica, eu que sou um simples leigo, apesar de licenciado em Direito, à competência jurídica do Sr. Deputado do Partido Comunista. Mas o que me parece é que a minha proposta de alteração ë positiva, na medida em que para além do reconhecimento de uma liberdade no acesso ao ensino, se reconhece esse direito a todos os cidadãos portugueses. E tal direito implica também meios, que depois poderão ser concretizados pela Comissão que vai apresentar uma proposta sobre os direitos económicos, sociais e culturais. Disso resulta, portanto, o reconhecimento de que é necessário que todos os portugueses tenham o direito de aceder ao ensino.

O Sr. Vital Moreira: – Apoiadíssimo!

O Sr. Presidente: – Para pedido de esclarecimento pediu a palavra o Sr. Deputado Romero Magalhães.

O Sr. Romero Magalhães (PS): – Não era um pedido de esclarecimento Sr. Presidente.

O Sr. Presidente: – Não era? Então tem a palavra o Sr. Deputado Francisco Miguel.

O Sr. Francisco Miguel (PCP): – Eu quero fazer considerações acerca do artigo.

O Sr. Presidente: – Tem a palavra o Sr. José Luís Nunes.

O Sr. José Luís Nunes (PS): – Sr. Presidente, Srs. Deputados: Quanto mais simples nos parece uma norma e um artigo, mais problemas eles nos vêm aqui levantar.

Na terminologia da Constituição, nós dizemos em todos os artigos que a liberdade de consciência, religião e culto, como é o caso do artigo

364 *O Momento Constituinte – Os Direitos Sociais na Constituição*

27.º já aprovado, é inviolável, ninguém podendo por causa dela ser perseguido, etc.

Portanto, o que é que isto quer dizer? Quer dizer que nas zonas mais graves, como é o caso da liberdade de consciência, nós por forma nenhuma achamos que devia haver ou existir uma distinção, entre liberdade e direito, porque nos parece que essa distinção entre liberdade e direito é uma distinção completamente ultrapassada.

É uma distinção que vem, eu sei que não é esta a intenção do Sr. Deputado Augusto Seabra, finas de facto vem da Constituição de 33. Quando se dizia: há direito a isto, àquilo e aquele outro, há liberdade disto, daquilo e daquele outro, nos termos que a lei prescrever.

Portanto, havia a liberdade na Constituição e havia depois o direito, que era nos termos que a lei prescrevesse.

Como é que nós obviamos a isto: nós obviamos a isto, e apraz-me reconhecer que foi uma proposta do PPD, muitíssimo correcta, definindo o princípio da aplicação directa das leis.

E agora dirá o Sr. Deputado Seabra: pois muito bem, esta proposta que eu faço é pleonástica ou tem um sentido de expressão de reforço, mas nós já utilizámos várias expressões de reforço e vários pleonasmos na Constituição, e é mais um.

Pois eu devo dizer-lhe que este pleonasmo é perigoso e volta-se contra as concepções que o Sr. Deputado Augusto Seabra defende. Porque o intérprete futuro da Constituição não vai compreender porque é que no artigo 29.º nós falamos em liberdade e direitos e não falamos no artigo 27.º, que era muitíssimo mais importante. Portanto, nós consideramos que esta discussão não tem razão de ser neste artigo, ou tinha razão de ser em todos os artigos. Isto permitiria, pura e simplesmente, a contrario sensu, dizer-se que no artigo 29.º a liberdade estava mais defendida do que no artigo 27.º, o que é um abuso.

Quanto aos pontos que especificou acerca de uma disposição do Ministério da Educação, Investigação e Cultura, pois se é assim como explica, isso é muito lamentável. Simplesmente, era o assunto talvez melhor para o período de antes da ordem do dia do que nesta altura, em que não vejo como uma norma, com este carácter geral, nós possamos fazer alguma coisa. Esta norma que nós queremos aqui consagrar, conforme ressalva da Constituição, diz respeito ao seguinte: àquele direito ou àquela liberdade de aprender e de ensinar que cabe a cada um de nós,

Debates na Especialidade 365

quer sejamos professores, quer não; aquela liberdade que me permite, certamente, conviver com o Deputado Augusto Seabra, e que eu me transmito aos conhecimentos que efectivamente tem, e aquela liberdade que me permite, efectivamente, receber ou transmitir outros conhecimentos que eu tenha fora de instituições, escolas, etc.

Portanto, assim como nós consideramos que o direito de liberdade de consciências está defendido com a simples referência à liberdade, também temos que considerar que a direito de aprender e de ensinar também está absolutamente garantido com a simples conferência à liberdade. Daí que termino como comecei: a proposta do Sr. Deputado Seabra afigura-se-me redundante e, no caso concreto, perigosa, dado o facto de não ter sido utilizada idêntica terminologia em casos muito mais graves.

O Sr. Presidente: – Tem a palavra o Sr. Deputado Romero Magalhães.

O Sr. Romero Magalhães (PS): – Eu queria acrescentar apenas alguns aspectos não jurídicos que me parecem subjazer a esta disposição.

Para o Partido Socialista, neste momento, trata-se de liquidar o fascismo e trata-se de evitar toda e qualquer nova forma de totalitarismo, seja ele capital-burocrático ou social-burocrático.

O fascismo nunca permitiu liberdade de criação no ensino, temos vários exemplos, nomeadamente V. Ex.ª, Sr. Presidente, que durante dez anos esteve violentamente afastado da sua cátedra.

Perseguição a professores, que começaram logo em 1935 numa leva, onde, entre outros nomes, vinha, por exemplo, o de Rodrigues Lapa. Depois foi o «livro único», esse instrumento de massificação e de estupidificação. Por outro lado, foi a proibição aos professores de indicação de certos livros. Não esqueço, por exemplo, que a História da Literatura Portuguesa, dos Doutores António José Saraiva e Óscar Lopes, não podia ser citada por professores do ensino secundário. Isto era exactamente uma perseguição, uma limitação e uma violência contra a liberdade de aprender e de ensinar.

Mas se nós não queremos a regresso a nenhuma destas violências, também não queremos, de maneira nenhuma, que haja saneamento de alunos, como este ano se verificou, por pertença a um ou outro partido político. Que haja, talvez, anulação de termos de exame, depois de eles já terem sido realizados.

366 *O Momento Constituinte – Os Direitos Sociais na Constituição*

Também não queremos que voltem sobre qualquer forma os «Matosos» ou os «Lisenkos», por imposição e de aprendizagem obrigatória. Fundamentalmente, esta disposição não se destina a precaver os aspectos de organização do ensino, não vai ter qualquer implicação na liberdade de organização da Ministério da Educação e Cultura, ou Investigação, dêem-lhe o nome que venha a ter, mas, pelo contrário, vai apenas reforçar a criatividade, essa criatividade que só na plena liberdade de aprender e de ensinar pode ter sentido.

Aplausos.

O Sr. Presidente: – Tem a palavra o Sr. Francisco Miguel.

O Sr. Francisco Miguel (PCP): – Sr. Presidente, Srs. Deputados: Estou naturalmente com este artigo – liberdade de aprender e de ensinar. Acho muito interessante que nos ocupemos aqui deste assunto, porque, naturalmente, a liberdade para aprender e ensinar é magnífica, é uma necessidade para todos os homens e para todos os povos.

Mas, diferentemente de alguns Deputados, o que me preocupa a mim mais não é o caso de uma ou mais pessoas serem impedidas, em determinadas circunstâncias, de aprender ou ensinar o que desejam aprender ou ensinar. Eu não estou contra isso também. Não é isso que eu pretendo discutir, mas sim a dificuldade, a impossibilidade de aprender e de ensinar, dos filhos das classes trabalhadoras. Somos uma sociedade de pouca cultura, ainda com muitos analfabetos. E a nossa preocupação, nós que afirmamos aqui que queremos ir para o socialismo, será naturalmente defender os meios práticos de dar liberdade. E eu junto esse direito ao ensino, porque se não pensarmos nesse aspecto a nossa defesa aqui da liberdade de ensinar e de aprender pode converter-se em demagogia. Nós precisamos que o nosso povo aprenda. Precisamos de técnicos, procuramos que cada criança tenha escola, cada jovem tenha escola. Eu gostaria que esta afirmação que pomos aqui nesta Constituição – liberdade de ensinar e de aprender – pudesse vir acompanhada e assegurada da designação dos meios materiais para se poder aprender livremente, para se poder realmente aproveitar todas as pessoas e transformarmos o nosso país, do país mais atrasado da Europa que tem sido até agora por responsabilidade desses dirigentes, transformá-lo num país de cultura. A cultura que aqui tem sido reclamada e evocada justamente deve entender-se como «meios» para nós nos cultivarmos. E não é apenas como brilho, como instrumento que pode ser aproveitado apenas por uma minoria da sociedade portuguesa que a cultura deve interessar. Tenho pena, e não proponho, porque não será aceite, que se acrescente: liberdade e direito de ensinar e aprender garantida por isto, isto e isto, como existência de escolas, existência de bolsas para os filhos de todas os pobres, etc.

De forma que eu queria fazer este reparo e deixar para outros as preocupações de algumas pessoas que queiram aprender isto ou aquilo, no estrangeiro ou algures, pois vejo, momentaneamente, alguma dificuldade, talvez. Se não é no nosso caso, é noutro; a prioridade, o interesse geral, o interesse dos povos, o interesse da classe trabalhadora, se põe em primeiro lugar, às vezes com prejuízo dessas aspirações burguesas individuais, que não contam para o desenvolvimento da sociedade.

Tenho dito.

O Sr. Presidente: – O Sr. Deputado Romero de Magalhães pediu a palavra para esclarecimentos.

O Sr. Romero de Magalhães (PS): – O esclarecimento apenas que queria dar ao Sr. Deputado era que, no entender do Partido Socialista, todas essas preocupações são as nossas, mas, simplesmente pela sistematização adoptada, terão de vir no título seguinte, e não neste.

Uma voz: – Muito bem!

O Sr. Presidente: – Tem a palavra o Sr. Deputado Vital Moreira.

O Sr. Vital Moreira: – Sr. Presidente, Srs. Deputados: Creio que o Partido Socialista mais uma vez, coerentemente, defendeu que este capítulo das liberdades não deve misturar-se com direitos, pela simples razão que não se devem misturar coisas de qualidade estrutural diferente.

O PPD por vezes esquece-se disto. Esquece-se que a posição que manteve com alguma coerência é a da concepção liberal-burguesa das liberdades, e, portanto, não há que misturar liberdades com direitos.

Sr. Deputado José Seabra, devo prestar-lhe exactamente aqui o meu reconhecimento, por, certamente, descuidada e inconscientemente, ter produzido, ao fim e ao cabo, uma parte a este propósito da liberdade de aprender e do direito de aprender, uma parte da argumentação que, nós aqui, persistentemente também, sem qualquer êxito, temos vindo a produzir, se por o facto de vir da sua parte obtiver êxito, nós não deixaremos de aprovar, só por o facto de vir de quem vem. Aprovaremos, porque achamos que a posição está correcta. Simplesmente, porque achamos que a liberdade de aprender não implica só por si o direito de aprender, achamos que a liberdade de expressão não dá desde logo o direito às

368   *O Momento Constituinte – Os Direitos Sociais na Constituição*

massas trabalhadoras de se exprimirem; achamos que a liberdade de reunião não dá desde logo o direito de se reunirem; achamos que a liberdade de manifestação não dá desde logo o direito de se manifestarem; achamos que, em geral, todas as liberdades, só por si, não dão àqueles, para quem não basta ser titular dessas liberdades, a possibilidade de as exercerem.

Estamos de acordo, apenas chamamos a atenção para a incoerência.

O Sr. Presidente: – Tem a palavra o Sr. Deputado Agostinho Domingues.

O Sr. Agostinho Domingues (PS): – Sr. Presidente, Srs. Deputados: Ao consagrarmos na Constituição este princípio genérico da garantia da « liberdade de aprender e ensinar» não posso deixar de, como professor, convidar todos os Srs. Deputados a uma reflexão sobre tão importante matéria. É de facto apenas um convite à reflexão sem quaisquer pretensões de originalidade.

Sr. Presidente, Srs. Deputados: Formulo perante V. Exas. a pergunta ou perguntas que a mim mesmo me tenho posto centenas de vezes ao deparar com alunos, em diferentes idades e graus de ensino, aparentemente menos dotados. Eis a pergunta: A que se deve o desfasamento de tais alunos?

Vou ocupar-me, Sr. Presidente e Srs. Deputados, sumariamente de duas causas que a minha experiência me tem permitido registar.

A primeira é a pobreza material e cultural do meio sócio-económico de onde o aluno é proveniente. A criança que não teve condições materiais e culturais para o seu desabrochar parte atrasada para o amadurecimento e realização humana. Ora, a sociedade capitalista, para além de profundamente injusta, tem ainda processos requintados para tranquilizar as consciências. Infelizmente, muitos professores, mesmo alguns dos que se reclamam de revolucionários, estão alheios ao problema. É que, partindo-se do princípio simplista de que basta garantir a cada um ir até onde lho permitam as suas faculdades, escamoteia-se o problema fundamental, que é o da desigualdade de faculdades, proveniente, em grande parte, das diferenças económicas, sociais, culturais e outras.

Vozes: – Muito bem!

O Orador: – O programa do Partido Socialista é bem claro neste ponto. Depois de enunciar alguns princípios ideológicos da educação e da cultura, acentua (passo a citar): «Tendo em conta que um dos objectivos fundamentais de uma revolução socialista é a formação de uma sociedade sem classes, entende o Partido Socialista que, para uma autêntica democratização do ensino, é necessário alterar todo o condicionalismo sócio-económico e sócio-cultural do País» (fim de citação).

Num País como o nosso, Sr. Presidente e Srs. Deputados, em que as desigualdades sociais são gritantes, é baixíssima a percentagem dos filhos dos trabalhadores manuais que chegam às Universidades. Daí que os professores – falo agora especificamente dos do secundário – provenham, na sua esmagadora maioria, da burguesia. Daqui lanço a todos os meus colegas professores um apelo no sentido de se comprometerem de alma e coração na construção da sociedade socialista portuguesa, para que a autêntica cultura em Portugal não mais seja o privilégio exclusivo dos que nasceram em berços doirados.

Esta a primeira causa que explica muitos dos fracassos escolares. E, se a enunciei em primeiro lugar, foi apenas porque, como socialista, não poderia deixar de ter opções de classe bem definidas e determinadas. Em Portugal, a barreira que separa os privilegiados dos desprotegidos estes em proporção gigantesca em relação àqueles – só dela se não apercebe quem deixou embotar por completo a sua sensibilidade ou padece de gravíssima miopia mental.

E passo à segunda razão. Ao falar acima dos alunos «menos dotados» intencionalmente juntei um advérbio: «aparentemente». É um outro ponto para reflexão de todos nós: a nossa, sociedade tem privilegiado a inteligência teórica sobre a prática, o saber abstracto sobre o concreto. E isso cava um abismo entre o trabalho intelectual, considerado mais digno, e o trabalho manual, ainda quase menosprezado. Em vez de o trabalho ser tomado em si mesmo, como fonte de realização da pessoa e do homem colectivo, há tipos de trabalho: o trabalho nobilitante, que confere categoria social – é o trabalho dos «doutores» –, e o trabalho desprestigiado socialmente – é o trabalho dos operários e camponeses.

Só abatendo as estruturas da sociedade capitalista, desaparecerá a distinção entre o saber teórico e o saber prático, entre o trabalho intelectual e o trabalho manual. Mas essa actuação ao nível das estruturas sócio-económicas tem de ser acompanhada desde já ao nível do ensino, do desabamento dessa falsa barreira. Só assim será possível orientar cada aluno para a profissão mais concordante com as suas aptidões intelectuais, possibilitando-lhe a cabal realização da personalidade individual

370 *O Momento Constituinte – Os Direitos Sociais na Constituição*

no desempenho das tarefas sócio-profissionais ao serviço da colectividade. Vou terminar por um voto:

Que o ensino em Portugal passe a ser de facto para todos os portugueses e para cada português todo, isto é, que vise a criação de um
homem novo, bem diferente do aleijão produzido pela sociedade capitalista.

E remato com mais uma citação do programa do Partido Socialista:

O ensino tem de ser acção dirigida especificamente à transformação
do homem e à conquista por este dos meios que lhe permitem compreender a sociedade que o rodeia e actuar sobre ela.

Tenho dito.

Aplausos.

O Sr. Presidente: – Tem a palavra o Deputado José Augusto Seabra,
para uma segunda intervenção.

O Sr. José Augusto Seabra: – A intervenção do Deputado do Partido
Socialista mostrou à evidência, e eu aplaudo-a, que efectivamente é
necessário consagrar também o direito ao ensino. Mas, eu, sem entrar em
argumentos de ordem jurídico-constitucional, apenas quero lembrar que
efectivamente em vários artigos da Constituição há referência ora a
direitos ora a liberdades. Por vezes, fala-se mesmo de direito de ter uma
certa liberdade, como é o caso da liberdade de expressão. E eu não vejo
que, efectivamente, qualquer purismo de linguagem constitucional seja
mais forte do que a necessidade de uma clarificação, sobretudo porque
a Constituição Política vai ser objecto de leitura de todos os cidadãos e
não apenas da exegese dos constitucionalistas ...

Uma voz: – Muito bem!

O Orador: – ... E eu queria mesmo dizer o seguinte: Tenho-me recor-
dado, várias vezes, de um verso de Camões, quando fala de «sofistas que
me ensinaram maus caminhos por direitos». A mim não me interessam,
efectivamente, problemas de carácter sofístico, a mim o que me interessa
é que um direito seja reconhecido aqui. E parece-me que, de facto, a
minha proposta acrescenta algo e eu, portanto, não prescindo dela. Mas,
se os argumentos do Deputado José Luís Nunes foram pertinentes, e eu
até posso aceitar que do ponto de vista da sua lógica eles o são, a
verdade é que liberdade aqui engloba o direito e podia, até, ser sinónimo
de direito. Simplesmente, os exemplos que eu dei, na minha primeira
intervenção, é que vão no sentido de nós reconhecermos, não apenas,

Debates na Especialidade 371

efectivamente, as liberdades, não apenas, efectivamente, o direito, mas tanto o direito como a liberdade. Porque os casos que eu citei são casos possíveis que vão contra a liberdade e, portanto, presumo que se podem retirar certas consequências de factos que apenas poderão ser exemplos premonitórios, até, do que se virá a passar no futuro. Eu, tirando as conclusões das possibilidades de limitações, quer ao direito quer à liberdade, penso que ficaria mais claro o artigo, se consagrassem simultaneamente os direitos e as liberdades, independentemente do facto de as liberdades se poderem subsumir nos direitos ou os direitos nas liberdades.

O Sr. Presidente: – Ninguém está inscrito. Vamos, portanto, proceder à votação desta proposta de substituição.

Vamos lê-la outra vez.

Foi lida de novo.

O Sr. Presidente: – Portanto, vamos pôr à votação esta proposta de substituição do artigo 29.º

Submetida à votação, não obteve o quórum indispensável, verificando-se 81 votos a favor e 2 abstenções.

O Sr. Presidente: – Vamos agora proceder à votação do artigo tal como foi proposto pela 2.ª Comissão.

Submetido à votação, foi aprovado, com 1 abstenção.

O Sr. Presidente: – Tem a palavra o Sr. Deputado Barbosa de Melo para uma declaração de voto.

O Sr. Barbosa de Melo (PPD): – No momento da aprovação do artigo 29.º do projecto da 2.ª Comissão, o Grupo Parlamentar do Partido Popular Democrático não quer deixar de sublinhar o alto significado político do princípio que passou assim a constar da carta dos direitos, liberdades e garantias fundamentais dos portugueses.

O texto constitucional agora aprovado constitui, no quadro de uma concepção democrática da sociedade e do Estado, um natural corolário da doutrina que foi consagrada no n.º 1 do precedente artigo 28.º. Se a liberdade de criação intelectual, artística e científica torna absolutamente ilegítimas restrições, ameaças, coacções e violências sobre a pessoa humana no que concerne à sua vocação essencial de interrogar, pesquisar e dominar pela razão e pela arte o mundo e a vida, a liberdade de ensinar e aprender garante que esse mesmo princípio seja o axioma primordial das relações entre os que ensinam e os que aprendem no nosso país. Deste modo serão definitivamente expulsos do horizonte da nossa comu-

372   *O Momento Constituinte – Os Direitos Sociais na Constituição*

nidade política certos «Adamastores» que, ao longo dos tempos e tolhendo a vista aos gajeiros da caravela portuguesa, teimam em embaraçar a nossa descoberta maior – e é a descoberta de nós mesmos, como povo que vai, livre de maquinações e alheio a favores, por uma rota própria e autónoma na caminhada moral e intelectual da humanidade. Quisemos hoje solenemente pôr fim aos dogmatismos de todas as raízes, às verdades feitas em cima e de cima impostas, às ortodoxias vigilantes, aos monopólios do saber, aos farisaísmos e às bíblias de qualquer procedência, proclamando o princípio activo da liberdade no inquirir e ensinar, no interrogar e aprender de todos os portugueses, proclamando que a nossa história viva se tem de fazer e refazer na livre criação e transmissão das ideias, pela livre investigação e invenção do nosso destino, através de uma liberdade de discussão e de crítica que há-de ir de homem para homem, de grupo para grupo, de geração para geração.

Os representantes do povo na Assembleia Constituinte acabam de dizer solenemente, numa palavra, que não querem entre nós mais «Galileus» humilhados, seja qual for a arte, ciência ou saber que cultivem e ensinem, seja qual for a mesa censória que ouse decretar que «o sol anda e a terra está parada».

O Grupo Parlamentar do Partido Popular Democrático faz neste momento também um voto – o voto de que os responsáveis pela educação, pela investigação e pela cultura no nosso país se apressem a tirar todas as consequências da declaração solene que os representantes do povo acabam de fazer na Assembleia Constituinte. É urgente, urgentíssimo, sobretudo que o Ministério da Educação e Investigação Científica honre esta declaração e faça entrar o princípio da liberdade de espírito nas instruções e circulares que difunde, nos programas e livros que aprova ou recomenda, nos critérios por que recruta os professores das escolas e por que selecciona ou deixa seleccionar os alunos que as frequentam. Retardar uma emenda destas na política educativa, cultural e científica posterior ao 25 de Abril significa pactuar com um obscurantismo crasso, antes imposto em nome de um nacionalismo estreito e de um cristianismo descristianizado, porque ideológico, e hoje sobrevivo por força de um messianismo «cientista» e anti-científico, por ser dogmático, por ser mágico e oracular.

Retardar uma reforma desta persistente mentalidade governante equivale, numa palavra, a deixar subsistir uma estrutura mental opressora da

Debates na Especialidade 373

liberdade pessoal de cada um e, por isso, asfixiante da criatividade do povo português.

Tenho dito.

Aplausos.

O Sr. Presidente: – Ninguém mais pede a palavra?

Pausa.

EDUCAÇÃO E CULTURA

9 DE OUTUBRO DE 1975

ARTIGO 27.º
(Cultura)

1 – Todos os cidadãos têm direito à educação e à cultura, sem discriminação de sexo, idade ou classe social, por forma a permitir-lhes o pleno desenvolvimento da sua personalidade e das suas capacidades.

2 – O Estado assegura a democratização e desenvolvimento da cultura é a promoção cultural dos trabalhadores, incentivando a participação dos cidadãos, nomeadamente através das organizações populares, colectividades de cultura e recreio e dos meios de comunicação social, na realização da vida cultural.

3 – O Estado não pode atribuir-se o direito de programar a cultura segundo quaisquer directrizes filosóficas, estéticas, políticas, ideológicas ou religiosas.

O Sr. Secretário (António Arnaut): – Há várias propostas relativamente a este normativo. No entanto há apenas uma proposta quanto ao n.º 1, que passo a ler:

Proposta de emenda

Todos os cidadãos têm direito à cultura sem qualquer espécie de discriminação, por forma a permitir-lhes o pleno desenvolvimento da sua personalidade e das suas capacidades.

Pelo Grupo Parlamentar do PS, Miller Guerra e António Reis.

O Sr. Presidente: – Sr. Deputado Miller Guerra, tenha a bondade.

O Sr. Miller Guerra (PS): – Sr. Presidente, Srs. Deputados: Quero fazer umas breves considerações em nome do meu Partido, pelas numerosas alterações que introduzimos, não tão numerosas como aquelas que

374   *O Momento Constituinte – Os Direitos Sociais na Constituição*

seriam para desejar, pois fomos um pouco contidos pela necessidade que há em não embaraçar o andamento desta Assembleia, que já está tão atrasada.

Nestas circunstâncias, apenas nos reduzimos aqui ao que considerámos essencial, mantendo a estrutura geral do articulado e não modificando, nem mesmo em algumas expressões redundantes, propositadamente para reforçar determinadas afirmações, por um lado, e, por outro lado, para não suscitar discussões que muitas vezes podem cair na banalidade e em questões de lana caprina.

Mas preocupamo-nos sobretudo com a concepção geral, para que se tivesse em conta o desiderato da igualização das condições de acesso ao ensino, particularmente ao ensino universitário. E, sobre este aspecto, desejava tecer meia dúzia de considerações, sem prejuízo de serem desenvolvidas outras a propósito do articulado seguinte.

A primeira é que não há alteração profunda do ensino universitário ou de qualquer outro ensino que não pressuponha uma alteração prévia da sociedade.

A velha ideia que nos vem do iluminismo do século XVIII, sobretudo a de que havia educadores e educandos, sendo os educadores os professores representantes da sociedade e os educandos os alunos ou as crianças, é uma ideia errada.

Sabe-se perfeitamente que o ensino superior e o ensino de uma maneira geral é conservador. Mais: é reprodutor das condições sociais prévias. Isto é, dizendo de outra maneira, que a classe dominante socialmente é também a classe dominante educacionalmente.

Nestas condições, não é de esperar, como se tem, aliás, provado ao longo da história, e se tem quase provado experimentalmente nestes últimos tempos em que se tem feito estudos particulares sobre este assunto, e alguns muito proveitosos se continuam a fazer, que a Universidade ou qualquer ramo do ensino revolucione seja o que for.

A prova temo-la ainda há pouco tempo com as chamadas «revoltas estudantis», que não foram absolutamente nada senão um pretexto para a burguesia retomar, readquirindo, as rédeas do poder social.

Costuma dizer-se que a educação tem funções, e não apenas uma única. Uma delas é a transmissão do conhecimento, que é aquela que vulgarmente aparece no proscénio da vida académica, aquela que se sabe e que se conhece, de transmissora de conhecimento; uma outra, mais oculta, mas tão importante ou mais do que essa, que é a função de controle, ou a função de fiscalização, que é uma função geralmente oculta; e uma terceira função, a mais débil de todas, que é uma função de criação. Está claro que, conforme os regimes sociais, conforme as épocas históricas, conforme as subformações sociais a que pertence; assim uma destas funções da educação predomina. Mas não há dúvida que sempre predomina, a não ser nos períodos de revolução social, largamente, a função de transmissão, ou seja, na linguagem mais moderna – desde 1970 que se emprega este termo – de reprodução.

Pode dizer-se, portanto, que o sistema escolar é um sistema conservador por essência, que reproduz indefinidamente as condições sociais prévias.

Nestas condições, pode dizer-se que a igualdade de oportunidades não existe. A igualdade de oportunidades, de que vem eivada esta proposta da Comissão, é uma ilusão. A igualdade de oportunidades não é uma igualdade de oportunidades onde não exista uma igualdade de oportunidades escolar. A igualdade de oportunidades tem de ser preparada previamente e na vida social e na igualização económica. Em resumo, pode dizer-se que o sistema educativo em qualquer local, mas particularmente nos países capitalistas, se esquematiza da seguinte maneira: é na família, portanto muitíssimo antes de o aluno entrar na escola, que se prepara o destino, pode dizer-se, forçando um pouco a nota, que o nascimento é já destino. Mais, pode dizer-se que, antes mesmo do nascimento, já o destino está marcado nos indivíduos, porque já não depende da compensação da escola. A compensação da escola apenas é uma pequena parte no que respeita à bagagem cultural que já a criança traz, isto é, e eu retomarei este ponto dentro de algum tempo, quando falarmos de outro assunto, a família, sobretudo se é de uma classe dominante, já marca para toda a vida o destino dos seus filhos. Podem-me dizer: «Mas então os testes psicológicos, mas então a selecção?» E aqui dá-se um segundo fenómeno muito curioso e que é, também, uma ilusão de carácter social: pensar que os testes psicológicos servem para alguma coisa na situação presente. O teste psicológico é elaborado por indivíduos psicólogos de uma determinada cultura, pertencentes, geralmente, à classe dominante, e, em segundo lugar, os testes psicológicos de inteligência...

Tínhamos agora aqui de desenvolver um pouco este conceito, mas fica para outra ocasião. O teste psicológico apenas vem confirmar a classe social a que o indivíduo pertence, visto que são os indivíduos das classes cultas, das classes burguesas, ou, noutra linguagem, da inteligência, que triunfam facilmente nos textos psicológicos.

O mesmo se dá com a selecção universitária, mas eu passo adiante.

O mesmo se dá com o êxito escolar, o mesmo se dá com o êxito profissional e com o êxito social.

Desta forma, há uma reprodução sucessiva de classe social através do sistema de ensino e, no final, quando o indivíduo teve o seu êxito social, portanto também o seu êxito profissional, vai produzir novamente o ciclo. Vai fundar uma família que por sua vez pertence à mesma classe e assim sucessivamente.

Esta forma de eternizar a classe social por intermédio da educação é um sistema ou é uma forma que até há pouco tempo era relativamente conhecida, mas que hoje está perfeitamente conhecida. Como digo, voltarei a este assunto, noutros aspectos, quando voltarmos a ocupar-nos de certos articulados.

Preocupa-nos também, a nós do Partido Socialista superar a situação das classes trabalhadoras, particularmente os filhos das classes trabalhadoras, por medidas de discriminação positiva. O sistema social faz uma discriminação negativa. Nós pretendemos fazer uma discriminação positiva, o que, aliás, no próprio texto da Comissão já se encontra consagrado.

Mas não é só por bolsas, não é só pela habitação, por transportes, por livros. Há outros aspectos muitíssimo mais importantes, embora não modifiquem as relações sociais de uma maneira profunda, porque isso só uma revolução social é que é capaz de as modificar: a atribuição de lugares na Universidade a uma percentagem significativa a uma quota (como se diz em certas democracias populares por vezes) dos filhos dos trabalhadores. Só assim é que é possível corrigir parcialmente, neste período de transição, corrigir, repito, parcialmente, esta profunda desigualdade social que existe no sistema escolar.

Uma voz: – Muito bem!

O Orador: – Colho as velas e por aqui me fico, como dizia o prático, mas ficando de falar novamente, se o Sr. Presidente mo consentir, noutras alturas em que vier a propósito.

Aplausos.

(...)

O Sr. Presidente: – Continua o debate. Tem V. Ex.ª a palavra, Sr. Deputado José Seabra.

O Sr. José Augusto Seabra (PPD): – Sr. Presidente, Srs. Deputados: Eu suponho que o que está em discussão agora, na especialidade, é o conteúdo dos diferentes pontos do artigo 27.º e, embora me merecessem alguma consideração as afirmações feitas pelo Deputado Miller Guerra, parece-me que será mais fecundo que, no decurso da discussão, as diferenças apareçam.

Antes de mais, eu noto que, na proposta do Partido Socialista de emenda ao n.º 1 do artigo, desaparece o direito à educação. Já aqui tive oportunidade, na altura da discussão sobre os direitos e liberdades fundamentais, de falar do direito ao ensino, mas, como esse direito aparece também consagrado no artigo 28.º do projecto da Comissão, eu pressuponho, mas é uma pressuposição que eu gostaria de ver confirmada, que o Partido Socialista entendeu que «educação» e «ensino» eram sinónimos. Ora, não é esse o nosso entendimento. Para nós, o conceito de educação é mais lato do que o do ensino. Já não vou falar da origem etimológica, da evolução semântica das palavras; lembro, por exemplo, que em francês enseignement e éducation têm dois sentidos muito diferentes: enseignement é aquilo que se comprime, enquanto éducation é aquilo que se tira de.

Evidentemente que se nós entendermos que a educação se processa a vários níveis, desde a infância, a partir da família, a partir da inserção na vida social, e depois no desenvolvimento do enraizamento do homem na vida profissional, etc., nós chegamos à conclusão de que a educação não se reduz ao ensino, pelo menos o ensino com as formas estatizadas ou privadas que ele tem tomado historicamente até hoje. E, por isso, nós continuamos a defender que no n.º 1 do artigo 27.º deveria figurar o direito à educação, o que, aliás, não é senão consagrar um princípio da Declaração Universal dos Direitos do Homem, em que se diz que toda a pessoa tem direito à educação. E depois especifica-se mais a seguir quais são os diversos tipos de educação, sobretudo a partir do ensino.

Já estarei de acordo com uma modificação que é introduzida, generalizando a inadmissibilidade de qualquer espécie de discriminação, porque, efectivamente, se a discriminação pode resultar do sexo, da idade ou da classe social, também pode tomar outras formas. Nesse sentido, eu proporia muito concretamente que este hemiciclo consagrasse no primeiro artigo relativo aos direitos e deveres culturais o direito à educação.

Uma voz: – Muito bem!

O Sr. Presidente: – Continua o debate.

Tem a palavra o Sr. Deputado Miller Guerra, para uma segunda intervenção.

O Sr. Miller Guerra (PS): – Queria esclarecer o Sr. Deputado que, de facto, o Partido Socialista e eu próprio temos uma noção de que a cultura e a educação e o ensino são coisas distintas, e, por consequência, não foi por acaso que nós cortámos aqui educação. Tratava-se de um artigo que trata da cultura, e não nos pareceu que fosse este o local para incluir a educação.

Pusemos a educação depois do ensino, onde se pode introduzir, no artigo 28.º. Parece-me que é isto. Foi um esclarecimento que eu prestei.

O Sr. Presidente: – Tenha a bondade, Sr. Deputado, está a responder numa segunda intervenção.

O Sr. Deputado Sousa Pereira, tenha a bondade.

O Sr. Sousa Pereira (MDP/CDE): – A pergunta que eu queria fazer já está em parte respondida. Era no sentido de saber se era intencional a eliminação do direito à educação. Neste sentido, o MDP vai votar a favor da proposta de alteração do PS, mas com este entendimento: de que o direito à educação ficará fixado no artigo próprio que, suponho eu, será o 28.º.

O Sr. Presidente: – Continua o debate. Tem a palavra o Sr. Deputado Mário Pinto.

O Sr. Mário Pinto (PPD): – Sr. Presidente: Requeri à Mesa que fossem postas à votação as duas emendas que se contêm nas propostas do Partido Socialista.

Efectivamente, não é uma emenda só. Há razões diferentes para se poder concordar ou discordar com a primeira emenda, que consiste na eliminação da expressão «à educação», com a consequência de retirar daqui a afirmação do direito à educação, que não se contém como tal em nenhuma outra disposição, nem mesmo em nenhuma outra proposta do meu conhecimento, e à apreciação e decisão sobre a outra alteração que se refere à discriminação.

O Sr. Presidente: – O Sr. Deputado me desculpará. Vamos esclarecer--nos um ao outro para ver se consigo entender bens o pensamento do Sr. Deputado.

A proposta diz:

Todos os cidadãos têm direito à cultura, sem qualquer espécie de discriminação, por forma a permitir-lhes o pleno desenvolvimento da sua personalidade e das suas capacidades.

Eu pergunto: Separado, porquê e o quê?

O Orador: – Sr. Presidente: Entendo que há duas emendas e não apenas uma só. É evidente que não se trata da mesma questão. Exclui aí o direito à educação, que é uma emenda com razões próprias, e a outra emenda que consiste apenas em excluir certas formas de discriminação e, portanto, mantendo uma afirmação, a este respeito, genérica.

Nós neste momento temos razões para não mantermos a mesma posição relativamente à primeira emenda e relativamente à segunda emenda.

O Sr. Presidente: – Gostaria de ouvir a opinião do autor da proposta sobre este ponto.

A Assembleia tem alguma coisa a opor?

Parece, portanto, que vamos prosseguir a discussão, mas simplesmente em duas partes. A primeira parte vai ser lida, para melhor entendimento da Assembleia.

O Sr. José Augusto Seabra (PPD): – Justamente, eu creio que agora é que se poderia acrescentar algo a propósito das afirmações do Deputado Miller Guerra. É que as considerações que ele produziu acerca do ensino como reprodução já não se aplicam à educação. Eu creio que não será necessário nós estendermo-nos mais por enquanto, mas como notará em outras intervenções que eu tenciono fazer.

De facto, quando se fala do sistema do ensino como reprodutor de uma determinada estrutura social, reprodução que aliás que não é mecânica, não se está a negar a possibilidade, através da educação, da auto-educação e de a educação social superar precisamente esse tipo de reprodução. E por isso é que, para nós, é muito importante associar educação e cultura. E associar educação e cultura na medida em que uma e outra não são reprodutoras, não são apenas expressão de algo que existe anteriormente dado, mas de algo que, no desenvolvimento histórico, os homens vão desenvolvendo, vão superando, vão criando. E, nessa medida, eu

380   *O Momento Constituinte – Os Direitos Sociais na Constituição*

gostaria efectivamente de chamar a atenção para o interesse que haverá em nós consagrarmos aqui conjugalmente o direito à cultura e o direito à educação. Pode-me ser dito que no artigo respeitante ao ensino se irá falar do problema da educação. Mas isso é, precisamente, quanto a mim, não estar a pretender explicitar a diferença essencial que há entre o direito ao ensino, isto é, o direito à aquisição dos conhecimentos já dados, e o direito à educação, que é o direito de criar novas formas de conhecimento.

O Sr. Presidente: – O Sr. Deputado entende a sua intervenção como uma segunda intervenção ou como um pedido de esclarecimento.

O Sr. José Augusto Seabra (PPD): – É no sentido agora de me situar perante as duas propostas. Há uma relativa à exclusão do direito à educação, contra a qual nós, Partido Popular Democrático, votaremos. Há outra, que depois será discutida, relativa à generalização da inadmissibilidade de qualquer tipo de discriminação.

O Sr. Presidente: – Sr. Deputado Miller Guerra: Efectivamente, eu estou um bocadinho atrapalhado, pois entrámos numa zona muito intelectual.

Terá outras ocasiões para expressar melhor o seu pensamento. Vamos prosseguir. Não lhe poderei dar a palavra porque não se trata de um pedido de esclarecimento e porque o Sr. Deputado já teve a segunda intervenção.

Agitação na sala.

Ah! não teve a segunda intervenção?

Pausa.

Peço muita desculpa.

O Sr. Miller Guerra (PS): – Isto é uma resposta a um pedido de esclarecimento, é assim que eu interpreto. Não sei se o Sr. Presidente interpreta da mesma maneira.

Pausa.

Não?

Pausa.

Há uns Srs. Deputados a dizer que não.

O Sr. Presidente: – O Sr. Deputado escusará, mas eu não considero a sua intervenção como uma resposta a um pedido de esclarecimento, considero-a como uma segunda intervenção.

O Sr. José Luís Nunes (PS): – Peço a palavra para invocar o Regimento.

O Sr. Presidente: – O Sr. Deputado queria recordar o Regimento?

O Sr. José Luís Nunes (PS): – Exacto.

O que se passou foi o seguinte: agora, efectivamente, trata-se de uma segunda intervenção do meu camarada Miller Guerra. Mas aquilo que há bocado foi considerado uma segunda intervenção foi uma resposta a um pedido de esclarecimento pessoal e directo. Portanto, ele tem agora o direito de fazer a sua segunda intervenção.

O Sr. Presidente: – Suponho que eu não disse o contrário.

Pausa.

Tenha a bondade de continuar. Confirma-se aquilo que eu tinha dito antes.

O Sr. Miller Guerra (PS): – Muito obrigado, Sr. Presidente.

Eu serei muito breve. De facto, está-se a cair um pouco num intelectualismo, talvez, mas que é necessário. Eu vou tentar desintelectualizar a situação.

O que o Sr. Deputado contesta é que a educação seja um acto reprodutível, porque é um acto criador. Evidentemente que é um acto criador, mas é, sobretudo, um acto reprodutível, um acto de conservação, e não se modifica a educação sem se modificarem as condições sociais. Este é que é o ponto fundamental. É necessário que haja uma modificação social profunda, neste caso um desaparecimento das classes sociais, para que haja uma verdadeira igualdade de acesso à educação, ao ensino e à cultura. Claro que o conceito de cultura é um conceito muito mais vasto, muito mais amplificante do que é o conceito de educação e muito mais do que o conceito de ensino, bem entendido. Modernamente a cultura vai até um tal ponto que se trata, pura e simplesmente, de uma «Aufklärung» ou, se se quiser, de uma mundividência. Mas eu não entro nessas considerações para não continuar a intelectualizar esta discussão.

O Sr. Presidente: – Continua o debate.

Tem a palavra o Sr. Deputado Coelho dos Santos.

O Sr. Coelho dos Santos (PPD): – O meu partido já se pronunciou, entendendo que havia de facto duas propostas de alteração, e já se pronunciou sobre a primeira, isto é, sobre a que respeita à educação.

Sobre a segunda, eu tenho uma dúvida e, antes de me pronunciar, agradecia que a Mesa me lesse exactamente o texto da proposta do PS.

O Sr. Presidente: – Com certeza. Vai ser lida.

Foi lida de novo.

O Sr. Presidente: – Esta proposta será votada por duas vezes, visto que foi dividida de harmonia com os próprios proponentes.

O Sr. Coelho dos Santos (PPD): – Este esclarecimento basta-me. Parece-me que nesta parte a redacção também não é a mais feliz, porquanto pode entender-se que esta afirmação «sem discriminação» tanto pode referir-se a não discriminação da cultura como a não discriminação dos cidadãos.

Portanto, parece-me que deveria esta frase ser intercalada logo a seguir a «todos os cidadãos». Ficaria: «Todos os cidadãos, sem discriminação, etc.»

O Sr. Presidente: – O autor da proposta poderá dizer alguma coisa quanto a esta sugestão?

O Sr. Miller Guerra (PS): – Mantemos a proposta.

O Sr. Presidente: – Mantêm a proposta. Assim, continua em discussão a primeira parte.

Pausa.

Tem a palavra o Sr. Deputado Mário Pinto.

O Sr. Mário Pinto (PPD): – A primeira intervenção que eu tive há pouco foi para fazer um requerimento à Mesa, pressupondo eu que a Mesa é competente para ordenar as propostas e evitar que sejam discutidas duas propostas simultaneamente.

Portanto, entendia que era da competência da Mesa a decisão, e a minha intervenção foi para requerer isso mesmo.

Uso da palavra neste momento para apreciar a proposta em discussão. Apetecia-me, evidentemente, também intervir um pouco no domínio daquilo que já foi dito, que é um pouco de intelectualismo.

Vou evitar a tentação e pôr muito concretamente a questão. Tanto quanto a mim se me afigura, o que está em causa, aqui, é saber se se afirma ou não um direito à educação. Em nenhum outro artigo consta a afirmação de um direito à educação. Quero crer que isto deve estar presente no hemiciclo, na nossa decisão, na nossa votação. É óbvio que se pode discutir se, em primeiro lugar, deva ou não afirmar-se um direito à educação. Na hipótese de se afirmar que sim, então poderá também discutir-se depois onde é que deve consagrar-se esse direito à educação. Contudo, a primeira questão não está ainda resolvida. Foi excluída aqui,

Debates na Especialidade 383

excluiu-se daqui, a afirmação de um direito à educação, sem se dizer que ele vai ser consagrado noutro lugar. Não foi dito isso, não consta do texto da Comissão, não consta de nenhuma proposta apresentada até agora, consequentemente o alcance da proposta é o da exclusão da afirmação de um direito à educação. Entendo também, por palavras breves o direi, que a educação como já foi dito, tem um sentido mais amplo e, embora a afirmação deste direito possa merecer, na parte que poderia corresponder às garantias ou à satisfação do Estado, correspondentemente à afirmação deste direito, um tratamento menos completo, em todo o caso não considero como despicienda a afirmação aqui, constitucionalmente, de um direito à educação. É por isso que nos parece bem, e ainda não ouvimos em contrário nenhum argumento, que este direito conste ao lado do direito à cultura, que, em princípio; decidimos votar a favor do texto da Comissão.

O Sr. Presidente: – Continua o debate.

Pausa.

O Sr. Deputado Vital Moreira.

O Sr. Vital Moreira (PCP): – Sr. Presidente: É apenas para pedir um esclarecimento aos proponentes. Há um artigo que iremos discutir mais tarde, o artigo 31.º, dedicado exactamente à cultura ...

O Sr. Presidente: – Chamo a atenção dos proponentes da proposta para a intervenção do Sr. Deputado Vital Moreira.

O Orador: dedicado à educação, queria eu dizer. Pergunto se é justa ou não a minha pressuposição de que a eliminação nesta sede, no artigo que agora estamos a discutir, da referência «o direito à cultura» pressupõe, por parte dos proponentes, a sua referência no artigo 31.º, onde se fala exactamente na educação.

O Sr. Presidente: – Sr. Deputado José Luís Nunes, tenha a bondade.

O Sr. José Luís Nunes (PS): – Foi exacta a pressuposição do Sr. Deputado Vital Moreira. O que aqui convém, na nossa maneira de ver, é não misturar alhos com bugalhos, coisas diferentes, pôr as coisas nas suas sedes próprias, no seu lugar próprio.

O Sr. Presidente: – Alguém mais deseja usar da palavra?

Pausa.

Tem a palavra o Sr. Deputado José Augusto Seabra.

O Sr. José Augusto Seabra (PPD): – A questão é esta: o Partido Socialista entende propor, no artigo 31.º, nos termos que foram explici-

384　*O Momento Constituinte – Os Direitos Sociais na Constituição*

tados pelo Sr. Deputado Vital Moreira, o direito à educação. Era isso que nós necessitávamos de saber para determinarmos a nossa posição.

O Sr. Presidente: – Sr. Deputado Sottomayor Cardia.

O Sr. Sottomayor Cardia (PS):- Suponho que a questão é simples. O Partido Socialista vai propor uma interpolação no n.º 1 do artigo 28.º, em que figurará o direito à educação.

O Sr. Presidente: – Outro esclarecimento?

Pausa.

Tenha a bondade, Sr. Deputado José Augusto Seabra.

O Sr. José Augusto Seabra (PPD): – Era para dizer que estamos esclarecidos de que o Partido Socialista vai propor o direito à educação e ao ensino no artigo 28.º.

O Sr. Sottomayor Cardia (PS): – Aliás, essa afirmação continha-se já nas afirmações anteriormente produzidas pelo meu camarada Miller Guerra.

O Sr. Presidente: – Tenha a bondade, Sr. Deputado Luís Catarino.

O Sr. Luís Catarino (MDP/CDE): – O MDP está esclarecido relativamente à posição do Partido Socialista, que garante a consignação do direito à educação. Todavia desculpar-me-á o Partido Socialista adiantar a sugestão –, talvez fosse de reservar o local da inserção desse princípio para discussão oportuna, não nos vinculando já a que seria no artigo 28.º ou no artigo 31.º, porque, sobre o ponto de vista do MDP, parece que seria mais próprio no artigo 31.º do que no artigo 28.º.

Portanto, o MDP aceita como princípio assente, que se fixará, que o Partido Socialista aceita a fixação do direito à educação. Todavia entendíamos que não devíamos já vincular-nos ao local em que esse direito deveria ficar consignado.

O Sr. Presidente: – Considero esta intervenção como pedido de esclarecimento.

Pausa.

Tenha a bondade, Sr. Deputado.

O Sr. Sottomayor Cardia (PS): – Nós temos a dizer o seguinte: que estamos naturalmente abertos ao debate. Se deve ficar no artigo 28.º ou no artigo 31.º, ou em qualquer outro, isso será susceptível de discussão entre nós. Para já temos a intenção de propor essa intercalação no artigo 28.º, mas se forem produzidos argumentos no sentido de que não deve ser nesse artigo, mas noutro, pois naturalmente nós reveremos a nossa posição e não faremos finca-pé de qual o artigo em que figure, esse direito. O que ele deve figurar é na sede própria.

O Sr. Presidente: – Estaremos conscientes, Sr. Deputado Mário Pinto?

O Sr. Mário Pinto (PPD): – Sr. Presidente, Srs. Deputados...

O Sr. Presidente: – Suponho que é uma terceira intervenção.

O Orador: – Segunda, Sr. Presidente, visto que eu fiz questão de esclarecer a minha primeira intervenção. Foi um requerimento, e não para apreciar a matéria em discussão.

O Sr. Presidente: – Tenha a bondade.

O Orador: – Sr. Presidente, Srs. Deputados: O Partido Popular Democrático já deixou entender de modo muito claro que, em termos de colocação, preferia colocar, e prefere ainda, o direito à educação ao lado de direito à cultura. Portanto, vai lutar preferentemente por esta colocação. Acrescento que efectivamente já havia, por parte do Partido Socialista, propostas de alteração para o artigo relativo ao ensino e não contava nessas propostas o direito à educação. Eram portanto pertinentes as dúvidas que foram apresentadas. Se efectivamente o Partido Socialista, como agora acabámos de ouvir, está aberto a uma sugestão a propósito da colocação do direito à educação, nós efectivamente propomos, e pomos nisso bastante empenho, que ele fique colocado aqui, neste artigo, ao lado do direito à cultura, e não ao lado do direito ao ensino.

O Sr. Presidente: – Será, portanto, uma proposta, que fará o favor de mandar para a Mesa.

Pausa.

Sr. Deputado Mário Pinto, o que é que entende: que se trata de uma nova proposta, ou que se trata de uma sugestão? A Mesa precisa de saber.

Vozes: – Já chega! Vamos votar.

O Sr. Mário Pinto (PPD): – Eu não apresentei nova proposta, visto que essa proposta é da Comissão. Existe a proposta da Comissão. Nós votaremos a proposta da Comissão e não votaremos a proposta de modificação do Partido Socialista. Em todo o caso, eu quis corresponder, tanto quanto entendi, à abertura referida pelo Partido Socialista, para sugerir que o Partido Socialista pudesse aceder nesta matéria vindo ao encontro da sugestão que nós propomos.

O Sr. Presidente: – Está esclarecido. Muito obrigado.

Pausa.

Tem a palavra o Sr. Deputado Sottomayor Cardia.

386   *O Momento Constituinte – Os Direitos Sociais na Constituição*

O Sr. Sottomayor Cardia (PS): – Nós preferimos que o direito à educação fique contido noutro artigo, porquanto entendemos que o direito à cultura é um direito que contempla uma matéria mais genérica. Por isso nos parece que se não deve fazer essa confusão.

O Sr. Presidente: – O Sr. Deputado Fernando do Amaral tenha a bondade. Faça favor de me desculpar, porque efectivamente deveria ter-lhe dado a palavra em primeiro lugar.

O Sr. Fernando do Amaral (PPD): – É apenas para dizer, Sr. Presidente, e agora em complemento das afirmações feitas pelo Sr. Deputado que acabou de falar, que me parece, pela dignidade dos conceitos, e isto presumo que tem muito relevo, precisamente sistemático, numa Constituição que pretendemos estabelecer que seja realmente bem feita, que o conceito de educação fica tradicionalmente mais perfeito e mais certo com o conceito de cultura que constitui fundamentalmente património moral e espiritual.

Se formos conjugar o conceito de educação com o de ensino, este ensino que tem um conceito cuja dimensão é muito menor que o de cultura e da educação, presumo que estamos a prejudicar toda a dimensão da educação que nós lhe deveríamos dar com o real relevo que efectivamente deve ter. Por isso, entendo, porque não está em causa o direito à educação, visto que as intervenções que aqui foram feitas foram todas no sentido de consagrar, segundo penso, o direito à educação por uma melhor sistemática, ele ficaria melhor enquadrado precisamente nesta disposição, para que ele não estivesse ligado a conceitos de menor dimensão.

O Sr. Presidente: – Tem a palavra o Sr. Deputado António Reis.

O Sr. António Reis (PS): – Bom, esta será a nossa última intervenção sobre este assunto, porque de facto não vale a pena perdermos muito tempo com esta questão, quando estamos todos interessados em estabelecer nesta Constituição tanto o direito à cultura como à educação, como ao ensino.

Eu faço apenas lembrar, no último esforço para demover os deputados do PPD da teimosia que têm mostrado nesta matéria ...

Vozes: – Não apoiado!

Uma voz: – Não há um teimoso só.

O Orador: – ... que, ao colocarem neste número o direito à educação e à cultura, tal como isto fica redigido, dá impressão ou pode prestar-se

Debates na Especialidade

a uma leitura tal que o direito à educação e à cultura são duas realidades que não estão contidas uma na outra ou que de certo modo se excluem, e ficaríamos então com o direito a uma educação inculta e o direito a uma cultura deseducada. Não é certamente isto que eles pretendem, e por isso eu faço mais uma vez um apelo para o seu bom senso.

O Sr. Presidente: – Tem a palavra o Sr. Deputado Sousa Pereira.

O Sr. Sousa Pereira (MDP/CDE): – Sr. Presidente: era para dizer que, dada a dificuldade que está a haver de juntar este àquele ou aquele a este, o MDP avançou com uma proposta concreta que pensa deve ser tomada em consideração. É que há um problema que é a cultura, outro que é o ensino e outro que é a educação. Portanto, parece-me que temos três scdcs para mctcr os três direitos, exactamente como temos feito em relação a outros temas.

O Sr. Presidente: – Tem a palavra o Sr. Deputado Pedro Roseta.

O Sr. Pedro Roseta (PPD): – Uma intervenção muito curta. Começo por perguntar: quem é mais teimoso? A nossa teimosia não é certamente superior à do Partido Socialista e tem apenas por objectivo evitar um erro claro. O direito à educação é anterior ao direito à cultura. Julgo que isto não é passível de discussão. Poderia invocar inúmeros textos. Tenho, por exemplo, aqui à mão a Declaração Universal dos Direitos do Homem, e poderia referir a sua sequência nos artigos 26.º e 27.º.

Risos e burburinho na Sala.

Vozes: – Ora bolas!

O Sr. Presidente: – Peço a atenção da Assembleia. Supunha que a Declaração Universal dos Direitos do Homem é um documento solene e bastante para merecer um bocadinho de respeito.

Pausa.

Tenha a bondade, Sr. Deputado Pedro Roseta.

O Orador: – No caso de ser transferida do texto em discussão a afirmação do direito à educação para o artigo 28.º, cai-se num erro grave. Para além de o postergar em relação ao direito à cultura, cai-se no erro de o imiscuir na sede da afirmação do direito ao ensino. Ora, nós pretendemos que fique muito claramente no texto constitucional que o direito à educação é uma coisa e o direito ao ensino é outra. Se se passa para o artigo 31.º, como foi sugerido por outro Deputado, não me recordo quem, então o erro agrava-se, comete-se então o erro máximo, que é colocar o direito à educação depois do direito ao ensino. Não é apenas

388 *O Momento Constituinte – Os Direitos Sociais na Constituição*

uma questão de teimosia, é uma questão muito séria. Há aqui uma prioridade lógica, reflexo da vida real.

Assim, parece-nos que nós é que temos a visão certa. Colocar no artigo 31.º, ou trinta e qualquer coisa, o direito à educação é, portanto, verdadeiramente um erro grave.

O Sr. Presidente: – Posso considerar o assunto discutido?

O Sr. Sousa Pereira (MDP/CDE): – Peço a palavra, Sr. Presidente.

O Sr. Presidente: – Tenha a bondade.

O Sr. Sousa Pereira (MDP/CDE): – Parece-me que ainda há resposta para este problema que foi levantado. É uma proposta de alteração de numeração. Parece-me que, efectivamente, se se entende que a ordenação é isto, então substitua-se ou ordene-se a matéria de maneira diferente, mas avancemos com isto.

O Sr. Presidente: – Ora então muito bem, parece-me que estamos em condições intelectuais de votar.

Vamos então por partes.

Vamos tornar a ler, com as minhas desculpas ao meu ilustre secretário, a parte que vai ser votada.

O Sr. Secretário (António Arnaut): – O desdobramento terá de ser feito, de harmonia com a proposta do Deputado Mário Pinto, na primeira parte, referente à eliminação da palavra «educação». Então a primeira parte da proposta seria esta.

Pausa.

Espero que o Sr. Deputado Mário Pinto acabe de conversar com o seu ilustre colega para eu ler esta parte da proposta e peço que me corrija, se não está certo. O desdobramento feito pela Mesa é o seguinte:

Todos os cidadãos têm direito à cultura.

A segunda parte seria:

Sem qualquer espécie de discriminação, por forma a permitir-lhes o pleno desenvolvimento da sua personalidade e das suas capacidades.

Está certo?

O Sr. Presidente: – Há alguma observação da parte dos proponentes?

Pausa.

Vamos votar a primeira parte.

Fez-se a votação.

O Sr. Secretário (António Arnaut): – O resultado foi o seguinte, sem desta vez me ter esquecido de contar os votos da direita.

O Sr. António de Almeida (CDS): – Direita, não. Eu disse foi desta bancada.

O Sr. Secretário (António Arnaut): – Perdão, eu queria dizer da ala direita, visto que foi a interpelação do Sr. Deputado António de Almeida, que há pouco disse que a Mesa se esquecia de contar os votos da direita.

O resultado da votação foi de 99 votos a favor e 18 abstenções. Não foi aprovada, portanto, a primeira parte da proposta.

O Sr. Presidente: – Há declarações de voto quanto à primeira parte? Pausa.

Faz favor, Sr. Deputado Amaro da Costa.

O Sr. Amaro da Costa (CDS): – Votámos a favor desta proposta pela simples razão de que o artigo no seu corpo, nomeadamente nos números seguintes, em nada trata da problemática educativa, e não teria nenhum valor essencial a introdução da referência ao direito à educação nesta sede. Pela simples razão de coerência em relação ao corpo geral do artigo, votámos a favor da proposta.

(O orador não reviu.)

O Sr. Presidente: – Há mais alguma declaração de voto? Pausa.

Sr. Deputado Vital Moreira, tenha a bondade.

O Sr. Vital Moreira (PCP): – Sr. Presidente, Srs. Deputados: Não interviemos na discussão, abstivemo-nos na votação, porque nos parece sem importância o lugar da colocação do direito à educação.

O Sr. Presidente: – Mais alguma declaração de voto? Pausa.

Vamos entrar na segunda parte da proposta. Vamos lê-la.

Foi lida de novo.

O Sr. Presidente: – Considera-se discutida? Pausa.

Vamos votar.

Submetida à votação, a segunda parte da proposta foi aprovada por unanimidade.

O Sr. Presidente: – Vamos agora votar a primeira parte do texto da Comissão, que vai ser lido.

Foi lido. É o seguinte:

Todos os cidadãos têm o direito à educação e à cultura.

O Sr. Presidente: – Tem a palavra o Sr. Deputado Mário Pinto.

390   *O Momento Constituinte – Os Direitos Sociais na Constituição*

O Sr. Mário Pinto (PPD): – Sr. Presidente: Tenho a impressão, poderei estar errado, de que neste momento se deveria votar o texto da Comissão, com a alteração aprovada. Portanto, todo o texto da Comissão com a alteração aprovada.

O Sr. Presidente: – Se o texto da Comissão for aprovado, e como já foi aprovada a segunda parte, as duas somadas estão aprovadas, suponho eu, salvo melhor opinião. Mas vamos ver o que vamos fazer. Já foi votada a segunda parte, está aprovada, portanto, por unanimidade. Não há mais problema nenhum. Ainda temos a primeira parte.

Pausa.

Isto tem sido aqui uma confusão de partes.

Pausa.

Vamos passar à votação.

Submetida à votação, foi aprovada por unanimidade.

O Sr. Presidente: – Vamos agora reler o texto aprovado no seu conjunto, tal como foi aprovado.

O Sr. Secretário (António Arnaut): – O texto aprovado foi o seguinte:

Todos os cidadãos têm direito à educação e à cultura sem qualquer espécie de discriminação, por forma a permitir-lhes o pleno desenvolvimento da sua personalidade e das suas capacidades.

(...)

O Sr. Presidente: – Vamos agora proceder à apreciação do n.º 3 do mesmo artigo e das respectivas propostas, se acaso estão na Mesa, que eu neste momento ignoro.

Foi lido o n.º3. É o seguinte:

3 – O Estado não pode atribuir-se o direito de programar a cultura segundo quaisquer directrizes filosóficas, estéticas, políticas, ideológicas ou religiosas.

O Sr. Secretário (António Arnaut): – Proposta de eliminação, do Deputado Sousa Pereira, do MDP/ CDE:

Proposta de eliminação

O Grupo de Deputados do MDP/CDE propõe a eliminação do n.º 3. do artigo 27.º do texto da 3.ª Comissão.

Entretanto, vou ler outras propostas para conhecimento dos Srs.

Deputados, se bem que já foram todas distribuídas aos diversos grupos parlamentares e grupos de Deputados.

Foram lidas. São as seguintes:

Proposta de substituição do n .º 3

Sem prejuízo da liberdade cultural, filosófica, estética, política, ideológica e religiosa, o Estado apoiará e estimulará as necessárias transformações culturais da sociedade portuguesa no sentido da construção de uma sociedade socialista.

Pelo Grupo de Deputados do PCP: Vital Moreira – Manuel Gusmão.

Proposta de substituição

Propõe-se que o n.º 3 do artigo 27.º do projecto da Comissão passe a ter a seguinte redacção:

3 – Na política de educação e de cultura o Estado não poderá favorecer qualquer corrente filosófica, estética, política, ideológica ou religiosa em detrimento de outras possíveis nem, de algum modo, desrespeitar os legítimos direitos das minorias culturais, étnicas ou linguísticas.

Pelo Grupo Parlamentar do CDS: Victor Sá Machado – Basílio Horta – Maria José Sampaio.

O Sr. Presidente: – A primeira proposta a ser apreciada é, conforme o Regimento determina, a proposta de eliminação.

Sobre ela pediu a palavra o Sr. Deputado Sousa Pereira. Faça favor.

O Sr. Sousa Pereira (MDP/CDE): – Sr. Presidente, Srs. Deputados: A discussão que ontem houve neste Plenário é a prova mais acabada de que, de facto, são necessárias e urgentes medidas que promovam rapidamente uma verdadeira e real democratização cultural que torne acessíveis a todos os benefícios das conquistas culturais da humanidade e a compreensão global do mundo em que vivemos.

Verificou-se ontem aqui que não só os temas culturais em si eram fastidiosos, mas que a própria discussão da importância e orientação da cultura eram considerados «elevados e intelectuais» e, por isso, cansativos.

E se isto é assim nesta Assembleia, muito mais acuidade o problema assume lá fora no País real, no Portugal de hoje.

E se assim acontece não é por acaso, e também não cairemos na ingenuidade de atribuir tal situação apenas à visão absurda e canhestra de um António qualquer de Santa Comba, que um dia se lembra de dizer que neste país os homens nada mais precisavam do que sabe ler, escrever e contar.

Não esqueceremos que, tal como em relação aos meios de produção, também neste sector chave da vida humana as classes dominantes se aproveitam da sua situação para, ainda que com nova face, manterem o domínio. Não esqueceremos também que, tal como noutros sectores, não pode ser o reformismo a resolver os problemas.

Este, o reformismo, tentou e tentará sempre dar um melhor aproveitamento do progresso cultural e científico, em favor das classes dominantes.

O reformismo tentará, pela via da educação, da cultura e do ensino, satisfazer, de forma tecnocraticamente mais eficaz, as necessidades cada vez mais exigentes da indústria e do capital.

Por isso não cairemos na tentação fácil e ingénua de admitir que o reformismo cultural será factor determinante e fundamental para a transformação da sociedade.

Bem pelo contrário, pensamos que a transformação revolucionária da sociedade é que permitirá uma verdadeira e autêntica revolução cultural, que possibilite o acesso de todos à cultura e aos outros benefícios sociais. Por isso, acreditamos que só uma sociedade sem classes, onde seja abolida a exploração do homem pelo homem, garantirá uma autêntica democratização da cultura.

Não esquecemos os ensinamentos que a história nos vai dando do aproveitamentos sistemático da cultura em favor da manutenção da exploração. Numa análise rápida, mas que reputamos importante, verificamos que, na sociedade esclavagista, já dividida em classes, o acesso aos bens da cultura é apenas reservado aos «senhores» sendo vedada aos escravos. E para justificar tal situação a própria cultura gera os ideólogos necessários.

Perdeu-se, assim, nas culturas mediterrânicas daquela época, as características essenciais das comunidades primitivas, nas quais sendo conforme às necessidades e interesses e sendo estes comuns, a educação lhes correspondia e a aprendizagem resultara directamente da participação activa na vida colectiva.

A educação e a cultura serviu também aos romanos como meros objectivos utilitaristas, sendo a educação nas regiões ocupadas um instrumento eficaz de preservação da ocupação pela «romanização».

Debates na Especialidade 393

Na sociedade feudal a educação e a cultura, monopolizadas pela Igreja, inculcaram nos servos as ideias de imutabilidade e da origem divina da servidão.

Perdeu esta Igreja hierarquizada e ao serviço do Poder, as características revolucionárias do cristianismo primitivo, que, no entender de Bento Jesus Caraça assenta em duas características essenciais:

1.ª O seu conteúdo de natureza ética, que se traduzia na condenação moral de um mundo que não soubera organizar as suas forças de produção de modo a assegurar o sustento e segurança material da massa da população e que, por isso, resvalava, cada vez mais, na injustiça e na corrupção.

2.ª A sua feição colectiva de movimento de massas, que a filosofia clássica, de feição eminentemente aristocrática, não tivera nunca por preocupação interessar.

Com o advento do poder das burguesias comercial e industrial condena-se o feudalismo e a sua cultura, mas à pedagogia da burguesia então revolucionária seguiu-se, necessariamente, o aproveitamento da cultura por esta classe agora dominante. A história repete-se até aos nossos dias, sempre se verificando o sistemático aproveitamento pelas classes dominantes das conquistas culturais e dos sistemas de educação e ensino.

Legitima-se, assim, que «quantas as sociedades, fases históricas, ideologias dominantes, tantas as opções para a educação».

Por tudo isto, o MDP/CDE não entende e propõe claramente a eliminação do conteúdo do n.º 3 do artigo 27.º da proposta da 3.ª Comissão. Por tudo isto, não podemos conceber que se possa admitir que o Estado tome uma atitude passiva e acéfala em relação ao problema da cultura.

Sr. Presidente, Srs. Deputados: Se consideramos fundamental a construção do socialismo, só duas posições nos restam: ou consideramos que nesse caminho a educação tem papel importante e por isso deve ser orientada, planificada e programada; ou consideramos que não tem e por isso serão desnecessários os cuidados aqui expressos.

Ou será que, sob esta proposta, se esconde mesmo a manifesta intenção de um aproveitamento reformista da cultura em benefício das classes favorecidas e dominantes? Ou será que, inesperadamente, se retira à revolução democrática rumo ao socialismo, um instrumento importante?

394 *O Momento Constituinte – Os Direitos Sociais na Constituição*

Entendemos ou não que a cultura deve continuar a ser benefício de alguns, ou, pelo contrário, a cultura deve ser definitivamente posta ao serviço do povo português?

Srs. Deputados: Entendemos que é ou não fundamental fazer uma revolução cultural que liberte, definitiva e irreversivelmente, o povo português da opressão cultural que as classes exploradoras exerceram e exercem?

Srs. Deputados: Entendemos ou não que é necessário e urgente que os meios de acção cultural fundamentais sejam propriedade e sejam geridos em benefício do povo?

Srs. Deputados: Entendemos ou não que deve ser vedada a qualquer grupo defensor do fascismo, do colonialismo, do belicismo, da violência reaccionária, a utilização dos meios de comunicação de massas?

Srs. Deputados: Entendemos ou não que se pode permitir, quantas vezes invocando o gosto dominante, continuar a servir ao povo produtos ditos culturais, de qualidade adulterada, apenas satisfazendo cegamente uma sociedade de consumo alienante?

Ao respondermos não, e tenho a certeza que todos o farão, nós estamos a orientar a cultura e a definir-lhe directrizes filosóficas, estéticas, políticas e ideológicas e, se assim é, não podem, sob pena de trair a Revolução, admitir que o Estado seja mentalmente acéfalo em relação a problemas desta importância.

O MDP/CDE considera, pois, o número proposto não só oportunisticamente demagógico, mas absurdo, pelo que energicamente se lhe opõe.

Nesse sentido votará pela sua eliminação.

O Sr. Presidente: – Para apreciação da proposta de eliminação, tem a palavra o Sr. Deputado José Augusto Seabra.

O Sr. José Augusto Seabra (PPD): – Sr. Presidente, Srs. Deputados: A intervenção do Sr. Deputado Sousa Pereira em defesa da eliminação do artigo é um exemplo concreto da directriz que o seu partido pretendia ou pretenderia imprimir à criação cultural no nosso país, se lhe fosse dado exercer o poder.

Eu abstenho-me de entrar em considerações de ordem histórico-cultural, em considerações de ordem filosófica ou estética. O que me parece claro é que, ao propor-se a eliminação deste artigo, o que se está a defender é, contra o pluralismo cultural, o monopolismo de um certo tipo

Debates na Especialidade 395

ideológico bem marcado de cultura. E por isso a posição do Sr. Deputado Sousa Pereira mais reforça o nosso apoio ao texto provindo da Comissão.

Uma voz: – Muito bem!

O Sr. Presidente: – Tem a palavra o Sr. Deputado Sottomayor Cardia.

O Sr. Sottomayor Cardia (PS): – Sr. Presidente, Srs. Deputados: Eu confesso que me desinteressei de seguir a exposição do Sr. Deputado Sousa Pereira.

Na verdade, o que nos deve interessar nesta Assembleia não é dar lições de história, seja ela bem feita ou mal feita, mas sim justificar a adopção de normas constitucionais. E vou procurar dizer com simplicidade as razões que determinam o Partido Socialista a votar na proposta da Comissão.

Este artigo é contra a unicidade cultural e intelectual.

Vozes: – Muito bem!

O Orador: – É a recusa da filosofia, da estética oficial, da ideologia oficial e da religião oficial. Do mesmo modo é a recusa do controle político do conteúdo da cultura e da educação. Na verdade nós, socialistas, não queremos filosofia única nem estética única, nem política única, nem religião única, nem ideologia única.

Nós somos contra a unicidade em matéria de cultura e educação. Nós somos contra essa unicidade, porque entendemos que essa recusa é uma importante salvaguarda contra o totalitarismo. O Partido Socialista não aceita, antes combate, toda e qualquer tentativa de uniformizar os espíritos. Eu há pouco disse que éramos contra a unicidade cultural e intelectual, do mesmo modo que somos contra outras formas de unicidade, como é público. Contudo, eu permito-me esclarecer um pouco, sobre este aspecto, o meu ponto de vista pessoal. Eu não sou contra todas as formas de unicidade.

Risos.

Sou pela unicidade do Estado e pela unicidade da instituição militar. Quer dizer: neste país deve haver um só Estado e um só Exército.

Vozes: – Muito bem!

Aplausos.

O Orador: – Por isso nós combatemos a dualidade, ou mesmo a multiplicidade de poderes, do mesmo modo que combatemos a existência de grupos civis armados.

Nós aí somos pela unicidade.

Aplausos.

O Sr. Presidente: – Continua em apreciação esta proposta de eliminação.

Tem a palavra a Sr.ª Deputada Maria Helena Carvalho dos Santos.

A Sr.ª Maria Helena Carvalho dos Santos (PS): O PS, como já disse o nosso camarada Sottomayor Cardia, não apresentou qualquer proposta de alteração a este artigo, porque nós estamos de acordo com o texto apresentado pela Comissão.

Sr. Presidente, Srs. Deputados: O Partido Socialista apoia um artigo em que ficará consignado que ao Estado não compete criar uma doutrina oficial; o contrário seria o suporte do Estado policial e a alienação do cidadão.

O Estado não pode ter uma ideologia que imponha aos cidadãos, embora aceitemos o princípio da dependência da cultura, da arte, em relação à vida social. A cultura não é um mero produto do meio: é também uma manifestação da presença activa do homem na transformação criadora do meio. É aquilo a que os artistas, os intelectuais chamam comprometimento e que poderemos concretizar lembrando que todos aqueles que foram verdadeiros criadores da cultura em Portugal não aceitaram uma doutrina ideológica, filosófica, religiosa, ética ou estética que lhes pretendia ser imposta por um Estado fascista.

Aquilino Ribeiro, António Sérgio, Jaime Cortesão, Egas Moniz, entre tantos outros que poderíamos lembrar, foram homens da oposição, homens que, por estarem comprometidos com a realidade portuguesa, não se deixaram comprometer, não aceitaram uma ideologia de Estado. Mas, ela foi imposta a milhares de outros, aqueles que passaram durante mais de quarenta anos pelas escolas e tiveram de decorar o livro único, aqueles que, enquanto jovens, tiveram, como alguns da minha geração, embora eu não, de pertencer à Mocidade Portuguesa. Foi porque se pretendeu ter uma ideologia de Estado que grande número de professores foram expulsos das suas escolas, porque não seguiam a doutrina oficial – e tanto fazia que ensinassem matemática, como história!

Porque nós estamos numa sociedade em evolução – e a sociedade será sempre evolução – a filosofia não está obrigada a acompanhar mecanicamente o atraso económico e social.

Debates na Especialidade

A cultura de um país não é um bloco homogéneo cujas partes se devem desenvolver simultânea e harmonicamente, em rigorosa concordância com o progresso tecnológico e com o quadro da luta de classes.

A Alemanha do final do século XVIII, e perdoem-me falar no aspecto histórico, e do princípio do século XIX não estava economicamente e socialmente tão adiantada como a Inglaterra e não tinha uma economia política cientificamente tão avançada como a dos ingleses; no entanto, produziu uma filosofia muito superior à da Inglaterra.

É evidente ...

Se na tecnologia e nas ciências exactas superamos os antigos gregos, por que não os teríamos também superado na arte épica? Ou então – a Henríada, de Voltaire, deveria ter superado a Ilíada, de Homero.

Por que é que a Espanha não tem nenhum grande cientista – e tem tantos pintores de génio?

Isto para dizer que é difícil criar programas à cultura.

Sr. Presidente, Srs. Deputados: Nós precisamos em Portugal, a todos os níveis, de bons profissionais, com consciência de classe e dignidade profissional, homens livres e criticamente participantes. Cada um a desempenhar o lugar para que está preparado, revolucionariamente, e não de acordo com favoritismos políticos.

O que devemos evitar, por exemplo, é impor o marxismo como doutrina oficial, o que seria uma forma de totalitarismo e uma traição.

Por isso, não podemos apoiar a proposta de eliminação deste artigo.

Tenho dito.

Aplausos.

O Sr. Presidente: – Tem a palavra o Sr. Deputado Sottomayor Cardia para uma segunda intervenção. Dispõe de cinco minutos.

O Sr. Sottomayor Cardia (PS): – Será muito breve, Sr. Presidente.

O Sr. Presidente: – Embora não tivesse gasto os cinco minutos da outra vez, de qualquer maneira o Regimento assim manda.

O Orador: – Será muito breve. É que este artigo, no nosso ponto de vista, era originariamente um artigo sobre matéria cultural. Contudo, ontem, por deliberação desta Assembleia, na qual nós inicialmente não participámos, mas foi assim que o texto constitucional finalmente ficou, decidiu-se contemplar também matéria educacional. Ora, nós entendemos então que as providências cautelares contra a unicidade cultural devem ser explicitadas no que diz respeito à matéria pedagógica e deve interpolar-se no texto uma referência à educação.

Propomos então que o número fique com a seguinte redacção: «O Estado não pode atribuir-se o direito de programar a educação e a cultura segundo quaisquer directrizes filosóficas, etc.» É uma proposta de interpolação.

O Sr. Presidente: – A proposta poderá ser considerada, como já tem acontecido noutros casos análogos, como proposta de aditamento, a acrescentar depois de votado o texto, caso seja votado o texto proposto pela Comissão.

Pediu a palavra o Sr. Deputado Costa Andrade. Tenha a bondade.

O Sr. Costa Andrade (PPD): – Sr. Presidente: É também para, em nome do meu grupo parlamentar e em meu nome pessoal, dar mais um contributo, ligeiro e breve, aliás, no sentido de defender a não eliminação deste preceito.

A proposição de uma orientação cultural, filosófica ou estética mono-orientada, para além de graves prejuízos culturais, e não são esses os que sobremaneira me preocupam a mim, mas prejuízos culturais que são tão grandes como a ponto, e cito mais uma vez, embora com o desagrado de alguns, de levar esta mono-orientação cultural a impor como um clássico da língua russa um escritor como Estaline, que não sabia alinhar quatro frases – este juízo é de Trotsky – ou que não sabia sequer bem a gramática russa, para não levar também a prejuízos culturais, casos como o de Krutschev que, na primeira exposição de arte abstracta, não sabia se aquilo tinha sido pintado por mão de homem ou pelo rabo de um cão.

O que me preocupa são aqueles casos de perseguições em que pessoas podem vir a ser substituídas por se desviarem dos cânones literários ou estéticos ditados pelo establishment. Se são verdade, inclino-me a acreditar que muitas das coisas serão verdade, os relatos dos intelectuais russos, designadamente Medvedov, Sakharov e outros, segundo os quais muitos dos que estão internados em hospitais psiquiátricos o estão por discordarem dos cânones estéticos do Poder, se é verdade tudo isso, não podemos deixar, nesta hora, de apoiar um texto como este que consagra ampla liberdade de criação cultural, sendo altura, portanto, de estarmos com as amplas liberdades.

Vozes: – Muito bem!

O Sr. Presidente: – Tem a palavra o Sr. Deputado Sousa Pereira para uma segunda intervenção.

O Sr. Sousa Pereira (MDP/CDE): – Sr. Presidente, Srs. Deputados: Falou-se aqui em muitas coisas. Falou-se aqui que alguns Deputados defendiam o pluralismo. Disse-se aqui que as pessoas, ao defenderem o seu ponto de vista, tinham em atenção as lições da história. Falou-se aqui que esta disposição era uma disposição contra a unicidade. É evidente que se defendem outros tipos de unicidade mais bem controversos. Defendeu-se aqui, ou disse-se aqui, que este número era uma defesa contra o totalitarismo, e falou-se ainda noutras coisas. É evidente que tudo o que aqui se disse definia claramente posições e directrizes dos seus intervenientes em relação à matéria que estamos a tratar. E mais, definiam directrizes que eles gostariam que fossem seguidas pelo Estado: o pluralismo contra a unicidade, tendo em atenção as lições da história, a defesa contra o totalitarismo. É evidente que, para mim, isto realmente ultrapassa a minha compreensão. Na verdade, na defesa de consignar na lei constitucional que não seja atribuída ao Estado a faculdade de orientar a sua política cultural, e agora também educacional, segundo determinadas directrizes, definem-se aqui, nas intervenções havidas, as directrizes que se gostaria de ver seguidas.

Pois que se ponham na Constituição determinadas directrizes que definam, efectivamente, a liberdade individual e colectiva das pessoas. Essas, quanto a nós, já estão consignadas pela liberdade de aprender e ensinar, pela liberdade de expressão, pela liberdade de pensamento. Essas é que o Estado terá de definir. Por outro lado, vejo aqui muitas preocupações da defesa em relação ao Estado. Mas que Estado? Um Estado opressor, que aqui se quis comparar com o tempo do fascismo? Efectivamente, nós também éramos contra a política cultural do Estado fascista, mas não éramos por o Estado fascista ter directrizes culturais, mas porque o Estado era realmente fascista. E qualquer Estado terá, quer esteja na Constituição, quer não, mesmo – que seja neutral, mesmo que seja acéfalo, isto é uma posição, é uma directriz. Nós devemos estar, não contra as directrizes culturais do Estado, mas contra os Estados, revolucionariamente, se necessário for com a violência revolucionária, contra os Estados opressores. É isso que terá claramente de ficar definido. Não é acefalamente, neutralmente, querer impor ao Estado que ele descure este aspecto fundamental para a vida em sociedade.

Não é impor ao Estado que seja neutral, que seja acéfalo. É impor ao Estado que seja vigilante no prosseguimento dos fins a que se destina o Estado, que aqui nesta Constituição já está consignado. Ou nós temos medo de um Estado socialista, e então entendo as reservas que aqui estão a ser postas, ou nós não temos medo de construir um Estado socialista – é isto que teias de ser abolido –, pois para construir esse Estado socialista é necessário, é fundamental, que o Estado siga uma política cultural coerente e que conduza a essa sociedade sem classes, a essa sociedade em que a exploração do homem pelo homem seja eliminada.

O Sr. Presidente: – Sr. Deputado José Augusto Seabra, também para uma segunda intervenção.

O Sr. José Augusto Seabra (PPD): – Parece-me que se está a alongar demasiadamente a discussão no que respeita à eliminação deste ponto. No entanto, já tive oportunidade de explicar ao Sr. Deputado Sousa Pereira, na discussão na generalidade, que não se deve confundir a liberdade cultural, o pluralismo cultural, com a existência de uma política cultural. O Sr. Deputado continua a confundir. De facto, não compreendeu que pode haver uma política cultural, pode e deve, mas não é o que está contemplado neste artigo. Neste artigo, o que está contemplado é o problema de mesmo uma política, cultural democrática, progressista, admitir a pluralidade de criação cultural. Portanto, eu estou de acordo em que haja uma política cultural, em que haja uma programação, por exemplo, da investigação científica, em que haja um planeamento da educação. Simplesmente isso é um problema totalmente diverso. Não confundamos os planos. O Sr. Deputado Sottomayor Cardia pôs aqui o problema da maneira mais clara. Do que se trata é de rebater a unicidade cultural e de criar condições para que, na pluralidade, o que não quer dizer na neutralidade, na neutralidade cinzenta, no acefalismo; se permita que o nosso país, depois de cinquenta anos de monolitismo cultural, passe a ser um país de liberdade cultural.

Aplausos.

Vozes: – Muito bem!

O Sr. Sousa Pereira (MDP/CDE): – Peço a palavra, Sr. Presidente.

O Sr. Presidente: – O Sr. Deputado Sousa Pereira já usou da palavra duas vezes. Lamento. A que título quer usar da palavra? Faça favor de dizer.

O Sr. Sousa Pereira (MDP/CDE): – É uma pergunta, Sr. Presidente. Queria perguntar ao Sr. Deputado José Augusto Seabra o seguinte: como se define uma política, como se programa seja o que for?

Pergunto: e o Sr. Deputado dir-me-á se concorda, ou não, se, para definir qualquer política, é ou não necessário definir directrizes, definir objectivos.

O Sr. Presidente: – Foi, portanto, um pedido de esclarecimento, ao qual o Sr. Deputado responderá se quiser.

O Sr. José Augusto Seabra (PPD): – Bom, a verdade é esta: nós não estamos num Parlamento, como, aliás, tem sido defendido pelo Partido do Sr. Deputado. Se um dia nós estivermos num Parlamento, terei a oportunidade de expor ao Sr. Deputado qual é a política cultural, a programação cultura, que o meu partido defende.

Também não estamos no Governo aqui. Estamos a discutir uma norma constitucional e, portanto, acho que esse problema é totalmente deslocado.

Agitação na Sala.

O, Sr. Presidente: – Não temos mais ninguém inscrito, pelo que vamos proceder à votação desta proposta de eliminação do n.º 3 do artigo 27.º

Submetida à votação, foi rejeitada com 3 votos a favor e 22 abstenções.

O Sr. Presidente: – Temos agora na Mesa propostas de substituição e uma proposta de aditamento.

O Sr. Secretário (António Arnaut): – A primeira proposta de substituição é dos Deputados comunistas Vital Moreira e Manuel Gusmão.

Vou lê-la novamente.

Foi lida de novo.

O Sr. Presidente: – Tem a palavra o Sr. Deputado Vital Moreira a propósito desta proposta de substituição.

O Sr. Vital Moreira (PCP): – Sr. Presidente, Srs. Deputados: O Partido Comunista Português não apoiou a proposta de eliminação do artigo que vem da Comissão. O Partido Comunista Português não apoia a redacção da proposta que vem da Comissão. E não apoia pelos motivos seguintes: cremos que nesta Assembleia, como, aliás, noutros círculos da vida política nacional, se tenta responder a uma certa posição com a posição contrária, se tenta responder ao oligarquismo fascista com o mais extremo e absurdo neo-liberalismo.

Pretender que o Estado possa e deva ser neutro, mesmo no domínio cultural, é ignorar qualquer perspectiva minimamente científica do Estado.

O Estado nunca é neutro e dizer que ele deve ser neutro é apenas dizer que ele subscreveu, sem mais, a dominância, neste caso cultural, das classes economicamente dominantes.

Se se diz que o Estado deve ser neutro culturalmente, então como é que o Estado pode, de algum modo, intervir na vida cultural? Como é que o Estado pode, de algum modo, apoiar a necessária revolução cultural? Como é que o Estado pode, dê algum modo, apoiar e estimular as necessárias transformações culturais numa sociedade que, como todos sabem, é ainda caracterizada por um tipo de cultura a que muitos chamam ainda senhorial?

E se todos clamam por revolução cultural, a que propósito é que se vai retirar a um Estado que se quer revolucionário a possibilidade de, sem limitar ou violar a liberdade cultural, a liberdade estética, a liberdade filosófica, apoiar e estimular essas transformações culturais?

Quando se fala em intervenção cultural do Estado, interessa sempre perguntar: intervenção cultural de que Estado? De que tipo de Estado? Intervenção cultural, mas que tipo de intervenção cultural? E intervenção cultural com que fim?

É evidente que a resposta a estas perguntas não pode ser a mesma se se trata de um Estado fascista ou dum Estado democrático revolucionário, se se trata de promover uma cultura fascista ou uma cultura revolucionária, popular e democrática, ou se se trata de utilizar os meios democráticos e revolucionários ou, ao invés, meios repressivos, oligárquicos, antidemocráticos e fascistas. Ter em conta esta diferença fundamental é necessário para que se não oponha ao dirigismo fascista da cultura o mais extremo neoliberalismo. Pois, se se consagra esta norma tal como está redigida, como é que se vai defender a possibilidade de o Estado, por exemplo, alterar necessariamente os programas de ensino, alterar a visão idealista, para não dizer pior, da interpretação da História, para alterar os programas fascistas do ensino, sem que lhe seja assacado imediatamente que ele está a violar esta norma constitucional, que está a impor o monolitismo cultural? Pois não é verdade que, em relação a um texto de uma colectânea de História adoptada no ano passado, em que se citava ou se transcrevia um naco de um texto de um autor em que se interpretava sociologicamente a social-democracia, não veio logo o

Debates na Especialidade 403

organismo do PPD dizer que aquilo era violar a liberdade cultural e que isto era impor o monolitismo cultural por parte do Estado?

Vozes: – É falso!

O Orador: – Como é que se vai o Estado defender dessa sua intervenção cultural e no ensino, se aproveitamos esta proposta da Comissão tal como ela vem?

Os objectivos aqui propostos pelos Srs. Deputados Sottomayor Cardia e José Augusto Seabra são utilizar as suas palavras perfeitamente sensatas. Do que se trata é de defender a liberdade cultural, defender a pluralidade de expressão cultural. Mas, se isso é assim, então diga-se isto mesmo e diga-se aquela segunda coisa que é necessário dizer: que o Estado pode, porque deve, intervir, apoiar e estimular as necessárias transformações no sentido democrático progressista, socialista e revolucionário da cultura portuguesa. É neste sentido, precisamente, que a proposta de substituição do Partido Comunista Português vai. Na sua primeira parte ela diz: «sem prejuízo da liberdade cultural, filosófica, estética, política, ideológica e religiosa», todos os termos que vêm na proposta da Comissão e nós não teríamos dúvidas nenhumas em substituir estas expressões ou em acrescentar «sem prejuízo da pluralidade de expressão cultural» nesta primeira parte:

O Estado apoiará e estimulará as necessárias transformações culturais da sociedade portuguesa, no sentido da construção de uma sociedade socialista.

Cremos que nesta formulação ou noutra idêntica, que porventura se julgue mais correcta, estão apontados os dois elementos fundamentais da relação entre Estado e cultura: por um lado, a de que ele não pode pôr em causa a liberdade cultural, de que ele não pode pôr em causa a pluralidade de expressão cultural; em segundo lugar, a ideia de que não se pode furtar ao Estado, ao Estado democrático e revolucionário o direito de intervir, apoiar, estimular as transformações culturais, no sentido democrático de socialismo revolucionário, da sociedade portuguesa.

(...)

O Sr. Presidente: – Continua em apreciação.

Tem a palavra o Sr. Deputado Manuel Gusmão.

O Sr. Manuel Gusmão (PCP): – Sr. Presidente, Srs. Deputados:

404 *O Momento Constituinte – Os Direitos Sociais na Constituição*

O meu camarada Vital Moreira e agora o meu camarada Francisco Miguel puseram já alguns dos pontos fundamentais em relação a este problema.

Eu gostava, de qualquer maneira, de frisar alguns.

Primeiro, quando se diz que a primeira parte da nossa formulação é inútil, porque não acrescenta nada à defesa da liberdade de expressão de pensamento, imprensa, etc., já estão consignadas na Constituição, o mesmo exactamente se pode dizer quanto à formulação da Comissão.

Essa formulação, quando muito, ou pelo menos seria redundante, uma vez que nada acrescenta.

Quanto a nós, o que ela acrescenta é uma coisa que não aceitamos. O que acrescenta é a impossibilidade, mais ou menos velada, de o Estado democrático e revolucionário, como instrumento da classe operária e das classes trabalhadoras, intervir na luta que se trava, e é este o problema que se escamoteia, também no terreno cultural, entre as forças do. socialismo e do progresso social e as forças reaccionárias e conservadoras. O que se escamoteia de facto são, portanto, várias questões: uma, é que esta luta pelo socialismo se trava também no campo da cultura e da ideologia. Nós sabemos, e é uma posição marxista consequente sabê-lo, que a cultura é das áreas das actividades humanas que se encontram mais longe dó ponto de vista da determinação da realidade económica. Sobretudo a criação artística é determinada mecanicamente por factores económicos e políticos, está de qualquer maneira ligada ao mundo da ideologia e por consequente ao mundo dos interesses da classe em conflito.

Segundo: é ou não é verdade que as transformações culturais são historicamente mais lentas, principalmente, no que diz respeito à ideologia, as transformações económicas e políticas? Isso é uma verdade que creio que ninguém aqui se atreverá a discutir. Ora o que é facto, e é por isso que é bastante mais evidente ainda que a cultura e a ideologia dominante na sociedade portuguesa é ainda uma cultura fundamentalmente de raiz burguesa, assim como as marcas, a paralisia de formação da criatividade cultural do povo português está ainda profundamente marcada e manietada pelos anos de imposição do obscurantismo e da repressão cultural e cultural fascista.

Terceiro, reconhece-se geralmente também a necessidade de uma revolução cultural. Para além de se reconhecer isso em palavras, é necessário reconhecer que, se é necessária uma revolução cultural, se é necessária uma acção cultural revolucionária, isso pressupõe acções no campo da reorganização do aparelho escolar, pedagógico e didáctico, no campo da reorganização dos circuitos de produção e de consumo culturais.

Se estamos, por exemplo, de acordo que o problema da democratização cultural passa, e não só, pelo acesso à fruição dos bens culturais, mas também pela capacidade colectiva de os trabalhadores produzirem esses bens culturais, se nós, no n.º 2 do artigo 27.º já consignámos o direito de as organizações populares e de as colectividades de cultura e recreio intervirem e representarem uma forma fundamental de intervenção das classes trabalhadoras na produção cultural, há que dizer que essa intervenção só pode ser de facto efectiva se o Estado intervir, estimulando e apoiando essa sua participação.

Isto conduz-nos, portanto, ao problema central, que é o problema que tanto o meu camarada Vital Moreira como agora o camarada Francisco Miguel puseram, que é o problema da natureza de classe do Estado e do papel do Estado na luta pelo socialismo.

E tentar retirar o único conteúdo útil deste ponto, tal como é proposto pela Comissão, essa possibilidade de intervenção do Estado é de facto mais uma vez recusar-se a pôr o problema do Estado numa base científica e é retirar-lhe uma das suas funções e um dos seus deveres na luta pelo socialismo, porque é retirar-lhe a possibilidade não só de apoiar as iniciativas das camadas populares, apoiar inclusivamente as iniciativas progressistas e revolucionárias dos professores e estudantes em qualquer grau de ensino, como retirar-lhe, portanto, uma possibilidade de intervir eficazmente e de apressar a transformação das consciências e a luta contra os valores ideológicos da burguesia dominante, e mesmo contra as marcas que ainda restam do obscurantismo fascista. Nós perguntamos, por exemplo, se não pode ser feito, à luz deste princípio, tal como está formulado pela Comissão, não pode acontecer que, se o Estado entender, em relação às disciplinas Vida Política e Introdução à Política, por exemplo, dar-lhes um teor vincadamente antifascista e vincadamente anti-imperialista, pró-socialista, se não se poderá dizer que isto é infringir o parecer da Comissão.

Quanto a nós, essa possibilidade existe, haveria com certeza quem o dissesse mas, quanto a nós, também esse é um papel fundamental, esse é um dever do Estado.

406 *O Momento Constituinte – Os Direitos Sociais na Constituição*

Mais: se em relação ao ensino da História, e sobretudo nos casos do ensino primário, preparatório e secundário, houver recomendações ou mesmo programações de maneira a evitar eliminar radicalmente a visão idealista e subimperialista desse ensino durante o tempo do fascismo, também se dirá que uma orientação desse tipo está em contradição com um princípio da Constituição. E estaria de facto. Nós achamos, no entanto, que esse é o dever fundamental do Estado. Mais ainda, também se poderia argumentar que, quando o Estado apoiasse iniciativas de organização populares, de colectividades de cultura e recreio e mesmo reivindicações, sobretudo no ensino superior, mas hoje também no ensino secundário, dos estudantes e dos professores progressistas e revolucionários, o Estado estaria a impor o fantasma do monolitismo cultural. E, no entanto, o Estado não estaria a fazer mais do que uma iniciativa progressista e revolucionária que, numa esfera de luta que é da cultura e da ideologia, funciona no contexto geral da luta pelo socialismo.

(...)

O Sr. Presidente: – Vamos proceder à votação desta proposta de substituição do n.º 3 do artigo em apreço.

Submetida à votação, foi rejeitada, com 23 votos a favor e nenhuma abstenção.

(...)

O Sr. Secretário (António Arnaut): – Há ainda outra, agora apresentada, do Sr. Deputado Jorge Miranda, que tem a seguinte redacção:

Proposta de aditamento

Proponho que seja aditada a seguinte expressão, após o termo «contribua» e antes dos termos «para o progresso»:

Para o desenvolvimento da personalidade.

Aditar o quê?, pergunto eu ao Sr. Deputado Jorge Miranda. Será à proposta aprovada?

O Sr. Jorge Miranda (PPD): – Adiar, relativamente ao texto aprovado neste novo número do artigo 27.º.

O Sr. José Luís Nunes (PS): – Queria fazer uma pergunta ao Sr. Deputado Jorge Miranda, que é a seguinte: no caso de essa proposta de aditamento que faz ser votada, o PPD votará também a nossa proposta de aditamento da expressão «e socialista»?

Uma voz: – Isso não se pergunta.

O Sr. José Luís Nunes (PS): – As respostas é que se podem não dar.

O Sr. Jorge Miranda (PPD): – Nós votaremos a favor da proposta do Partido Socialista.

O Sr. José Luís Nunes (PS): – Muito obrigado, Sr. Deputado.

O Sr. Presidente: – Vamos votar as propostas cada uma de per si, visto que são diferentes, muito embora isto nos faça demorar ainda mais tempo.

Agitação.

O que está agora em discussão é a proposta apresentada pelo Partido Socialista, que é já conhecida.

O Sr. José Luís Nunes (PS): – V. Ex.ª dá-me licença?

O Sr. Presidente: – Já estamos elucidados a respeito da proposta, e quer falar ainda?

O Sr. José Luís Nunes (PS): – Sr. Presidente e Srs. Deputados: Por uma questão de elegância de redacção, eu, em nome do nosso Grupo Parlamentar, propunha que ficasse escrito tudo da seguinte forma: «o desenvolvimento ... », perdão, como é o aditamento do PPD?

O Sr. Secretário (António Arnaut): – «... da personalidade».

O Sr. José Luís Nunes (PS):- Propunha que ficasse: « desenvolvimento harmonioso da personalidade».

(...)

O Sr. Presidente: – Vamos proceder à votação.

Pausa.

Ninguém mais pede a palavra?

A votação da proposta de aditamento está na Mesa.

O Sr. Vital Moreira (PCP): – Estava para falar há bocado, Sr. Presidente. Para o caso de os Srs. Deputados se terem esquecido, o que estava em discussão era a proposta de aditamento do PPD.

O Sr. Presidente: – Efectivamente.

408 *O Momento Constituinte – Os Direitos Sociais na Constituição*

O Orador: – Chamo a atenção que é uma proposta de aditamento de uma expressão que já está contida no n.º 1, a propósito exactamente da mesma matéria. Neste sentido, sem entrarmos no tráfico de votações que aqui se faz publicamente, já anunciamos previamente que vamos abster-nos nessa mesma votação.

Risos.

Aproveito para dizer que pessoalmente concordo em que a Mesa registe a origem partidária das votações. E, se for caso para isso, propunha mesmo que o assunto fosse proposto ao Plenário.

Uma voz: – Acho bem!

O Sr. Presidente: – Tem a palavra o Sr. Deputado Jorge Miranda.

O Sr. Jorge Miranda (PPD): – Sr. Presidente e Srs. Deputados: Não tencionava falar, mas não quero deixar de protestar contra a expressão que acaba de ser empregada pelo Sr. Deputado Vital Moreira. Tenho a impressão de que a expressão «tráfico» que foi empregada pelo Sr. Deputado Vital Moreira não é própria desta Assembleia. Do que se trata aqui é simplesmente nós procurarmos o maior consenso possível, para que os nossos trabalhos avancem.

Do que se trata aqui, numa Assembleia pluralista, com uma democracia pluralista que queremos construir em Portugal, é de aproveitar as contribuições de todos os grupos, que todas as pessoas podem dar para que tenhamos uma Constituição que seja, não obra de um partido só, por mais maioritário ou minoritário que ele seja, mas sim uma Constituição que seja a Constituição de todos os portugueses.

Eu não quero deixar de protestar contra a expressão do Sr. Deputado Vital Moreira e outras que por vezes são empregadas para desprestigiar a Assembleia Constituinte.

E, já agora, relativamente ao ponto que ele focou na sua intervenção, que é o de haver eventualmente repetição entre o n.º 4 que vai agora ser aprovado e o n.º 1, quando se fala em desenvolvimento da personalidade, eu também quero frisar que, para nós, não pode haver construção da sociedade democrática e socialista sem o pleno desenvolvimento da personalidade.

Infelizmente, como há aqueles que supõem que é possível o socialismo com violação da personalidade e até com destruição dos seus direitos fundamentais, incluindo o direito à vida, pois é bom que isto aqui fique

Debates na Especialidade 409

registado, porque há pessoas que acreditam que é possível haver um socialismo sem respeito pelos direitos fundamentais da pessoa humana. Aplausos.

O Sr. Presidente: – Tem a palavra o Sr. Deputado Vital Moreira.

O Sr. Vital Moreira (PCP): – Sr. Presidente, Srs. Deputados: Positivamente, há Deputados nesta Assembleia que vivem rodeados de fantasmas. Eu, de facto, ao utilizar a palavra «tráfico», quis utilizá-la no sentido comum de barganha, de troca. Apenas pretendi referir o inusitado que é fazê-lo publicamente aqui, no espaço da Assembleia. De resto, o Sr. Deputado Jorge Miranda sabe perfeitamente como eu não sou avesso a essa barganha, a esse compromisso, que temos praticado com algum êxito na Comissão de que ambos fazemos parte.

O Sr. Jorge Miranda (PPD): – Obrigado pela explicação.

O Sr. Presidente: – Vamos, portanto, proceder à votação da proposta de aditamento, apresentada pelo Sr. Deputado Jorge Miranda.

Submetida à votação, foi aprovada, com 1 voto contra e 23 abstenções.

(...)

Tem a palavra o Sr. Deputado José Luís Nunes.

O Sr. José Luís Nunes (PS): – Muito brevemente para explicar que votámos a favor por motivos óbvios que não necessitam de justificação. Lembra-se, no entanto, que, num sistema de aditamentos como aqueles que usamos nesta Assembleia Constituinte, é necessário conhecer o sentido da votação dos diferentes grupos para que não vamos, em última análise, trair a lógica do pensamento e até a lógica do pensamento da própria Assembleia.

Acho que o Sr. Deputado Vital Moreira tem todo o direito de falar em tráfico, como entendo o direito também de dizer que a sua expressão é, pelo menos, infeliz.

(...)

410 *O Momento Constituinte – Os Direitos Sociais na Constituição*

ENSINO

11 DE OUTUBRO DE 1975

Leia o artigo 28.º
O Sr. Secretário (Maia Nunes de Almeida): O artigo 28.º vai ser lido. Foi lido. É o seguinte:

ARTIGO 28.º
(Ensino)
1 – O Estado reconhece e garante a todos os cidadãos o direito ao ensino e a iguais oportunidades de formação com respeito pelas aptidões individuais.

2 – O sistema unificado de ensino, além de contribuir para eliminar todas as formas de discriminação social, deve garantir a todos os cidadãos a formação, a qualificação e o aperfeiçoamento que correspondam às necessidades sempre crescentes da sociedade. A educação deve assegurar a todos a efectiva possibilidade de contribuir para a edificação de uma sociedade democrática.

3 – Na realização da sua política de ensino o Estado deve:

a) Assegurar o ensino básico obrigatório e gratuito, que será progressivamente alargado de acordo com as possibilidades humanas e materiais;

b) Garantir a todos os cidadãos, em igualdade de oportunidades e segundo as suas capacidades, a possibilidade efectiva de ascender aos graus mais elevados do ensino, da investigação científica e da criação artística;

c) Promover gradualmente e de acordo com as possibilidades a gratuitidade de todos os graus de ensino;

d) Estabelecer a ligação do ensino a outras actividades sociais e particularmente à produção;

e) Favorecer a formação de quadros originários das classes trabalhadoras capazes de participarem no desenvolvimento económico do País a caminho do socialismo;

f) Criar um sistema público de educação pré-escolar;

g) Garantir a educação permanente e promover a eliminação do analfabetismo.

Debates na Especialidade

O Sr. Secretário (António Arnaut): – Temos treze propostas quanto ao artigo 28.º Apenas treze ...

Quanto ao n.º 1, temos uma de substituição e duas de emenda. Quanto ao n.º 2, temos duas de substituição, uma de emenda, duas de aditamento e uma de eliminação da alínea c). E quanto ao n.º 3, temos duas de emenda e duas de aditamento.

Vou ler as proposta relativas ao n.º 1.

Foram lidas. São as seguintes:

Proposta de substituição

1 – Todos os cidadãos têm direito ao ensino, competindo ao Estado garantir a igualdade material de oportunidades de formação escolar.

Pelo Grupo de Deputados do PCP, Vital Moreira.

Proposta de emenda ao n.º1.

O Estado reconhece e garante a todos os cidadãos o direito ao ensino e à igualdade de oportunidades da formação escolar.

Pelo Grupo Parlamentar do PS: Miller Guerra – António Reis.

Proposta de emenda

Propõe-se que o n.º 1 do artigo 28.º do texto da Comissão tenha a seguinte redacção:

1 – O Estado reconhece e garante a todos os cidadãos o direito ao ensino e à formação de acordo com o princípio da igualdade de oportunidades.

Pelo Grupo Parlamentar do CDS, Victor Sá Machado, Basílio Horta e Maria José Sampaio.

A primeira proposta é do Deputado Vital Moreira, que passo a ler.

Foi lida de novo.

O Sr. Presidente: – Dou a palavra ao Sr. Deputado Vital Moreira.

O Sr. Vital Moreira (PCP): – Sr. Presidente, Srs. Deputados: Em relação a este artigo, relativo ao direito ao ensino, o Grupo de Deputados do Partido Comunista Português apresentou várias propostas que têm uma certa coerência. Por isso, pretendo justificar desde já e apresentar sucintamente e desde já todas as várias propostas de alteração que fazemos.

Sr. Presidente, Srs. Deputados:

1 – A escola é, também, uma estrutura de reprodução das relações sociais:

A reprodução das classes políticas e sociais. A produção da legitimação ideológica da sociedade de classes. O problema da escola não é só um problema abstracto de transmissão ou de criação de um saber neutro; é também e sobretudo um problema concreto de poder político.

Pôr a escola ao serviço da construção do socialismo não é apenas pô-la a formar eficientemente os técnicos de que necessita a sociedade socialista; muito menos é votá-la à criação e transmissão de um saber neutro, ou seja, dar-lhe «nível», pô-la ao serviço da «cultura», etc.; é sobretudo transformá-la numa via de acesso ao poder e de consolidação desse poder pelas classes trabalhadoras.

Por isso:

2 – Democratizar a escola é:

a) Torná-la democrática em si mesma, isto é, abri-la às classes trabalhadoras e pô-la, progressivamente, sob o seu controle;

b) Integrá-la na estratégia global da construção de uma sociedade democrática e socialista.

A ideia da «igualdade de oportunidades» só é válida se for entendida como uma igualdade material de oportunidades, em que as desvantagens sociais e culturais que pesam sobre as classes trabalhadoras sejam compensadas por medidas de discriminação positiva.

O «mérito» ou a «capacidade» não são qualidades abstractas. Têm raízes decisivas nas condições concretas de vida dos indivíduos – no acompanhamento pré-natal, nos cuidados sanitários e dietéticos da primeira infância, no ambiente educativo dos jovens, nas condições de vida e de habitação, nas possibilidades económicas de aquisição de instrumentos de estudo e de cultura, no estímulo ou desencorajamento à frequência da escola ou de instituições de cultura.

Portanto, pensar que a «igualdade de oportunidades» se realiza deixando operar livremente o «mérito» ou a «capacidade» é cair num logro ou fazer os outros cair nele. O mesmo se diga da ideia de «orientação escolar e profissional» que aparece igualmente viciada por todas as mesmas condicionantes sociais e culturais.

A verdadeira democratização do acesso não pode ser conseguida, portanto, através de soluções «liberais» (como seja a da selecção pelo mérito, combinada embora com a expansão dos efectivos escolares).

Vivemos essa experiência durante os anos 60 e os resultados estão à vista: inquéritos parcelares recentes mostram que o acesso dos filhos dos trabalhadores à escola, sobretudo ao ensino superior, pouco cresceu relativamente à situação anterior. E a isto há que acrescentar que é sobretudo sobre eles que recai o grande peso estatístico das repetições e perdas escolares.

3 – A verdadeira democratização só pode advir do estabelecimento de uma decidida estratégia compensatória, integrada por medidas de discriminação positiva a favor dos trabalhadores e dos seus filhos. Além de medidas que relevam da política de assistência, da política da habitação e transportes, da política salarial, há medidas que devem ser tomadas no sector específico da educação: estabelecimento de um tronco comum nos ensinos básico e secundário, ministrado em estabelecimentos de ensino comum e oficial, estabelecimento de um sistema de acção social escolar baseado exclusivamente nas condições económicas dos candidatos, estabelecimento de preferência absoluta para filhos de trabalhadores nos estabelecimentos de ensino superior em que exista números clausus, criação de vias de acesso especiais para trabalhadores, outorgas de facilidades e isenções aos trabalhadores-estudantes. A maior parte destas medidas estão em curso, pois constam total ou parcialmente de legislação promulgada nos IV e V Governos. O acesso ao ensino superior era regulamentado também de forma progressista e realista num decreto que chegou a ser aprovado pelo V Governo e que importa que não volte atrás.

4 – Mas o acesso à escola não é tudo. A própria organização pedagógica da escola tem que deixar de favorecer os filhos das classes privilegiadas. Estes, ao chegarem actualmente à escola, encontram uma linguagem que é a sua, um ambiente que é o seu; o conteúdo dos programas e os centros de interesse são-lhe familiares; não necessitam, em geral, de ter tido contacto com outras experiências de vida, nomeadamente com a experiência de vida das classes trabalhadoras. Para os filhos destes, pelo contrário, a situação é a inversa. Têm que aprender a linguagem: têm que adquirir uma experiência de vida que lhes é alheia; têm que lidar com temas de estudo que não fazem parte do seu quotidiano, ao passo que o seu quotidiano não faz parte dos temas de estudo.

Daí que a sua desvantagem económica e social de partida é agravada pelo carácter classista do funcionamento da escola e, em consequência, da selecção escolar. Por isso, as repetições e perdas escolares recaem, sobretudo, sobre estes alunos.

414 *O Momento Constituinte – Os Direitos Sociais na Constituição*

Também aqui a solução pode ser encontrada através da ligação estreita entre o ensino e a vida prática, essa vida prática que é constituída pela experiência quotidiana do trabalho dos operários e dos camponeses. A par disto, deve ser fomentada uma pedagogia activa, que valorize a própria experiência e não apenas a sua verbalização. Mas, sobretudo, interessa que a escola não seja, para os trabalhadores, um lugar de alienação cultural, em que se compre a valorização pessoal e profissional, a ascensão social, a aquisição de status com a destruição e esquecimento da cultura específica das massas trabalhadoras e a conversão dos seus filhos à cultura burguesa que, mais tarde, servirá para os reconduzir ao lugar de explorados e oprimidos. É por isso que todas as iniciativas de compensação cultural e educativa (incluídas as actividades de recuperação linguística) devem ser cuidadosamente controladas pelos próprios trabalhadores e suas organizações.

5 – Este último ponto levanta o problema do governo da escola. Neste domínio é de apoiar sem reservas o princípio chamado da «gestão socialista» da escola, que implica a participação no seu governo a vários níveis e de acordo com o tipo de estabelecimento de ensino em causa, de representantes dos trabalhadores, das organizações populares e das organizações profissionais mais ligadas à escola. Esta participação, na qual se consubstancia o interesse da colectividade, não deve ser inferior à estabelecida para professores e estudantes. Esta orientação já se encontra, de resto, entre nós em vigor, pelo menos para os estabelecimentos de ensino superior. Foi instituída pelo Decreto n.º 363/75 do Conselho da Revolução. É importante, pois, que este decreto seja regulamentado e posto em execução.

6 – Finalmente, a escola deve estar ao serviço da democratização da sociedade. O que se traduz, fundamentalmente, no cultivo de um ensino de conteúdo progressista e adequado às necessidades nacionais. O que exige que a escola seja posta também ao serviço da criação de uma cultura democrática, progressista, revolucionária.

Aplausos.

O Sr. Presidente: – Portanto , continua em apreciação a proposta de substituição ...

Pediu a palavra o Sr. Deputado Vasco da Gama Fernandes.
Pausa.

O Sr. Vasco da Gama Fernandes (PS): – Sr. Presidente, Srs. Deputados: Como é hábito neste desejo não ser afundilhado, e sem outro propósito que não seja esse, aqui me encontro na tribuna.

O problema que está em discussão na sua generalidade, se posso chamar generalidade, com desculpa do Regimento, é, sem dúvida nenhuma, o problema número um da nossa consciência de portugueses e democratas. O problema da educação é o problema decisivo para a construção de um Portugal decente, um Portugal válido, um Portugal progressivo. Venho da escola dos tempos da República implantada em 1910. Então, tanto quanto me lembro, uma escola generosa, apta, eficiente, moderna para o seu tempo, o que só depõe a favor do talento, da mentalidade e do coração dos homens que implantaram a República em Portugal. Recordo-me perfeitamente da minha passagem pela escola primária, os métodos compreensivos que então tive, e uma grata passagem por uma instituição que foi criada e infelizmente foi abolida, que se chamava a escola primária superior; recordo os meus tempos de estudante de liceu e, já em plena ditadura, o meu ingresso na Universidade. Tenho dos professores de então uma recordação muito sentida, a ternura com que éramos tratados, a compreensão humana com que éramos rodeados, a liberdade de convívio, a grande generosidade de todos, a amizade que nos unia.

A República implantada em 1910 precisa ser mais conhecida pelas novas gerações e pelos que se encontram aqui presentes e aos mais novos do que eu, que são quase todos, eu pediria um momento de reflexão pelo que representou de gigantesco essa obra da República de então.

No meio de dificuldades tremendas, como foi a conspiração permanente contra a liberdade e as dificuldades provenientes de um país pobre como era o nosso, torno, portanto, a evocar a memória dos homens que ficaram pelo caminho e que deram ao ensino todo o seu entusiasmo e todo o seu amor, toda a sua eficácia.

Não me levem a mal que, entre esses, recorde a figura de Bernardino Machado, que durante os seus anos de Universidade soube revoltar-se contra a ditadura, no momento próprio, e cuja amizade tanto me honrou e cuja lembrança eu evoco, muito sentidamente, nesta Assembleia.

O problema que hoje se põe é o da criação da nova escola.

Como construir uma nova escola neste país?

416   *O Momento Constituinte – Os Direitos Sociais na Constituição*

Após a ditadura de 1926, pouco tempo depois, começou o ataque frontal a todas as grandes conquistas da pedagogia moderna,

A pouco e pouco se foi destruindo, sistematicamente, toda a obra da República. Assistimos ao aparecimento dos «balilas», a resistência fascista entrou em moda no mundo inteiro, a Mocidade Portuguesa outra coisa não representava senão uma fixação de ódios antipedagógica e imoral ao serviço do Estado.

Dizia-se que o «S» que se encontrava no cinto dos rapazes da Mocidade Portuguesa, o seu nome era «Salazar». Eu sou capaz de, em homenagem a esses pobres rapazes, dizer que não era «Salazar» mas «sacrifício», um grande sacrifício da juventude de então ter suportado estoicamente ao terem pertencido a uma nefasta instituição que nos ia pervertendo e ia destruindo por completo todas as conquistas.

Trata-se, portanto, de um problema que é um problema, para mim, o problema n.º 1 na nossa consciência de portugueses.

Recordo-me também com saudade dos meus tempos de Universidade – e vejo aqui muitos daqueles que então me acompanharam –, o que foi a nossa luta contra os mestres reaccionários, contra a escola reaccionária, contra a inversão de todos os valores do espírito, contra os quais soubemos lutar, embora em pequenas minorias nesse tempo, mas as suficientes para que a minha geração possa orgulhar-se. Pode ter tido muitos defeitos mas nunca teve o defeito de se vergar perante o ensino retrógrado, nefasto e anti-humano.

É uma obra gigantesca, esta que foi entregue à modelação e à reflexão desta Câmara.

É uma obra de alegria. É uma obra de saúde. É uma obra de realização e de reestruturação de toda a nossa pedagogia. Sem alegria não há verdadeiramente ensino e recordo até, se me permitem, a invocação de um grande professor que se chamou Miguel Unamuno, quando um dia veio a Portugal, numa hora infeliz, a convite de Salazar, para visitar as exposições centenárias, e quando lhe perguntaram depois disso o que é que ele entendia da alegria do povo português, declarou: «Es una alegria por decreto.» Uma frase muito feliz, que ficou para sempre gravada no meu espírito. Era efectivamente uma alegria muito ...

O Sr. António Macedo (PS): – Que bom espanhol!

O Orador: – O meu espanhol deriva de três anos de exílio, meu caro camarada.

Foi, efectivamente, uma frase que ficou para sempre gravada no meu espírito.

A escola tem de ser uma escola totalmente aberta às grandes conquistas da ciência, da cultura e das experiências humanas. Tem de ser uma escola totalmente gratuita, dando a todos o ensino, na medida que em virtude dos azares da fortuna as pessoas se não valorizam; para não se dar o acontecimento sempre triste que tantas vezes nos assoberbou, de ver ficar pelo caminho dezenas, centenas, se não milhares, de rapazes e de raparigas, cujos méritos são incontestáveis à face da sua consciência e do seu valor intrínseco. Não permitiremos nunca mais que, por causa dos azares da fortuna, as pessoas não realizem o grande ideal da sua vida, que é exactamente valorizar a sua inteligência por intermédio de uma cultura válida, científica e moderna.

Tudo quanto estou a dizer são mais palavras de emoção do que propriamente a concretização de ideias que possam fornecer qualquer achega à modelação dos preceitos que estão em discussão.

Mas uma palavra, também não quero aqui deixar, de homenagem às gerações que se seguiram, algumas das quais se encontram representadas neste hemiciclo.

Lembro-me com que dor e com que amargura assisti à obra nefasta de Veiga Simão, mais tarde consagrado pela Revolução de 25 de Abril, como embaixador de Portugal na ONU, das maiores vergonhas da nossa História e dos últimos meses. Como se permitiu que o chefe dos gorilas, o chefe dos cães polícias, tivesse efectivamente a consagração oficial que teve neste país? É preciso estar-se muito esquecido ou estar-se muito comprometido para se ter praticado um acto que eu reputo nefasto e atentatório da nossa consciência.

Vozes: – Apoiado! Muito bem!

O Orador: – Pois foi exactamente sob o consulado desse «democrata» Veiga Simão que se perpetrou na Universidade uma das obras mais negativas pela perseguição canibalesca dos pobres estudantes, com uma mise-en-scène de democracia impossível, quando no fundo havia a preocupação, essa sim, de menorizar a inteligência seguindo a expressão de Fidelino de Figueiredo menorizar a inteligência e transforma-la não num pedaço de gente capaz de raciocinar e pensar, mas sim num pedaço amorfo sem significado e sem valor.

418   *O Momento Constituinte – Os Direitos Sociais na Constituição*

A Assembleia Constituinte vai honrar-se, Srs. Deputados e Sr. Presidente, ao fornecer e ao entregar ao país as achegas da sua reflexão, da sua ponderação e as luzes do seu saber. Velho estudante do tempo da República, estudante do tempo da ditadura, prisioneiro por me revoltar contra o ensino, exilado em Espanha em plena euforia da República quando Marcelino Domingues lançava os fundamentos de «La escuela, en La República» um dos fundamentos mais certos da 2.ª República em Espanha.

Antigo estudante, pai, antigo professor, tudo isso junto me leva com certa comoção a pedir aos Srs. Deputados reflexão, ponderação, saber e que façamos aqui uma obra que nos dignifique e que o Portugal de hoje e de amanhã não possa ser de maneira nenhuma o Portugal de ontem, bem próximo que foi, a nossa vergonha, ofensa grave à nossa dignidade.

Aplausos.

O Sr. Presidente: – Os Srs. Deputados, assim o penso, não levaram certamente a mal e compreenderão que a propósito da obra «Educadora da República» aqui feita pelo Vasco da Gama Fernandes, nosso colega e meu velho amigo, eu me permita recordar com a natural emoção a figura de meu pai, João de Barros, que foi o primeiro director-geral da República, ...

Aplausos vibrantes de pé.

... e que esteve associado a toda a pedagogia dos grandes republicanos.

Alguém pediu a palavra para esclarecimentos?

Segue-se o Sr. Deputado Miller Guerra.

O Sr. Miller Guerra (PS):- Sr. Presidente, Srs. Deputados: Vou usar uma expressão significativa, de que peço desculpa, em homenagem ao pai de V. Ex.ª

Ontem, por acaso, eu, um velho ledor de assuntos de educação, particularmente história de educação, comprei um livro sobre a história da educação portuguesa, que num dos últimos capítulos é precisamente dedicado ao pai de V. Ex.ª

Tenho-a aqui, num breve apontamento, para sublinhar a importância que ele teve na história da educação portuguesa e as palavras de V. Ex.ª tiram-lhe, enfim, essa oportunidade, mas eu não deixo de sublinhar novamente aqui, como Deputado, como grande admirador de V. Ex.ª e também de seu pai, que ainda conheci, a grande importância que ele teve na história da educação em Portugal.

O Sr. Presidente: – Muito obrigado!

O Orador: – Entrando propriamente no assunto, e na proposta do Sr. Deputado Vital Moreira, tenho de abordar várias considerações, mas, para não tirar mais tempo à Câmara, apenas digo, ou iria dizendo, que *les bons esprits se rencontrent*. Pelo menos neste capítulo, as ideias do Partido Comunista são idênticas, ou as minhas idênticas às do Partido Comunista, na questão de educação. Pelo menos naquela parte da educação que eu tratei no primeiro dia em que se abriu o diálogo e que está registada no Diário da Assembleia Constituinte. Não admira, porque eu percebo perfeitamente que as fontes onde fomos beber, eu e o Deputado Vital Moreira, se não são as mesmas, são muito próximas.

Sou um velho leitor de assuntos educativos em toda a parte, e particularmente – como não podia deixar de ser – sobre as inovações que tem trazido o marxismo à educação. Não admira portanto – embora não concorde com tudo – que haja muitos pontos de identificação e haja muitos de contacto, além, naturalmente, de algumas divergências.

Gostaria de desenvolver este ponto, mas isto era mais próprio numa academia de educação do que propriamente para uma Câmara de Deputados. Em todo o caso, fico muito contente por esta convergência neste ponto.

Devo dizer que o nosso partido, Partido Socialista, aceita e concorda com a introdução ou a alteração do artigo 28.º, n.º 1, feito pelo PCP e que diz: «Todos os cidadãos têm direito ao ensino, competindo ao Estado garantir activamente a igualdade material de oportunidades de formação escolar». Apenas suprimiríamos o «activamente» deixando ficar todo o resto do artigo.

O Sr. Presidente: – Tem a palavra o Sr. Deputado José Augusto Seabra.

O Sr. José Augusto Seabra (PPD): – Sr. Presidente, Srs. Deputados: Temos presentes as três propostas, que foram apresentadas respectivamente pelo PS, PCP e CDS. Devo dizer que o PPD está inteiramente de acordo com a proposta do PS. E, agora, dado que o PS aderiu à proposta do PCP, nós vamos retomar à nossa conta a do PS ...

Risos.

420   *O Momento Constituinte – Os Direitos Sociais na Constituição*

... pelo seguinte: é que; efectivamente, contrariamente ao que disse o Deputado que eu muito prezo, o Dr. Miller Guerra porque ele publicou estudos sobre a educação, que eu, no exílio, li com a máxima atenção e sobre os quais meditei nós não poderemos acompanhá-lo na sua convergência, senão identidade, com o PCP. Eu creio que as palavras que empreguou foi que «as ideias são idênticas às do PCP, as fontes, se não são as mesmas, são muito próximas», no que respeita à educação, evidentemente, porque é a questão que está hoje em debate.

Não é o caso do PPD. E não é o caso, porque, efectivamente, não sendo um partido marxista, não pode aceitar os pressupostos que, no plano da educação em geral, do ensino em particular, estão por detrás, por exemplo, da proposta do Deputado Vital Moreira.

Vejamos: Quando se fala em igualdade material de oportunidades de formação escolar está-se, quanto mim, a entrar naquilo que eu já por vezes designei por determinismo, economicismo, materialismo vulgar. É evidente que as condições materiais são fundamentais para que haja uma igualdade de condições no acesso ao ensino, mas essas condições materiais não bastam, porque, mesmo que dois indivíduos pertencentes a classes diferentes tenham as mesmas condições materiais, no sentido que vulgarmente se dá à palavra (e não estamos aqui em discussão filosófica, mas a encontrar termos de uso comum), a verdade é que não existe uma igualdade. Dois homens cuja família tenha a mesma fortuna, por exemplo, podem ter graves desigualdades no acesso ao ensino.

Quero dizer que me ocupei na OCDE, enquanto consultor dessa organização, de problemas de planeamento do ensino, e um grande debate que se estabeleceu a respeito de planeamento do ensino foi precisamente o de saber se o planeamento do ensino, no sentido de uma progressiva igualização das oportunidades, poderia ser determinado em função das condições materiais existentes, porque estudos comparativos, feitos muito concretamente sobre as carreiras escolares de crianças da mesma classe e de classes diferentes, revelam que, na verdade, para além das condições materiais havia todas as condições sociais, culturais e civilizacionais que por vezes intervinham e que faziam que, mesmo em França, uma criança, por exemplo de origem de um meio católico e uma criança de origem de um meio judaico tivessem graves desigualdades devido a uma opressão que uma certa minoria, por exemplo, neste caso, judaica, era objecto num país, como a França.

Por isso, não há apenas uma igualdade material de oportunidades que nós devemos procurar que exista, mas algo que seja para além dessa igualdade material e que se traduza em todos os outros planos sociais, civilizacionais, culturais, etc. A não ser que se entenda que tudo isso é material e nesse sentido, evidentemente, nós não podemos estar de acordo, porque isso é uma concepção materialista, determinista, mecanicista, vulgar.

O Sr. Pedro Roseta (PPD): – Muito bem!

O Orador: – Ora, aquilo que importa no nosso país é que todas as condições de desigualdade de partida que ainda existem e existirão, não só na fase de transição para o socialismo mas até numa sociedade socialista, sejam superadas, mas sejam superadas através daqueles meios de que nós dispomos, que são, antes de mais, meios económicos, mas que serão também em grande parte, e por exemplo no caso do ensino, métodos até de carácter pedagógico que, efectivamente, podem contribuir para superar as desigualdades.

E estou de acordo também, em grande parte, com muitas das considerações do Deputado Vital Moreira. Estou de acordo, em grande parte, porque ele realmente mostrou que a luta por uma igualdade no acesso ao ensino não deve terminar com a entrada na escola mas com todo o processo interno, com toda a génese do desenvolvimento da vida escolar.

E por isso é necessário que haja uma gestão democrática e socialista da escola. É necessário que os métodos permitam compensar, por exemplo, desigualdades no acesso à linguagem. É necessário que o conteúdo do ensino seja actualizado, seja progressista. Eu entendo progressista neste sentido e não talvez no mesmo sentido do Deputado Vital Moreira, mas eu creio que o que importa é que todas as aquisições da ciência, todas as aquisições da cultura revertam imediatamente para o ensino a todos os níveis. E, portanto, contrariamente ao que disse numa das últimas intervenções o Deputado Miller Guerra, eu não penso que o sistema do ensino, sobretudo em condições de transformação de uma sociedade, seja apenas reprodutor de condições prévias de existência.

O sistema do ensino pode alterar, pode transformar profundamente essas condições prévias, e é disso que se trata numa revolução socialista. Trata-se, precisamente, de fazer com que o ensino deixe de ser reprodutor dessas condições prévias e se torne, em maior ou menor grau, um agente positivo de transformação dessas condições. E também nos estudos em que participei, sobre o planeamento do ensino em vários países, se verificou que se poderia propor modelos do sistema do ensino como, aliás, aqueles que estão lícitos no corpo deste artigo, que poderiam contribuir senão para o desaparecimento das desigualdades, porque aí estou de acordo com o Deputado Dr. Miller Guerra – as desigualdades não desaparecerão apenas através do ensino – senão para o desaparecimento dessas desigualdades, pelo menos, não digo para a sua atenuação, porque não se trata de atenuar, mas para o seu progressivo desaparecimento.

E, nesse sentido, a forma do Partido Socialista, pela sua generalidade e pela sua abertura a todas as condições possíveis para a igualização no acesso ao ensino, parece-nos muito mais feliz; e nós que não temos nenhum problema no que respeita à originalidade, mesmo que nos digam que somos nós que estamos agora sendo sociais-democratas a adoptar uma forma do Partido Socialista, que não pretende ser social-democrata, nós não temos nenhum problema em tomar nas nossas mãos a proposta do Partido Socialista, e julgamos que, neste campo, teremos ao nosso lado uma grande parte dos pais das crianças, uma grande parte dos professores deste país, uma grande parte dos estudantes deste país, que, efectivamente, não têm aceitado uma certa ideologia que se tem pretendido impor no nosso ensino e que me parece, infelizmente, ainda vingar aqui, porque eu julgarei, talvez pelos actos, aqueles que querem partir de um pressuposto marxista, não vou fazer um julgamento antecipado, mas creio que uma grande parte da população deste país deseja uma escola aberta, uma escola que não seja apenas fundamentada na ideologia marxista.

Aplausos.

(...)

O Sr. Presidente: – Tem a palavra o Sr. Deputado Jorge Miranda. Permito-me informar que tenho muitos oradores inscritos. Solicitaria a possível brevidade.

O Sr. Jorge Miranda (PPD): – Sr. Presidente, Srs. Deputados: Não sei se poderei corresponder inteiramente. Tal como os Srs. Deputados Vital Moreira e Vasco da Gama Fernandes, que me precederam, irei ocupar-me não apenas do n.º 1 deste artigo, mas de todo ele e ainda do artigo 29.º, que com ele se prende estreitamente. Contudo, irei ocupar-me ape-

Debates na Especialidade 423

nas de um dos problemas que nele está posto, embora, em nosso modo de ver, deficientemente posto: O problema da liberdade em si.

Sr. Presidente, Srs. Deputados:

1 – O problema da liberdade de ensino – como todos os problemas de direitos fundamentais – constitui ponto fulcral dos trabalhos de elaboração da Constituinte e um daqueles a que é mais sensível a opinião pública.

Na verdade, este direito desempenha uma função inestimável. O exercício da liberdade de ensino – ou, mais amplamente, da liberdade de educação – permite às pessoas formarem-se ou completar a sua formação sem temor nem coacção, permite-lhes valorizar e expandir a sua personalidade sem intromissões do aparelho do Poder, permite-lhes, enfim, ter. acesso à cultura sem obstáculos jurídicos ou políticos.

Por isso o reconhecemos em forma lapidar, embora, talvez, demasiado sintética, no artigo 29.º do texto sobre direitos, liberdades e garantias, dispondo: «É garantida a liberdade de ensinar e aprender.» E o grande significado da sua consagração foi logo acentuado pelas vozes claras de Sofia de Mello Breyner e Barbosa de Melo.

2 – O referido preceito não enuncia as faculdades abrangidas na liberdade de ensino: direito de os pais ministrarem aos filhos a educação que considerem mais consentânea com o, desenvolvimento espiritual, intelectual e físico destes, direito de escolha do curso ou dos estudos para que se tenha aptidão, direito de os professores ensinarem o que a sua consciência de verdade lhes impuser, e só isso, direito de as instituições (religiosas ou outras) transmitirem os princípios e a doutrina que os informam, direito de criação de escolas e direito de escolha da escola da sua preferência. Nem era obrigado a indicar estas e outras faculdades, visto que – convém recordar – a enumeração dos direitos fundamentais na Constituição que estamos a preparar não é – nem podia ser – taxativa (artigo 5.º, n.º 1).

De resto, a liberdade de ensino, na acepção que lhe damos, deve entender-se imposta por outros preceitos entretanto aprovados. Pois se ela constitui um direito autónomo que vale por si, todavia só se apercebe plenamente à luz de certos princípios e direitos.

A liberdade de ensino resulta inequivocamente da garantia da inviolabilidade de consciência (artigo 27.º, n.º 1), da liberdade de ensino de qualquer religião no âmbito da respectiva confissão (artigo 27.º, n.º 2),

424   *O Momento Constituinte – Os Direitos Sociais na Constituição*

da liberdade de exprimir e divulgar o pensamento (artigo 24.º, n.º 1), do direito de invenção, produção e divulgação de obra científica, literária ou artística (artigo 28.º, n.º 2) e da liberdade de constituir associações (artigo 32.º, n.º 1) e resulta directamente, pelo menos, da forma como o mesmo título, bem como o título agora em apreciação, contemplam os direitos e deveres dos pais e da família em geral (artigo 23.º do título li e artigos 25.º, n.º 1, e 17.º, n.º 2, do título III, assim como artigo 23.º, se for aprovado).

Pois bem: se formos coerentes com estes preceitos, designadamente com o – que confere a ambos os pais iguais direitos e deveres na educação dos filhos e o que define a família como fundamento da educação, com a qual o Estado deve cooperar [artigo 23.º, alínea c), do presente título], se formos, sobretudo, coerentes com o respeito do pluralismo de expressão e organização política democrática (artigo 2.º dos princípios fundamentais), não poderemos agora aprovar nenhuma restrição ou limitação à «liberdade de ensinar e de aprender».

Como compreender a liberdade de cultura sem a liberdade de criação de quaisquer instituições de cultura? Como compreender o direito dos pais de educarem os filhos sem lhes conceder a faculdade de escolha do tipo de educação que lhes querem dar, incluindo a faculdade de procurarem a escola mais conforme com esse tipo de educação? Como compreender o pluralismo?

Porque assim é, e sem fazer apelo a textos de constituições democráticas estrangeiras, basta citar o artigo 26.º, n.º 3, da Declaração Universal dos Direitos do Homem, reconhecendo aos pais a prioridade do direito de escolher o género de educação a dar aos filhos, e o artigo 13.º do Pacto Internacional de Direitos Económicos, Sociais e Culturais (um dos dois pactos destinados a dar cumprimento à Declaração), em que se garantem a liberdade dos indivíduos e das pessoas morais de criarem e dirigirem estabelecimentos de ensino e o direito de as pessoas escolherem para os filhos estabelecimentos de ensino diferentes dos mantidos pelos poderes públicos.

3 – Mas a educação é eminentemente social, por ser instrumento de socialização, por ser obra colectiva de instituições e de grupos, por reflectir as crenças e as ideologias existentes em dada sociedade, por ligar o seu passado e o seu futuro e poder contribuir tanto para a sua conservação como para a sua transformação.

A educação interessa a toda a sociedade e interessa, portanto, ao Estado. Só é democrática a sociedade que, conferindo primazia à cultura, esteja empenhada numa educação aberta e igual para todos. Só pode ser socialista a sociedade donde tenham desaparecido todas as diferenças de classe no acesso à educação e à cultura.

O papel do Estado em matéria de ensino é duplo. Cabe-lhe integrá--lo na vida política, económica e social, no seu conjunto, fomentá-lo a todos os níveis e ordená-lo, de molde a preservar a unidade entre as pessoas e os grupos que compõem a comunidade nacional. Cabe-lhe ainda assegurar a efectivação do direito à educação dá todos os cidadãos, especialmente dos mais desfavorecidos.

O problema da educação numa constituição democrática e socialista consiste no correcto enlace da liberdade de ensino com o direito à edu-cação. Nem é legítimo, a pretexto da liberdade de ensino, pôr em causa a igualdade material no acesso à educação; nem é legítimo, a pretexto do direito à educação, o Estado a arrogar-se o monopólio do ensino.

4 – O sentimento crescente das responsabilidades do Estado para com a sociedade, bem como a complexidade e o custo do aparelho esco-lar, a somar, ainda, à tentativa de certos governantes e burocratas de ensino (não pode esquecer-se) de influenciar as novas gerações, tudo isto conduziu, por toda a parte, a uma situação de dependência, directa ou indirecta, da imensa maioria dos estabelecimentos de ensino dos serviços ou do orçamento do Estado.

Não se trata, evidentemente, de inverter o rumo, sobretudo num país como Portugal, que tem de vencer um longo e funesto atraso (em que, diga-se de passagem, a ausência do Estado foi tantas vezes suprida pela iniciativa particular). Não se trata de inverter o rumo, quando há que, rapidamente, erradicar o analfabetismo e o semianalfabetismo, levar a escola a todos os lugares, recuperar tantos talentos desaproveitados, ele-var o nível de cultura do povo e, com ele, o grau de preparação dos trabalhadores para as tarefas materiais e cívicas que são chamados a desempenhar. Não se trata, pois, de pedir ao Estado que decline os seus deveres. Do que se trata é, pelo contrário, de pedir ao Estado que, avan-çando cada vez mais na igualdade efectiva entre todos os portugueses, a estabeleça com respeito pela liberdade do ensino.

Teoricamente, seria de imaginar um sistema escolar que, embora totalmente estatizado, fosse tão diversificado pedagógica e ideologicamente que nele se encontrassem satisfeitas as mais exigentes aspirações de pluralismo. Na prática é difícil, se não impossível, a sua verificação, em face da tendência para a uniformidade e a burocratização e da tendência para, em nome de economia de meios, eliminar correntes ou experiências singulares ou inovadoras.

E como não recear o monolitismo entre nós, quando o pluralismo de organização política é tão precário e quando se multiplicam exemplos de substituição da antiga ideologia oficial, fascizante, por uma nova ideologia oficial, comunizante, e dos antigos livros únicos, «nacionalistas», por novos livros únicos «revolucionários»?

A liberdade de criação de escolas pode dizer-se acessória da liberdade de os pais orientarem a educação dos filhos ou de os professores ensinarem e investigarem sem limites ou imposições do Governo. Nem por isso é menos relevante como garantia dessa liberdade dos pais e dos professores (e também dos estudantes). Até para que dentro da escolas do Estado haja liberdade, importa que, em escolas privadas ou em escolas públicas não estaduais, possa haver currículos, programas, métodos, livros diferentes dos do Estado, ou que os complementem.

Mesmo que pequena seja a eventualidade – ou a necessidade – de criação de escolas particulares por o ensino oficial ser bom ou barato ou completo ou, efectivamente, livre , é preciso que fique ressalvado, como princípio de base ou de recurso, a possibilidade do ensino particular. E é preciso para que este ensino não seja factor de privilégio económico ou de quebra de unidade nacional que o Estado se comprometa a prestar--lhe o auxílio necessário, com a consequente fiscalização, habilitando quem quer que seja, independentemente da sua situação económica, a frequentá-lo, se quiser.

Sr. Presidente, Srs. Deputados:

5 – Em nosso entender, a harmonização dos dois princípios da liberdade de ensino e do direito à educação, numa constituição democrática como a que queremos ter em Portugal, passa pela integração das escolas públicas e privadas num sistema nacional de ensino efectivamente participado, pluralista e progressista conforme consta do programa e do artigo 25.º, n.º 3, do projecto de Constituição do Partido Popular Democrático.

Lê-se no nosso programa, na p. 36, que sistema nacional de ensino implica:

Definição de um estatuto comum a todas as escolas do País, incluindo gratuitidade; idênticos benefícios de acção social escolar, critérios idênticos de selecção e promoção do pessoal, circulação dos alunos de uma escolas para outras;

Afastamento de qualquer espécie de comercialização do ensino particular, mas, em contrapartida, concessão de subsídios públicos às escolas privadas em termos equitativos que ressalvem o interesse geral;

Participação das instituições não estaduais de ensino no planeamento e na execução da política educativa.

E o essencial destas ideias encontra-se contido na proposta de substituição ao artigo 28.º, n.º 2, do texto da Comissão, que subscrevi com alguns Deputados do meu partido e que diz o seguinte:

O sistema nacional de ensino deve ter como objectivos proporcionar aos cidadãos o desenvolvimento integral e harmonioso das suas personalidades e possibilitar a formação e a qualificação adequadas às necessidades da sociedade, eliminando todas as formas de discriminação.

6 – Há que aplaudir a 3.ª Comissão por ter proposto o princípio do carácter laico ou não confessional do ensino oficial (artigo 29.º, n.º 1) – sinal de que o Estado se não considera portador de nenhuma doutrina ou ideologia a incutir às crianças e aos jovens, sinal de que aos detentores do Poder se não confere nenhum direito, só por o serem, a detentores da verdade.

Infelizmente, esquecendo as liberdades com que se relaciona a liberdade de ensino, desprezando a abertura para a criatividade que propicia, afastando a garantia de pluralismo que encerra, a 3.ª Comissão, contraditória consigo mesmo, pronunciou-se pela «progressiva integração dos estabelecimentos de ensino particular no ensino oficial» (artigo 29.º, n.º 3). Como se a discriminação social, numa sociedade democrática présocialista, pudesse derivar da escolha entre escolas com diversas orientações! Como se a não confessionalidade perdurasse em qualquer regime de ensino único, porta aberta para o regime de ideologia única!

É certo que se garante às igrejas o direito de «no exercício da liberdade religiosa manterem estabelecimento de ensino para os seus fins específicos» (artigo 29.º, n.º 3, 2.ª parte). Contudo, mesmo esta disposição suscita-nos objecções.

428 *O Momento Constituinte – Os Direitos Sociais na Constituição*

Por um lado, não vemos por que razão somente às igrejas se confere este direito, e não também a outras instituições e organizações, tais como associações culturais e cívicas, organizações de trabalhadores, partidos, etc.

Por outro lado, fala-se em «fins específicos», sem se considerar que o ensino pode – e, porventura, deve – imprimir uma visão global do homem e da sociedade à luz da respectiva religião. Mais: com isso afasta-se ou abala-se um preceito da Concordata entre Portugal e a Santa Sé (artigo 20.º), segundo o qual «as associações e organizações da Igreja podem livremente estabelecer e manter escolas particulares paralelas às do Estado, ficando sujeitas, nos termos do direito comum, à fiscalização deste, e podendo, nas mesmas condições, ser subsidiadas e oficializadas.

Ora, o caminho que devemos percorrer não é o de aí arrepiar caminho, mas de avançar, pondo fim a todos os privilégios, estendendo o mesmo princípio a todas as confissões e a todas as instituições, de harmonia com a regra básica da igualdade que atrás proclamámos (artigo 2.º dos princípios gerais).

Sr. Presidente, Srs. Deputados: Que longe ficou o artigo 29.º do texto da Comissão da cristalina e aparentemente peremptória «liberdade de ensinar e de aprender» que atrás votámos! E, por consequência, iremos apresentar, na altura própria, as propostas de alteração correspondentes aos princípios que acabámos de expor.

Aplausos.

(...)

Quanto ao n.º 2: Proposta de substituição dos Deputados Mário Pinto, Pedro Roseta, Barbosa de Melo e Jorge Miranda.

Foi lida. É a seguinte:

Proposta de substituição

Propomos a seguinte redacção para o n.º 2 do artigo 28.º:

O sistema nacional de ensino deve ter como objectivos proporcionar aos cidadãos o desenvolvimento integral e harmonioso das suas personalidades e possibilitar a formação e a qualificação adequadas às necessidades da sociedade, eliminando todas as formas de discriminação.

Os Deputados do PPD: Mário Pinto, Pedro Roseta, António Moreira Barbosa de Melo e Jorge Miranda.

Debates na Especialidade 429

(...)

O Sr. Presidente: – Tem a palavra o Sr. Mário Pinto.

O Sr. Mário Pinto (PPD):- Sr. Presidente, Srs. Deputados: Creio que não há divergências de fundo substanciais e importantes entre a nossa proposta e as restantes. Saliento apenas os seguintes aspectos: na nossa proposta definimos os objectivos que nela se referem ao sistema nacional de ensino. É uma nota que deixo à consideração dos Srs. Deputados. Pensamos que é em referência ao sistema nacional de ensino que se devem afirmar as funções ou objectivos que se seguem. Esses objectivos, na nossa proposta, são aqueles que nós pensamos que são fundamentais, e são três.

O primeiro, é, evidentemente, o da realização ou formação pessoal, que nós exprimimos através da expressão «desenvolvimento integral e harmonioso das personalidades».

O segundo, é o da formação e preparação dos indivíduos em ordem às necessidades sociais, em ordem à satisfação da sociedade, das exigências e das necessidades da sociedade.

O terceiro objectivo é a eliminação de quaisquer formas de discriminação. Como se torna claro, não incluímos aqui a referência à unificação do ensino, porque entendemos que se trata de um problema menor e sem grande alcance, sem alcance teórico e mesmo prático. A unificação é já, entre nós, uma realidade ou está em vias de o ser. Sem discussão e de bom grado aprovaríamos, se nisso se fizer empenho, a afirmação da unificação dos graus do ensino que ainda o não estão, em uma das alíneas subsequentes. Cremos que, também, não se torna necessário conservar a referência – que constava do texto da Comissão e que já não consta também de algumas das propostas – à contribuição da educação para uma sociedade democrática. Suponho que, neste artigo, já está aprovada uma disposição que tornaria inútil aqui qualquer afirmação a este respeito.

Para uma breve e simples apresentação, quero crer que o que disse é suficiente, mas fico, obviamente, à disposição dos Srs. Deputados que queiram pedir-me quaisquer esclarecimentos.

O Sr. Presidente: – Continua em apreciação.

Tem a palavra o Sr. Deputado Manuel Gusmão.

430 *O Momento Constituinte – Os Direitos Sociais na Constituição*

O Sr. Manuel Gusmão (PCP): – Pedia que a proposta do PPD fosse de novo lida, pois não temos nenhum exemplar e escapam-nos alguns aspectos.

O Sr. Presidente: – Penso que foi distribuída, mas não temos dúvida em tornar a ler. Diz o Sr. Secretário Maia que ela foi distribuída não ontem, mas anteontem. Vai ser lida..

Foi lida de novo.

O Sr. Presidente: – Tem a palavra o Sr. Manuel Gusmão.

O Sr. Manuel Gusmão (PCP): – Sr. Presidente, Srs. Deputados: Queria referir-me, para já, apenas a uma, e para nós fundamental, divergência de fundo em relação à proposta do PPD. Trata-se da omissão do carácter unificado do sistema de ensino. Quanto a nós, não se trata de um problema menor, como foi afirmado pelo Sr. Deputado do PPD, antes pelo contrário, trata-se de uma das formas fundamentais na reorganização do aparelho escolar, de eliminação da discriminação social.

Damos de bom grado que não é a única forma de eliminação dessa discriminação social; nesse sentido, poderemos apoiar a redacção do PS, que fala da eliminação de discriminação social e não de qualquer forma. Nós entendemos também que a eliminação dessas discriminações se fará por mecanismos que não dizem apenas respeito à reorganização do aparelho escolar, mas, quanto a essa reorganização, a unificação é um factor fundamental. De facto, em Portugal está-se a começar, e ainda não está de maneira alguma acabado, o percurso para essa unificação do sistema de ensino, donde nos parece que também esse argumento não colhe e que é importante essa unificação ficar consignada. Em relação à razão por que damos importância a esse carácter unificado, eu passava a indicar alguns dados.

O facto de o sistema de ensino português não ser unificado é uma das razões por que nós dizemos que esse sistema de ensino, esse aparelho escolar, é profundamente classista e discriminatório. Esse carácter não unificado revela-se, por exemplo, no facto de a saída do ensino primário se poder dar durante um determinado período (não sei se todas as marcas que existem estão hoje ultrapassadas) por três formas: pelas 5.ª e 6.ª classes, pela Telescola ou pelo ciclo preparatório. Primeiro tipo de diversificação que nós não podíamos aceitar, porque é profundamente discriminatório. Segundo fenómeno: o facto de o ensino secundário se dividir em ensino técnico e ensino liceal, que revela de novo uma profunda discriminação de tipo classista na construção do aparelho escolar. Creio que isto é evidente para todos os Srs. Deputados, e posso simplesmente acrescentar algumas indicações. No ensino técnico, dava-se, em princípio, preferência à formação de trabalhadores manuais, preferência, portanto, a especializações, de início, apenas para o trabalho manual e trabalhos técnicos, com discriminação ou eliminação do trabalho intelectual, a não ser na medida em que também no ensino técnico havia as disciplinas necessárias e suficientes para divulgar e inculcar nos estudantes os valores da ideologia burguesa dominante e da ideologia que aqui já definimos como obscurantista, colonialista e imperialista.

Por outro lado, o ensino liceal, estando perfeitamente marginalizado em relação ao mundo do trabalho, acabava por formar indivíduos em princípio lançados para o ensino superior, que saiam, portanto, do ensino liceal sem qualquer formação para o mundo imediato do trabalho.

Isto não impedia, por outro lado, por funcionar na sociedade portuguesa, o factor de profunda discriminação em relação ao trabalho manual; que, em certos casos, concretamente nas entidades públicas, fossem preferidos para ocupar determinados cargos técnicos por exemplo, dactilógrafas, pessoas formadas com o liceu, enquanto não havia qualquer preparação especial para essa função, com discriminação em relação, aos alunos formados pelo ensino técnico.

São, pois, estes alguns factores, e nós poderíamos acrescentar outros, que revelam que o aparelho escolar não unificado representa uma das formas de discriminação de tipo classista no nosso ensino.

Parece-nos perfeitamente de rejeitar por esta Assembleia qualquer tentativa de eliminar seja com uma razão ou com outra a sua pouca dignidade constitucional, eventualmente, a referência ao ensino unificado.

O Sr. Presidente: – Tem a palavra o Sr. Deputado Sousa Pereira.

O Sr. Sousa Pereira (MDP/CDE): – Sr. Presidente, Srs. Deputados ...

O Sr. Presidente: – Desculpe. Há um pedido de esclarecimento.

Fazia o favor.

O Sr. Mário Pinto (PPD):- Sr. Presidente, Srs. Deputados: Queria pedir ...

O Sr. Presidente: – A Mesa não foi responsável agora por esta demora, porque o Sr. Deputado pediu a palavra depois de ter sido concedida ao Sr. Deputado, mas tem a palavra.

O Orador: – Queria pedir o seguinte esclarecimento.

Sendo certo que eu declarei que os objectivos amplos que se contém na nossa proposta se referem ao sistema nacional de ensino, e não apenas ao ensino básico e secundário, acerca do qual não temos qualquer dúvida em esclarecer constitucionalmente que deva ser unificado, queria perguntar ao Sr. Deputado se concorda ou não que esses objectivos, entre os quais se conta a eliminação de quaisquer formas de discriminação, se devem referir a todo o sistema nacional de ensino, e não apenas aos ramos ou graus de ensino unificados de básico e secundário – 1.ª questão.

2.ª questão: Se o Sr. Deputado teve presente que declarei que estávamos perfeitamente dispostos a afirmar que o ensino básico e secundário deva ser unificado, mas que considerávamos isso, disse-o, em termos de ser uma questão técnica, talvez pudesse neste momento acrescentar e corrigir um pouco, afirmando que se trata de uma questão mais limitada, visto que não se refere a todo o sistema nacional de ensino, mas só a certos graus de ensino.

Portanto, se o Sr. Deputado teve presente, estávamos dispostos a votar inequivocamente a afirmação constitucional da unificação destes graus de ensino em qualquer linha desta disposição ou noutro lugar condigno.

O Sr. Presidente: – Faz favor.

O Sr. Manuel Gusmão (PCP): – Portanto, em primeiro lugar, em queria dizer que, para nós, a questão do ensino unificado – e isso vai-nos levar, inclusivamente, a uma alteração, a uma proposta que nós já tínhamos feito – é um problema que diz respeito a todo o sistema escolar. Nesse sentido, depois de uma apreciação no grupo de Deputados, nós considerámos que era de retirar a proposta de aditamento de «básico e secundário» que tínhamos feito. E é um problema que diz respeito a todo o aparelho escolar, porque a não unificação se manifesta também não só à saída da escola primária mas também nos graus do ensino médio e superior, ou seja, tal como também já está a tentar ser resolvido, o problema dos antigos institutos industriais e o problema dos institutos comerciais, que eram uma espécie de porta sem saída que ficava entre o ensino secundário técnico e o ensino superior. Portanto, o problema da unificação do ensino diz respeito não só ao tronco médio ou ao tronco secundário, onde eram mais visíveis as discriminações, mas também ao ensino superior. Esta é a primeira resposta.

Debates na Especialidade 433

A segunda é que o facto de ficar dito no corpo do artigo e do ponto, de ficar consignado o objectivo de eliminar toda e qualquer discriminação social, digamos, é um objectivo, é uma boa intenção, é um bom desejo, que nós perfeitamente afirmamos. Simplesmente, se isso ficar sem o carácter unificado de todo o aparelho escolar, o que nós estamos a retirar do ponto de vista de utilidade ao preceito constitucional é, precisamente, com eu disse, um dos instrumentos fundamentais de lutar contra essa discriminação social. Portanto, deixar lá o objectivo, mas retirar um dos meios fundamentais de conseguir esse objectivo – e não é apenas um problema técnico – seria limitar o alcance efectivo deste preceito constitucional.

O Sr. Presidente: – O Sr. Deputado Sousa Pereira.

O Sr. Sousa Pereira (MDP/CDE): – Sr. Presidente, Srs. Deputados: Não é tanto para apreciar a proposta do PPD, com a qual discordamos por proferir a parte que ela substitui da proposta de redacção, mas para chamar a atenção desta Assembleia para o seguinte: Está na Mesa uma proposta do MDP/CDE, em relação ao mesmo assunto, que colhe parte da matéria do n.º 2 do artigo 28.º da redacção, eliminando-lhe o seu parágrafo final, substituindo-o por um outro que foi recolhido do artigo 31.º, em que se diz: «combinar-se-ão a educação geral, as especialidades de carácter científico, técnico e artístico». O resto é a redacção do artigo 31.º da Comissão. Isto porquê? Porque, no nosso espírito fica esta dúvida. Existem já propostas de eliminação do artigo 31.º. Por outro lado, parte da matéria do artigo 31.º já foi inserida em artigos anteriores. Também, como consideramos que parte desse artigo 31.º, o n.º 2 desse artigo 31.º, se refere mais a problemas ligados directamente ao ensino do que propriamente à educação em geral, parece-nos importante inseri-lo neste ponto. Exactamente, era para este aspecto que eu queria chamar a atenção, porquanto nós entendemos que o carácter totalitarista atribuído à educação pelas sociedades estratificadas em classes tem levado à alienação da função fundamental da acção educativa. A revolução tecnológica e científica, ligada às necessidades crescentes da sociedade industrial dos nossos dias, agrava as contradições no seio de uma sociedade cuja organização económica, social e política não estava preparada para resistir aos seus efeitos e, pelo contrário, lhes era favorável. As exigências crescentes de especialistas solicitados pelas necessidades de um progresso tecnológico acelerado levaram a que, de uma forma marcadamente economicista, fossem adulterados os objectivos últimos da educação, que deve visar a realização integral do homem e a sua integração de pleno direito na sociedade ema vida colectiva.

Essas necessidades crescentes, a organização elitista da educação e orientação utilitarista do ensino, conduziram à criação do homem peça do processo produtivo, do homem reduzido, nas sociedades capitalistas à dimensão da sua função nesse processo. As sociedades capitalistas, visando manter tal estado de coisas, orientam os seus meios educativos por forma a que o equilíbrio de classes seja mantido no sentido de diminuir regalias, para que sejam perpetuadas nos filhos. Assim, à partida, o filho do dirigente é, por sistema educativo, orientado no sentido de ele próprio vir a ser um dirigente, enquanto aos filhos dos trabalhadores é reservado um lugar semelhante ao dos seus pais, ainda que, por exigências do processo, venha a ser um trabalhador tecnicamente mais formado e, por isso, em condições de mais produtiva exploração. Romper este estado de coisas implica uma posição revolucionária face ao sistema educativo. Impõe uma ruptura radical dos preconceitos de classe e supõe uma posição activamente crítica face à escola e à sociedade de que ela é reflexo perfeito.

Para opor a esta situação alienante, impõe-se pensar a escola perspectivada na sociedade de futuro, não carimbada pela bitola da sociedade de hoje.

No primeiro caso, a educação desempenhará uma função dinâmica revolucionária. No segundo, a sua acção será estatizante e conservadora. Perspectivada no futuro, na sociedade sem classes, a escola deve pensar hoje em conseguir que, sem qualquer discriminação, sejam abertos todos os caminhos e as vias que permitirão o gozo pleno de todas as conquistas culturais, científicas e artísticas da humanidade. Nós queremos chamar a especial atenção para a segunda parte da nossa proposta, e queríamos também chamar a especial atenção para o facto de a proposta do PPD, apresentada pelo Deputado Mário Pinto, eliminar um conceito que nós pensamos fundamental, visando conseguir os objectivos que nós aqui anunciamos, que é a unificação do ensino. Parece-me que substituir o sistema «unificado» pelo sistema «nacional» não será vantajoso neste aspecto.

De qualquer maneira, quereria acrescentar o seguinte: qualquer que seja a proposta que venha a ser aprovada, nós pensamos aditar-lhe este segundo aspecto.

O Sr. Presidente: – Portanto , entendemos que o Sr. Deputado aproveitou a oportunidade para fazer a justificação da sua proposta, que, na ordem de votação, se segue a esta que está em apreciação.

O Sr. Deputado Mário Pinto pediu a palavra? É para uma segunda intervenção?

O Sr. Mário Pinto (PPD): – Não , Sr. Presidente! É um pedido de esclarecimento, se me dá licença.

Muito simplesmente eu queria saber se efectivamente o Sr. Deputado Sousa Pereira defende que todo o ensino deve ser unificado, para eu efectivamente ficar esclarecido acerca do alcance da sua intervenção.

O Sr. Presidente: – O Sr. Deputado Sousa Pereira quer responder?

O Sr. Sousa Pereira (MDP/CDE): – Defendemos , sim, que todo o ensino deve ser unificado.

O Sr. Presidente: – Portanto , vamos agora proceder à votação desta proposta de substituição.

Submetida à votação, não foi aprovada, tendo obtido 31 votos a favor e 9 abstenções.

(...)

O Sr. Presidente: – Entrando na discussão que ficou em suspenso na última sessão, temos presente uma proposta de substituição apresentada pelo Deputado Vital Moreira e que tem, portanto, prioridade. Havia diversas propostas de aditamento que estavam em curso, como se recordam. Pensou-se, pelo menos, num esforço de conciliação dessas propostas, mas neste momento temos a proposta de substituição. Vai ser lida.

O Sr. Secretário (António Arnaut): – Como se recordam, e o Sr. Presidente já referiu, na última sessão estávamos a discutir as propostas apresentadas relativamente ao n.º 2 do artigo 28.º A última proposta a ser votada e rejeitada tinha sido a do CDS. Seguia-se uma do MDP, que inicialmente era de substituição, mas depois foi alterada para aditamento. Havia uma proposta de emenda do PS e havia uma proposta de aditamento do PCP.

436   *O Momento Constituinte – Os Direitos Sociais na Constituição*

Todavia, o PCP retirou a sua proposta e apresentou hoje outra de substituição, que é esta que vou ler. Refere-se ao n.º 2 do artigo 28.º: esta proposta já foi distribuída por fotocópia aos diversos grupos parlamentares e Srs. Deputados.

Vou então ler:

Proposta de substituição

2 – O sistema unificado do ensino deve garantir a todos os cidadãos a formação e a qualificação correspondentes às necessidades sociais, bem como contribuir para a eliminação de todas as formas de discriminação social, de modo a assegurar a todos a efectiva possibilidade de participar na edificação de uma sociedade democrática e socialista.

Pelo Grupo de Deputados do PCP, Vital Moreira e Manuel Gusmão.

As propostas que ficaram pendentes, se o Sr. Presidente me autoriza, vou lê-las para rememoração:

Proposta de emenda

2 – O sistema unificado do ensino, além de contribuir para eliminar a discriminação social, deve garantir a todos os cidadãos a formação, a qualificação e o aperfeiçoamento correspondente às necessidades sociais.

A educação deve assegurar a todos a possibilidade real de contribuir para a edificação de uma sociedade democrática.

Pelo Grupo Parlamentar do PS, Miller Guerra.

Proposta de aditamento ao n.º2

Combinar-se-ão a educação geral e as especialidades de carácter científico, técnico e artístico com o trabalho produtivo, a investigação para o desenvolvimento, a educação física, o desporto e a participação em actividades políticas e sociais.

Luís Catarino (MDP/CDE).

O Sr. Presidente: – Vamos discutir prioritariamente a proposta de substituição que está em apreciação.

Alguém pede a palavra?

Pausa.

O Sr. Deputado António Reis, faz favor.

O Sr. António Reis (PS): – Sr. Presidente, Srs. Deputados: Na sexta--feira, tivemos neste hemiciclo um péssimo exemplo de discussão parlamentar.

Vozes: – Muito bem!

Debates na Especialidade 437

O Orador: – Acontece que estamos progressivamente a tentar transformar esta Assembleia Constituinte, ora num Concelho de Ministros, ora numa Academia de, Ciências. Entramos em excessivas pormenorizações sobre todo e qualquer problema que a esta Constituinte vem ter.

No caso particular do ensino, verificamos que, qualquer das propostas que têm sido objecto de discussão neste hemiciclo leva a longos e fastidiosos discursos, que pressupõem complicadas teorias pedagógicas, que não é aqui o lugar de discutir.

Compreende-se que, sobre cada problema em particular, cada grupo parlamentar aqui presente, defina as suas posições de fundo, de uma forma sintética. Não se compreende que se travem batalhas longuíssimas sobre cada um dos problemas que aqui vêm ter, com base em complexas teorias que cada grupo defende. Nós entendemos, por exemplo, em relação a este n.º 2 do artigo 28.º, que estas discussões não têm efectivamente contribuído para esclarecer o problema que está em causa e arriscam-se, de facto, a trazer para a Constituinte problemas que não são do seu fórum. Concretamente em relação ao problema do sistema unificado de ensino, verifica-se que cada grupo parlamentar aqui presente tem, muito provavelmente, sobre esta questão do sistema unificado de ensino, o seu próprio conceito, a sua própria concepção que, aliás, não tem sabido até aqui definir claramente e geram-se, por isso, ao longo da discussão, variadíssimos equívocos. Nós entendemos que a redacção dada ao n.º 2 do artigo 28.º não é, de forma alguma, satisfatória em qualquer das propostas que nós temos ouvido aqui. Acontece que este n.º 2 do artigo 28.º entra, sem dúvida alguma, numa pormenorização excessiva relativamente a este problema do ensino. A Constituinte aqui deve dar linhas gerais, não pode, de forma alguma, entrar naquilo que é tarefa própria do legislador ordinário ou daquilo que é tarefa própria dos teóricos da pedagogia. Por isso nós, pura e simplesmente, face a esse conjunto de propostas que aí estão na Mesa, propomos a supressão do n.º 2 do artigo 28.º, retirando, por isso mesmo, a proposta do Partido Socialista que está na Mesa. E pedia ao meu camarada António Arnaut que se dignasse subscrever esta proposta de supressão do n.º 2 do artigo 28.º

O Sr. Presidente: – Tratando-se de uma proposta de eliminação passa a ter prioridade.

Portanto, está em apreciação.

Pausa.

438 *O Momento Constituinte – Os Direitos Sociais na Constituição*

Está em apreciação a proposta no sentido de o n.º 2 do artigo 28 ser eliminado. O Sr. Deputado Vital Moreira pediu a palavra?

Pausa.

Tenha a bondade.

O Sr. Vital Moreira (PCP): – Sr. Presidente: Na última reunião pedi a sua suspensão, para tentar encontrar uma fórmula que, sem as deficiências da redacção da proposta da Comissão e de outras propostas de substituição entretanto surgidas, colhesse o que de válido, sob o nosso ponto de vista, via em qualquer delas. É essa a proposta que, a seu tempo, entregámos já hoje na Mesa.

Ao contrário do que ouvimos agora ao Deputado António Reis, nós consideramos que o número tem importância. Concretamente, na redacção da proposta de substituição que acabámos de fazer, há quatro elementos úteis, necessários e até agora não constantes de qualquer artigo da Constituição.

Primeiro, de que o sistema nacional de ensino deve ser unificado.

Segundo, de que os seus objectivos são a formação e qualificação dos cidadãos que correspondem às necessidades sociais. A contribuição para a eliminação de todas as formas de discriminação social e, finalmente, assegurar a efectiva possibilidade de participar na edificação de uma sociedade democrática e socialista.

Estes quatro elementos, cremos que merecem ter lugar na Constituição. Não consideramos que eles sejam tão miudinhos que se possa prescindir deles sem mais, e, por isso, nós não retiramos a nossa proposta.

O Sr. Presidente: – Continua à apreciação a proposta de eliminação do n.º 2 do artigo 28.º.

Ninguém vai usar da palavra? Vamos proceder à votação desta proposta.

O Sr. Deputado Sousa Pereira deseja usar da palavra, tenha a bondade.

O Sr. Sousa Pereira (MDP/CDE): – Sr. Presidente, Srs. Deputados: Nós, na verdade, admiramos esta viragem significativa que constitui a proposta de eliminação do n.º 2 do artigo 28.º feita pelo Partido Socialista.

Na verdade, e particularmente naquilo que se refere ao sistema unificado de ensino e, particularmente, também, reconhecemos não ver nas propostas do Partido Socialista, que já temos na nossa posse, qualquer referência ao sistema unificado do ensino. É evidente que se alongam as discussões, se vão adiando os trabalhos, se vão protelando, em alguns aspectos acessórios, discussões que poderiam, eventualmente, não ser trazidas a esta Assembleia. No entanto, é nosso parecer, que o ponto que está em discussão, a unificação do ensino, a adopção do sistema unificado de ensino, ou a manutenção da situação actual, em que o ensino diverge, reproduzindo sistematicamente a situação da sociedade de classes anterior e, até muitas vezes agravando essa situação, tem de ser radicalmente modificada. Para nós, fazemos ponto de ordem que conste nesta Constituição o sistema unificado de ensino, e fazemo-lo pelas razões que já aqui invocámos e algumas que eu quereria acrescentar.

Nós votaremos conscientemente contra a proposta de eliminação proposta pelo PS. E isto porque, particularmente certos sectores, têm tido por hábito nesta Assembleia tentar criticar determinadas posições que aqui temos tomado, ou propostas que aqui temos apresentado, não por aquilo que elas contêm muito claramente, mas por aquilo que os nossos opositores imaginam que elas potencialmente significam.

Sentimo-nos na obrigação de, com toda a firmeza, afirmar aquilo que a proposta da Comissão significa, nomeadamente no que entendemos por sistema unificado de ensino. Sistema unificado de ensino, porque só ele possibilitará a radicação definitiva de um ensino eminentemente elitista, que resolva as classes sociais dominantes, os melhores mestres, os melhores métodos, as melhores escolas e as melhores oportunidades futuras. Só um sistema unificado de ensino permitirá, juntamente com outras medidas económicas e sociais, promover uma real igualdade de oportunidades com respeito efectivo pelas aptidões individuais.

Só um sistema unificado de ensino permitirá que a valorização da função docente venha a resultar em benefício de toda a população escolar, permitindo acabar com o malfadado hábito de reservar os piores professores às zonas mais atrasadas, ou às populações socialmente mais desprotegidas. Só um sistema unificado de ensino permitirá a coordenação e a dinamização de uma constante penetração entre a actividade teórica e uma actividade prática. Entre a investigação fundamental e uma investigação aplicada, por forma a eliminar o utilitarismo imediato do ensino ministrado aos filhos das classes trabalhadoras, e intelectualismo dirigentista, orientado para os filhos da burguesia. Porque um ensino unificado não é homogéneo e porque, pelo contrário, terá de ter em atenção a sua inserção no meio geográfico e humano em que se desenvolve, porque o sistema unificado de ensino permitirá uma ampla permeabilização horizontal das diferentes vias. Este sistema constitui uma das garantias da liberdade individual do estudante e o reconhecimento da real igualdade de oportunidades e ainda porque entendemos que todos os graus de ensino devem ser igualmente acessíveis a todos os cidadãos. Pasmamos com a admiração da PPD, perante a hipótese de a unificação se fazer mesmo ao nível do ensino superior.

Para nós o sistema unificado de ensino é a única via para tornar realidade uma escola planificada e democrática, autenticamente democrática e não apenas formalmente.

O MDP/CDE declara com firmeza que é contra a via e o livro único, que é pela fértil liberdade pedagógica do professor, que é pela autonomia das escolas e que, por isso, é pelo sistema unificado do ensino, pois só este permite que pelas diferentes vias o acesso aos graus superiores não seja linear para uns e tortuoso para outros.

Só um sistema unificado de ensino permite que o professor realize as experiências pedagógicas sem prejuízo da carreira para os seus alunos. Só um sistema unificado de ensino permitirá uma real autonomia das escolas, vencendo o enconchamento destas e permitindo-lhe a sua abertura e participação num sistema de ensino planificado.

Por isso, nós votaremos contra e votaremos a favor de qualquer proposta que contenha esta ideia mestra da necessidade de que o ensino seja urgentemente unificado.

(O orador não reviu.)

O Sr. Presidente: – Continua em apreciação.

Vamos proceder, se ninguém mais deseja falar ...

O Sr. Deputado Gonçalves Sapinho, tenha a bondade.

O Sr. Gonçalves Sapinho (PPD): – Eu não queria deixar de dar a minha opinião sobre este assunto do sistema unificado do ensino, sobretudo porque me parece que é uma aberração aquilo que se está aqui a discutir.

Em todos os países capitalistas, em todos os países sociais-democratas, não foi consagrado o sistema unificado do ensino. Sujeito a várias discussões, na realidade isso não foi consagrado. Evidentemente que agora diriam: pois não foi consagrado nesses países, mas vejamos o que se passa nos países socialistas.

Na República Democrática da Alemanha, a partir da escolaridade obrigatória, temos as seguintes ramificações: formação profissional, que dá acesso à escola técnica superior, que pode ter a duração de dois a quatro anos; a escola secundária alargada, que pode ter a duração de dois a quatro anos; a escola de bacharelato profissional, etc.

Na Checoslováquia só os nove anos de escolaridade são únicos. Para além destes nove anos de escolaridade obrigatória temos várias ramificações, como sejam as escolas de aprendizagem, cujo ensino é realizado nas fábricas, divididas em dois tipos, que são as escolas de aprendizagem profissional, realizada nas empresas, e os centros de aprendizagem. Para além disso, em 1963, com a Lei n.º 168, a Checoslováquia resolveu criar os liceus, que devem preparar os alunos sobretudo para os estudos universitários, para outras escolas especializadas ou para as profissões que exigem alto nível de instrução geral. Têm rigoroso exame de admissão, etc. Além disso, têm as escolas secundárias profissionais. Há, portanto, três tipos: as escolas de aprendizagem em que o aluno liga a teoria à prática dada nas próprias empresas, os liceus criados em 1963 e as escolas secundárias profissionais, em que se ministra o ensino por conta do Estado.

Na Rússia também acontece a mesma coisa. Há uma grande diversificação, embora menor do que na Checoslováquia, etc.

Com franqueza, depois de tentar averiguar e investigar, não encontrei, na realidade, nenhum país onde esse sistema vigore, apesar de em todos eles ter havido largas discussões sobre esta matéria.

Parece-me que seria criminoso para Portugal nós estarmos a consagrar um sistema unificado, sobretudo se ele ficasse consagrado na Constituição.

Quando se diz que para Portugal nós queremos uma sociedade em que sejam eliminadas todas as injustiças, em que não haja classes, nós consagramos isso na Constituição como uma tendência para que temos efectivamente de caminhar o mais rapidamente possível, mas se nos formos consagrar a um sistema unificado no ensino, o que vai acontecer é que não há nenhum Ministro que possa efectivamente dar cumprimento a essa determinação da Constituição, e então estaremos sempre perante uma situação inconstitucional, porque, relativamente ao sistema unificado, nós dizemos que o sistema é unificado.

Portanto, ele teria que ser legislado pelo legislador normal como unificado. Se não o fizesse, estaríamos perante uma situação inconstitucional.

442   *O Momento Constituinte – Os Direitos Sociais na Constituição*

Muito obrigado.

O Sr. Presidente: – Tem a palavra o Sr. Deputado Vital Moreira.

O Sr. Vital Moreira (PCP): – É para um pedido de esclarecimento ao Sr. Deputado que acabou de falar.

Se o Sr. Deputado consagrou se seria criminoso – foi a palavra que eu ouvi, se não estou em erro consagrar constitucionalmente a unificação do ensino.

Se, de facto, o Sr. Deputado considera criminoso o decreto-lei que unificou, recentemente, o ensino secundário.

O Sr. Gonçalves Sapinho (PPD): – Salvo erro, se bem percebi, referiu-se à minha intervenção no período de antes da ordem do dia.

O Sr. Vital Moreira (PCP): – Eu posso repetir:

Se o Sr. Deputado afirmou nesta última intervenção, e é a esta que eu me estou a referir, se seria criminoso consagrar na Constituição a unificação do ensino, pergunto ao Sr. Deputado se considera como criminoso o decreto-lei, recente, do Governo Provisório, que unificou o ensino secundário?

O Sr. Gonçalves Sapinho (PPD): – O ensino secundário, tal como se passa nos países socialistas e nos outros países, o ensino secundário é unificado quando ele assume o carácter de obrigatoriedade. Para além disso, portanto, nas escolas secundárias não obrigatórias já não se passa a mesma coisa.

O facto de eu usar a palavra «criminoso» talvez tenha sido exagerado, e não era, de maneira nenhuma, em reforço daquilo que eu queria dizer.

O Sr. Presidente: – Continua em apreciação.

Tem a palavra o Deputado Sousa Pereira.

O Sr. Sousa Pereira (MDP/CDE): – Tenho aqui à minha frente um programa educacional da esquerda francesa e que ...

O Sr. Presidente: – O Sr. Deputado pediu a palavra para fazer uma segunda intervenção ou para um esclarecimento?

O Orador: – É para uma pergunta também. Diz assim: «A fim de contribuir para vencer as desigualdades de origem social, a educação e assistência comum comportará o ensino básico igual para todos. A ele se juntará uma gama de opções, diversificando-a ou enriquecendo-a, favorecendo a orientação, mas não conduzindo, em nenhum caso, à construção ou reconstituição de secções diferenciadas ou estanques.»

Isto é uma proposta de unificação. Pergunto se isto é criminoso.

O Sr. Gonçalves Sapinho (PPD): – Segundo o livro que tenho aqui, na p. 83, publicado pelo Ministério de Educação de França, em que, na realidade, esquematiza as várias discussões que existiram sobre o sistema unificado, acaba-se por concluir pela não unificação do ensino secundário, portanto, nos dois planos, quer no 1.º como no 2.º ciclo.

No final posso emprestar-lhe este livro.

O Sr. Presidente: – Continua em apreciação.

Pausa.

Vamos então proceder à votação da proposta de eliminação que está aqui na Mesa. É no sentido de eliminação do n.º 2 do artigo 28.º.

Submetida à votação, foi aprovada, com 23 votos contra e nenhuma abstenção.

O Sr. Presidente: – Portanto, as propostas relativas a este número encontram-se prejudicadas. Vamos passar à apreciação do n.º 3, que passará a alterar a sua numeração.

Vai ser lido.

(...)

O Sr. Presidente: – Vamos dar agora conhecimento das propostas que temos na Mesa.

O Sr. Secretário (António Arnaut): – Temos várias propostas, que vou ler:

Proposta de aditamento de um novo n.º3, passando o anterior n.º 3 a n.º 4.

Incumbe ao Estado modificar o ensino de modo a suprimir a sua função conservadora da divisão social do trabalho.

Pelo Grupo Parlamentar do PS: Miller Guerra – António Reis.

(...)

O Sr. Secretário (António Arnaut): – É a última proposta, como disse o Sr. Presidente, e é subscrita pelos Deputados socialistas Miller Guerra e António Reis e diz aditar um novo número a este artigo 28.º. Esclare-

444   *O Momento Constituinte – Os Direitos Sociais na Constituição*

cendo-se que, se ele for aprovado, o número anterior, já aprovado, passaria a n.º 4.

Foi lida de novo.

O Sr. Presidente: – Ora, parece que o Deputado Amaro da Costa, creio que um pouco tardiamente, mas de qualquer maneira pediu a palavra, ainda a respeito da votação anterior.

O Sr. Amaro da Costa (CDS): – Se o Sr. Presidente dá licença, era para me pronunciar sobre esta proposta de emenda e a propósito dela gostaria de fazer uma reflexão.

O Sr. Presidente: – Da proposta de aditamento?

O Orador: – De aditamento, exactamente. Portanto, não sei se há alguém inscrito antes.

O Sr. Presidente: – Não, tem a palavra sobre a proposta de aditamento. Como pediu a palavra antes de ela ser lida, julguei que se tratava de outra.

O Orador: – Esta proposta de aditamento insere-se no nosso espírito, numa preocupação que esteve patente no trabalho da Comissão e que nos tem levado a perder aqui, ou a gastar aqui, muito tempo com solução de aspectos que, efectivamente, para nós são de pormenor, são pormenor ou têm valor tão-só instrumental na consagração de objectivos mais gerais. No caso típico do problema de unificação do ensino. O sistema de ensino é ilustrativo a este propósito, já que, para nós, o sistema unificado do ensino é um instrumento ao serviço de uma política não discriminatória de ensinar e é um instrumento estrutural da política de ensino mas, efectivamente, isso parece não ser entendido de um ponto de vista global por toda a Câmara.

Ora, caímos precisamente neste difícil jogo das palavras que têm, a nosso ver, um conteúdo jurídico pouco preciso e que oferecem matéria ampla para debate, mas que, obviamente, não é aqui que esse debate se tem de fazer, dada a sua especificidade técnica. É justamente o caso deste aditamento, proposto agora pelo Partido Socialista.

É evidente que se nos perguntarem se estamos de acordo em que o ensino deve favorecer ou suprimir a função conservadora da divisão social do trabalho, pois é evidente que a nossa atitude é positiva em relação a esta formulação. Simplesmente, qual é o significado exacto desta formulação? O que é que quer dizer a função conservadora da divisão social do trabalho? Creio que legitimamente haverá caso aqui, digamos o motivo da discussão que já se viu ser improfícuo, quando diz respeito a outras matérias e o caso da unificação do ensino foi ilustrativo a este propósito. Nesta matéria, creio que nós não podemos votar favoravelmente esta proposta.

O Sr. Presidente: – Continua em apreciação. O Sr. Deputado José Augusto Seabra.

O Sr. José Augusto Seabra (PPD): – Muito brevemente, é para aprovar, da nossa parte, a proposta do Partido Socialista, dado que ela vai no sentido de dar ao ensino não um carácter de reprodução mas de transformação do sistema social.

O Sr. Presidente: – Sr. Deputado Miller Guerra.

O Sr. Miller Guerra (PS): – A intervenção que acaba de fazer o Sr. Deputado Seabra dispensa grande parte das considerações que eu tinha para fazer. É exactamente isso que ele acaba de dizer: um ensino tem de ser uma forma de transformação da sociedade e não uma forma de conservação ou de reprodução, como na primeira intervenção eu aqui disse e no dia seguinte foi dito pelo Sr. Deputado Vital Moreira. Este assunto presta-se para longas e interessantes considerações, mas devido às circunstâncias, já chamadas à atenção, em que nós estamos trabalhando, do tempo em que estamos fazendo esta Constituição e, além disso, tendo em atenção também as palavras preliminares do meu camarada António Reis nesta sessão, eu dispenso-me de desenvolver as considerações. No entanto, se algum Sr. Deputado não estiver esclarecido quanto à teoria do trabalho manual ligado ao trabalho intelectual, eu estou à disposição para desenvolver este assunto.

O Sr. Presidente: – Sr. Deputado Vital Moreira.

O Sr. Vital Moreira (PCP): – Sr. Presidente, Srs. Deputados: Era para dizer que no seguimento das intervenções aqui feitas pelo meu camarada e minhas, nós vamos apoiar a proposta de aditamento do Partido Socialista.

O Sr. Presidente: – Vamos pôr à votação esta proposta.

Submetida à votação, a proposta foi aprovada com 6 abstenções.

O Sr. Presidente: – Bem, vamos agora a declarações de voto. Alguém deseja fazer uma declaração de voto?

O Sr. José Luís Nunes (PS): – Sr. Presidente, Srs. Deputados: Queria que antes do intervalo fosse lido o artigo 29.º

446 *O Momento Constituinte – Os Direitos Sociais na Constituição*

ENSINO PÚBLICO E PARTICULAR

15 DE OUTUBRO DE 1975

O Sr. Presidente: – Sim, senhor. É um requerimento, é um requerimento que é fácil de atender. Vamos ler o artigo 29.º.

O Sr. Secretário (António Arnaut): – O Deputado José Luís Nunes refere-se ao texto da Comissão ou às propostas apresentadas?

Pausa.

Ao texto da Comissão?

Bom, como todos os Deputados o têm distribuído ...

Pausa.

Ah! das propostas.

As propostas são as seguintes, temos só três propostas quanto ao artigo 29.º e todas de substituição:

ARTIGO 29.º

(Ensino oficial e particular)

1 – O ensino oficial será laico.

2 – Não serão admitidas quaisquer discriminações de carácter religioso, étnico ou linguístico.

3 – O Estado procederá à progressiva integração dos estabelecimentos do ensino particular no ensino oficial, salvaguardando os interesses de quantos neles trabalhem, sem prejuízo de, no exercício da liberdade religiosa, as igrejas manterem estabelecimentos de ensino para os seus fins específicos.

4 – As escolas particulares entretanto existentes ficam sujeitas a fiscalização e controle por parte do Estado.

As propostas são as seguintes:

Proposta de substituição

1 – O ensino público não será confessional.

2 – O Estado criará uma rede de estabelecimentos oficiais de ensino que cubra as necessidades de toda a população.

3 – O Estado fiscalizará o ensino particular supletivo do ensino oficial.

Pelo Grupo Parlamentar do PS: Sottomayor Cardia – Romero Magalhães – António Reis – Miller Guerra.

Proposta de substituição

Propomos a substituição do texto do artigo 29.º, que ficaria com a seguinte redacção:

1 – O ensino oficial não será confessional.

2 – A não confessionalidade do ensino oficial implica a proibição de proselitismo, favorável ou desfavorável às confissões religiosas, sem prejuízo, porém, da necessidade de se proporcionar aos alunos o conhecimento cultural das religiões.

3 – A não confessionalidade do ensino oficial abrange os programas oficiais, mas não impede que as diferentes confissões ministrem ensino confessional nos estabelecimentos de ensino oficial aos alunos que, por decisão sua ou de seus pais, assim o pretendam.

4 – Não são admitidas nas escolas oficiais quaisquer discriminações de carácter étnico, linguístico, religioso, ideológico ou político.

Os Deputados do PPD: Mário Pinto – Pedro Roseta – António Moreira Barbosa de Melo – Jorge Miranda.

Proposta de substituição

Propõe-se a substituição de todo o artigo 29.º pela seguinte redacção:

1 – O Estado reconhece o direito ao ensino de iniciativa particular, apoiando-o e fiscalizando-o quando paralelo do ensino público, independentemente da sua orientação ideológica.

2 – O Estado garantirá a existência e funcionamento de uma rede de estabelecimentos de ensino e um sistema de apoio escolar que cubra as necessidades da população e das diversas regiões do País.

Pelo Grupo Parlamentar do CDS: Victor Sá Machado – Basílio Horta – Maria José Sampaio.

(...)

O Sr. Presidente: – Vamos continuar a discussão do artigo 29.º, cujas propostas de alteração foram lidas antes da suspensão.

Portanto, são já do conhecimento de todos. A primeira proposta de substituição, apresentada por diversos parlamentares do Partido Socialista, está em apreciação.

Vamos voltar a ler essa primeira proposta.

Foi lida de novo.

O Sr. Presidente: – Tem a palavra o Sr. Deputado Sottomayor Cardia.

448 *O Momento Constituinte – Os Direitos Sociais na Constituição*

O Sr. Sottomayor Cardia (PS): – Sr. Presidente, Srs. Deputados: Para justificar esta proposta de substituição, nós procederemos em dois termos. Assim, numa primeira intervenção, referir-nos-emos apenas à alteração constante do n.º 1.

A fórmula que melhor assegura o carácter laico do ensino público é a seguinte:

O ensino público não será confessional.

Por isso, nós propomos a substituição desta fórmula à proposta do texto da Comissão. Se se escrever que o ensino público será laico, pode formular-se uma disposição susceptível de duas interpretações antagónicas. Por escola laica deve entender-se que o ensino nas orientações pedagógicas gerais, onde as matérias do curriculum escolar não será favorável nem desfavorável a qualquer confissão religiosa ou ao fenómeno religioso. Mas pode também entender-se que o ensino será inspirado por uma orientação ideológica determinada, historicamente conhecida de cunho anti-religioso – o laicismo.

E este entendimento será manifestamente contrário ao ensino não confessional ou propriamente laico.

Por este motivo propusemos uma substituição terminológica em relação à proposta da Comissão.

Eu permito-me, também nesta intervenção, fazer uma alusão a uma proposta que se encontra na Mesa, apresentada pelos Srs. Deputados Mário Pinto, Pedro Roseta, Barbosa de Melo e Jorge Miranda. O n.º 2 dessa proposta é um mero esclarecimento do que fica disposto no n.º 1 na perspectiva da necessária economia de texto que uma Constituição tem de ter, parece-nos que a Constituição não deve conter artigos que são meramente aclarativos do sentido de linguagem que é usada. A Constituição não é, na verdade, o lugar para se estabelecer «léxico» da linguagem constitucional. Por isso, nos parece desnecessária a introdução deste n.º 2.

Em relação à matéria prevista nesta proposta n.º 2, eu recordo, a título meramente exemplificativo, uma posição que eu perfilho inteiramente e que se contém num artigo publicado já há algumas semanas, do meu camarada Francisco Salgado Zenha.

Diz ele, e eu faço esta transcrição como declaração da nossa adesão a estes pontos de vista que vão ao encontro daquilo que se encontra no n.º 2 da proposta dos Srs. Deputados do PPD, escreveu, com efeito, o

Debates na Especialidade

meu camarada Salgado Zenha que deverá ser autorizado nas escolas públicas o ensino de religiões, a cargo das respectivas igrejas, desde que este seja totalmente voluntário e independente de qualquer declaração escrita ou anotação no curriculum ou burocracias escolares. Este texto corresponde ao que se contém no n.º 3 da proposta do PPD. Parece-me, contudo, que esta matéria, em primeiro lugar, não dispõe da necessária dignidade constitucional, conforme, aliás, afirma também o meu camarada Salgado Zenha, que diz que tal pormenor não possui dignidade constitucional e tem o seu lugar próprio na legislação corrente.

Em segundo lugar, e em relação ao que nesta matéria interessa à Igreja Católica, nós temos de ter presente que esta matéria se encontra contemplada no artigo 20.º da Concordata e que se encontra acolhida na legislação portuguesa por virtude de um dos artigos que já aprovámos no capítulo das disposições preliminares. É o artigo 8.º, n.º 2.

Portanto, parece-nos desnecessário este n.º 3 da proposta do PPD por conter matéria regulamentar e por, naquilo que diz respeito à Igreja Católica, se encontrar já salvaguardado pelo artigo 20.º da Concordata.

Finalmente, em relação ao n.º 4, parece-nos que estas discriminações que não são de admitir decorrem do princípio, já anteriormente aprovado no n.º 1 do artigo 27.º, que diz que «se não admitem discriminações no acesso ao ensino e à cultura».

Observo apenas que, a discriminar as discriminações que se recusam, estaria limitando a natureza dessas discriminações, pois, ao excluírem-se as discriminações de carácter étnico, linguístico, religioso, ideológico ou político é quanto a mim inconveniente, porquanto há outras discriminações possíveis que se devem igualmente recusar, por exemplo a discriminação classista ou a discriminação baseada no sexo e que, nesta enumeração, pareceria que não seriam abrangidas pela não discriminação que aqui se propõe. Portanto, e em suma, nós, Grupo Parlamentar do PS, votaremos no sentido de que esta matéria fique contemplada na Constituição apenas através de um normativo, que terá a seguinte redacção:

O ensino público não será confessional.

O Sr. Presidente: – Continua em apreciação esta primeira proposta. Tem a palavra o Sr. Deputado Mário Pinto.

O Sr. Mário Pinto (PPD):- Sr. Presidente, Srs. Deputados: É com muito agrado que ouvi a exposição do Sr. Deputado Sottomayor Cardia

450   *O Momento Constituinte – Os Direitos Sociais na Constituição*

e a explicitação do alcance, a meu ver correcto, que se deve dar à afirmação da não confessionalidade do ensino oficial.

A nossa preocupação, a preocupação dos subscritores da proposta a que o Sr. Deputado fez referência era a de que, efectivamente, ficasse claro o alcance dessa afirmação e a preocupação que lhe subjaz e não é meramente teórica ou académica, mas deriva de alguma experiência ou do conhecimento de alguns factos que são preocupantes na nossa prática recente em matéria de orientação do trabalho nos estabelecimentos de ensino oficial. Não se torna necessário recordar, ao afirmar factos de que se tem conhecimento directo e comprovado, mas não tenho dúvida em afirmar que existem factos que levam à conclusão ou que podem levar à ideia de que se tornaria necessário explicitar de algum modo na Constituição o alcance da não confessionalidade do ensino privado.

Mas se as declarações aqui feitas têm o alcance de tornar claro para o futuro intérprete da Constituição de qual seja, efectivamente, esse alcance e, desde já, dispondo nós da interpretação do sentido que lhe dá o Partido Socialista, e coincidindo esse sentido com aquele que pomos também na mesma expressão, é óbvio que nessa mesma medida o problema se põe apenas em termos de relativa pouca importância.

Não constitui, a partir deste momento, para nós, subscritores da proposta a que se fez referência, grande importância já o n.º 2 e o n.º 3 da nossa proposta, ficando apenas, em todo o caso, uma única nota: é que o n.º 3 alarga a outras confissões religiosas o privilégio de que beneficia já entre nós a Igreja Católica, por força, aliás, de instrumento de direito internacional. Mas também queremos crer que o legislador ordinário não irá tirar pretexto desta circunstância para negar às outras confissões, religiosas aquilo que tem de se reconhecer à Igreja Católica.

É, portanto, nesta perspectiva que declaramos que consideramos substancialmente prejudicado o n.º 2 e o n.º 3 da nossa proposta.

O Sr. Presidente: – Sr. Deputado Amaro da Costa tem a palavra.

O Sr. Amaro da Costa (CDS): – Sr. Presidente, Srs. Deputados: Relativamente ao texto original da Comissão, a fórmula agora proposta pelo Partido Socialista é vantajosa de um duplo ponto de vista: porque é mais clara; em segundo lugar, porque é menos equívoca.

Simplesmente, importa reter que, a propósito do artigo 27.º, no n.º 3, esta Câmara já se pronunciou num sentido paralelo. Isto é, ao afirmar que o Estado não pode atribuir-se o direito de programar o ensino e a cultura segundo quaisquer directrizes filosóficas, estéticas, políticas, ideológicas ou religiosas.

A acentuação do mesmo princípio num artigo diferente poderá ser despropositada e, a nosso ver, é-o em certa medida. E essa medida resulta, fundamentalmente, de resultar esta formulação de uma correcção a um preceito que, como disse há pouco, além de pouco claro, é equívoco e, a nosso ver, errado.

No entanto, não teremos qualquer dificuldade em dar-lhe a nossa aprovação já que, quanto àquilo que substancialmente enuncia, nomeadamente no espírito da intervenção do Sr. Deputado Sottomayor Cardia, ela não oferece para nós qualquer espécie de dúvida.

O Sr. Presidente: – Continua em apreciação.

Pausa.

Vamos, portanto, proceder à votação do texto de substituição relativo ao n.º 1 do artigo. Vamos recordá-lo.

Foi lido de novo.

Submetido à votação, foi aprovado, com 5 votos contra.

O Sr. Presidente: – Passamos ao n.º 2.

O Deputado Sousa Pereira tem a palavra.

O Sr. Sousa Pereira (MDP/CDE): – Nós votámos contra a proposta de alteração, porque dávamos a nossa adesão à proposta que veio da Comissão.

Efectivamente, contrariamente ao que aqui foi dito, para nós «laicidade» tem um só significado e é aquele que procuramos também, mais uma vez, no programa de ensino da esquerda francesa.

Diz:

A educação nacional respeitará rigorosamente todas as crenças, todas as opções filosóficas; não ensinará nenhuma filosofia oficial.

O verdadeiro laicismo, baseado no espírito científico e na democracia, dá o conhecimento completo e crítico da realidade que engloba todos os aspectos da vida e da actividade humana.

Todos os pais poderão mandar dar aos filhos, fora dos locais escolares e sem o concurso dos fundos públicos, a educação filosófica ou religiosa da sua escolha.

Por isso, nós votámos contra esta proposta e votaríamos pela manutenção da proposta que vem da Comissão.

452   *O Momento Constituinte – Os Direitos Sociais na Constituição*

O Sr. Presidente: – Vamos proceder à leitura do texto de substituição para o n.º 2.

Foi lido de novo.

O Sr. Presidente: – Vamos proceder à sua votação.

Submetida à votação, a proposta foi aprovada por unanimidade.

O Sr. Presidente: – Vamos agora proceder à leitura do texto de substituição para o n.º 3.

Foi lido de novo.

O Sr. Presidente: – Está em apreciação. O Sr. Deputado Mota Pinto tem a palavra.

O Sr. Mota Pinto (PPD): – Apenas para esclarecer a Assembleia que não podemos votar o n.º 3 do artigo 29.º, porquanto numa proposta que entregámos na Mesa, para o mesmo artigo 29.º, consideramos explicitamente o princípio de que o ensino particular é livre. Princípio que não está afirmado aqui de uma forma explícita, estando aqui acentuada a tónica da fiscalização do ensino privado, uma função meramente supletiva do ensino oficial. Nós entendemos que deve ser consagrada uma ampla liberdade de ensino privado, sem prejuízo de o Estado dever estabelecer uma rede de estabelecimentos oficiais de ensino que cubra as necessidades de toda a população. É essa a razão pela qual não podemos votar o n.º 3 do artigo 29.º

O Sr. Presidente: – O Sr. Deputado Amaro da Costa.

O Sr. Amaro da Costa (CDS): – Sr. Presidente, Srs. Deputados: Pensava que a interpretação da palavra «supletivo», neste contexto, porventura, não será a de se propor que o Estado passe a considerar o ensino privado como supletivo do ensino oficial. No entanto, aceitamos que a expressão é em si ambígua e que permite a leitura que o Sr. Deputado Mota Pinto acaba de fazer. Efectivamente, a redacção « o Estado fiscalizará o ensino particular, supletivo do ensino oficial», poderá querer dizer que o Estado não pode fiscalizar o ensino particular que não é supletivo do ensino oficial, isto é, que não poderá fiscalizar, por exemplo, o ensino dos seminários. No entanto, parece-nos que a expressão, tal como se encontra, é susceptível de dúvidas e é susceptível de equívoco, e se a interpretação que estou a dar, neste momento, a este preceito, for correcta, perguntava ao Partido Socialista se tinha algum, ou alguma objecção em substituir a palavra «supletivo» por «paralelo».

Debates na Especialidade

O Sr. Presidente: – O Sr. Sottomayor Cardia pediu a palavra.

O Sr. Sottomayor Cardia (PS): – A proposta, Sr. Presidente, Srs. Deputados, a proposta do Grupo Parlamentar do Partido Socialista, visa, precisamente, reconhecer a importância e o relevo que na sociedade portuguesa tem o ensino privado. Não nos parece necessário que se diga que o ensino privado é livre. Aliás, esta formulação pode ter um de dois sentidos, pode querer dizer que a fundação de escolas é livre, e pode querer insinuar uma definição de ensino privado ou particular. Se a primeira é a interpretação exacta, parece-me que isto é uma matéria conjuntural, que deveria ser regulada por lei, de acordo com as necessidades e exigências de dado momento da evolução pedagógica do País. Se esta proposta se entende como definitiva, parece-me então manifestamente deficiente, porquanto livre deve ser todo o ensino, seja ele público ou privado.

Aliás, na própria proposta da Comissão, não se proibia o ensino privado. Na proposta que o Partido Socialista agora apresenta, claramente se admite o ensino privado. Saber se a forma de organização de escolas privadas, ou da sua fundação e funcionamento, depende ou não depende de autorização, isso é matéria regulamentar, no ensino particular deve distinguir-se aquele que é supletivo do ensino público e aquele que o não é. Eu suponho que, com esta observação, respondo à questão levantada pelo Sr. Deputado Amaro da Costa.

O primeiro, aquele que é supletivo, deve ser fiscalizado pelo Estado, tanto pelo que respeita a controle da qualidade de ensino administrado como pelo que respeita a validade de diplomas. Esta é uma consequência logicamente decidida e que torna, a nosso ver, desnecessário regulamentar o que se encontra no n.º 2 e no n.º 3 da proposta dos Srs. Deputados do Partido Popular Democrático. Aquele ensino privado, como é, por exemplo, o caso das escolas de formação sacerdotal, que não é supletivo do ensino público, esse não será fiscalizado. Eu chamo a atenção do Sr. Deputado Mota Pinto para a circunstância, que me parece que é importante na interpretação, de que a seguir à palavra particular, na nossa proposta, não terá nenhuma vírgula, se nós escrevêssemos ensino particular, supletivo ensino particular, estaríamos apresentando uma definição global do estatuto do ensino particular no conjunto da rede escolar do País. Mas no texto, tal como ele está formulado claramente, a expressão

454 *O Momento Constituinte – Os Direitos Sociais na Constituição*

«supletivo» do ensino público é restritiva ao ensino particular, que fica sujeito à fiscalização do Estado.

O Sr. Presidente: – O Sr. Deputado Mário Pinto:

O Sr. Mário Pinto (PPD): – Sr. Presidente, Srs. Deputados: Apreciei o esforço do Sr. Deputado Sottomayor Cardia para esclarecer o alcance da sua proposta, mas não posso deixar de salientar dois aspectos que se nos afiguram muito importantes. Em primeiro lugar, a declaração de que o ensino privado é livre é imprescindível num capítulo onde se consagram direitos e deveres económicos, sociais e culturais.

Não chegamos a compreender porque se tem relutância em se afirmar esta liberdade verdadeiramente importante, que ombreia com a que se refere à liberdade no domínio da institucionalização de meios de comunicação social, como órgãos de imprensa, etc. Para nós é, pelo menos, tão importante.

Efectivamente, não vemos argumentos capazes de justificar que se tivessem consagrado liberdades, como esta que eu referi, e se considerasse inútil consagrar claramente que o ensino privado, no sentido de criação de instituições de ensino privado, é livre.

O segundo ponto refere-se ao alcance do termo supletivo.

É óbvio que se pode ter mais do que um entendimento acerca da ideia que este termo refere, mas também é claro que o sentimento que o sentido corrente deste termo desperta é o de significar o ensino que substitui ou colmata as lacunas ou as falhas do ensino oficial. Portanto, isto poderia levar a uma catalogação dos estabelecimentos de ensino privado, que exercessem, efectivamente, uma função supletiva, um papel supletivo, e aqueles que o não exercessem, na medida em que não preenchessem nenhum espaço vazio do sistema de estabelecimentos oficiais.

Nós entendemos que o ensino privado, expressão de uma liberdade fundamental, não pode estar à mercê, nem tem nada que ver com o papel de supletividade ou não supletividade que pode desempenhar, relativamente ao ensino oficial.

Nós entendemos que o ensino privado, os estabelecimentos de ensino privado, podem ser concorrentes ou paralelos neste sentido, com os estabelecimentos de ensino oficial, proporcionando títulos ou cursos equivalentes, e nessa mesma medida, independentemente da questão de saber se suprem ou não suprem o sistema de estabelecimentos de ensino oficial, devem ser naturalmente fiscalizados pelo Estado.

Nós cremos que a proposta que fizemos é muito mais clara a este respeito. E permito-me recorda-la aos Srs. Deputados. Dizemos na nossa proposta:

Os estabelecimentos de ensino privado que forneceram títulos ou diplomas com valor oficial, estarão sujeitos nessa medida e em prejuízo da sua autonomia institucional à fiscalização do Estado e à integração no sistema nacional de ensino.

Pensamos que esta formulação é, perdoe-se-nos a imodéstia, mais correcta e, sobretudo, não nos parece que possa sustentar ou alimentar qualquer equívoco. E como, com certeza, ninguém quer aqui deixar qualquer equívoco, eu solicitaria a melhor atenção ao Sr. Deputado Sottomayor Cardia e aos seus colegas do Partido Socialista para a possibilidade de aprovarem preferentemente a nossa formulação.

O Sr. Presidente: – Tem a palavra o Sr. Deputado Sottomayor Cardia.

O Sr. Sottomayor Cardia (PS): – O problema do entendimento que é supletivo ou não supletivo é manifestamente subjectivo, na medida que eu vou a seguir dizer.

É que, sendo esta uma Constituição do Estado Português, o ponto de vista em que se coloca o legislador é o ponto de vista do Estado. Portanto, e tendo o Estado por função criar uma rede de estabelecimentos oficiais e ensino que acuda às necessidades de toda a população, irá considerar como supletiva a população daquelas escolas que não pertencem à sua rede de ensino público. O supletivo não deve entender-se como um supletivo provisório. Pode admitir-se, e eu pessoalmente nada me custa admiti-lo, que a sociedade exige estavelmente o ensino supletivo do ensino público.

Agora o que não há dúvida é que, do ponto de vista do Estado, o ensino privado é supletivo do ensino público.

Contudo, na medida em que esta formulação possa parecer equívoca, nós estamos perfeitamente concordes em fazer a seguinte interpretação:

O Estado fiscalizará o ensino particular quando e na medida em que for supletivo do ensino público. O que importa é que o Estado só fiscalizará aquelas escolas privadas que forem, e na medida em que forem, supletivas, e não as outras. Fica, portanto, excluída a possibilidade de fiscalizar todas as escolas. Assim, parece-me que se desfaz o problema de, no texto constitucional, ficar uma norma que, porventura mal decretada, poderia dar a interpretação de que constitucionalmente se afirma que o ensino privado é, por definição, supletivo do ensino público. Essa será ou não uma consideração do legislador, mas não fica nada escrito na lei donde possa inserir-se essa possível intenção e, pelo contrário, ressalva-se a incompetência do Estado para fiscalizar aquele sector do ensino particular que não é supletivo do ensino público.

Portanto, a proposta com a nova redacção, e eu pedia ao meu camarada Arnaut que tomasse conta, se acaso estiver de acordo, é a seguinte:

O Estado fiscalizará o ensino particular quando e na medida em que for supletivo do ensino público.

Em relação à proposta do PPD, eu observo que desaparece aqui o projecto de integração no sistema nacional de ensino, que é um objectivo de natureza programática, mas nós queremos fazer um texto que seja claro e rigoroso e não substancialmente programático e, por outro lado, fica melhor aclarado que há sectores do ensino particular que não são fiscalizados pelo Estado.

Em relação ao problema da liberdade do ensino, eu observo que a liberdade de aprender e de ensinar se encontra já acolhida num artigo, salvo o erro o 29.º do título anterior.

O Sr. Presidente: – Aliás, Sr. Deputado, o seu tempo está terminado.

O Orador: – Parece-me, por isso, dispensável qualquer afirmação do género de que o ensino privado é livre.

O Sr. Presidente: – Nós temos agora inscrito o Sr. Deputado Luís Catarino, que já estava inscrito há tempos. Inadvertidamente não lhe demos a palavra.

Tem a palavra.

O Sr. Luís Catarino (MDP/CDE): – Aliás, Sr. Presidente, Srs. Deputados, é apenas numa tentativa de melhor precisar a intervenção do Sr. Deputado Sottomayor Cardia.

Ao ouvir a intervenção dele tive naturalmente presente o texto do n.º 3 que vinha da Comissão, que apontava para uma progressiva integração de todos os estabelecimentos do ensino oficial.

Portanto, a supletividade que, eventualmente, existisse relativamente aos estabelecimentos de ensino particular era tendencialmente anulada em definitivo com a integração progressiva no ensino oficial.

Dadas as posições do Sr. Deputado Sottomayor Cardia e dada a informação expressa e bastante clara de que admitia uma supletividade

Debates na Especialidade

estável ou perpétua, eu pergunto ao Sr. Deputado se o Partido Socialista abandonou aquela norma que tendencialmente aponta o n.º 3 do texto da Comissão para a anulação daqueles estabelecimentos particulares que fossem constituindo uma mancha cada vez mais pequena, por absorção desse programa de integração progressiva no ensino oficial.

O Sr. Presidente: – O Sr. Deputado Cardia poderá falar a título de responder a um pedido de esclarecimento, muito brevemente.

O Sr. Sottomayor Cardia (PS): – Direi que nós estamos aqui a fazer uma Constituição. Esta Constituição não é o código de todas as leis mediante as quais o País se há-de reger em matéria de educação; como em muitos outros domínios, terá de haver leis. As leis devem ser feitas de acordo com a situação concreta das sociedades. As leis não são formas de o legislador projectar as suas opções ideológicas ou as suas concepções filosóficas.

Uma voz: – Muito bem!

O Orador: – As leis fazem-se para regular as consequências que elas introduzem na vida social. E, portanto, o que eu lhe posso dizer é que no futuro o legislador terá, certamente, de se ocupar destes problemas da política pedagógica, quer no que diz respeito à progressiva extensão do sector público, e ao modo como ela será feita, quer em relação ao estatuto que será, em cada momento, o do ensino particular.

Eu há pouco disse que pessoalmente não tinha objecções a admitir que se pudesse entender que a supletividade poderia ser um dado constante das sociedades. Mas isso é uma opinião pessoal, eu penso é que não tenho o direito, enquanto constituinte, de fazer prevalecer as minhas opiniões subjectivas, os meus prognósticos sobre o futuro da sociedade, seja da sociedade em geral, seja concretamente da política pedagógica, em particular. Penso que nos deve reger a preocupação de fazer leis e não de dar corpo a afirmações de carácter ideológico ou meramente programático.

Os programas políticos não se esgotam, nem podem esgotar-se, na consagração constitucional que, em relação a este ou àquele ponto, nós aqui, como mandatários do povo para o efeito, estamos a fazer.

O Sr. Presidente: – Segue-se o Sr. Deputado Mota Pinto.

O Sr. Mota Pinto (PPD): – Sr. Presidente, Srs. Deputados: Vou-me cingir ao ponto que é objecto de discussão, que é a posição a tomar perante o n.º 3 do artigo 29.º da proposta do PS.

458   *O Momento Constituinte – Os Direitos Sociais na Constituição*

As explicações que foram dadas pelo Sr. Deputado Sottomayor Cardia não me parecem de molde a satisfazer as exigências que nós temos por imprescindíveis neste domínio.

Creio que há aqui dois pontos a considerar. Um é o ponto da liberdade do ensino privado.

Das palavras do Sr. Deputado Sottomayor Cardia resultava que o PS admitia a existência de escolas privadas e, de certo modo, as vias de princípio. Mas há uma grande diferença entre colher-se esse princípio por interpretação a contrario, a partir do significado emergente desta disposição, se é que se pode recolher e consagrá-lo expressamente, atribuir todo o valor ao princípio de que o ensino privado é livre. Este princípio para nós significa que se reconhece a liberdade de criação de instituições de ensino, de ensino primário, pré-primário, secundário e de ensino superior. Que se reconhece autonomia nas escolas privadas de definição dos processos pedagógicos a utilizar nessas escolas, significa que se reconhece liberdade de autonomia dos conteúdos de ensino, com limite constitucional geral, claro; do respeito pela ordem democrática, que não é necessário consagrar porque é um limite constitucional geral. Este princípio não está consagrado em nenhum dos números da proposta do Partido Socialista, e nós temos por fundamental que para lhe ser dado todo o valor ele não apareça por inferência mais ou menos ambígua destes três números, mas seja expressamente, frontalmente, consagrado na Constituição.

Há depois o problema da fiscalização do ensino particular. Nós somos sensíveis também a este problema e, como a nossa proposta não foi lida, vou ler o que dissemos a esse respeito:

Se os estabelecimentos de ensino privado fornecerem títulos ou diplomas com valor oficial, estarão sujeitos nessa medida, e sem prejuízo da sua autonomia institucional, à fiscalização do Estado e à integração no sistema nacional de ensino.

Parece-nos isto mais claro e mais correcto do que dizer-se que o Estado fiscalizará o ensino particular, quando e na medida em que for supletivo ao ensino oficial. Esta fórmula «quando, e na medida em que for supletivo ao ensino oficial» é uma fórmula ambígua, como foi, aliás, reconhecido, de tal modo que foi já aqui interpretada como significando uma insistência no sentido do seu tendencial desaparecimento, no sentido do seu desaparecimento por via legal, isto é, por, desde que o Estado

Debates na Especialidade 459

tivesse criado uma rede de estabelecimentos suficientes, se proibir a iniciativa da criação de escolas.

É evidente que nós sabemos que na dinâmica social bem pode acontecer que os estabelecimentos de ensino particular pouco a pouco cedam lugar aos estabelecimentos de ensino oficial, e em larga medida isso é desejável, sem prejuízo, todavia, do legítimo direito dos outros cidadãos a exercitarem a sua liberdade de aprender. Todavia, isso é um fenómeno, uma resultante da dinâmica social, e nunca pode ser para nós uma resultante de uma proibição do direito à liberdade do ensino privado. Por esse motivo continuamos firmemente apegados à defesa dos preceitos que consagramos na nossa proposta.

Afirmar-se explicitamente que o ensino privado é livre é consagrar o princípio da fiscalização, não como campo de acção tão ambíguo como o que resulta desta fórmula «ensino particular supletivo ao ensino oficial», mas uma fiscalização sempre que os estabelecimentos de ensino privado confiram títulos ou diplomas com valor oficial. Nessa medida, estarão sujeitos, sem prejuízo da sua autonomia institucional, à fiscalização do Estado e à integração no sistema nacional do ensino, o que significa desde logo um enquadramento num conjunto de objectivos, num conjunto, no fundo, de regras fundamentais no sistema de ensino.

O Sr. Presidente: – O Sr. Deputado Luís Catarino pediu a palavra?

O Sr. Luís Catarino (MDP/CDE): – Prescindo da palavra, Sr. Presidente.

O Sr. Presidente: – O Deputado Amaro da Costa.

O Sr. Amaro da Costa (CDS): – Sr. Presidente, Srs. Deputados: O Partido do Centro Democrático Social também apresentou uma proposta sobre essa matéria, na qual expressamente propõe que o Estado reconheça o direito ao ensino de iniciativa particular, apoiando-o e fiscalizando-o, quando paralelo do ensino público, independentemente da sua orientação ideológica. Para nós, parece-nos fundamental que quando se trata de estabelecer algo que diga respeito à esfera de competência de iniciativa dos cidadãos, esse algo fique clara e inequivocamente dito na Constituição. Poder-se-á argumentar que a Constituição já consagra o princípio da liberdade de aprender e da liberdade de ensinar. No entanto, as leituras possíveis deste direito são múltiplas e podem ser infirmadas por uma leitura negativa ou restritiva do n.º 3 do artigo 29.º que agora temos em consideração na proposta do Partido Socialista. Para nós,

460 *O Momento Constituinte – Os Direitos Sociais na Constituição*

parecer-nos-ia a todos os títulos útil, necessário e de justiça consagrar inequivocamente na Constituição o princípio que o Estado reconhece o direito ao ensino de iniciativa particular. Seria importante saber se este direito é ou não é reconhecido pelo Partido Socialista.

Não nos parece que possa ser algo a remeter à discricionariedade programática de um qualquer Governo. É algo que contende directamente com o direito dos cidadãos e dos grupos sociais e, nessa medida, tem de ser claramente dito, se a Constituinte deste país reconhece ou não reconhece o direito ao ensino de iniciativa particular. Não cabe, como digo, remeter para governos ou para discricionariedade dos governos essa matéria.

O Sr. Presidente: – O Sr. Deputado Vital Moreira tem a palavra.

O Sr. Vital Moreira (PCP): – Sr. Presidente, Srs. Deputados: O projecto de Constituição do Partido Comunista Português não previa, ao contrário de outros, a nacionalização e a extinção das escolas privadas. Por isso mesmo, não teremos particular dificuldade, não teremos mesmo nenhuma dificuldade, em apoiar uma disposição que, tal como aquela que está em discussão, aponta para a fiscalização das escolas privadas, naquilo em que elas são supletivas do ensino público. Mas nós não podemos apoiar nem as propostas do Partido Popular Democrático nem a proposta do Centro Democrático Social, que apontam para a consagração constitucional de um direito à criação de escolas privadas.

Para nós, as escolas privadas não são um direito das pessoas, são um princípio, quando muito, de organização social e política do Estado. E, nesse campo, nós apoiamos neste ponto a posição do Partido Socialista e votaremos contra, se vierem a ser votadas as propostas do Partido Popular Democrático e do Centro Democrático Social.

O Sr. Presidente: – Temos um pedido de palavra do Sr. Deputado Sottomayor Cardia, mas não lhe podemos dar, porque já usou da palavra várias vezes. Já falou duas vezes, sem falar de uma vez para responder a dois esclarecimentos.

O Sr. Amaro da Costa (CDS): – Era um esclarecimento em relação à questão posta pelo Sr. Deputado. Mas era, de facto, uma interpelação que deixei aberta ao Partido Socialista e que posso dirigir. Efectivamente perguntei, concretamente, se o Partido Socialista se pronunciava a favor ou contra a consagração constitucional do princípio do direito ao ensino

Debates na Especialidade 461

de iniciativa particular na Constituição. É uma pergunta que teria muito gosto em dirigir directamente ao Sr. Deputado Sottomayor Cardia.

O Sr. Presidente: – Intervenção com pedido de esclarecimento. Então, queira responder, se quiser.

O Sr. Sottomayor Cardia (PS): – Penso que está claro que o Partido Socialista admite a existência de escolas particulares.

Põe-se a questão de se saber se essas escolas particulares devem ser livremente fundadas por decisão suficiente daqueles cidadãos que pretendem constituí-las, ou se o Estado tem a direito de recusar o direito de, em cada caso concreto, os cidadãos abrirem escolas em dado momento. Aliás, observo que esta é a situação jurídica actual. Actualmente também a fundação de escolas privadas depende de um alvará do Ministério da Educação Nacional. Eu suponho que aqui cairíamos numa situação embaraçosa se reconhecêssemos o direito a qualquer pessoa de abrir uma escola que fosse supletiva do ensino oficial. Há exigências de qualificação técnica em relação às quais o Estado não pode alienar a sua responsabilidade, nem teria sentido que o Estado fiscalizasse o funcionamento das escolas e não tivesse o direito de se pronunciar em relação à fundação das mesmas escolas e em relação à qualificação pedagógica dos cidadãos que pretendem fundar uma escola. Se não admitimos o princípio da fiscalização, temos também de admitir o princípio da autorização. De outro modo estaríamos a malbaratar as energias quer do Estado, quer dos particulares. Porque podia dar-se o caso de se abrirem escolas com pessoal manifestamente inadequado ao fim de interesse social que é o ensino, e o Estado tinha apenas o poder de recusar certos efeitos desse ensino, mas não tinha a possibilidade de impedir que uma escola mal apetrechada, do ponto de vista pedagógico, fosse aberta. Isso nada tem a ver com o problema da discricionariedade em relação ao direito correspondente do exercício de uma liberdade, porque está consignado no n.º 3 do artigo 27.º que o Estado não poderá programar a educação de acordo com critérios filosóficos, políticos, ideológicos ou outros que envolvessem uma discriminação ideológica. Portanto, esse risco está afastado aqui como em qualquer outro ponto em que se admite a intervenção do Estado. E não creio que em relação a esta matéria o Estado deva ser mais suspeito do que em relação a tantos outros domínios da sua intervenção, em que ela não pode ser negada. Não esquecemos que viveremos em regime democrático, em que a Assembleia Legislativa

462 *O Momento Constituinte – Os Direitos Sociais na Constituição*

controlará o poder executivo e que, portanto, há uma fiscalização popular das eventuais arbitrariedades que o Ministério da Educação porventura praticasse, discriminatoriamente, impedindo certas pessoas por motivos ideológicos ou filosóficos de abrir escolas.

Não se trata manifestamente de nada disso, trata-se de salvaguardar condições de qualificação pedagógica.

O Sr. Presidente: – Peço licença para chamar mais uma vez a atenção de que as respostas aos pedidos de esclarecimento devem ser umas respostas muito sintéticas, muito reduzidas, cingindo-se à pergunta feita, e não podem ser pretexto para uma nova intervenção.

Vozes: – Muito bem!

O Sr. Presidente: – Tem a palavra o Sr. Abílio Lourenço.

O Sr. Abílio Lourenço (PPD): – Sr. Presidente, Srs. Deputados: Gostava de fazer uma pergunta ao Sr. Deputado Vital Moreira.

Sobre a intervenção de há pouco, quis-me parecer que entende que não deve existir qualquer tipo de ensino privado, dado que as cooperativas já existentes e que me parecem realizar ou ser a possibilidade de realização dos homens, eu pergunto, se nem as nossas cooperativas entende o Partido Comunista que devem existir.

O Sr. Presidente: – Tem a palavra o Sr. Deputado Vital Moreira.

O Sr. Vital Moreira (PCP): – Sr. Deputado: Lá que eu esteja habituado a que alguns Deputados do PPD, para ser justo, vejam espantalhos naquilo que eu digo, está bem. Agora que oiçam coisas diferentes daquilo que eu digo é que não está nada bem.

Risos.

Como eu não disse aquilo que o Sr. Deputado começou por afirmar que eu tinha dito, a sua pergunta não tem razão de ser. Eu não disse, efectivamente, que não admitia escolas privadas.

O Sr. Presidente: – Sr. Deputado Costa Andrade, tem a palavra.

O Sr. Costa Andrade (PPD): – Sr. Presidente: O tema que discutimos é particularmente importante para termos de deixar as coisas com a clareza necessária a possibilitarmos uma votação consciente.

A minha intervenção, e o meu contributo para clarificar as coisas, eu faço-o também na forma de pedido de esclarecimento aos proponentes do Partido Socialista, designadamente ao Sr. Deputado Sottomayor Cardia. Pois concordamos inteiramente, ou pelo menos eu concordo inteira-

Debates na Especialidade 463

mente com aquilo que o Sr. Deputado disse no domínio da fiscalização, mas falta dizer se subjacente a essa fiscalização se reconhece ou não uma liberdade cujo exercício se submete a determinadas exigências, a determinados pressupostos, a determinadas condições, pois é normal no exercício de qualquer liberdade estar subordinada a determinadas exigências, a determinados qualificativos. A liberdade de circulação está naturalmente condicionada pelo cumprimento de determinadas normas.

Pelo facto de as viaturas com que circulamos deverem respeitar determinados requisitos, não pode naturalmente uma viatura sem determinadas condições circular livremente, como não pode quem quiser fundar ou criar uma escola pô-la a funcionar sem quadros técnicos adequados. Isso é um facto e isso é claro.

Essa actividade deve estar submetida a determinadas condições no exercício dessa actividade e dessa liberdade, mas pergunto concretamente: reconhece-se ou não se reconhece expressamente essa liberdade, cujo exercício, até à nascença pode regulamentar-se o próprio exercício, à nascença concreta desse direito, submetendo, portanto, a actuação prática desse direito a determinados requisitos? Mas fica sempre subjacente esta grande questão: reconhece-se ou não se reconhece como liberdade fundamental essa liberdade? E, em segundo lugar, caso a resposta seja afirmativa, qual a objecção que pomos à consideração dessa liberdade expressamente na Constituição se consagrarmos aqui expressamente amplas liberdades, e, aliás, a meu ver muito bem, a ponto até de termos consagrado, na forma de liberdades, quase a transposição casuística, necessária é certo, atendendo ao condicionalismo. Mas eu pergunto, caso seja afirmativa a resposta à primeira pergunta, quais as objecções de consciência que temos a consagrar expressamente na Constituição?

O Sr. Presidente: – Sr. Deputado Sottomayor Cardia: É manifesto que os seus colegas estão com vontade que o Sr. Deputado fale. Tem a palavra mais uma vez.

O Sr. Sottomayor Cardia (PS): – Reconhece-se, Sr. Deputado, e a nossa posição a esse respeito foi já expressa neste hemiciclo.

O Sr. Presidente: – Sr. Deputado Mário Pinto.

O Sr. Mário Pinto (PPD): – Sr. Presidente, Srs. Deputados: Tenho muita pena, porque estimo muitíssimo, pessoalmente, o Sr. Deputado Sottomayor Cardia, tenho muito pena de declarar que manifestamente o Sr. Deputado não pode afirmar, e nem o seu partido, a adesão à consa-

464 *O Momento Constituinte – Os Direitos Sociais na Constituição*

gração da liberdade de fundação de instituições de ensino privado. Está aqui a dificuldade, ela é compreensível, mas é bom que fique clara.

Efectivamente, como já há pouco referi, para outras situações não se verificou o mesmo regateio.

Para se declarar o direito à liberdade de fundar, por exemplo, jornais privados não houve qualquer espécie de hesitação e, contudo, tão importante, ou mais, do que fundar um jornal para através dele se exprimir o direito fundamental da liberdade de expressão do pensamento é criar uma instituição de ensino para também, através dela, exprimir o direito fundamental da livre expressão do pensamento.

O Sr. Pedro Roseta (PPD): – Muito bem!

O Orador: – Foi muito claro o Sr. Deputado Vital Moreira e é ao fim e ao cabo muito clara, quanto a mim, a posição do Partido Socialista.

Aceitam, como não cisão de facto, a existência de instituições de ensino privado, mas a questão fundamental é saber se aceitam ou não que isso corresponde ao exercício de um direito fundamental, se isso corresponde ao exercício de uma liberdade fundamental.

Sim ou não, eis a questão.

E a esta questão – custa-me muito referi-la novamente tem fugido o porta-voz do Partido Socialista.

Uma voz: – Boa!

O Orador: – Pela nossa parte, está já dito claramente, consideramos a fundação de instituições de ensino privado como o exercício de um direito.

É óbvio que, portanto, chamar à coacção a situação anterior em que a construção de instituições de ensino privado só comprova a correcção da nossa posição.

Pois que, efectivamente, nós não defendemos a situação que tem vigorado entre nós até agora. Defendemos essa liberdade, esse direito, e defendemos que um Estado deverá fiscalizar, controlar e, necessariamente, orientar essas instituições, na medida em que elas confiram títulos, como já foi dito, diplomas oficiais.

É manifesto que, nessa mesma medida, só o Estado pode estabelecer quais as condições e controlar o cumprimento dessas condições, para que esses cursos sejam oficialmente reconhecidos.

Para além disso, queremos que fique muito claro que reconhecemos como forma de expressão dos direitos fundamentais, da liberdade não só

Debates na Especialidade 465

de ensino como sobretudo da liberdade de aprender, visto que nós queremos dar a todas as pessoas a possibilidade de aprender segundo a sua liberdade de escolha ou de opção.

Fica muito claro e consideramos isso um direito fundamental e individual, de execução e concretização através de formas associativas e não um direito de organização suavisant do Estado, ou de qualquer outra formulação, aliás, um pouco estranha.

O Sr. Presidente: – Tem a palavra o Sr. Deputado Carlos Laje.

O Sr. Carlos Laje (PS): – Claro que esta discussão sobre este tema já foi extremamente longa e o Sottomayor Cardia respondeu aqui com muita elegância, com firmeza, mas com suavidade às posições do PPD. Nomeadamente, o PPD considera que a nossa posição é uma posição ambígua e repete que a nossa posição é uma posição ambígua quando a nossa posição é uma posição progressista clara e a posição que os socialistas devem tomar.

Quanto à posição do PPD, eu então vou devolver o qualificativo e dizer-lhe que é uma mistificação, porque quando o PPD afirma aqui nesta tribuna que a liberdade de ensino consiste em as pessoas fundarem escolas e programarem ensino como bem entenderem como liberdade fundamental, esquece-se que o ensino é para crianças, para jovens, e que os jovens e as crianças também têm direitos. Não são para serem manipulados, não são matéria-prima para as pessoas projectarem a sua personalidade sobre eles, não são meio de enriquecimento ou de exploração capitalista ou qualquer outra forma.

É isso que o PPD não compreende.

Vozes: – Muito bem!

Aplausos.

O Orador: – É isso a liberdade de expressão que o PPD reclama?

Acho que isso é uma verdadeira conspurcação das verdadeiras liberdades. Eu chamo a isso prostituição das liberdades e nada mais.

A Sr.ª Helena Roseta (PPD): – Está a delirar.

Vozes: – Muito bem!

Aplausos.

O Sr. Presidente: – Srs. Deputados, estamos na hora. São 20 horas.

Se o Sr. Deputado Barbosa de Melo deseja fazer uma intervenção curta poderemos dar-lhe a palavra.

O Sr. Barbosa de Melo (PPD): – Sr. Presidente: Não é para fazer uma intervenção curta, é para pedir um esclarecimento. O Sr. Deputado que acabou de falar, aliás, de uma sinceridade porventura excessiva, porque suponho que não traduziu bem o pensamento comungado por muitos que possam louvar-se da mesma posição política geral, o Sr. Deputado arreceou-se, imputou-nos o perigo de querermos influenciar as crianças. Eu queria só fazer esta pergunta:

Acha o Sr. Deputado que o Estado protege melhor a criança ou é a família que a protege melhor? Sendo certo que esta liberdade fundamental pior que nos batemos antes de mais nada, e afirmamo-lo na nossa proposta, se refere às associações de pais e é uma liberdade que os pais, na primeira idade, terão de exercer pelos filhos.

O Sr. Presidente: – O Sr. Deputado pode responder muito brevemente.

O Sr. Carlos Laje (PS): – É claro que isto não é uma resposta breve, porque isto tínhamos de ir aos conceitos básicos da educação da escola e de todas essas questões. E, inclusive, a escola não é essa instituição liberal de que a PPD parece trazer aqui o prolongamento. A escola actualmente é uma estrutura democrática onde existem comissões de gestão, onde existe controle de trabalhadores, dos pais, das cooperativas, etc., sobre essas instituições.

Não é essa liberdade individual de fundar uma escola e ensinar lá o que apetece ao fundador. As manipulações estão por detrás disso.

Burburinho.

A pergunta que faz é acerca dos pais. Eu creio que os pais não fundam escolas, eu considero essa pergunta uma pergunta meramente insidiosa. Mais nada!

Burburinho.

O Sr. Pedro Roseta (PPD): – Chega de demagogia.

Agitação na Sala.

Aplausos.

O Sr. Presidente: – Peço a atenção. Fui informado de que está na Mesa o parecer da 3.ª Comissão relativamente aos artigos que baixaram para melhor apreciação.

São os seguintes: o 7.º, n.º 6, o 8.º, o 11.º, n.º 6, o 13.º, o 14.º, n.º 3, e o 23.º O parecer será publicado oportunamente.

Está encerrada a sessão.

Eram 20 horas.

16 DE OUTUBRO DE 1975

O Sr. Presidente: – Há declarações relativas a renúncias dos Srs. Deputados, mas faremos a seguir ao intervalo, visto que os documentos não estão neste momento na Mesa. Retomemos a discussão.
Pausa.

(...)

O Sr. Presidente: – Há declarações relativas a renúncias dos Srs. Deputados, mas faremos a seguir ao intervalo, visto que os documentos não estão neste momento na Mesa. Retomemos a discussão.
Pausa.

O Sr. Secretário (António Arnaut): – Vou ler as propostas que ainda não foram lidas. Uma do PPD, ontem apresentada pelos Deputados Mota Pinto, Pedro Roseta, Barbosa de Mela, Mário Pinto e Jorge Miranda, do seguinte teor:

Proposta de substituição

1- O ensino público não será confessional.

2 – Não são admitidas nas escolas oficiais quaisquer discriminações de carácter étnico, linguístico, religioso, ideológico ou político.

3 – O ensino privado é livre.

4 – Os estabelecimentos de ensino privado que fornecerem títulos ou diplomas com valor oficial estarão sujeitos, messe medida e sem, prejuízo da sua autonomia institucional, à fiscalização do Estado e à integração no sistema nacional de ensino.

5 – O Estado apoiará especialmente as instituições de ensino privado que procedam da iniciativa de associações de pais, de cooperativas de professores ou de outras organizações similares.

Esta proposta está rotulada de substituição, mas pessoalmente afigura-se-me que deve ser de aditamento, visto que já foram aprovadas algumas disposições relativas ao artigo 29.º

Há uma proposta de substituição do CDS já ontem lida, e cuja leitura hoje não se justifica, como há também uma proposta do PS que está em discussão que é do conhecimento de todos.

E há finalmente a proposta de substituição da UDP.

É a seguinte:

468 *O Momento Constituinte – Os Direitos Sociais na Constituição*

Proposta de substituição

A UDP propõe que o ponto 3 passe a ter a seguinte redacção:

Com vista a assegurar melhores possibilidades de ensino, o Estado procederá à imediata nacionalização de todos os estabelecimentos privados de ensino, salvaguardando os interesses de quantos neles trabalham. Em conformidade com esta disposição, e obedecendo ao critério de total separação do Estado e da Igreja, não será permitido a qualquer confissão religiosa manter estabelecimentos de ensino laico.

Em adenda vem consignado o seguinte:

Com a aprovação deste artigo, ficará automaticamente eliminado o ponto seguinte, n.º 4, do artigo 29.º

(...)

O Sr. Presidente: – Então vamos apreciar a proposta, que essa é indiscutivelmente de substituição, a proposta apresentada pelo Sr. Deputado da UDP. Sr. Deputado, tem a palavra.

O Sr. Américo Duarte (UDP): – Diz um artigo já aprovado que o Estado reconhece e garante a todos os cidadãos o direito ao ensino e a iguais oportunidades de formação com respeito pelas aptidões individuais.

Que é que isto quer dizer?

Poderá haver iguais oportunidades de formação quando o ensino não é todo ele gratuito, quando existem escolas particulares, quando as escolas oficiais que existem estão com turmas superlotadas, quando o número de professores é muito inferior ao necessário, quando há milhares de crianças que têm de andar quilómetros a pé, à chuva e ao frio, para poderem ter aulas, quando há edifícios escolares que não têm o mínimo de condições?

Não existem salas de aula oficiais em número suficiente. As que existem estão superlotadas. Os turnos de funcionamento são muito apertados. O que é facto é que enquanto existem crianças sem salas onde possam ter aulas existem colégios particular onde as salas de aula estão às moscas.

Poderá o Estado garantir o que quer que seja no campo da educação quando nas grandes cidades existem inúmeras escolas, inúmeros colégios particulares bem apetrechados, enquanto nas caldeias não existem escolas, ou se existem não têm as mínimas condições de ensino?

Criar um sistema unificado de ensino enquanto existem; estas diferenças entre as cidades e as aldeias não teria vindo resolver em nada as discriminações existentes, porque elas só se resolverão quando houver possibilidades técnicas de o ensino ser igual em todo o lado. Nas grandes cidades as escolas têm laboratórios, material razoável, nas cidades de província os colégios estão bem equipados na generalidade, enquanto as escolas oficiais das aldeias e pequenas cidades não possuem material. Nas grandes cidades existem muitos professores; pelo contrário, nas aldeias há falta. Têm de se criar condições que estimulem a ida de professores para as aldeias. Estas situações são herdadas do fascismo, mas o certo é que quem votar contra a nacionalização dos colégios está a querer manter uma herança do fascismo e torna-se seu testamenteiro.

Poderá alguém acreditar que esta Assembleia quer resolver alguma coisa na educação quando o grave problema do analfabetismo, que requer medidas especiais e toda a atenção, foi tratado de passagem por estes senhores doutores que aprenderam as leis mais pelos livros do que pela vida?

Poderá alguém acreditar que algum Governo da burguesia quer fazer alguma coisa pela educação do povo quando os burgueses escolhem para Secretário de Estado do Ensino Superior e Investigação Científica o senhor Brotas, que diz não, acreditar em campanhas de alfabetização, e que para a sua defesa cita um livro espanhol que se chama Em Defesa da Analfabetização?

O Governo, se quer resolver este problema, que crie cursos básicos pagos pelo Estado. Têm de ser generalizadas as aulas nocturnas por todo o lado, não só para alfabetização, mas também para aumento da cultura daqueles que já sabem ler. Os colégios particulares, ao serem nacionalizados, deixariam de explorar o negócio próspero que são as aulas nocturnas e forneceriam salas úteis para criar cursos nocturnos gratuitos.

Poderá alguém acreditar num Ministério da Educação que tem pessoas que para se esquivarem ao problema da cultura dos camponeses dizem: «sou um burguês, por isso não represento os camponeses», querendo assim de duas penadas resolver o problema, dando a entender: «os camponeses que se arranjem, que eu estou-me nas tintas para os seus problemas». Era bom que os camponeses viessem até Lisboa, até esse senhor Brotas, e lhe dissessem bem claro: «Que o senhor é um burguês está a gente farta de saber; que os burgueses nunca hão-se resolver nenhum problema ao povo estamos nós a ver com seis Governos Provisórios; que o senhor não representa os camponeses salta à vista de todos; que terão de ser os camponeses, com os operários, com todo o povo trabalhador, a avançar na resolução dos seus problemas, a tirar do poleiro todos os burgueses, estamos nós a perceber agora cada vez melhor»

Na questão do ensino, se se deseja de facto uma transformação, não pode haver meias-tintas. Mas esta Assembleia é especialista em meias-tintas para o povo, e isso são prendas para a burguesia. E uma Assembleia que dá prendas à burguesia para a ajudar a manter a exploração não pode resolver os problemas da educação do povo.

A profissão de professor tem de ser estimulada. Essa é uma medida fundamental. Os salários, as condições de trabalho, a Previdência, a reforma para os professores, não podem ser o que eram no tempo do fascismo ou o que são hoje. Se os salários subiram um pouco, muito resta a fazer. É necessário garantir a estabilidade de emprego; existem cerca de vinte mil professores que não têm segurança de emprego.

Durante algum tempo um Sr. Deputado assobia uma ária.

São as massas populares que têm de dizer onde querem as escolas. As comissões de moradores é que devem decidir e exigir as escolas onde elas são necessárias. O Estado tem de as criar nesses locais. Que os velhos casarões dos senhores das terras, dos caciques, sejam transformados em escolas. Que se proceda à ocupação de colégios e casas que para isso tenham um mínimo de condições.

Criar aulas nas fábricas e empresas. Criar centros de cultura por todo o País. Esses centros devem colocar-se em contacto com as comissões de moradores e trabalhadores, e é assim que devem avançar para novas escolas nas localidades, fábricas e empresas e para novas formas de aula. Que o Estado lá coloque professores e material. Que nas aldeias haja aulas especiais nocturnas para os trabalhadores que desejem aprender a ler. Que todos os colégios particulares passem para o Estado. Que o ensino seja totalmente gratuito. Que nas escolas das aldeias as condições de ensino sejam iguais às das escolas dos bairros chiques das cidades. Se esta Assembleia recusar a nacionalização de todos os colégios particulares, isso constitui a melhor prova de que ela nada se interessa em resolver o problema da educação e que os artigos já aprovados são uma descarada mentira.

E para haver uma igualdade de oportunidades, mais coisas são necessárias. Uma criança subalimentada, dos bairros e aldeias pobres, nunca terá as mesmas oportunidades que uma criança normalmente alimentada. Uma criança que tenha de ir trabalhar aos 11 anos, para arranjar dinheiro para a família, nunca terá as mesmas oportunidades que aqueles que não precisam de trabalhar.

Há algumas medidas que é preciso tomar desde já, e na minha intervenção já as apontei. Mas que ninguém se iluda. Isso são medidas de emergência. Elas não vão solucionar o problema. A solução do problema passa pelo fim da exploração do homem pelo homem, pelo fim dos Governos da burguesia, tenham eles o número que tiverem.

(...)

O Sr. Presidente: – Vamos concluir a apreciação da proposta que está em discussão.

Alguém pede a palavra sobre esta proposta? Vamos proceder à votação da proposta que acaba de ser justificada – proposta de substituição.

Submetida à votação, foi rejeitada, com 1 voto a favor e 28 abstenções.

(...)

O Deputado José Seabra tem a palavra.

O Sr. José Augusto Seabra (PPD): – Sr. Presidente, Srs. Deputados: Suponho que vai ser discutida a proposta de substituição do n.º 3, proposta pelo PPD. É esse o entendimento?

O Sr. Presidente: – Exactamente.

O Orador: – Sobre esse ponto queria apenas dizer duas ou três notas muito simples acerca do nosso entendimento do que é ensino livre e do que é ensino privado.

Como se sabe, há uma polémica muito grande a esse respeito em certos países, que tendem a identificar ensino livre com ensino mercantil, com ensino que visa, sobretudo, dar aos meios privados a possibilidade de manterem estabelecimentos de ensino. Não é esse o entendimento que

472 *O Momento Constituinte – Os Direitos Sociais na Constituição*

nós lhe damos. Nas condições históricas portuguesas há um ensino privado. Para nós, ensino privado opõe-se a ensino oficial, ou melhor, a ensino público, expressão que já foi aqui consagrada. Por isso, nós entendemos, como, aliás, se verá na discussão dos pontos seguintes, que o ensino privado pode ser ministrado por determinadas comunidades, que podem ser de diverso tipo. Podem ser comunidades religiosas, podem ser, por exemplo, cooperativas, podem ser associações de pais, podem ser associações de professores.

Por isso, não se trata de defender um ensino privado, individualista e mercantil, mas um ensino não oficial, diversificado, que pode tomar as mais variadas formas. E eu dou alguns exemplos concretos: por exemplo, uma determinada fundação, suponhamos a Fundação António Sérgio, decide organizar um ensino próprio. Tem o direito de o fazer.

Suponhamos, por exemplo, que o Partido Comunista Português, como acontece, por exemplo, em França, decide criar uma Universidade marxista. Tem o direito de o fazer. O Partido Comunista é uma organização legal, portanto tem toda a liberdade de o fazer. Uma cooperativa decide criar um ensino para os seus membros. Tem o direito de o fazer. É nesse sentido que nós entendemos a proposta.

Evidentemente que este problema está, em geral, centrado à volta da confessionalidade ou não confessionalidade do ensino. Ora, como nós já definimos que o ensino oficial é não confessional, admitimos que possa haver, no caso do ensino privado, ensino confessional.

Mas a verdade é que, no nosso entendimento, não se pode identificar ensino privado, ensino livre, com ensino confessional, até porque pode haver também ensino não confessional, isto é, no campo filosófico, defendendo o ateísmo, o que é perfeitamente legítimo.

É preciso, portanto, desdramatizar a discussão que existe aqui. Nós damos à questão este entendimento, que nos parece progressista, que nos parece evoluído, e que dá ao ensino livre no nosso país um papel ainda importante, pois, infelizmente, o Estado não dispõe de condições para abarcar numa rede total o território nacional. Nós achamos, em todo o caso, que o Estado, como se verá: (mas não é o ponto que está em discussão), pode fiscalizar, e deve, o ensino livre, o ensino privado, na medida em que ele possa ir ou contra os princípios de ordem democrática ou contra as condições mínimas pedagógicas e outras, que são de exigir de qualquer ensino digno desse nome.

Vozes: – Muito bem!

Aplausos.

O Sr. Presidente: – O Sr. Deputado Sottomayor Cardia.

O Sr. Sottomayor Cardia (PS): – Sr. Presidente, Srs. Deputados: Nós entendemos que esta particularização relativa ao direito de fundar instituições privadas escolares não deve ter acolhimento constitucional. Não se deve aceitar constitucionalmente nem que a fundação de uma empresa escolar é livre nem que ela carece de autorização. Isso deverá ficar para a lei ordinária.

Na verdade, como disse o Sr. Deputado Seabra, o ensino particular não se confunde com o ensino confessional. Isso é inteiramente exacto. Aliás, não se confunde também com o ensino que é propriedade de instituições religiosas, o que também aqui é diferente de ensino confessional.

Contudo, há um esclarecimento que é preciso ter presente. É que em relação ao caso concreto da liberdade de a Igreja Católica em Portugal fundar livremente escolas, esse direito, essa liberdade, está consignada na Concordata e faz, portanto, parte do direito positivo português. Está consignada no artigo 20.º da Concordata, em que se diz que as associações da Igreja podem livremente estabelecer e manter escolas particulares, paralelas às do Estado. Portanto, importa que se esclareça, para todos os devidos efeitos, que não está em causa saber se a Igreja Católica tem ou não tem liberdade de fundar escolas próprias para exercerem uma actividade paralela à do Estado. A Igreja merece esse estatuto privilegiado pela larga experiência pedagógica e pela confiança que merece a muitas e muitas famílias portuguesas, mas um cidadão qualquer, eu, por exemplo, um cidadão qualquer não pode ter o direito de se arrogar, e que isso fique salvaguardado constitucionalmente, ...

Uma voz: – Pode!

O Orador: – ... o direito de fundar uma qualquer escola, com vista a ministrar um ensino paralelo ou supletivo ou concorrente ao ensino público. Constitucionalmente, este direito não deve ficar salvaguardado. A lei geral determinará. Há aspectos da qualificação pedagógica que não podem ser postos de lado neste ponto.

Por outro lado, não se compreenderia qual o âmbito da fiscalização se a fiscalização não pudesse porventura conduzir ao encerramento de escolas manifestamente impreparadas para ministrar o ensino. Então, que

474 *O Momento Constituinte – Os Direitos Sociais na Constituição*

espécie de fiscalização se fazia? Criar-se-ia mesmo uma circunstância de manifesto prejuízo para os educandos e para os pais dos educandos, quer a do Estado negar sucessivamente valor ao ensino ministrado em certa escola e, contudo, essa escola poder continuar a existir e a actuar, salvaguardada num direito definido constitucionalmente. Entendemos, portanto, que esta matéria deve ficar regulada para lei especial e não deve ter consagração constitucional. Isto nada tem a ver, por outro lado, com as escolas de formação ideológica, a que se referiu o Deputado Seabra, porque essas não desenvolvem um ensino paralelo ao ensino público. Finalmente e para responder a uma objecção que parece, aliás, razoável, mas não pertinente, eu direi o seguinte: é que um jornal é uma tribuna, é um órgão, um meio de expressão de pensamento, uma escola é um serviço de utilidade social, tal como um hospital. E aí o Estado tem o dever de disciplinar e de fiscalizar e de determinar se a instituição privada que prossegue fins de interesse social dispõe ou não dos meios para corresponder aos seus objectivos, que esses são de interesse social.

O Sr. Presidente: – O Sr. Deputado Coelho dos Santos deseja pedir um esclarecimento?

O Sr. Coelho dos Santos (PPD): – Era exactamente para pedir dois esclarecimentos, Sr. Presidente.

O Sr. Presidente: – Faça favor.

O Sr. Coelho dos Santos (PPD): – Eu que tenho aprendido muito, que na minha vida aprendi muito quando da leitura da filosofia do Dr. Sottomayor Cardia, e por isto lhe presto a minha homenagem, quanto à sua intervenção de agora, pois, levantaram-se-me duas dúvidas. A primeira é o facto de a Concordata poder ser ou não denunciada pelo Estado e nessa altura ficarem prejudicados todos os direitos que a Igreja Católica possa ter de criação de instituições de ensino, por essa derrogação de princípios estabelecidos na Concordata.

A segunda é o facto de o Deputado Sottomayor Cardia permitir que a Igreja Católica possa criar as suas próprias instalações de ensino e não dar esse mesmo direito a outras entidades, por exemplo, à igreja protestante.

Vozes: – Muito bem!

O Sr. Presidente: – Sr. Deputado Sottomayor Cardia, não se esquecendo de que se trata de prestar os tais esclarecimentos sintéticos ...

Debates na Especialidade 475

O Sr. Sottomayor Cardia (PS): – Eu, em relação ao segundo ponto, penso que já reproduzi o essencial do meu ponto de vista.

Em relação ao primeiro ponto, eu não sou jurista, mas entendo que a Concordata só pode ser revogada por mútuo consentimento das partes, naturalmente. Aliás, a Concordata foi recentemente revista e da parte portuguesa não foi levantada qualquer objecção à continuação da vigência do artigo 20.º. Nesse momento, o Governo era de coligação e nenhum dos partidos que faziam parte do Governo levantou esse problema. Portanto, eu suponho que não há proposta por parte de nenhuma das forças políticas que têm responsabilidade, ou têm tido, na condução do processo revolucionário português no sentido de alterar esta disposição da Concordata. Fizeram-se alterações relativamente a outro ponto, mas não a este.

Eu, aliás, permito-me observar que incontestavelmente a posição exacta é manter a vigência da Concordata, neste ponto inclusive.

O Sr. Coelho dos Santos: – Sr. Presidente ...

O Sr. Presidente: – Sr. Deputado, diálogo não há, Sr. Deputado. Diálogo não há. Os esclarecimentos foram solicitados e foram prestados.

O Sr. Coelho dos Santos (PPD): – Sim, Sr. Presidente. O Deputado Sottomayor Cardia esqueceu-se do segundo pedido de esclarecimento.

O Sr. Presidente: – Creio que não se esqueceu.

O Sr. Coelho dos Santos (PPD): – Ah! Não pretende responder.

O Sr. Sottomayor Caria (PS): – Eu penso que as considerações que, efectivamente, reproduzi respondem e posso repetir. É que a Igreja Católica tem de facto um estatuto, não só jurídico mas social, especial na realidade portuguesa. Este direito é um direito privilegiado, isso é um facto, mas naturalmente que este privilégio tem raízes históricas e tem uma razão de ser social e pedagógica.

O Sr. Presidente: – Tem a palavra o Sr. Deputado Romero de Magalhães.

O Sr. Romero Magalhães (PS): – Muito rapidamente, Sr. Presidente, para não atrasar a discussão, que já vai longa, só queria dizer que a expressão «ensino livre» tem uma conotação muito especial, que o Sr. José Augusto Seabra certamente não ignora e que muito me espanta que ele tenha iludido exactamente esse problema. «Ensino livre» é uma expressão que surge para combater a expressão «ensino laico»; é uma expressão clerical contra o laicismo do ensino laico, tal como era concebido no século XIX. Isto é, repor a expressão «ensino livre» é repor toda uma temática que suponho que ninguém lhe quererá tornar a pegar. Só isto.

O Sr. Presidente: – Tem a palavra o Sr. Deputado Vital Moreira.

O Sr. Vital Moreira (PCP): – Para dizer muito brevemente, Sr. Presidente, porque é que os Deputados do Partido Comunista Português não vão votar a favor, antes vão votar contra os n.ºs 3, 4 e 5 da proposta do PPD.

Em primeiro lugar, não aceitamos sequer a designação de «ensino livre», que aqui está, pela mesma razão que não aceitamos a designação de «economia livre» para designar economia privada contra a economia pública. Também não aceitamos a designação de «ensino livre» para o ensino privado contra o ensino público, que nada tem a ver isso com liberdade.

Em segundo lugar, não entendemos que a escola privada seja um direito fundamental, antes entendemos que é um princípio de organização política e social.

Em terceiro lugar, entendemos que o pluralismo escolar é inapto, especialmente em sociedades não ricas, e é um luxo a que se podem dar eventualmente apenas as sociedades extremamente ricas.

Em quarto lugar, o ensino é uma função pública e deve ser prestado adequadamente em escolas públicas.

Em quinto lugar, o facto de não se reconhecer como direito constitucional o direito à criação de escolas privadas não põe em causa a liberdade de ensino.

E em sexto lugar, o reconhecimento de um tal direito poria em causa o princípio de integração de convivência da escola pública, transformaria a escola pública num elemento amputado como elemento de desempenho de uma função pública.

O Sr. Presidente: – Tem a palavra o Sr. Deputado Jorge Miranda.

O Sr. Jorge Miranda (PPD): – Sr. Presidente, Srs. Deputados: A minha intervenção procurará ser o mais objectiva possível. Embora seja um dos subscritores da proposta do Partido Popular Democrático, procurarei acentuar não tanto as divergências quanto algumas convergências que me parecem existirem nesta Assembleia, em matéria de liberdade de ensino.

Debates na Especialidade 477

Suponho que nós todos, ou pelo menos os Deputados do Partido Popular Democrático e os Deputados do Partido Socialista, estamos de acordo relativamente a três pontos fundamentais:

Em primeiro lugar, que o Estado não deve ter o monopólio do ensino, que não o tem e que o não deve ter, nem a curto nem a médio prazo.

Em segundo lugar, que deve haver um ensino particular, considerado umas vezes supletivo do ensino do Estado, do ensino dito oficial, outras vezes considerado não supletivo desse ensino do Estado. E que se entende por supletivo o ensino correspondente a cursos semelhantes àqueles que ministram os estabelecimentos do ensino oficial e por não supletivo o ensino ministrado em escolas de formação ideológica, em escolas de formação religiosa, em seminários, etc.

Em terceiro lugar, que só o ensino particular considerado supletivo do ensino oficial é que deve estar sujeito ao regime especial da fiscalização a que se alude na proposta do Partido Socialista. Pois que os restantes estabelecimentos de ensino estão apenas sujeitos ao regime geral de fiscalização, ao regime de direito comum.

Estes parecem ser os pontos adquiridos de convergência entre o nosso partido e o Partido Socialista, ao contrário do que acontece por exemplo em relação à UDP e, de certo modo, em relação ao Partido Comunista Português e ao MDP.

Mas, ao lado destes pontos de convergência, há dois pontos importantes de divergência, que têm de ser clarificados.

Para nós, PPD, o não monopólio do ensino por parte do Estado radica num princípio de liberdade de ensino. Radica no reconhecimento de um direito das pessoas ou de certas instituições de criarem instituições de ensino, consequência do princípio geral da liberdade de ensinar e de aprender.

Pelo contrário, embora o não tenha dito expressamente e tenha estado a fugir a dizê-lo, o PS entende (por sinal na linha de pensamento já exposta ontem pelo Sr. Deputado Vital Moreira) que o não monopólio oficial do ensino é apenas um dado objectivo da organização do ensino, do aparelho escolar. No estado actual do aparelho escolar português, olhando à realidade social e também a realidade política portuguesa, pensando, porventura, no peso social e político que entre nós continua a ter a Igreja Católica, o Partido Socialista admite a existência de um

478   *O Momento Constituinte – Os Direitos Sociais na Constituição*

ensino particular, mas sem referência a qualquer princípio geral da liberdade de ensino.

O segundo ponto de divergência entre o PS e o PPD é o seguinte: enquanto que para o Partido Socialista a ideia de supletividade de ensino parece estar ligada à ideia de que à medida que o Estado for estabelecendo a sua rede escolar por todo o País o ensino particular concorrente do ensino oficial irá desaparecer, para nós esse não é um facto que tenhamos por inelutável. Como já tive ocasião de dizer noutro dia, nós não queremos inverter o rumo do progresso oficial e cultural que é o Estado assumir crescentemente as suas responsabilidades em matéria de política educativa e de política cultural.

Mas não queremos dizer com isso que todo e qualquer ensino particular deve considerar-se tendencialmente condenado a desaparecer, como pode deduzir-se da afirmação de que o ensino particular é supletivo do ensino oficial.

Estes os dois pontos de divergência existentes entre nós e o PS.

Quais as razões por que nós entendemos manter a nossa posição? As razões são essencialmente três.

Nós entendemos que a liberdade de ensino é consequência directa da liberdade de consciência, da liberdade de pensamento, da liberdade religiosa, da liberdade de associação. Entendemos, depois, que a liberdade de ensino é uma garantia de pluralismo político e ideológico. Finalmente, entendemos que ela é garantia e factor de criatividade cultural.

Só que, para elucidar convenientemente a Assembleia, ainda queremos chamar a atenção para certos pontos.

Primeiro ponto: para nós, ensino privado não é o mesmo que ensino livre. A este respeito considero manifesta distorção aquela que o Sr. Deputado Vital Moreira há pouco fez da nossa proposta quando disse que para nós o ensino privado era o ensino livre. Nós não dizemos que o ensino privado é o ensino livre, nem contrapomos, como também parece ter feito o Sr. Deputado Romero Magalhães, o ensino laico ao ensino livre.

Que fique bem claro: para nós, tão livre tem de ser o ensino público como o ensino particular. Esse é um ponto essencial. Nós defendemos a liberdade de ensino não apenas dentro das escolas eventualmente privadas, ou públicas não estaduais, mas também dentro das escolas públicas.

Debates na Especialidade 479

A única diferença (aliás, fundamental) está em que nas escolas públicas a liberdade é, de algum modo, negativa, consiste na não imposição por parte do Estado de qualquer doutrina, de qualquer religião, de qualquer filosofia. Chamamos a isso a não confessionalidade ou laicidade do ensino público. Ao invés, a liberdade de ensino nas escolas privadas pode ser – não digo que tenha de ser necessariamente – uma liberdade positiva no sentido da possibilidade de nessas escolas serem ensinadas determinadas doutrinas, filosofias ou princípios próprios de confissões religiosas.

Segundo ponto: e para terminarmos,

O Sr. Presidente: – Sim, porque faltam só dois minutos.

O Orador; – ... quero esclarecer que nós não defendemos um ensino privado qualquer, que recusamos a ideia de um ensino privado como defesa de uma empresa privada de ensino. Pelo contrário, para nós todo e qualquer ensino privado que se reconduza ao tipo de empresa comercial deve desaparecer. Não podemos admitir que na educação, como na saúde, haja quem quer que seja que vá ganhar dinheiro à custa dos educandos ou dos doentes. Este é um ponto essencial. Mas entendemos que isto não afecta o princípio da admissibilidade de escolas privadas. E não somente de escolas privadas como também de escolas públicas não estaduais. E esse direito não deve ser tomado como privilégio de qualquer religião ou confissão, antes deve ser um direito de todas as instituições que, de acordo com a lei geral, para tanto sejam consideradas idóneas; aqui estamos a pensar, nomeadamente, em outras igrejas, além da Católica, estamos a pensar em associações de pais ou de famílias, em cooperativas culturais, em partidos, em associações culturais e cívicas.

Eram estas as considerações que rapidamente queria agora fazer, definindo o sentido da nossa proposta.

Aplausos.

(...)

O Sr. Presidente:. – Não temos mais oradores inscritos, pelo que me parece desnecessário votar o requerimento.

Vamos então pôr à votação este texto de substituição do ponto n.º 3, que reza:

O ensino privado é livre.

Submetido à votação, foi rejeitado, com 66 votos a favor.

O Sr. Presidente: – Vamos fazer, agora, o nosso habitual intervalo. Está suspensa a sessão.

Eram 17 horas e 55 minutos. (16 DE OUTUBRO DE 1975)

Índice

AGRADECIMENTOS 5

NOTA BIOGRÁFICA 7

PREFÁCIO 9

CRONOLOGIA DOS TRABALHOS DA ASSEMBLEIA CONSTITUINTE... 19

O PROCESSO DE CRIAÇÃO CONSTITUCIONAL
O Caso da Constituição da República Portuguesa de 1976 27

INTRODUÇÃO 35

DIREITOS SOCIAIS A VOTOS 63

A FORMA DO DEBATE
Tipos e Estratégias de Argumentação 71

AS FONTES DA CONSTITUIÇÃO EM ACÇÃO 87

RUPTURA COM O PASSADO
Constituição, Democracia, Direitos Sociais 101

CLIVAGENS NA CONSTITUINTE
Constituição vs. Revolução? 133

BIBLIOGRAFIA 151

482   *O Momento Constituinte – Os Direitos Sociais na Constituição*

ANEXOS

NOTA SOBRE A EDIÇÃO DOS DEBATES 157

DEBATE NA GENERALIDADE

DIREITOS E DEVERES ECONÓMICOS, SOCIAIS E CULTURAIS 161
   – Apresentação do Relatório 162
   – Declarações de Voto 166
   – Discussão na Generalidade 183

DEBATES NA ESPECIALIDADE

DEBATE SOBRE O DIREITO À SEGURANÇA SOCIAL 297

DEBATE SOBRE O DIREITO À PROTECÇÃO NA SAÚDE 317

DEBATES SOBRE OS DIREITOS À EDUCAÇÃO E ENSINO 359
   – Liberdade de Aprender e Ensinar 359
   – Educação e Cultura 373
   – O Ensino Público e Particular 446